Bertus Rozemeijer

Auf Hecht

Ein Buch der Zeitschrift Blinker

Bibliografische Information der Deutschen Bibliothek
Die Deutsche Bibliothek verzeichnet diese Publikation in der
Deutschen Nationalbibliografie; detaillierte bibliografische
Daten sind im Internet über http:dnb.ddb.de abrufbar.

© 2003 Copyright
Uitgeverij Vipmedia Breda

Veröffentlicht unter dem Titel:
Op snoek

Herausgegeben von Jan Dieperbroek

Fotos: Bertus Rozemeijer, Rutger de Jong

Illustrationen und Litho: XDesign Breda

Grafik: Daniel Müller, XDesign Breda

Alle Rechte in deutscher Sprache 2003

JAHR TOP SPECIAL VERLAG GmbH & Co. KG
Jessenstraße 1, D-22767 Hamburg
Telefon 040/8906-0   Telefax 040/8906-302

Deutsche Übersetzung und Redaktion:
Dr. Henning Stilke

Titelgestaltung: Klaus Krisys

Druck und Bindung:
De Bree Productions B.V., Breda

ISBN 3-86132-686-8

Inhalt

Vorwort	7
Mit Spinner auf Hecht	11
Wobbler für Hechte	55
Twitchen, Gliden und Jerken	85
Erfolgreich mit Blinker	101
Mit der Fliege auf Räuber	111
Gummifisch und Riesen-Twister	121
Hechtgewässer	129
Wichtige Details	143
Natürliche Köder	159
Vom Umgang mit Hechten	185
Alles im Boot	199
Hechte in Europa	219
Zum Schluss	247

Vorwort

Gibt es irgendwo in Europa einen Süßwasserfisch, der noch mehr Angler fasziniert als der Hecht? Ich kann es mir nicht vorstellen. Natürlich macht es auch Spaß, auf Zander zu angeln. Auch mit diesem Räuber beschäftige ich mich intensiv. Allerdings nicht mit derselben Leidenschaft.

Zander zu fangen ist nach meinen Erfahrungen recht einfach. Wenn man ihnen den richtigen Köder in Bodennähe anbietet, kann eigentlich nichts mehr schief gehen, man wird sicher fangen. Man braucht nur ein paar tief tauchende Wobbler und Gummiköder, damit bleibt der Erfolg nicht aus. Das Vertikalangeln, das in den letzten Jahren große Fortschritte gemacht hat, zeigt, wie leicht man Zander auch in größerer Zahl fangen kann.

Beim Angeln auf Hecht kann man sich aber oft noch so sehr bemühen, wenn der Hecht den Köder nicht will, nimmt er ihn auch nicht, manchmal weicht er ihm geradezu aus. Es gibt Situationen, in denen man einem Zander alles vorsetzen könnte, und er würde hineinbeißen. Einem Hecht kann man es in bestimmten Situationen mit gar keinem Köder recht machen. Da lässt er alles desinteressiert an sich vorüberziehen.

Ganz oben auf der Wunschliste vieler Angler steht der Wels. Auch er ist ein Raubfisch, den man mit verschiedenen Methoden fangen kann, und der einem spannende Angeltage bescheren kann. Obwohl Welse enorm stark sind, kämpfen sie aber nicht mit demselben Temperament wie Hechte. Vor allem fehlt es den Welsen an Schnelligkeit.

Es gibt immer wieder etwas Neues für Hechtangler. In der Entwicklung von Jerk- und Twitchbaits ist zur Zeit viel Bewegung.

Vorwort

Große Hechte fressen kleine Hechte, sehr große Hechte fressen große Hechte. Auf diesem Meterhecht hat ein echtes Hechtmonster seine Zahneindrücke hinterlassen. Irgendwo bei Västervik schwimmt das Monster noch.

Man hat es wohl mit einem kräftigen Gegner zu tun, den man aber selbst mit relativ leichtem Material bezwingen kann.

Und wie sieht es mit Forelle und Lachs aus? Auch diese Räuber habe ich in kapitalen Größen gefangen. In Irland konnte ich mit einigen Angelkollegen reichlich schwere Forellen fangen. Allerdings erschienen mir die großen Bachforellen aus den irischen Seen nicht so kampfstark, wie man es ihnen immer nachsagt. Sie sind sicher nicht annähernd so stark wie die Hechte in Irland. Das Fangvergnügen wird aber vor allem dadurch beeinträchtigt, dass man die großen Forellen lange suchen muss und die Saison verhältnismäßig kurz ist.

Mit dem Lachs, der gern als König der Süßwasserfische bezeichnet wird, verhält es sich nicht viel anders. Ob er nun ein König ist oder nicht, die Lachssaison ist sehr kurz. Außerdem kann es ganz schön ins Geld gehen, wenn man einmal eine Reise unternimmt, um einen Lachs zu fangen. Und man kann tagelang angeln, ohne einen einzigen Fisch zu fangen, man wird oft nicht einmal die Andeutung eines Bisses bekommen. So etwas kann einem beim Hechtangeln normalerweise nicht passieren.

Erfolgsmodell Hecht

Der Hecht hat einfach etwas Besonderes. In seiner 60 Millionen Jahre langen Geschichte hat der Hecht seine Gestalt kaum verändert. Die Natur hat damit einen äußerst erfolgreichen Raubfisch geschaffen. Trotzdem wurde der Hecht immer wieder in Misskredit gebracht, und Bezeichnungen wie Süßwasser-Wolf wurden ihm nicht gerade als Kompliment verliehen.

Der Hecht ist aber schließlich auch nur Bestandteil der Natur und trägt mit seinem räuberischen Verhalten zum Gleichgewicht in einem Gewässer bei. Würde er seine Beutetiere ausrotten, wäre das zugleich auch sein eigenes Ende. Man muss kein Wissenschaftler sein, um das zu erkennen.

Seitdem ich angle, bin ich fasziniert vom Hecht. Wenn ich ihm nun ein ganzes Buch widme, dann geht es darin natürlich vor allem um die verschiedenen Methoden, mit denen man Hechte fangen kann. Ein Anfänger, der dieses Buch liest, wird wahrscheinlich etwas verwirrt sein von den zahlreichen Ködern und Methoden, mit denen man Hechte fangen kann. Vielleicht erscheint auch einigen Fortgeschrittenen die Vielfalt der Möglichkeiten zu groß.

Aber ich ziehe hier schließlich die Bilanz aus einigen Jahrzehnten intensiven Hechtangelns. Kein Angler muss alles nachvollziehen, was ich hier vorstelle, jeder kann sich das heraussuchen, was ihm am meisten zusagt.

Wählen Sie sich also die Technik aus, die Ihnen gefällt und die am besten zu Ihren Gewässern passt. Sie können dann Ihr Gerätesortiment und Ihre Techniken erweitern, neue Möglichkeiten entdecken oder auch alle Facetten des Hechtangelns kennenlernen, die ich Ihnen hier vorstelle. Jede Technik bietet schließlich ihren eigenen Reiz. Und als vielseitiger Hechtangler wird man ohnehin die Erfahrung machen, dass es einem gar nicht so sehr auf große Mengen gefangener Fische ankommt, sondern auf die Anwendung der verschiedenen Techniken, mit denen man einen Fisch überlisten kann.

Wir können unseren Kunstköder über dem Boden anbieten, oder ihn durch die Wasseroberfläche ziehen. Wir können aber auch einen toten Köderfisch auswerfen und den immer wieder aufregenden Moment erleben, wenn die Pose abtaucht. Vor allem wenn man an einem Gewässer angelt, an dem man mit kapitalen Hechten rechnen darf, sorgt das jedes Mal aufs Neue für einen erhöhten Pulsschlag.

Mich selber erstaunt es immer wieder, an wie vielen Gewässern man dem Hecht begegnet. Eigentlich gibt es kaum einen Gewässertyp, in dem er nicht vorkommt. In tiefen, klaren Seen ist er genauso zu Hause wie in kleinen, flachen Teichen. Ein Wasserlauf kann gar nicht so klein sein, dass sich darin nicht auch der eine oder andere Hecht findet. Allerdings wachsen sie dann oft nicht zu kapitaler Größe heran.

Seine weite Verbreitung in allen erdenklichen Gewässern und die vielfältigen angeltechnischen Möglichkeiten, ihn zu fangen, geben dem Hecht einen besonderen Platz unter unseren Süßwasserfischen. Hinzu kommt seine oft spektakuläre Beutejagd und sein Kampfverhalten im Drill. Das alles macht ihn für mich und viele tausend Angler zum Zielfisch Nummer 1. Der Hecht ist in jeder Beziehung ein faszinierender Fisch. Und es besteht gar keine Gefahr, dass diese Faszination einmal nachlassen könnte.

Vielfältiges Hechtangeln

Wenn man über einen so außergewöhnlichen Fisch schreibt und die vielfältigen Techniken, mit denen man ihn überlisten kann, übersieht man leicht das eine oder andere Detail. Vielleicht habe ich eine Technik nicht ganz erschöpfend behandelt. Vielleicht sind Sie auch in dem einen oder anderen Punkt nicht einer Meinung mit mir. Das eine wie das andere ist nicht ganz unvermeidbar. Es zeigt schließlich auch nur noch deutlicher, wie vielseitig das Hechtangeln ist.

Ich hoffe dennoch, dass jeder, der dieses Buch liest, erfährt, worauf es beim Hechtangeln ankommt, und dass er nach dieser Lektüre eine deutliche Verbesserung seiner Fangerfolge erkennen kann.

Solch ein Buch entsteht natürlich nicht von alleine, und es ist nicht nur das Werk einer einzelnen Person. Seitdem ich auf Hecht angle, erfreue ich mich an der Offenheit, mit der Hechtangler miteinander umgehen. Um die fängigen Kunstköder wird kein Geheimnis gemacht. Auch die Gewässer, an denen man angelt, hält man nicht geheim. Unter Hechtanglern gibt es ein Gefühl der Zusammengehörigkeit, das hoffentlich nie verloren geht.

Als Angler muss man sich immer auch auf seine Kollegen verlassen können, mit denen man am Wasser ist. Ein guter Partner beim Angeln ist wichtiger als die beste Angelausrüstung. Gemeinsam mit einem verlässlichen Angelkollegen erlangt man Einsichten, zu denen man alleine nicht fähig wäre. Und ein guter Partner ist oft eine wichtige Hilfe beim Fang kapitaler Hechte. Gemeinsam bespricht man die Angeltechnik, stellt das Material zusammen und sucht die Angelstellen aus. Zusammen trotzt man der Kälte, den hohen Wellen und allem anderen Ungemach. Gemeinsam erfreut man sich aber auch an den Fangerfolgen und versucht, die Erfolge noch zu steigern.

Diese und viele andere Erfahrungen teile ich mit Rutger de Jong, dem jüngsten aus einer Gruppe von Anglern, mit denen ich regelmäßig ans Wasser gehe. Rutger versucht mit Innovation, Kreativität und Engagement aus jedem Angeltag einen erfolgreichen Fangtag zu machen. Außerdem versteht Rutger auch sehr gut mit der Kamera umzugehen. Frank Jonker und Arjan Butter waren an vielen Angeltagen meine verlässlichen Begleiter genauso wie Richard van Beek. Unter oft schwierigsten Umständen haben wir immer das Beste aus jedem Angeltag gemacht, und irgendetwas Außergewöhnliches geschah immer.

Schließlich möchte ich auch ein Wort des Dankes an den Herausgeber des Buches richten, an Vipmedia und insbesondere Pierre Bronsgeest, der es mir ermöglicht hat, dieses Werk zu veröffentlichen. Anneke Schaafsma und Alan de Geus haben in Zusammenarbeit mit der Redaktion alles gerade gerückt, was in meinem Manuskript zuvor schief war. Das war sicher eine Menge Arbeit, denn ich muss gestehen, dass ich viel besser angeln als schreiben kann.

Auch Ernst Eggers und seine Mitarbeiter möchte ich nicht unerwähnt lassen. Ich weiß nicht, wie viele Stunden er jedes Jahr für Reparaturen an Boot und Motor für mich investiert. Und immer wieder funktioniert alles.

Doch auch Ihnen möchte ich danken, liebe Leser, dass Sie sich für dieses Buch interessieren. Wer weiß, vielleicht begegnen wir uns einmal beim Angeln. Dann können wir uns über alles unterhalten, was Sie in diesem Buch vermisst haben.

Bertus Rozemeijer

Mit Spinner auf Hecht

Es gibt kaum einen Kunstköder, der so einfach zu führen ist und dabei so fängig ist wie ein Spinner. Deshalb sind Spinner auch ideal für den Einstieg in das Angeln mit Kunstködern. Wie so viele Angler habe auch ich meine ersten Schritte als Hechtangler mit Spinnern gemacht. Auch heute noch ist der Spinner völlig zu Recht ein beliebter und häufig benutzter Kunstköder, und das nicht nur bei Anfängern. Allerdings werden Spinner auch häufig falsch eingesetzt. Sie werden immer wieder zur falschen Zeit oder unter ungünstigen Umständen benutzt. Das ist wiederum gerade bei Einsteigern verhängnisvoll, weil sie dann dem Trugschluss unterliegen, der Köder würde schlecht fangen.

Als ich meine ersten Erfahrungen mit Spinnern sammelte, waren zunächst noch keine Hechte mit von der Partie. Meine ersten Fänge waren Zander und Barsche. Ich hatte eigentlich keine rechte Ahnung vom Spinnfischen, und deshalb angelte ich einfach drauflos. Meine damalige Rute hatte nichts gemeinsam mit den modernen Spinnruten von heute. Ein drei Meter langer Knüppel mit aufklappbarem Leitring. Die Ringe waren so weich, dass es nicht lange dauerte, bis sich die harte Monofilschnur an verschiedenen Stellen eingeschnitten hatte. Die Freude am Angeln konnte das allerdings nicht trüben.

Mit beschwerten Spinnern fing ich Zander in beträchtlichen Stückzahlen in Gewässern von nicht einmal einem Meter Wassertiefe. Das hatte ich zweifellos dem gewaltigen Zanderbestand vor vierzig Jahren zu verdanken. Auch heute gehe ich gerne noch einmal an diese seichten Gewässer, nun allerdings mit unbeschwerten Spinnern.

Erst einige Jahre später, als ich erstmals einen größeren Angelladen betrat, lernte ich

Spinner sind nicht nur einfache Köder, sie sind auch sehr verführerisch.

richtige Spinnruten kennen. Das waren verhältnismäßige leichte Ruten, die mir aber sehr gut für das Angeln auf Hecht geeignet erschienen. Von meinem ersten schweren und langen Prügel auf ein leichtes Rütchen mit verchromten Ringen, das war schon eine Umstellung, die einiger Gewöhnung bedurfte. Es schien mir aber doch ein Schritt in die richtige Richtung.

Da ich nun schon einmal ordentlich in meine Ausrüstung investiert hatte, war es nur recht, dass ich mich auch etwas intensiver mit Angelgeräten, Hechten und Gewässern befasste. Die ersten Angelzeitschriften, die jetzt erschienen, und jedes Fachbuch musste ich haben. Ich las so ziemlich alles, was übers Angeln geschrieben wurde. Das hat sich bis jetzt kaum geändert. Noch immer lese ich alles übers Angeln, was mir in die Finger gerät. Man stößt schließlich immer wieder auf interessante Erkenntnisse und Erfahrungen von anderen Anglern, von denen man noch etwas lernen kann.

Die nächsten Jahre brachten für mich viele Verbesserungen, bessere Technik, Erfahrungen, mehr Geräte mit besseren Eigenschaften und damit auch steigende Fangerfolge. Aber Kunstköder gab es neben den Spinnern immer noch nicht allzu viele. Ganz zwangsläufig musste ich also durch eine lange Schule des Angelns mit Spinnern gehen. Das Spektrum der Köder reichte von Minispinnern bis zu schweren Spinnern mit einem sechs Zentimeter großem Blatt. Für all die verschiedenen Spinnergrößen musste man eine eigene Rute haben, so wollte es einem die Fachliteratur weismachen. Und so kamen also immer noch ein paar Ruten hinzu. Auch wenn einen zwischendurch Zweifel befielen, im Nachhinein war es richtig, Rute und Köder fein aufeinander abzustimmen. Man kann einfach nicht ungestraft einen schweren Spinner an einer zu leichten Rute fischen. Andersherum gilt das natürlich genauso.

Wer mit dem Spinner ans Wasser geht, muss aber nicht nur wissen, welche Rute er für seinen Köder braucht. Er muss auch die Grenzen des Spinners kennen und beachten. Nun habe ich zwar behauptet, dass der Spinner ideal ist für den Einstieg in das Kunstköderangeln. Das sollte aber nicht heißen, dass es dafür nichts zu lernen gäbe. Das gibt es nämlich sehr wohl, man kann dabei sogar ganz grundsätzliche Dinge darüber erfahren, wie sich ein Kunstköder an der Angel verhält und was man mit ihm machen muss. Und wer den Umgang mit Spinnern gründlich erlernt hat, wird das zweifellos auch an seinen verbesserten Fangerfolgen bemerken.

Vernünftig bleiben

Das Hechtangeln mit Spinnern kann sehr unterschiedlich aussehen, je nachdem, wie groß die Spinner sind. Das soll nicht heißen, dass man für jede Spinnergröße eine eigene Technik anwenden muss. Aber man kann doch mit Spinnern sehr unterschiedlicher Größen und Formen gleichermaßen erfolgreich auf Hecht angeln.

Ende der sechziger Jahre war es bei den Spinnfischern in den Niederlanden modern, mit ultraleichtem Gerät auf Hecht zu angeln. Ich habe da selber auch mitgemacht und betrachte es als eine wichtige Erfahrung. Es

Mit Spinner auf Hecht

In Poldern soll es keine großen Hechte geben? Das ist nur ein Gerücht.

hat mir geholfen, Sinn und Unsinn deutlicher zu unterscheiden. Sicherlich geht es vielen Anglern so: Erst wenn man sich eingehend mit einer bestimmten Angelmethode befasst, erkennt man nach und nach, welche Möglichkeiten sie bietet und wo ihre Grenzen liegen.

Ich fing mit den üblichen Ködern an, einem Spinner mit einem vier Zentimeter langen Blatt. Aber irgendwann wollte ich etwas anderes ausprobieren. In den Gewässern, in denen ich damals angelte, waren die Hechte nicht gerade riesig. Also habe ich meine Geräte recht leicht gewählt.

In den fanatischen Kreisen der Kunstköderangler, in denen ich verkehre, hatte man selbstverständlich für jeden Spinner eine eigene Rute. Das 6-Zentimeter-Spinnerblatt wurde an einer Rute mit 15 Gramm Wurfgewicht gefischt, das 5-Zentimeter-Blatt an einer 12-Gramm-Rute, das 4,5-Zentimeter-Blatt erforderte eine Rute mit einem optimalen Wurfgewicht von 10 Gramm. Und so ging es weiter, immer leichter. Schließlich fischte ich Ruten mit Wurfgewichten von 5 und 3 Gramm. Damit konnte ich Spinner mit 2 bis 3 Zentimeter langen Blättern benutzen. An diesem Gerät, kombiniert mit einer Schnur von 0,14 oder 0,16 Millimeter Durchmesser, wirkte ein knapp maßiger Hecht wie ein kapitaler Bursche.

So stand ich also am Poldergraben, einen zarten Stab von Spinnrute in der Hand, eine hauchdünne Schnur und einen Minispinner, und fing Hechte. Eigentlich war das keine „ehrliche" Methode. Einmal hatte ich wieder eine gute Strecke kleiner Hechte gefangen, als ich am gegenüberliegenden Ufer einen stattlichen Hecht rauben sah. Ich muss es gestehen, mir fehlte der Mut, ihn mit meinen Geräten anzuwerfen. Denn schon vor dem Wurf stünde fest, wer das Duell gewinnen würde.

Das war einer der letzten Tage, an denen ich mit ultraleichtem Gerät ans Hechtgewässer gegangen bin. Eigentlich wollte ich diesen Hecht nämlich sehr gern fangen. Aber: Ultraleicht, großer Hecht und viele Wasserpflanzen, diese Kombination passt nicht zusammen. Erstens lässt sich ein großer Hecht nur sehr selten von einem kleinen Köder zum Anbiss verleiten. Je größer der Hecht, desto größer ist auch seine potentielle Beute. Zweitens wäre es sehr leichtsinnig, einen großen Hecht zwischen Wasserpflanzen an einer Schnur zu drillen, die gerade einmal zwei Pfund trägt. Der Misserfolg ist damit geradezu vorprogrammiert.

Nun will ich wiederum nicht behaupten, dass Hechte immer nach großen Ködern verlangen. So ist es auch wieder nicht. Richtig ist ein goldener Mittelweg bei der Köderwahl. Darauf werde ich noch einige Male eingehen.

Nun aber zurück zu den Spinnern. Ein schlanker Spinner mit einem vier Zentimeter langen Blatt zieht auch an einem großen Hecht nicht unbemerkt vorüber. Solch ein Spinner gehört an eine Schnur mit fünf oder sechs Pfund Tragkraft. An einer nicht zu leichten Spinnrute ist man damit so gut ausgerüstet, dass man auch einen Hecht von rund einem Meter sicher landen kann.

Welche Geräte braucht man also, um es mit dem Hecht aufnehmen zu können, ohne leichtsinnig zu werden? Auf diese Frage folgt eine zweite Frage. Wo will ich auf Hecht angeln? Handelt es sich um ein relativ kleines, schmales Gewässer wie einen Poldergraben, dann muss das Gerät nicht allzu schwer sein. Eine Rute mit einem Wurfgewicht von acht Gramm kann völlig ausreichen. Allerdings liegt man damit nahe an der unteren Gewichtsgrenze. Wenn das Gewässer nicht zu sehr bewachsen ist und keine weiten Fluchten zu befürchten sind, reicht eine solche Rute völlig aus. An Poldergräben und schmalen Kanälen muss man immer in der Lage sein, mit dem leichten Spinner, der zum Wurfgewicht der Rute passt, vor das gegenüberliegende Ufer zu werfen. Gelingt das nicht, dann ist das Gerät zu leicht, um das Gewässer ausreichend befischen zu können.

Vereinfacht ausgedrückt gilt, dass mit zunehmender Gewässergröße auch mit immer größeren Fischen gerechnet werden muss. Deshalb liegt es nahe, auch den Spinner und dementsprechend die Rute schwerer zu wählen, wenn es an die größeren Poldergräben und Kanäle geht. Diese Wahl wird aber noch durch andere Faktoren bestimmt. Die weiteren Entfernungen erfordern ein höheres Ködergewicht. Oft zeichnen die größeren Gewässer sich auch durch einen stärkeren Pflanzenbewuchs aus, und das ist die Gefahrenquelle, von der man den flüchtenden Fisch fernhalten muss.

Die Rute sollte deshalb mit einem Wurfgewicht von 10 bis 12 Gramm ausgelegt sein. Dazu gehört eine Schnur mit sechs Pfund Tragkraft. Damit lassen sich vier bis viereinhalb Zentimeter lange Spinner problemlos fischen.

Begeben wir uns an noch größere Gewässer, beispielsweise an tiefe Kanäle oder Seen, werden wir das Gerät wiederum eine Stufe schwerer wählen, um die Wurfweiten noch etwas steigern zu können, aber auch, um den durchschnittlich größeren Fischen gerecht zu werden. Jetzt sind fünf bis sechs Zentimeter lange Spinnerblätter gefragt, die für beträchtlichen Wirbel im Wasser sorgen.

Um das richtige Gespür für diese Spinner zu gewinnen, ist eine Rute mit einem Wurfgewicht von 15 bis 18 Gramm erforderlich. Damit lassen sich die Spinner über große Entfernungen mit einem sicheren Gefühl für ihre Bewegung führen. Weil der Wasserwiderstand so großer Spinnblätter starken Druck auf die Rute ausübt, sollte die Rute möglichst hart gewählt werden. Spinner und Rute verlangen nach einer entsprechend starken Schnur, die eine Tragkraft von 10 bis 12 Pfund nicht unterschreiten darf.

Noch eine Flucht, und dann war das Duell entschieden.

Ist Ihnen so schweres Gerät für das Angeln mit Spinnern unsympathisch, dann können Sie selbstverständlich auch mit leichterem Gerät an großen Gewässern fischen. Unter Umständen müssen Sie in Kauf nehmen, dass Sie das Gewässer nicht vollständig abfischen können. Wahrscheinlich werden kleinere Spinner auch nicht immer die volle Aufmerksamkeit des Hechtes auf sich lenken. Das gilt besonders für die kalte Jahreszeit. Ich bin fest davon überzeugt, dass man den Hecht gerade dann, wenn seine Stoffwechselaktivität gering ist, viel besser mit großen Spinnern zum Anbiss reizen kann.

Wir haben also bis jetzt vier verschiedene Geräteausstattungen zusammengestellt. Die Ruten dazu haben ein optimales Wurfgewicht von 8, 10, 12 sowie 14 bis 18 Gramm. Diese feine Unterteilung des Gerätes nach nur wenigen Gramm erscheint vielleicht übertrieben. In der Praxis erweist es sich jedoch als sinnvoll und erforderlich, wenn

■ Mit Spinner auf Hecht

man den Spinner mit dem notwendigen Gefühl für den Köder werfen und führen will. Mit den leichten Ruten von 8 oder 10 Gramm Wurfgewicht ist man tatsächlich sogar sehr stark eingeschränkt bei der Auswahl der Kunstköder. Das bezieht sich nicht nur auf den geeigneten Spinner, sondern auch auf die wenigen kleinen Blinker und Mini-Wobbler, die mit einer solchen Rute geführt werden können. Wer beispielsweise mit einer solchen Rute auch einen tief tauchenden Wobbler von 8 oder 10 Gramm fischen möchte, wird eine unangenehme Überraschung erleben. Der Wasserwiderstand des Wobblers ist nämlich viel zu stark für die leichte Rute. An den leichten Ruten können also als alternative Kunstköder neben leichten Gummifischen und Twistern nur noch leichte Schwimmwobbler geführt werden, die mit geringem Wasserwiderstand in Oberflächennähe laufen.

Wer mit einer der genannten Ruten einen anderen als den empfohlenen Spinner fischen will, wird aber auch sehr schnell bemerken, dass dies zu einem unbefriedigenden Ergebnis führt. Mit einem schwereren Spinner ist die Rute überlastet, sie krümmt sich beim Einholen des Köders. Der Druck des Spinners ist zu stark, die Rute hat nicht die nötige Kraft, um den Spinner sicher dirigieren zu können.

Wird dagegen mit einem zu kleinen Spinner gefischt, ist die Rute nicht ausgelastet. Der Angler kann so nicht sicher spüren, wie sich der Spinner im Wasser bewegt. Auch so ist kein gutes Spinnfischen möglich, der Nachteil wiegt aber geringer als bei einer überlasteten Ruten. Mit einer Rute, die sich bereits unter dem Druck des Spinners biegt, wird es sehr schwierig, noch einen Anhieb so zu setzen, dass der Haken im harten Hechtmaul sitzt.

Mit einer etwas schwereren Rute braucht man nicht ganz so genau aufs Gramm zu achten. Muss man bei den feinen 8- oder 10-Gramm-Ruten die Wahl des Spinners exakt auf das Wurfgewicht abstimmen, so kann man mit einer 12-Gramm-Rute den Spinner auch noch etwas leichter oder schwerer wählen, ohne dass die Rute dadurch hoffnungslos unter- oder überlastet ist.

Die Bandbreite verwendbarer Köder wird immer größer, je schwerer die Rute ist. Vor allem für große Gewässer, an denen man mit sehr großen Spinnern fischt, die oft einen beschwerten Körper haben, braucht man eine schwerere Rute, die mühelos auch mit Ködergewichten von 30 Gramm und mehr fertig wird. Wer mit leichten Spinnruten angefangen hat, wird das schon für einen außerordentlich schweren Stock halten. Unter Umständen müssen wir aber zu noch schwereren Ruten greifen, die sogar das doppelte Gewicht werfen.

Mit den bislang erwähnten Spinnergrößen ist die Obergrenze noch nicht erreicht. Und wenn das Ziel die wirklich kapitalen Hechte großer Seen sind, dann müssen die

Auf großen Seen kommen auch große Spinner zum Einsatz. Solch ein Spinnerbait wird mit etwas Gummi noch zusätzlich vergrößert. Werfen kann man sie nicht gut, aber geschleppt fangen sie ausgezeichnet.

Ein großer Hecht taucht nach heftigem Gefecht wie ein U-Boot auf.

richtig schweren Spinner montiert werden. Die wiederum erfordern eine sehr schwere Spinnrute, um technisch sauber fischen zu können.

Die Rede ist hier von Spinnern wie dem Giant Killer von Mepps. Für einige Spinnfischer ist das ein erschreckendes Ungetüm, das sie lieber nicht zur Hand nehmen. Für die großen Binnengewässern, die ich befische, sind dies aber noch nicht einmal die größten Spinner. Ich benutze sogar noch erheblich größere Exemplare. In meinem Ködersortiment befinden sich einige Spinner, die mehr als 50 Gramm wiegen, - im trockenen Zustand. Diese Spinner sind nämlich zum Teil mit reichlich Bucktail ausgestattet. Wenn dieses nass geworden ist, erhöht sich das Gewicht des Ködern noch einmal um etwa ein Drittel.

Solche extrem schweren Spinner sind auf großen Gewässern meine Favoriten. Auf die kapitalen Hecht meiner bevorzugten Seen haben diese Riesen-Spinner eine unwiderstehliche Wirkung. Das Einsatzgebiet solcher Spinner sind aber tatsächlich nur Gewässer, von denen wir wissen, dass sich darin große Hechte aufhalten. Kleinere Räuber vergreifen sich nur äußerst selten an diesen Ködern. Man hat also kaum Beifänge. Wenn ein Fisch den Spinner nimmt, dann wird es sich sehr wahrscheinlich um einen Kapitalen handeln.

Spinnrute und Rutenaktion

Ruten werden nicht speziell für das Fischen mit Spinnern hergestellt. Die Bezeichnung als Spinnrute ist daher leicht irreführend. Dennoch sprechen wir hier von Spinnruten, auch wenn damit neben Spinnern auch Blinker, Wobbler und Gummiköder gefischt werden.

Bislang habe ich nur das Wurfgewicht als Eigenschaft der Ruten genannt. Welche Eigenschaften müssen sie noch haben? Die leichtesten Ruten haben, wie beschrieben, ein Wurfgewicht von 8 oder 10 Gramm. Für mich ist das die Untergrenze beim Hechtangeln. Es gibt zwar Experten, die das Gerät noch leichter wählen, aber das bedeutet zwangsläufig, dass man sich an kleineren Fischen orientiert. Mit sehr kleinen Ködern fängt man aber nun einmal häufig auch untermäßige Fische. Und auf die haben wir es nicht abgesehen. Auch die 8- und 10-Gramm-Ruten sind immer noch feine Spezialgeräte, mit denen wir nur ein eng begrenztes Köderspektrum bedienen können. Eine solche Rute sollte eine parabolische Aktion haben, mit der sie sich unter Belastung gleichmäßig biegt. Diese Aktion ist deshalb so wichtig, weil wir passend zur Rute eine recht dünne Schnur verwenden müssen. Wie beschrieben, entscheide ich mich für eine Schnur mit einer Tragkraft von 5 bis 6 Pfund. Welchen Durchmesser diese Schnur hat, hängt ganz von dem jeweiligen Produkt ab. Bei gleicher Tragkraft variiert der Durchmesser verschiedener Schnüre nämlich nicht unerheblich. Ich ent-

Mit Spinner auf Hecht

Oben: Dieser Vibrax-Spinner ist etwa 15 Zentimeter lang, sein Blatt ist aber relativ klein. Damit zieht er nicht zu sehr an der Rute.
Links: Handlandung eines Kapitalen. Bei einem Köder mit einem Drilling oder zwei Einzelhaken ist das auch für einen Anfänger eine sichere Sache. Das ist ein großer Vorteil von Spinnern.

scheide dann nach einem weiteren Gesichtspunkt. Die Monofilschnur für das leichte Gerät sollte die geringste mögliche Dehnung aufweisen.

Mit der Kombination leichte Rute, feine Schnur und kleiner Köder haben wir einem stärkeren Hecht im Zweifelsfall nicht viel Widerstand entgegenzusetzen. Daher eine Rute mit parabolischer Aktion, mit der die Manöver des Hechts im Drill noch etwas abgefangen werden können. Im Zusammenspiel mit der Rutenaktion muss auch die Rolle ihre Feinarbeit verrichten. Dafür muss die Bremse exakt eingestellt sein und reibungslos funktionieren. Bei so feinem Material muss sich aber nicht nur das Gerät geschmeidig bewegen, sondern auch der Angler. In den brenzligen Situationen muss er selber mitgehen, die Aktionen des Hechts mit seinen eigenen Bewegungen abfangen. Einen Räuber an einer zarten parabolischen Rute zu drillen, ist deshalb manchmal wie ein Ballett, bei dem man in Wechselwirkung mit seinem Gegenüber bis zum Schlussakt in Bewegung bleibt. Das ist es, was das leichte und ultraleichte Angeln auf Hecht so reizvoll macht.

Ruten mit parabolischer Aktion sind gegenüber schnelleren Ruten mit Semi-Parabolik oder Spitzenaktion nachgiebiger. Die Schläge und Fluchten des Fisches werden durch die geschmeidige Biegung der Rute, die bis hinunter in den Griffbereich geht, abgefangen. Diese Pufferfunktion ist bei schnelleren Ruten weniger, manchmal fast gar nicht ausgeprägt.

Hohe Belastung

Parabolische Ruten vertragen hohe Belastungen. Mit der Rute kann man selbst dann noch gut hantieren, wenn sie unter hohem Druck bis zu 90 Grad gebogen ist. Eine Rute aus gutem Material kann auch noch weiter gebogen werden. Die Rutenspitze wird dann aber irgendwann nicht mehr richtig arbeiten. In den gewöhnlichen Drillsituationen wird man die Rute nicht bis zum viel zitierten Halbkreis biegen. Der Druck auf den Fisch ist schon vorher stark genug. Dabei muss man sich niemals darum sorgen, dass die Rute brechen oder die Schnur reißen könnte. Wenn man dagegen eine schnellere Rute verwendet, sind diese Sorgen durchaus angebracht.

Die Pufferwirkung im Drill ließe sich grundsätzlich noch vergrößern, indem die parabolische Rute mit einer weichen Schnur mit viel Dehnung kombiniert wird. Damit würde das Gerät aber leicht zu weich werden. Das hätte zur Folge, dass ein Anhieb nicht mit ausreichendem Druck durchgebracht werden kann. Verlassen wir uns also auf die Nachgiebigkeit der Rute und wählen die Schnur unnachgiebig.

Weiche Schnüre haben im übrigen häufig einen größeren Durchmesser als harte Schnüre mit geringer Dehnung. Und ein größerer Durchmesser kann zu einem gravierenden Nachteil werden, wenn der Köder bei starkem Wind geworfen werden muss. Da man schon mit dem kleinen Spinner kein Wurfgeschoss hat, das sicher durch den Wind schneidet, kann eine zu dicke Schnur den letzten Rest von Wurfgenauigkeit vereiteln. Dabei kommt es an kleineren Gewässern genau darauf an. Der Köder muss äußerst präzise platziert werden, damit er vor dem Maul des Räubers landet und nicht daneben oder womöglich sogar in irgendwelchen Hindernissen.

Wenn die Schnur also möglichst dünn sein soll und nur eine geringe Dehnung haben darf, so könnten Sie jetzt fragen, wieso nehmen wir dann nicht gleich eine moderne geflochtene Schnur? Die Antwort ist recht einfach: Es gibt gegenwärtig noch keine Geflochtene, die den Ansprüchen beim Spinnen mit leichten Kunstködern genügt. Die feinen geflochtenen Schnüre sind einfach zu leicht. Sie sind so leicht, dass sie bei einem bisschen Seitenwind schon von der Rolle geblasen werden. Wenn der Rollenbügel

Ein Spinner der Marke Eigenbau hat sich als fängig erwiesen. Er ist aus Teilen verschiedener Spinner zusammengesetzt, neu ist nur der Stahldraht, der alles zusammenhält.

Mit Spinner auf Hecht

umschlägt, erfasst er die Schnur nicht straff, mit den ersten Umdrehungen wird die Schnur viel zu locker aufgespult. Oft genug kommt es noch schlimmer, dann nämlich, wenn die Schnur an einer anderen Stelle der Rollen hängen bleibt und gar nicht aufgespult werden kann. Ich habe selber lange und intensiv mit verschiedenen geflochtenen Schnüren für leichte und ultraleichte Spinnköder experimentiert, aber bislang habe ich keine gute Alternative zur monofilen Schnur gefunden. So wie die Entwicklung sich bei den geflochtenen Schnüren zeigt, könnten die Probleme aber schon bald der Vergangenheit angehören.

Eine parabolische Rute hat für unsere Zwecke aber noch weitere Vorteile. Wollte man für die sehr leichten Kunstköder eine schnelle Rute haben, dann würde diese aus material-technischen Gründen recht kurz ausfallen. Parabolische Ruten mit gleichem Wurfgewicht können dagegen länger konstruiert werden. Die Glasfaserruten, mit denen ich früher geangelt habe, waren nicht länger als 1,80 Meter. Die heutigen Kohlefaserruten können wesentlich steifer konstruiert werden. Das eröffnet die Möglichkeit, die Rute auch länger zu bauen, ohne dass ihre Wurfeigenschaften dadurch beeinträchtigt werden.

Die 8-Gramm-Rute hat mit 2,0 Meter oder auch etwas darüber die richtige Länge für das leichte Spinnfischen. Für die 10-Gramm-Rute sollten es sogar noch ein paar Dezimeter mehr sein. Die so gewonnene Rutenlänge ist keinesfalls unwichtig. Mit einer längeren Rute fällt es leichter, den Köder sicher zu führen, und wir haben eine größere Reichweite, um Hindernissen auszuweichen. Schließlich sind wir mit einer längeren Rute auch im Vorteil, wenn es darum geht, den Anhieb zu setzen. Das macht sich vor allem dann positiv bemerkbar, wenn der Anhieb auf große Entfernung erfolgreich sein soll.

Sofern die Gewässerverhältnisse es erlauben, ist das leichte Spinnfischen auf Hecht eine interessante und erfolgversprechende Methode, auch wenn die Durchschnittsgröße der Fänge oft nicht allzu hoch liegt. Aber so mancher Angler, der sich dem ultraleichten Fischen verschrieben hat, verzichtet lieber auf ein paar größere Fische, ehe er grobes Angelgerät in die Hand nimmt. Wer einmal mit dem leichten Geschirr gut gefangen hat, wird das sicherlich nachvollziehen können.

Etwas schwerer

Wenn Ihnen an dem leichten Gerät immer wieder Hechte entkommen oder Sie häufig die Plätze nicht erreichen, an denen Sie eigentlich fischen wollen, dann wird es doch Zeit, sich einer schwereren Rute zuzuwenden. Vielleicht eine Rute mit 12 Gramm Wurfgewicht, oder doch gleich noch eine Kleinigkeit schwerer, damit ein etwas größeres Ködersortiment gefischt werden kann?

Eine schwierige Entscheidung, die man immer auch von den jeweiligen Gewässerbedingungen abhängig machen sollte. Eine

In der Regel werden Spinner hoch geführt. Deshalb geht es meistens direkt nach dem Biss an der Oberfläche turbulent zu.

Dem Angler stehen viele hundert verschiedene Spinner zur Auswahl. Fürs flache Wasser sollte der Spinner keine beschwerte Achse haben. Wichtig ist, dass der Drilling groß genug ist. Die Achse des Spinners muss dick und stark genug sein, damit sie sich nicht verbiegt. Hersteller, die diese Punkte genau beachten, machen bessere Produkte, - die aber auch teurer sind.

schwerere Rute bietet gleich eine Reihe neuer Möglichkeiten. Dennoch würde ich erst einmal einen kleinen Schritt von der 10- zur 12-Gramm-Rute machen. All diese leichten Spinnruten scheinen so dicht beieinander zu liegen: 8 Gramm, 10 Gramm, 12 Gramm, das sind auch in der Tat nur sehr feine Unterschiede, aber wenn man es genau nimmt mit dem Spinnfischen, sind es eben auch spürbare Unterschiede. Der geringe Unterschied kann bewirken, dass Sie die Gelegenheiten, die Sie vorher verpasst haben, jetzt wahrnehmen können, dass Sie jetzt genau auf die Bedingungen am Wasser eingestellt sind. Zu schweres Gerät würde möglicherweise sogar über das Ziel hinausschießen.

Ein Spinner mit einem 5 Millimeter längeren Blatt könnte für die 10-Gramm-Rute tatsächlich zu viel sein. Um solche Feinheiten geht es aber, wenn man mit dem leichten Gerät erfolgreich sein will. Auf diese Kleinigkeiten müssen wir erst dann nicht mehr achten, wenn wir mit mittleren und schweren Spinnruten fischen. Dann spielt etwas mehr oder weniger Gewicht oder Länge des Spinners keine große Rolle.

Welche neuen Möglichkeiten bietet nun die leichte Rute mit ihren 12 Gramm Wurfgewicht, also gerade einmal zwei Gramm mehr? Wer noch nie in diesem Leicht-Bereich geangelt hat, kann es sich vielleicht nicht recht vorstellen. Wer das Spinnfischen aber schon einige Zeit mit solchen Ruten betrieben hat, der merkt sofort deutlich: Jetzt hat er eine spürbar stärkere Rute in der Hand. Das wirkt sich auch aus, zunächst einmal auf den Spinner, der jetzt etwas größer gewählt wird. Die Rute hat mehr Rückgrat und erlaubt weitere Würfe und eine sichere Führung des Köders. Was für mich das Wichtigste ist: Auf weite Entfernung kommt der Anhieb mit größerer Wahrscheinlichkeit durch, die Quote sicher gehakter Fische ist eindeutig höher. Das hängt sicherlich auch mit der stärkeren Schnur zusammen, die an dieser Rute gefischt wird. Auch im Drill kann mit dem Gerät etwas forciert werden. Allerdings sollte man bedenken, dass man immer noch mit feinem Material fischt und nicht leichtsinnig einen Schnurriss riskieren.

Auch bei der 12-Gramm-Rute ist mir eine parabolische Aktion immer noch am liebsten. Einige Angler, die viel Erfahrung mit leichtem Gerät gesammelt haben, entscheiden sich aber auch für eine Rute mit etwas mehr Spitzenaktion. Für einen Anfänger ist das aber nicht die richtige Wahl. Eine schnelle Rute kann einem auch in dieser Gewichtsklasse große Probleme bereiten. In den kleineren Gewässern, für die dieses Gerät bestimmt ist, sind nicht die größten Hechte zu erwarten. Aber auch die kleinen Hechte sind, wenngleich nicht so stark, doch sehr

Mit Spinner auf Hecht

Wenn der Hecht an der Oberfläche kämpft, gelingt es ihm oft, den Spinner abzuschütteln. Die Schnur muss deshalb im Drill auf Spannung gehalten werden.

schnell. Ein Drill dauert deshalb nicht sonderlich lange, dafür ist er aber spektakulär. Blitzschnell schießt der gehakte Fisch auf die Wasserpflanzen oder ein Hindernis zu. Mit einer schnellen Rute wird es jetzt gefährlich, weil sie die Flucht nicht abfedert, mit einer parabolischen Aktion lässt man den Fisch unter zunehmendem Druck noch ein Stück ziehen und bremst ihn dann ab. Das sieht nicht nur aufregender aus, es ist auch sicherer.

Grundvoraussetzung für einen erfolgreichen Drill ist eine gut eingestellte Bremse. Die Rute wird beim Drill nach oben gehalten, auf keinen Fall darf sie auf den Fisch zeigen, dann hat die Aktionskraft der Rute nämlich keine Wirkung. Droht der flüchtende Fisch dennoch sein anvisiertes Hindernis zu erreichen, hilft nur noch die „Fingerbremse".

Drücken Sie mit dem Zeigefinger auf die Rollenspule und verstärken Sie damit die Bremswirkung. Dabei wird sich die Rute wahrscheinlich noch stärker biegen, aber keine Sorge: Eine gute parabolische Rute macht das ohne Bruchgefahr mit. Zumindest auf größere Entfernung wird auch die Schnur noch Pufferwirkung entwickeln. Wir haben zwar eine Monofile mit geringer Dehnung auf der Rolle, aber auf Distanz wird auch sie sich noch dehnen. Im Drill ist das nicht unerwünscht, lässt sich doch der Fisch so sanft aber sicher abbremsen.

Kraftprotze

Wir verlassen nun die kleinen, flachen Gewässer und begeben uns, den Spinner im Gepäck, an die großen Binnengewässer. Dort greifen wir zu ganz anderen Angelruten.

Ruten ist eigentlich schon zu viel gesagt, denn im Prinzip reicht eine Rute vollkommen aus. Selbstverständlich kann man auch auf großen, tiefen Gewässern wiederum mit einer leichten, einer mittleren und einer schweren Rute fischen, aber ich denke, man ist in diesem Fall auch mit nur einer Rute jeder Situation gewachsen.

Je höher das Wurfgewicht einer Rute, desto größer das Spektrum der Kunstköder, die man mit ihr fischen kann. Diese Feststellung habe ich oben schon einmal getroffen. Nehmen wir einmal an, wir haben eine Rute mit einem optimalen Wurfgewicht von 40 Gramm. Mit ihr können wir meistens auch noch ein Gewicht von 30 Gramm ganz ordentlich werfen. Die Rute ist dann lediglich etwas zu gering belastet. Wenn man mit einer Multirolle wirft, muss man darauf achten, dass keine Perücken entstehen. Die Wurfweiten liegen auch etwas unter denen mit dem idealen Wurfgewicht.

Fischt man dagegen mit einem Gewicht über 40 Gramm, dann wird die Rute träger. Man erreicht wiederum nicht die möglichen Wurfweiten der Rute. Mit einer Multirolle kann man den behäbigeren Wurf sogar leichter abbremsen. Probleme mit Perücken dürfte es aber kaum geben.

Ich rede nun vor allem über Ruten in der Kombination mit Multirollen. Natürlich kann man diese Ruten auch mit einer Stationärrolle benutzen. Aber ich bin mir sicher, dass Sie bei dieser Art zu Angeln nie wieder eine Stationärrolle benutzen wollen, wenn Sie es erst einmal mit einer Multirolle ausprobiert haben.

Über das optimale Wurfgewicht der Rute mit 40 Gramm kann man sicherlich diskutieren. Wer eine Vorliebe für leichteres Gerät hat, kann hier auch auf 20 Gramm herunter gehen. Damit hat die Rute immer noch einen gewissen Toleranzbereich, aber zu den höheren Ködergewichten wird es eben eng.

Es gibt auch Angler, die es immer etwas schwerer lieben. Auch das ist möglich, nehmen Sie beispielsweise eine Rute mit einem Wurfgewicht von 80 Gramm. Damit können Sie sogar ein weiteres Köderspektrum im schwergewichtigen Bereich bedienen. Die Stärke solcher Ruten liegt beim Fischen mit großen Tandem-Spinnern oder Spinnerbaits, für die man dann immer noch viel Gefühl aufbringt. Sogar leichtere Köder lassen sich werfen. Wenn dann aber ein Hecht beißt, macht sich ein Nachteil bemerkbar. Ein normaler, selbst ein größerer Fisch schafft es kaum, einen solchen Besenstiel zu krümmen. So bereitet der Fang doch nicht das richtige Vergnügen.

Über die richtige Länge der Rute lässt sich trefflich diskutieren. Ich habe mir selber einmal einen ordentlichen Fehlkauf geleistet. Den würde ich Ihnen gern ersparen. Kaufen Sie also keine zu kurze Rute. Mir erschien es nämlich einmal sehr plausibel, die schweren Spinner mit einer Rute zu fischen, wie man sie für schwere Wobbler und Jerkbaits einsetzt. Danach dachte ich mir, dass ich eine lange Rute bräuchte, die ich sowohl zum Fischen mit Spinnern als auch Wobblern einsetzen könnte. Das erwies sich als gar nicht einmal so abwegig. Eine längere Rute eignet sich ausgezeichnet dazu, Spinner zu werfen. Und Wobbler lassen sich damit ebenfalls gut fischen. Dennoch bin ich dazu übergegangen, für die verschiedenen Spinnköder auch verschiedene Ruten einzusetzen, die besser auf die jeweiligen Bedürfnisse zugeschnitten sind. Nur in einem Fall verwende ich ein und dieselbe Rute sowohl für Spinner als auch für Wobbler, nämlich beim Schleppen. Das überrascht Sie möglicherweise. Mit Spinnern schleppen? Aber ja, das funktioniert sogar ausgezeichnet. Dazu aber später mehr.

Meine Rute für schwere Spinner ist 2,30 Meter lang. Sie dürfte auch einige Zentimeter kürzer sein, ohne dass man damit entscheidende Nachteile hätte. Diese Rute ist

Viele Wobbler und Jerkbaits von Bertus Rozemeijer sind schwarz-rot. Auch bei den Spinnern schätzt er diese Farbkombination.

Mit Spinner auf Hecht

kompromisslos schnell. In dieser Gewichtsklasse rücke ich nun also von dem Ideal einer parabolischen Aktion ab. Dafür habe ich natürlich gute Gründe. Jeder Spinner, den ich mit diesem Gerät einsetze, wiegt, wenn er nass ist, mindestens 40 Gramm. Den kapitalen Hechten der großen Binnenseen mutet man damit keineswegs zu viel zu. Solche Spinner werden schließlich über ihren Metallkörper hinaus noch gezielt vergrößert mit Bucktail oder Twisterschwänzen.

Groß-Spinner, die mit Kunststoffverzierung versehen sind, verändern ihr Gewicht natürlich nicht durch Wasseraufnahme. Bei Bucktail-Spinnern ist das anders, das muss man unbedingt bedenken. Die natürlichen Bucktail-Haare saugen sich regelrecht mit Wasser voll, das Gewicht des Köders erhöht sich im nassen Zustand auf einmal drastisch. Wenn auf der Verpackung eines Bucktail-Spinners eine Gewichtsangabe steht, dann ist das immer das Trockengewicht. Bei der Abstimmung von Wurfgewicht der Rute und Spinner muss man deshalb immer einkalkulieren, dass sich das Ködergewicht mit nassem Bucktail um rund 30 Prozent erhöht.

Mit dem hohen Ködergewicht und der schweren Spinnrute sind wir in der Lage, große Wurfweiten zu erzielen. Die brauchen wir schließlich auch. Denn auf einem großen Gewässer ist es eine Grundvoraussetzung für den Erfolg, dass man mit den Würfen weite Strecken abdeckt. Oft geht es aber nicht nur darum, große Wurfweiten zu erzielen. Es sind auch genaue Würfe erforderlich. Denn auf großen Gewässern gilt es immer wieder die interessanten Bereich mit Pflanzenbewuchs oder anderen Einständen aufzusuchen. Jeder ungenaue Wurf kann dort den Verlust des Köders bedeuten.

Eine Rute mit Spitzenaktion ermöglicht es mir, weite und dabei zugleich genaue Würfe durchzuführen. Zudem hat sie den Vorteil, dass man mit ihr ein breiteres Gewichtsspektrum von Kunstködern werfen kann. Mit einer parabolischen Aktion wäre man den wechselnden Gewichten nicht gewachsen. Sobald man das optimale Wurfgewicht der parabolischen Rute mit Schnüren von 15 bis 20 Pfund Tragkraft etwas überschreitet, wird die Rute zu träge. Das Gerät ist hoffnungslos überlastet.

Eine parabolische Aktion würde die Rute nicht nur sehr träge machen, mit ihr wäre es auch kaum noch möglich, einen Anhieb durchzubringen, um den Haken richtig zu setzen. Wer mit schweren Bucktail-Spinnern auf Hecht angelt, muss sich darüber im Klaren sein, dass ein Anbiss mit einem knallharten Anhieb zu quittieren ist. Das gilt nicht nur für Bisse, die auf große Entfernung erfolgen. Auch auf kurze Distanz muss stark angeschlagen werden, denn das Spinnerblatt bietet nicht nur im Wasser viel Widerstand, auch im Hechtmaul fängt das Spinnerblatt einige Energie des Anhiebs ab, die dann nicht mehr auf die Hakenspitzen wirkt. Außerdem wird der Drilling auch noch von dem dicken Bucktail-Büschel überdeckt, was die Zugkraft auf den Drilling beim Anhieb zusätzlich noch etwas reduziert. Ein starker Anhieb ist also unverzichtbar, genauso der straffe Zug, mit dem Schnur und Haken anschließend immer auf Spannung gehalten werden.

Was für Bucktail-Spinner gilt, trifft in diesem Fall auch auf Spinner mit Twisterschwanz und andere Gummizier zu. Wenn der Hecht vor allem das Gummi gepackt hat, wird dadurch ebenfalls der Druck auf den Drilling abgeschwächt. Nur der durchschlagende Anhieb mit einer schnellen Rute kann uns vor der Gefahr bewahren, den Fisch schon kurz nach dem Biss wieder zu verlieren.

Das dürften nun ausreichend verständliche Gründe für eine schwere Rute mit Spitzenaktion sein. Ich will aber noch einmal betonen, dass diese Rutenwahl sehr stark von meiner Vorliebe für große Spinner mit Bucktail abhängt. Wenn Sie diese Vorliebe nicht teilen und auf haarige Zusätze und Gummi an Ihren Spinnern verzichten, sollten Sie die Rute ruhig etwas leichter wählen, und auch etwas länger, das erleichtert das Werfen.

Aus meiner langjährigen Erfahrung mit den unterschiedlichsten Spinnern habe ich allerdings die eindeutige Erkenntnis gewonnen, dass auf großen Seen die Fängigkeit von Bucktail-Spinnern weit vor der anderer Spinner liegt. Die Einordnung als groß bemisst sich bei Bucktail-Spinnern übrigens etwas anders. Das Spinnerblatt muss nicht riesig sein. Ein Blatt von sechs Zentimeter Länge reicht vollkommen aus. Was dahinter kommt, die Bucktail-Haare, das sollte aber groß und voluminös sein. Wer

Darf man auch dazu noch Spinner sagen? Diese Kunstköder entsprechen nicht der Form des klassischen Spinners. Bei ihnen dreht sich der gesamte Körper um die eigene Achse. Demnach könnte man sie also durchaus als Spinner bezeichnen. Beide sind übrigens ausgesprochen fängige Kunstköder.

Ein Fang auf Rot-Schwarz, der Lieblings-Farbkombination von Bertus Rozemeijer.

große Hechte fangen will, kommt um solche Spinner nicht herum und damit auch nicht um die schwere Spinnrute.

Nun haben wir uns schon recht ausführlich mit den Ruten für das Fischen mit Spinnern befasst. Stellt sich nur noch eine Frage. Sollen wir mit einer oder mehreren Ruten angeln gehen? Als ich anfing, auf großflächigen Gewässern mit Spinnern zu angeln, konnte ich mir noch vorstellen, dass ich mit einer Rute gut auskomme. Das hat sich im Laufe der Zeit geändert, ich brauche heute mehrere Ruten, sonst fühle ich mich nicht ausreichend für die verschiedenen Anforderungen ausgestattet.

Allein im Laufe der Jahreszeiten ändern sich die Anforderungen. Zu Beginn der Raubfischsaison zeigen sich die Hechte sehr interessiert an kleineren Spinnern, die besser an einer leichten Rute gefischt werden. Ende Mai, Anfang Juni dürfen die Spinner schon etwas größer werden, die großen Bucktail-Spinner kommen aber immer noch nicht zum Einsatz. Also wird auch zu einer Rute gegriffen, die zu den Spinnern passt und mit der wir mehr Gefühl für den Köder haben. Im Herbst und Winter dann kommen auf den großen Gewässern auch die großen Spinner zum Einsatz. Erst mit ihnen greifen wir zu der schweren Rute mit Spitzenaktion.

Beziehen wir dann noch die kleineren, flachen Gewässer ein, dann kommen noch weitere Ruten hinzu, die ich am Anfang dieses Kapitels beschrieben habe. In den kleinen Gewässern können wir oft beobachten, dass kleinste Brutfische, manchmal nicht einmal einen Zentimeter lang, auf dem Speiseplan der Hechte stehen. Um ihnen einen Köder anzubieten, der in ihr Beuteschema passt, ist eine leichte oder sogar ultraleichte Rute erforderlich.

Der Spinner

Bei der ausführlichen Besprechung der Spinnruten haben wir die Spinner selbst nur ganz am Rande berührt. Ich habe bewusst die Ruten vorangestellt, weil ich der Meinung bin, man sollte sich erst genau das Gerät anschauen, mit dem der Kunstköder präsentiert wird. Nachdem das geschehen ist, können wir nun die Spinner selbst unter die Lupe nehmen.

Und wir steigen gleich mit einem Problem ein, das viele Spinner aufwerfen. Beim Einholen drehen sich die Spinner um ihre eigene Achse. Diese Drehungen übertragen sich auf die Schnur, die damit ebenfalls gedreht wird. Das bemerkt man zunächst kaum. Nach einigen problemlosen Angelstunden passiert es dann: Die Schnur ist verdrallt, überall dreht sie sich um sich selbst, überall entstehen scheinbar Schnurenden, aber keines ist das richtige Ende. Das Ganze verdrallt sich zu einem einzigen Knäuel, bei dem man nicht mehr weiß, wo der Anfang und wo das Ende ist. Meistens kann man nur noch das gesamte Knäuel abschneiden und entsorgen.

Wenn ein Spinner dazu neigt, seine eigenen Drehungen auf die Schnur zu übertragen, muss man also etwas unternehmen, um sich das beschriebene Elend zu ersparen. Selbstverständlich gibt es auch Mittel gegen Schnurdrall. Man kann beispielsweise ein Anti-Drall-Blei auf die Schnur bringen oder ein Anti-Drall-Blatt vor den Spinner schalten. Welches dieser beiden Gegenmittel man im

Mit Spinner auf Hecht

An großen Spinnern bevorzugt Bertus Rozemeijer zwei Einzelhaken. Vor allem in einem dicken Bucktail-Büschel dringen langschenkelige Einzelhaken beim Anhieb besser durch.

Einzelfall einsetzt, hängt sehr von dem Gewässer ab, das befischt werden soll.

Ein Anti-Drall-Blatt sollte man vor allem dann einsetzen, wenn in sehr kaltem Wasser geangelt wird. Niedrige Wassertemperaturen machen es nämlich erforderlich, den Spinner sehr langsam zu führen. Das ist allerdings nicht mit jedem Köder ohne weiteres möglich, vergewissern Sie sich also, dass die Köderführung wie gewünscht funktioniert. Eine entscheidende Rolle spielt auch die Wassertiefe. In flachen Gewässern, die nicht einmal einen Meter tief sind, ist es ratsam, ein Anti-Drall-Blatt zu verwenden.

Zwar kann man auch mit einem Anti-Drall-Blei in sehr flachen Gewässern angeln. Um der Gefahr von Hängern zu entgehen, sollte das Wasser für die üblichen Bleie aber mindestens einen Meter tief sein. Nur mit einem sehr leichten Anti-Drall-Blei sollte man sich an noch flachere Gewässer wagen.

Im Flachwasser gilt es aber zu bedenken, dass der Spinner immer ohne Bodenkontakt geführt werden muss und dass er vor allem von Wasserpflanzen fernzuhalten ist. Meistens leistet einem ein leichteres Anti-Drall-Blatt dabei bessere Dienste als ein Anti-Drall-Blei.

Für ein Anti-Drall-Blei sollte man sich vor allem bei starkem Wind entscheiden, wenn man trotz widriger Umstände noch weite und möglichst genaue Würfe absolvieren will.

Anti-Drall-Blätter gibt es in unterschiedlichen Größen. So lange Sie damit nur kleine, flache Gewässer mit kleineren Spinnern befischen wollen, sollten Sie dafür die kleinsten Anti-Drall-Blätter nehmen, die Sie kriegen können.

Anti-Drall-Bleie gibt es ebenfalls in verschiedenen Größen und Gewichten, angefangen bei einem Gramm bis über zehn Gramm. Letzteres ist natürlich viel zu schwer. Anti-Drall-Bleie von einem oder zwei Gramm sind schwer genug. Ihr Gewicht reicht völlig aus, um das Verdrallen der Schnur zu verhindern, und sie sind auch schwer genug, um einem kleinen Spinner bei Würfen gegen den Wind oder bei Seitenwind noch etwas Gewicht mitzugeben, damit er weiter und genauer geworfen werden kann. Bei größeren Gewässertiefen hat das Anti-Drall-Blei noch den zusätzlichen Effekt, dass der leichte Spinner damit besser auf die gewünschte Tiefe gebracht werden kann.

Wie ich in diesem Buch an verschiedenen Stellen geschrieben habe, attackiert der Hecht seine Beute bevorzugt von unten. Wir wollen es ihm aber nicht zu schwer machen, indem wir den Köder zu hoch führen. Mit etwas Beschwerung senken wir den Köder und bringen ihn damit dichter vor das Hechtmaul. Auf diese Weise können wir immer auch ein paar Hechte überzeugen, die einen weiteren Weg nach oben nicht auf sich genommen hätten.

Beim Hechtangeln gehört natürlich noch etwas vor jeden Spinner, nämlich eine Spinnstange oder ein Stahlvorfach. Ich bin als Hechtangler mit der sicheren Vorstellung herangereift, ein Spinner müsse mit einer kräftigen Spinnstange versehen werden. Heute weiß ich, dass Stahldraht unter Umständen sinnvoller ist. Ein Stück Stahldraht ist immer noch etwas geschmeidiger als eine Metallstange. Für die Beweglichkeit eines Spinners kann das nur einen Vorteil bedeuten.

Aber es gibt noch einiges zu bedenken bei der Entscheidung zwischen Spinnstange und Stahldraht. Eine Spinnstange mit einem Durchmesser von 0,6 oder 0,8 Millimeter ist, wenn ein Hecht einmal ordentlich zugepackt hat, meistens verbogen. Sie muss also sorgfältig wieder gerade gebogen werden. Das ist umso wichtiger, je kleiner der Spinner ist. Sofern die Spinnstange nicht wieder tadellos in Form kommt, beeinträchtigt sie den Spinner, der nicht mehr perfekt laufen wird.

Wird eine Spinnstange schon leicht einmal aus der Form gebracht, so ist die Haltbarkeit eines Stahldrahtes noch kürzer. Natürlich ist solch ein Draht geschmeidiger, und das kommt der Köderpräsentation zugute. Aber wenn er einmal in ein Hechtmaul gerät, ist er schnell so stark beschädigt, geknickt oder verdreht, dass man ihn nur noch wegwerfen kann. Fischt man mit einem derart beschädigten Draht weiter, beeinträchtigt man nicht nur die Laufeigenschaften des Spinners, es kann noch viel schlimmer kommen. Der Draht kann, wenn er erst einmal geschwächt ist, auch leicht reißen, dann ist der Spinner verloren und im schlimmsten Fall auch ein Hecht, in dessen Maul der Spinner zurückbleibt.

Bei Verwendung eines Anti-Drall-Blattes oder -Bleies wird dieses jeweils vor die Spinnstange oder den Stahldraht montiert. Die komplette Montage besteht dann also aus dem Spinner, einer Spinnstange oder Stahldraht sowie dem Anti-Drall-Blatt oder Anti-Drall-Blei. Achten Sie aber darauf, dass diese Montage insgesamt nicht zu lang wird, sonst sind die Probleme beim Werfen nämlich vorprogrammiert. Vor allem wenn wir an schmalen und flachen Gewässern angeln, kommt es aber auf genaue und sichere Würfe an, Fehlwürfe können da leicht den Köder kosten.

Kommen wir nun aber endlich zu den Spinnern selbst. Aus der Besprechung der

In den niederländischen Kanälen kann man immer gut Hechte fangen. Weil nur wenige Angler dort einen Spinner einsetzen, ist er gerade in diesen Gewässern sehr fängig.

Mit Spinner auf Hecht

Eine 2,10 Meter lange Spinnrute, eine Multirolle und geflochtene Schnur von 15 Pfund Tragkraft, damit ist man gut ausgerüstet, um auch die erfahrenen Hechte sicher zu landen.

Ruten und des Zubehörs ist sicher schon deutlich geworden, dass es eine ganze Reihe unterschiedlicher Spinner gibt. Die Unterschiede liegen aber nicht nur in der Größe und dem Gewicht, auch bei der Form des Spinnerblattes gibt es erhebliche Unterschiede. Die Blätter lassen sich grob in drei verschiedene Formen unterteilen, wobei jede ihre ganz charakteristischen Eigenschaften aufweist.

Aber auch über Größe und Blattform hinaus werden die Spinner sehr unterschiedlich konstruiert, weil sie für sehr unterschiedliche Situationen, verschiedene Gewässer und Fischarten bestimmt sind. Spinner, mit denen wir im Flachwasser kleiner, schmaler Gewässer fischen wollen, müssen anders konstruiert sein als Spinner für große, tiefe Gewässer. Andere Spinner wurden speziell entwickelt, um mit ihnen auf Forellen oder Lachse in sehr schnell fließenden Gewässern zu fischen.

Das bedeutet, dass man die Wahl des Spinners zum Hechtangeln sehr gründlich treffen sollte, denn sonst können die Fangchancen beträchtlich sinken. Wer beispielsweise mit stark beschwerten Spinnern auf Hecht geht, verringert seiner Erfolgsaussichten damit von vornherein. So weit ich weiß, wurden in den letzten Jahren zwar einige der größten Hechte mit kleinen, beschwerten Mepps-Spinnern überlistet. Und für alle, die gern mit diesen Spinnern fischen, mag das sehr ermutigend sein und ihre Hoffnung nähren, irgendwann auch einmal mit einem solchen Spinner einen großen Hecht zu fangen. Ich sehen in diesen Fängen aber nur Ausnahmen.

Es ist nicht gerade sinnvoll, mit einem Spinner wie einem Mepps der Größe 3 auf großen Binnengewässern Hechte fangen zu wollen. Diese Spinner sind dazu gedacht, dass man mit ihnen in fließenden Gewässern auf Forellen fischt. Man kann mit ihnen auch in tieferen Gewässern auf Zander angeln. Sicher wird man damit sogar den einen oder anderen Hecht fangen können, das ist aber nicht das Angeln, bei dem die Möglichkeiten dieses Spinners optimal ausgenutzt werden.

Hechte mögen gern Spinner, die langsam und hoch durchs Wasser geführt werden. Beim Jagen bevorzugt es der Hecht, seine Beute von unten anzugreifen. Und weil Hechte bei der Auswahl ihrer Beute ökonomisch vorgehen, schnappen sie sich gern einen großen Bissen.

In flachem Wasser kann man schwere Spinner so gut wie gar nicht einsetzen. Es ist nahezu ausgeschlossen, den Spinner ohne Bodenkontakt zu führen und ihn vom Pflanzenbewuchs am Boden fernzuhalten. Vor allem nach einem weiten Wurf, wenn der Spinner also über eine größere Strecke eingeholt werden muss, gelingt es selbst dem besten Spinnfischer nicht, einen beschwerten Spinner geschickt zu führen.

Zum Glück gibt es aber nicht nur Spinner, die zu schwer sind fürs Flachwasser, sondern auch einige spezielle Konstruktionen, die eigens für den Einsatz im flachen, stehenden oder schwach bewegten Wasser entwickelt wurden. Genau diese Spinner müssen wir haben, wenn wir in Gräben, Poldern, flachen

Seen oder Teichen fischen wollen. Nach der Form des Spinnerblattes sind es drei Grundformen, die uns zur Verfügung stehen.

Die erste Form zeichnet sich durch ein Blatt aus, das sich besonders dicht um die Achse des Spinners dreht. Diese Blattform aus Frankreich wird als Terrible bezeichnet, was soviel wie schrecklich oder fürchterlich heißt. Eine Bezeichnung, die für dieses schlanke Spinnerblatt treffend gewählt ist, denn wenn man einen Spinner mit diesem Blatt unter den richtigen Bedingungen gut zu führen versteht, kann man damit fürchterlich gut fangen. Die enge Drehung um die Spinnerachse ist auf eine besondere Konstruktion des Blattes zurückzuführen. Das Blatt ist nämlich direkt durchbohrt und mit seinem abgewinkelten Vorderteil auf die Achse gezogen. Es ist also nicht wie andere Spinnerblätter über ein Gelenk mit der Achse verbunden.

Die zweite Variante des Spinnerblattes wird als weidenblattförmig bezeichnet. Aus der Benennung kann man bereits entnehmen, dass es sich ebenfalls um eine schlanke Blattform handelt. Das weidenblattförmige Spinnerblatt ist jedoch nicht direkt mit der Achse verbunden, sondern über eine Öse, die locker auf der Achse sitzt. Das Blatt rotiert dadurch mit etwas mehr Abstand um die Achse, was für eine intensivere Wasserverwirbelung und für einen stärkeren Druck auf die Rute sorgt.

Zwei weitere Blattformen sind nach demselben Prinzip mit der Spinnerachse verbunden, sie sind jedoch breiter und eher gedrungen oval. Diese beiden Blattformen werden auch als Indiana und Colorado bezeichnet. Die Blätter sind nicht nur breiter, sie stehen bei der Rotation auch am weitesten von der Achse ab. Dadurch entwickeln sie einen weitaus größeren Wasserwiderstand als alle anderen Spinnerblätter. Wer mit einer leichten Spinnrute unterwegs ist, wird beim Wechsel von einem schlanken Spinner auf einen breiten Spinner gleicher Größer sofort den Unterschied bemerken. Bei dem breiteren Spinner wird er eine Größenklasse niedriger ansetzen müssen, um seine Rute nicht zu überfordern.

Sind Sie zum Beispiel mit einer leichten Spinnrute mit einem Wurfgewicht von 10 Gramm am Wasser, dann können sie damit problemlos einen Terrible mit einer Länge von 4,5 Zentimeter fischen. Wenn Sie jedoch mit einem ebenso langen Indiana fischen wollen, dann wird der Widerstand, den die Rute zu bewältigen hat, oft zu groß. Das geeignete

Mit einer 15 Pfund-Geflochtenen hat man keine Drallprobleme, wie sie die dünneren Schnüre aufwerfen.

Indiana-Blatt für die Rute wird eher mit 4,0 Zentimeter die richtige Größe haben. Mit der Länge geht aber keinesfalls Bewegung verloren. Das breitere Blatt wird im Wasser sogar für mehr Unruhe sorgen als das Terrible-Blatt.

Auftriebskraft

Mit der verstärkten Wasserbewegung, die von einem breiten Spinnerblatt ausgeht, hängt ein zweiter Effekt zusammen. Breite Blätter haben auch einen stärkeren Auftrieb. Sie können deshalb auch in flacheren Gewässern mit einem Anti-Drall-Blei gefischt werden. Ihre Auftriebskraft zahlt sich besonders aus, wenn sie über Böden mit Pflanzenwuchs geführt werden. Der Spinner kann in aller Ruhe über Wasserpflanzen hinweggeführt werden, eine Verführung, der nur wenige Hechte widerstehen können.

Ein Spinner mit einem Terrible-Blatt lässt sich schwer über Hindernisse hinwegführen. Mit diesem Blatt läuft der Spinner grundsätzlich tiefer im Wasser. Dafür hat das Blatt allerdings eine andere Stärke. Weil es wesentlich enger um die Achse rotiert, schafft das Blatt mehr Umdrehungen als ein anderes Blatt in derselben Zeit. Mehr Umdrehungen können wiederum mehr Aufmerksamkeit auf sich lenken und die Bereitschaft zum Zupacken erhöhen.

■ Mit Spinner auf Hecht

Delta-Spinner fangen ausgezeichnet, aber richtig werfen kann man mit ihnen nicht. Gute Modelle wie dieses von Rutger de Jong lassen sich auch durch die Oberfläche führen, wo sie nicht wenige Hechte anlocken.

Beim Terrible rate ich dazu, den Spinner mit einem Anti-Drall-Blatt zu kombinieren. Das erleichtert die Montage ein wenig, und so hat man auch mit einem Spinner, der tendenziell tiefer läuft, die Möglichkeit, Hindernissen auszuweichen. Weidenblattförmige Spinner kommen in flachen Gewässern kaum zum Einsatz. Selber fische ich mit solchen Spinnern nahezu ausschließlich auf großen Seen. Im Flachwasser von Poldergräben oder Teichen liegt das Weidenblatt mit seinen Eigenschaften in der Mitte zwischen Terrible und Indiana. Dann entscheide ich mich aber eher gegen einen Mittelweg und nehme das, was mich wahrscheinlich eher zum Ziel führt, und das ist bei Gewässern bis zu einem Meter Tiefe ein Terrible-Blatt.

Bei zunehmender Wassertiefe gebe ich eher dem Indiana-Blatt den Vorzug, weil ich den Köder im Wasser so hoch wie möglich führen will. Voraussetzung ist allerdings ein krautfreies Gewässer. Das weit ausholende Spinnerblatt sammelt nämlich besonders viel Grünzeug ein. In diesem Punkt zeigt es anderen Blättern gegenüber einen Nachteil. Das Blatt zieht die feinsten Algen an. Wenn die sich um die Spinnerachse wickeln, wird der Spinner immer langsamer, hört schließlich ganz auf zu rotieren und ist anschließend oft nicht leicht vom Grünzeug zu befreien.

Das Weidenblatt liegt genau zwischen den beiden Spezialformen, und häufig hat man mit dieser Zwischenform das Nachsehen sowohl bei flachen als auch tiefen Gewässern. Das soll natürlich nicht heißen, dass man mit dem Weidenblatt keine Fische fangen kann. Vielleicht drückt sich in meiner bevorzugten Wahl der Spinner auch etwas persönliche Vorliebe aus, ich bin schließlich mit dem Terrible- und dem Indiana-Blatt aufgewachsen.

Es sind aber noch einige andere Spinnerblätter in meinem Sortiment zu finden. Viele der Spinner fürs tiefe Wasser sind allerdings keine Markenprodukte, sondern Handarbeit für einzelne Angelläden. Einige Angelgerätehändler haben ihre eigenen Handwerker, die zum Teil ausgesprochen fängige Spinner anfertigen. Die Modelle sind sehr unterschiedlich konstruiert, mit einem Drilling oder einem Einzelhaken, der recht groß ausfallen kann. Einige sind mit einem Büschel Bucktail verziert, andere mit Federn. Die kleineren Spinner haben teilweise einen Körper ähnlich einer künstlichen Fliege.

Selbstgemachte Spinner, die von einem geschickten Handwerker eigens für die Bedingungen eines bestimmten Gewässers hergestellt wurden, sind kaum zu übertreffen. Wer die Möglichkeit hat, sich speziell für sein Gewässer Spinner herstellen zu lassen, sollte davon einmal Gebrauch machen. Es kann gut sein, dass er einen Köder bekommt, der alle serienmäßig gefertigten Spinner übertrifft.

Wenn ich immer wieder auf handgefertigte Spinner zurückgreife, dann liegt das daran, dass ich oftmals nicht so recht zufrieden bin mit den Spinnern aus der Serienproduktion. In meiner Heimat in Holland werden immer noch in großer Zahl Spinner von Hand hergestellt und in Angelläden verkauft. Aber es gibt selbstverständlich auch eine ganze Reihe guter Produkte namhafter Firmen, mit denen man ausgezeichnet fischen kann. Diese Produkte sind in den letzten Jahren immer weiter verbessert worden, so dass sich heute einige Spinner in meinem Ködersortiment finden, die für mich früher niemals in Frage gekommen wären.

Beim Namen genannt

Die Ondex-Spinner aus Frankreich sind beispielsweise gute Kunstköder, die nicht mit übermäßigem Gewicht belastet sind. Es gibt diese Spinner in unterschiedlichen Größen, so dass Köder für das leichte und das schwere Hechtangeln dabei sind. Bei den Ondex-Spinnern muss man allerdings etwas gegen das Verdrallen der Schnur unternehmen.

Bereits seit vielen Jahren wird von Mepps ein Spinner produziert, bei dem hinter dem Blatt ein kleiner Gummifisch befestigt ist, in dem sich der Drilling des Spinners befindet. Ich war derartigen Ködern gegenüber immer sehr skeptisch. Dann hat aber nach demselben Prinzip Rapala den Minnow Spin gebaut. Ein Unterschied besteht allerdings darin, dass der Fischkörper nicht aus Gummi, sondern aus Balsaholz gefertigt wird. Bislang gibt es dieses Modell aber nur in wenigen Größen. In alter Rapala-Tradition dürfte das Größenspektrum dieses Köders aber bald noch weiter ausgeweitet werden. Dann wird es diesen Spinner hoffentlich auch mit größeren Blättern geben.

Der Minnow Spin ist zweifellos ein ausgezeichneter Spinner zum Hechtangeln. Voraussetzung ist aber, dass das Wasser nicht allzu flach ist, denn der Minnow Spin gewinnt sehr schnell an Tiefe. Eine Wassertiefe von einem Meter ist das Minimum, vor allem, wenn der Köder über größere Entfernungen geworfen und dementsprechend auch eingeholt werden soll. Der Minnow Spin hat einen ganz entscheidenden Vorteil. Er nutzt die beiden Eigenschaften zweier verschiedener Köderarten. Er stellt gewissermaßen eine Kreuzung aus Wobbler und Spinner dar. Diese Kombination erzielt auf Hechte eine beachtliche Wirkung. So mancher Kapitale erlag bereits dem doppelten Reiz dieses Spinners.

Ein weiterer großer Vorteil dieses Köders besteht darin, dass man getrost auf eine Anti-Drall-Vorrichtung verzichten kann. Der Wobblerkörper stabilisiert den Köder und unterbindet so jegliches Verdrallen der Schnur. Dieser Kunstköder ist insgesamt sehr wohl durchdacht und für jeden leicht zu benutzen. Das Prinzip des Köders ist keinesfalls neu. Auf einen ähnlichen Köder von Mepps habe ich bereits hingewiesen. So gibt es aber noch eine ganze Reihe vergleichbarer Modelle anderer Firmen. Bei all diesen wird ein Spinner kombiniert mit einem Gummifisch oder Wobbler. Für all diese Kombi-Köder steht fest, dass sie gut fangen, oft fangen sie sogar verdammt gut!

Ist die Auswahl an Spinnern für kleine, flache Gewässer eher gering, so nimmt die Zahl brauchbarer Spinner stark zu, wenn es um

Eine Handvoll solcher Hechte kann ein erfahrener Spinnfischer an einem guten Angeltag landen, zumindest an kleineren, überschaubaren Gewässern. Je größer das Gewässer, desto schwieriger wird es.

Mit Spinner auf Hecht

Oben: Die Wasserpest macht das Angeln sehr schwierig. Wobbler kann man hier vergessen, auch mit Spinnern wird man seine Mühe haben.
Links: Kein riesiger Hecht, aber wenn er den Top Prop attackiert, gibt es garantiert ein aufregendes Erlebnis.

das Angeln auf größeren, tieferen Gewässern geht. Einen Spinner, der dann zum Einsatz kommt, habe ich bereits mehrmals genannt, den Bucktail-Spinner. Aber es kommen auch noch andere Spinnertypen in Frage wie Spinnerbaits, In-line-Spinner oder Buzzbaits.

Einige besonders empfehlenswerte Bucktail-Spinner möchte ich gern beim Namen nennen. Da ist zum Beispiel der Vibrax Musky Buck. Diesen Spinner gibt es in der Ausführung mit einem einfachen Drilling, mit zwei Drillingen und extra langem Bucktail sowie in einer Ausführung mit mehreren Einzelhaken.

Unbedingt erwähnt werden muss auch der Giant Killer von Mepps. Vollkommen zu recht ist Mepps einer der größten Namen der Welt in der Spinnerproduktion. Der Giant Killer gehört zu den Spinnern, an denen der Hechtangler oft und lange seine Freude haben wird.

Zahlreiche Bucktail-Spinner kommen aus Amerika. Seit Jahren zählt der Musky Harasser zu den Spinnern der absoluten Spitzenklasse. Neben ihm gibt es aber noch eine ganze Reihe anderer, die auch in unseren Gewässern hervorragend fangen. Bislang sind diese amerikanischen Spinner auf dem europäischen Markt kaum erhältlich. Hinzu kommt, dass zum Fischen auf Muskie auch vielfach Bucktail-Spinner von Hand gefertigt werden. Wenn man über die nötigen Bestandteile für den Köder verfügt, ist das auch nicht so schwierig.

Neben den Bucktail-Spinnern gibt es auch eine Vielzahl von Spinnern, die mit einer ähnlichen Verzierung aus Kunststoff-Fransen versehen sind. Einige Angler schauen auf diese Köder etwas abfällig herab, das ist aber keineswegs berechtigt. Ich habe selber sehr gute Erfahrungen mit solchen Spinnern gemacht. Bucktail bewegt sich im Wasser sehr lebendig, aber im Wasser verringert sich auch das Volumen des Bucktail. Während des Einholens wird das Bucktail gewissermaßen zusammengedrückt. Das ist bei Kunststoff-Fransen nicht der Fall. Die Kunststoffverzierung bewahrt unter allen Umständen, ob trocken oder nass, ihre Größe. Ich bin mir sicher, dass solch eine Verzierung schon manchen Hecht zum Zubeißen bewegt hat, dem ansonsten der auslösende Reiz gefehlt hätte.

Bei der Entscheidung zwischen Bucktail und Kunststoff ist noch etwas zu bedenken. Weil Bucktail auch beim Wurf zusammengedrückt wird und dabei immer einen Anteil Wasser enthält, wirft man damit deutlich weiter und genauer als mit Kunststoff. Ein Schwanz aus Kunststoff-Fransen weht beim Wurf auseinander, verbreitert sich, bildet mehr Luftwiderstand und landet dementsprechend oft vor und neben seinem Ziel.

Nicht nur Bucktail-Spinner findet man in den amerikanischen Angelläden in rauen Mengen, sondern auch große und extra große Spinnerbaits. Wenn amerikanische und kanadische Spinnfischer auf Muskie angeln, werfen sie oft den ganzen Tag mit Spinnerbaits von fast 100 Gramm. Wer ihnen das einmal nachgemacht hat - und ich habe es ihnen nachgemacht -, der weiß, was harte Arbeit ist. Auch einige Spinnerbaits sind mit Bucktail verziert, andere sind statt dessen mit einem Büschel aus Kunststoff-Fransen versehen.

Aber braucht man wirklich so große Spinnerbaits zum Hechtangeln? Ich glaube es nicht. Die allergrößten dieser Köder habe ich mir gekauft. Wenn sie durchs Wasser laufen, sehen sie wirklich imposant aus. Aber ich konnte nie feststellen, dass ich damit mehr oder größere Hechte gefangen habe als mit kleineren Spinnerbaits.

Zwei interessante und fängige Spinnertypen seien nur noch kurz erwähnt. Da sind zum einen die In-line-Spinner, die sich dadurch auszeichnen, dass ihr Blatt sich direkt auf der Spinnerachse dreht. Nach einem anderen Prinzip funktionieren die

An Kanälen mit einer breiten Schilfkante ist es meistens nicht leicht, vom Ufer zu spinnen. Für den Spinnfischer besteht dann die beste Methode darin, das Gewässer mit dem Boot zu befahren und zu beangeln.

Mit Spinner auf Hecht

1 Eine Bucktail-Verzierung lässt den Spinner nicht nur größer erscheinen, sie verhindert auch das Verdrallen der Schnur. Das Bucktail kann an einen Drilling oder an Einzelhaken gebunden werden. Weil das Bucktail das Wasser lange hält, rostet der Drilling aber leicht. Deshalb empfiehlt es sich, rostfreie Drillinge zu nehmen. Zunächst wird glitzernder Kunststoff eingebunden, wie er für Fliegenbinder erhältlich ist.
2 Die Bucktail-Haare werden dicht an der Haut abgeschnitten und mit einem festen Bindegarn angebunden. Man kann dafür auch geflochtene Schnur oder Nylon verwenden.
3 Das Bucktail wird von verschiedenen Seiten angebunden, so dass es sich gleichmäßig um den Drilling herum verteilt.
4 Abschließend wird das Bucktail mit 2-Komponentenlack gesichert, so übersteht es auch zahlreiche Attacken der Hechte.
5 Etwas Lack auf dem Kopf verteilen und so lange drehen, bis der Lack nach etwa fünf Minuten nicht mehr verläuft.
6 Natürlich darf man auch noch mehr Farbelemente in die Verzierung einbringen. Wichtig ist aber vor allem, dass das Büschel lang genug ist, um das Verdrallen der Schnur durch das Spinnerblatt zu verhindern.

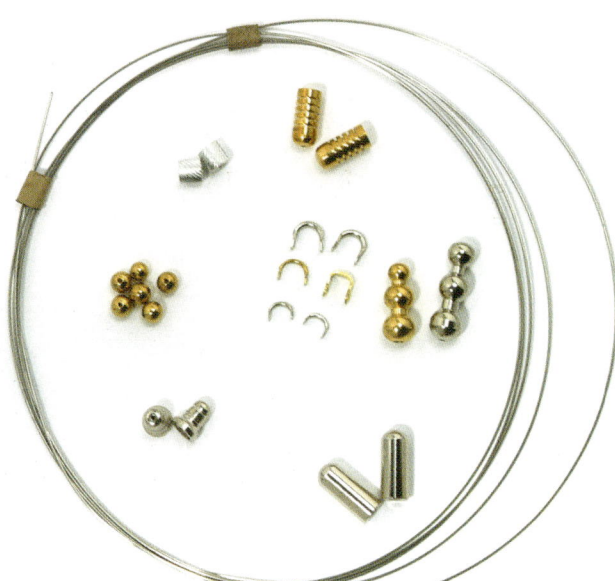

Was man für einen Eigenbau-Spinner braucht, bekommt man im Fachgeschäft oder über den Fachversand: Stahldraht, Gelenke, Spinnerkörper und verschiedene Perlen.

1 Für den Eigenbau von Spinnern nimmt man Stahldraht von 0,6 Millimeter Durchmesser für kleine Modelle und 1,0 Millimeter für größere. Die Öse der Spinnerachse wird mit einer Rundzange gebogen. Der Draht sollte dabei nicht zu kurz genommen werden, sonst kriegt die Öse keine ordentliche Form.
2 Die Zange für den Spinnerbau wird auch im Boot gebraucht, wenn ein Haken gelöst werden muss. Für Köderbau und Hakenlösen brauchen wir aber eine Zange bester Qualität.
3 Die Bestandteile für den Spinner-Körper lassen sich vielfach variieren. Für flache Gewässer wird der Körper aus leichteren Perlen aufgebaut, für tiefere sollte er entsprechend schwerer sein.
4 Das In-line-Spinnerblatt wird einfach direkt auf die Achse geschoben.
5 Noch eine Öse als oberer Abschluss, und fertig ist der Spinner. Wiederum gilt es, nicht mit Draht zu geizen, der Spinner wird dann um so sauberer.
6 Natürlich braucht der Spinner noch einen Haken oder einen Drilling. Ein großer Einzelhaken mit einem Twisterschwanz ist genauso verführerisch wie Bucktail.

Spinnerblätter gibt es in allen Variationen, hier nur eine kleine Auswahl:
1 Sogenannte Delta-Blätter. Sie eignen sich hervorragend fürs Flachwasser. Der Körper des Spinners darf nicht zu schwer sein. Ideal für pflanzenreiche Gewässer.
2 Weidenblattförmige Spinnerblätter drehen sich eng um die Achse. Dadurch läuft der Spinner tief. Bei schnellem Einholen ziehen diese Spinner weniger an der Rute.
3 Colorado-Blätter rotieren in einem weiten Radius, sie schlagen also weit aus. Mit diesem Blatt läuft der Spinner höher. Dabei entwickelt er starke Druckwellen.
4 Das Französische Blatt ist ein Klassiker, der besonders durch die Spinner von Mepps bekannt wurde. Spinner mit diesem Blatt muss man haben.
5 In-line-Blätter werden in Europa kaum benutzt, dabei fangen sie enorm gut.

Mit Spinner auf Hecht

Bulger mit Titanium-Achse
Auch sogenannte Bulger mit zwei Spinnerblättern kann man leicht selber bauen. Achten Sie darauf, dass die beiden Gelenke ineinander sitzen. So drehen sich die beiden Blätter sicher um die Achse und geben ihm viel Auftrieb. Der Draht sollte sehr stabil sein, Titanium mit 100 Pfund Tragkraft macht den Spinner unverwüstlich.

Buzzbaits, die ihrer Form nach eher einem Propeller ähneln und durch das Oberflächenwasser geführt werden. Die Bewegung, die dadurch entsteht, ist nicht nur schön anzusehen, sie provoziert auch explosive Attacken, für die allein es sich schon lohnt, diesen Köder einzusetzen. Ich könnte die Liste der Spinner noch verlängern, aber mit den genannten Beispielen haben wir die wichtigsten Formen und Produkte kennengelernt.

Eigenbau

Spinner kann man in jedem Angelladen kaufen. Das ist die sicherste Methode, sich funktionsfähige Spinner zu beschaffen, wenn man handwerklich nicht sonderlich geschickt ist. Nun bin ich selber kein begnadeter Handwerker, aber ich baue mir dennoch immer wieder Spinner selber. Es ist nämlich gar nicht einmal so schwierig, und es hat einen bedeutenden Vorteil: Einen selbst gemachten Spinner kann man ganz genau für die eigene Rute und für eine bestimmte Gewässersituation fertigen, nicht zu schwer und nicht zu leicht, nicht zu klein und nicht zu groß. Für mich ist das Grund genug, mir meine gewünschten Spinner selber zu machen. Für die meisten Angler ist es auch eine zusätzliche Freude, einen Fisch mit einem selbst gebauten Köder zu verführen. Ich empfinde es jedenfalls immer als doppelten Erfolg. Außerdem kann man so an langen Winterabenden oder an Tagen, da die Gewässer fest in Händen der Schlittschuhläufer sind, herrlich die Zeit mit der Vorbereitung und Vorfreude auf die nächste Saison vertreiben. Noch während der Spinner entsteht, malt man sich schon aus, wie man mit ihm fangen wird.

Deshalb will ich hier auch noch näher auf den Eigenbau von Spinnern eingehen. Zunächst brauchen wir dafür einige Geräte. Hier gilt wie fürs Angelgerät, dass gute Geräte der halbe Erfolg sind.

Als erstes benötigen Sie eine gute Kneifzange. Damit müssen Sie extrem harten Stahldraht durchkneifen können. Wenn Sie das mit einer billigen Drahtzange versuchen, kommen Sie nicht einmal bis zum zehnten Spinner, dann ist eine neue Zange fällig. Sparen Sie also nicht beim Gerät.

Noch ein Tipp zur Zange: Ist die Bastelsaison zu Ende, kann die Zange auch beim Angeln gute Dienste leisten. Wenn ein Hecht einmal unglücklich gehakt wurde und der Köder schwer zu lösen ist, kommt die Drahtzange oft wie gerufen. Haken, die ich nicht ohne weiteres lösen kann, kneife ich dann einfach ab. Haken lassen sich nämlich leicht wieder ersetzen, mit Hechten ist das dagegen nicht so einfach. Also: Kaufen Sie eine gute Drahtzange.

Zusätzlich brauchen Sie eine Rundzange. Ich habe solch eine Zange in zwei Ausführungen: mit langer und mit kurzer Spitze. Entscheiden Sie sich zunächst lieber für eine kurze Zange. Nach meinen Erfahrungen - ich habe mich ja schon als nicht sonderlich geschickt bekannt - ist es damit leichter, den Draht für unsere Spinner genau und sauber zu formen. Mehr Geräte brauchen wir vorläufig nicht.

Die einzelnen Bestandteile für Spinner bekommt man in besser sortierten Angelläden oder direkt vom Hersteller. Als erstes müssen wir ein Spinnerblatt haben. Das kann man sich natürlich auch selber schneiden und in die richtige Form biegen, aber das ginge mir dann doch etwas zu weit. Die Blätter kaufe ich im Geschäft, genau wie alle anderen Bestandteile des Spinners.

Jetzt brauchen wir noch geschmeidigen Stahldraht in der richtigen Stärke. Für Spinner der leichteren Gewichtsklassen genügt ein Draht mit einem Durchmesser von 0,6 bis 0,8 Millimeter.

Befestigung von Titanium-Draht
Titanium dieser Stärke kann man nicht knoten. Deshalb braucht man eine Quetschhülse, die noch zusätzlich mit 2-Komponentenlack gesichert wird. Das Problem, dass der Spinner nach einem heftigen Drill aus der Balance gerät, hat man mit Titanium nicht. Dieses Material ist und bleibt in Form.

Schließlich benötigen wir noch Kabelschlauch oder einen anderen dünnen Plastikschlauch sowie einige Messing- oder Kunststoffperlen. Daraus wird der Körper des Spinners gebaut, mit dessen Fertigung zugleich der Haken oder Drilling befestigt wird. Viele der genannten Bestandteile bekommt man in jedem normalen Bastelladen.

Soll der Spinner mit einem Einfachhaken bestückt werden, dann nimmt man am besten eine Form mit langem Schenkel. Die Größe des Drillings richtet sich nach dem Rotations-Durchmesser des Spinnerblattes. Wenn der Spinner rotiert, entfernt sich das Blatt dabei von der Spinnerachse. Ein Weidenblatt läuft mit geringerem, ein Indiana-Blatt mit weiterem Abstand von der Achse. Je größer der Spinner, desto größer werden natürlich auch die Ausschläge bei der Rotation. Rotiert das Blatt mit einem Durchmesser von drei Zentimeter, dann wähle ich den Drilling so, dass er von einer Hakenspitze bis zur nächsten auch knapp drei Zentimeter misst.

Den Drilling sollte man unbedingt sorgsam auf das Spinnerblatt abstimmen. Nimmt man einen zu großen Drilling, wird man damit unnötig viel Kraut einsammeln. Mit einem kleineren Drilling bekommt man dagegen mehr Fehlbisse.

Ein Einzelhaken wird deshalb langschenkelig gewählt, damit er weit genug vom Spinnerblatt absteht. Einzelhaken sollte man möglichst mit Bucktail oder Kunststoff-Fransen verzieren, damit der Haken nicht frei steht und nicht unnötig viel Pflanzenmaterial einfängt.

Ein letzter kleiner Bestandteil ist nun noch erforderlich, nämlich ein kleines Gelenk, mit dem das Spinnerblatt mit der Achse des Spinners verbunden wird.

Kommen wir nun zu den einzelnen Arbeitsschritten beim Spinnerbau: Kneifen Sie als erstes ein 15 Zentimeter langes Stück Stahldraht ab, aus dem die Spinnerachse gebildet wird. Der Draht wird von Hand gerade gebogen. Setzen Sie die Rundzange etwa fünf Zentimeter vor dem hinteren Ende der Achse an und biegen Sie den Draht mit den Fingern um die Rundung der Zange. Dann biegen Sie den Draht mit der Zange zu einer sauberen Öse, indem Sie die Zange zwei bis drei Zentimeter über der Krümmung des Drahtes ansetzen und das kürzere Ende des Drahtes und die Achse zusammendrücken. Drehen Sie die Öse aber noch nicht zu! Erst brauchen wir noch einen Körper für den Spinner.

Im Kern besteht der Körper aus dem umgebogenen Ende des Drahtes. Dieses Drahtstück muss genau parallel an der Achse liegen. Hängen Sie nun den Haken oder Drilling in die Öse ein und verschließen die Öse, indem Sie ein Stück Plastikschlauch aufschieben, das genauso lang ist wie das vorgesehene Spinnerblatt.

Möchten Sie Ihren Spinner gern etwas dekorativer gestalten, dann können Sie über den umgebogenen Draht an der Spinnerachse auch eine Reihe von Perlen in allen möglichen Farben aufziehen. Auf den Fangerfolg wirkt sich das meiner Meinung nach zwar nicht aus, aber der Spinner soll ja auch dem Angler gefallen.

Schieben Sie nun eine Messingkugel auf den Draht. Diese Kugel dient als Lager zwischen dem Plastikschlauch und dem Gelenk, an dem das Spinnerblatt befestigt wird. Hängen Sie nun das Spinnerblatt in das Gelenk ein, und schieben Sie dieses auf die Spinnerachse. Jetzt fehlt eigentlich nur noch die Öse am oberen Ende der Spinnerachse, um den Spinner fertigzustellen.

Aber wir können den Spinner auch noch etwas verfeinern. Der Einfachhaken sieht so ohne alles sehr kahl aus. Deshalb werden ein paar Federn oder etwas Bucktail auf den

Mit Spinner auf Hecht

Schenkel gebunden. Wer es sich leichter machen möchte, dem Spinner aber trotzdem etwas Gutes tun will, der zieht einfach einen weißen Twister auf den Haken. Der Twister darf selbstverständlich auch jede andere Farbe haben. Persönlich bevorzuge ich aber immer weiß.

Wollen Sie einen größeren Spinner bauen, dann kann der Stahldraht bis zu 1,5 Millimeter dick sein. Ein Durchmesser von 1,0 bis 1,25 Millimeter hat sich aber als völlig ausreichend erwiesen, um damit einen richtig großen Spinner zu fertigen.

Der Stahldraht bildet gewissermaßen die Grundlage für jeden Spinner, die den jeweiligen Erfordernissen entsprechen muss. Fischen Sie in einem Gewässer, in dem die Wahrscheinlichkeit, kapitale Hechte an den Haken zu bekommen, sehr hoch ist, dann sollten Sie sich für einen stärkeren Stahldraht entscheiden.

Mit den oben beschriebenen Geräten können Sie auch einen großen Spinner mit einem Stahldraht von rund einem Millimeter Durchmesser anfertigen. Wenn Sie allerdings regelmäßig große Spinner bauen wollen, würde ich Ihnen raten, dafür spezielle Geräte anzuschaffen. Einen dickeren Stahldraht mit den Fingern zu biegen, ist wesentlich schwieriger, das sehen Sie nach dem ersten Versuch an den Abdrücken an Daumen und Zeigefinger. Der stärkere Draht weist auch deutliche Kanten und Spitzen nach dem Schneiden auf, für die man ein Stück Schleifpapier zum Glätten bereithalten sollte.

Für einen großen Spinner schneiden wir ein großzügig bemessenes Stück Stahldraht ab. Der stärkere Draht erfordert einen höheren Kraftaufwand, um eine Öse zu formen. Ein längerer Draht ist griffiger und erleichtert diese Arbeit dadurch. Ist man mit dem Stahldraht zu sparsam, dann muss man schließlich ein sehr kurzes Stück Draht zu einer gleichmäßigen Öse formen. Allein mit den Fingern lässt sich das kaum bewerkstelligen, und mit einer Zange wird man sicher keine saubere Arbeit leisten.

Die Herstellung eines großen Spinners erfordert ein paar zusätzliche Materialien. Natürlich brauchen wir ein passendes Spinnerblatt, einige Kugeln und ein kräftiges Gelenk, an dem sich das Blatt um die Achse dreht. Weiterhin benötigen wir ein Anti-Drall-Blei, ein Tropfenblei oder etwas Ähnliches. Dann brauchen wir Material, um den

Solche Spinner erscheinen vielen Anglern zu groß. Aber die Hechte mögen sie.

Haken zu verzieren, zum Beispiel Bucktail oder Kunststoff-Fransen. Zur Befestigung dieses Materials brauchen wir eine Messinghülse oder Plastikschlauch. Außerdem brauchen wir einen Körper für den Spinner. Im Fachhandel gibt es geeignete Messingkörper.

Zunächst wird wieder die Öse am unteren Ende des Spinners geformt. Dieses Mal wird der Drilling gleich eingehängt. Die Öse wird mit zwei Windungen des Stahldrahtes um die Spinnerachse geschlossen. Zwei Windungen reichen vollkommen aus. Auch der größte Hecht wird diese Öse nicht mehr aufbiegen können. Sie müssen den Drilling nicht unbedingt direkt in die Öse einhängen. Sie können ihn auch mittels eines Sprengringes an der Öse befestigen. Auf

Die etwas anderen Spinner: ein Spinnerbait (oben), ein typischer Bulger (Mitte) und ein sogenannter In-line-Spinner. Alle diese Spinner gibt es von winzig klein bis riesengroß.

Funktion und Fängigkeit des Spinners hat das keinerlei Auswirkung.

Nun wird das Blei auf den Draht geschoben. Das Blei kann ruhig um die 15 Gramm schwer sein. Sollte Ihnen das zu schwer erscheinen, keine Sorge, das Spinnerblatt ist groß genug, um diesem Gewicht reichlich Auftrieb zu geben. Wenn Sie sich bei dem Gewicht für ein Anti-Drall-Blei entschieden haben, können Sie nebenbei auch noch sicher sein, dass der Spinner Ihre Schnur nicht verdrallen wird.

Nach dem Blei wird eine Messinghülse mit der Verzierung für den Drilling auf die Achse geschoben. Zuvor wurde das Bucktail oder ein Büschel aus Kunststoff-Fransen auf die Hülse oder den Plastikschlauch gebunden. Dann wird der Messingkörper auf die Achse geschoben. Ob dieser Körper goldfarben ist oder verchromt, spielt für den Fang keine entscheidende Rolle.

Auf den Körper werden wiederum ein oder zwei Kugeln geschoben. Es versteht sich, dass die Größe der Kugeln auf das Format des Spinners abgestimmt sein muss. Die folgenden Arbeitsschritte sind schon bekannt: Spinnerblatt am Gelenk befestigen, das Gelenk auf die Achse schieben, Achse nach oben mit einer Öse für die Schnur abschließen. Dann nur noch den übrig gebliebenen Stahldraht abschneiden, das Ende sauber andrücken.

Kommen wir noch einmal auf die Verzierung des Spinners mit Bucktail oder Kunststoff zurück. Um Bucktail zu binden, wäre es nützlich, etwas Erfahrung im Fliegenbinden zu haben. Erschrecken Sie aber nicht, ein Büschel Bucktail binden kann letztlich jeder.

Was Sie brauchen, ist eine scharfe Schere, kräftiges Bindegarn, ein Fläschchen farblosen Nagellack und natürlich ein oder mehrere Stücke Bucktail. Das Bindegarn lässt sich am besten mit einem Bobbinholder, also einem Spulenhalter, wie ihn Fliegenbinder verwenden, aufbringen.

Die Messinghülse, im Sprachgebrauch der Fliegenfischer könnte man auch von einer Tube (engl. Röhre) sprechen, wird zunächst mit Bindedraht umwickelt. Die Wicklung wird mit Nagellack bestrichen. Suchen Sie vom Bucktail erst die untersten Haare aus, die nahe der Haut etwas kräftiger sind als die darüber liegenden Haare. Das hat den Vorteil, dass die Haare beim Einbinden weiter auseinander stehen und damit mehr Volumen geben. Fügen Sie keine zu großen Haarbüschel auf einmal an. Ist die erste Lage Bucktail auf die Messinghülse gebunden, wird sie mit etwas Lack versiegelt und mit einigen halben Schlägen Wickelgarn gesichert. Auf dieser Basis wird dann weiter mit Bucktail aufgebaut.

Schneiden Sie als nächstes Haare, die höher über der Haut liegen. Die Haare sollten grundsätzlich so dicht wie möglich an der Haut abgeschnitten werden. Dadurch bekommen Sie zum einen immer die maximale Länge der Haare, zum anderen stehen dann nie die Stoppeln des vorherigen Schnittes im Wege.

Die nächste Lage wird nach dem Dachpfannen-Prinzip jeweils leicht versetzt über die vorherige auf die Messinghülse gebunden. Der letzte halbe Zentimeter der Hülse bleibt frei. Nachdem die letzte Lage mit mehreren halben Schlägen Garn gesichert wurde, wird sie mehrfach überlackiert. Sie können das Bucktail zusätzlich sichern, indem Sie Kupfer- oder Messingdraht mit einbinden. Dann kann garantiert kein Hecht die Bindungen mehr aufbeißen.

Zum abschließenden Versiegeln der Bindungen können Sie statt Fliegenbindelack noch besser Zweikomponentenlack verwenden. Der wird steinhart und widersteht allen Hechtzähnen.

Noch einfacher lässt sich eine Verzierung aus Kunststoff herstellen. Dafür benötigen wir einen Gummi-Oktopus, wie er von Meeresanglern verwendet wird. Man bekommt diese Oktopusse in allen Farben, und sie sind gar nicht teuer. Von dem hohlen Körper wird die Spitze des Kopfes mit einem scharfen Messer abgeschnitten. Dann wird der Oktopus mit dem Kopf voran auf den Achskörper geschoben. Der Kopf wird mit einem Kabelbinder am Achskörper festgezogen. Nun wird der Oktopus - der noch mit den Tentakeln nach oben zeigt - umgeklappt, so dass der Kabelbinder verdeckt ist und die Tentakeln

Mit Spinner auf Hecht

über den Drillingen herunterhängen. Einfacher geht es doch gar nicht!

Der besondere Reiz am Selbermachen besteht bei Spinnern genauso wie auch bei Streamern in der unendlichen Vielfalt, in der man seinen Kunstköder entwerfen kann. Wer einmal Spaß daran gefunden hat, baut bald auch seine eigenen Spinnerbaits, Buzzbaits und was es noch an Kunstködern gibt. Mancher hat schon beim Basteln sein zweites Hobby neben dem Angeln gefunden.

Anti-Drall-Stange

Da wir uns beim Bauen von Spinnern mit Stahldraht beschäftigt haben, komme ich bei der Gelegenheit kurz auf die Spinnstange zu sprechen. Wer mit großen Spinnern oder Spinnerbaits fischt, braucht auch eine starke Spinnstange. Die Stärke der Stange wird natürlich an das Gewicht des Spinners angepasst. Eine Stange mit einem Durchmesser von 0,6 Millimeter wäre für einen großen Spinner viel zu dünn. Allein durch das Werfen und Führen des Spinners wird sich die Stange schon nach kurzer Zeit verbiegen.

Andererseits wäre ein Durchmesser von einem Millimeter wiederum viel zu dick für einen Spinner mit einem Blatt von nicht einmal vier Zentimeter Länge. Zwischen den beiden Extremen gilt es das richtige Maß zu finden. Die Spinnstange darf auf keinen Fall zu kurz sein. Sie wären nicht der erste, der erlebt, wie der gesamte Spinner inklusive Spinnstange im Maul eines kapitalen Hechts verschwindet. Die Hechtzähne erfassen das Ende der Schnur, - und wie das ausgeht, braucht man keinem Hechtangler zu erzählen. Zehn Zentimeter sind das absolute Minimum für eine Spinnstange, selbst für die kleinsten Spinner, mit denen Sie auf Hecht gehen.

Bei der Herstellung der Spinnstange können Sie gleich zwei Fliegen mit einer Klappe schlagen. Viele Spinner erfordern ein Mittel gegen Verdrallen. Die vielen Einzelteile können zu einem richtigen Gewirr werden: Spinner, Spinnstange und Anti-Drall-Blatt oder Anti-Drall-Blei.

Deshalb erscheint es sinnvoll, in einem Element zwei Funktionen zu kombinieren, also die Spinnstange so zu bauen, dass sie das Verdrallen der Schnur verhindert. Der Draht für die Spinnstange wird dafür ein paar Zentimeter länger genommen. An beiden Enden des Drahtes wird eine Öse geformt. In eine Öse wird vor dem Verschließen ein Wirbel eingehängt, an dem später der Köder befestigt wird.

Dann wird ein paar Zentimeter hinter der vorderen Öse, an der die Schnur befestigt wird, eine zusätzliche Öse in die Spinnstange gebogen. Diese Öse wird immer, wenn die Stange in der Waagerechten ist, nach unten weisen. Sie sollte nicht zu klein sein, deshalb wird diese Öse über den größten Durchmesser der Rundzange geformt.

Meistens verhindert die Spinnstange so schon ohne zusätzliches Gewicht jedes Verdrallen. Sollte doch noch eine Beschwerung erforderlich sein, dann wird einfach ein Bleischrot in die Öse geklemmt.

Mit dem Spinner unterwegs

Wie viele verschiedene Ruten ich schon beim Angeln mit Spinnern ausprobiert und wieder beiseite gelegt habe, kann ich nicht mehr mit Gewissheit sagen. Allein für die großen Binnengewässer dürfte es schon eine unüberschaubare Menge sein. Gegenwärtig angle ich mit Ruten von 2,10 bis 2,30 Meter Länge. Das Wurfgewicht dieser Ruten bewegt sich zwischen 20 und 60 Gramm. Genau genommen sind es drei verschiedene Ruten, mit denen ich angle. Diese Ruten benutze ich im übrigen auch beim Angeln mit verschiedenen Wobblern.

Viele Jahre habe ich auch mit längeren Ruten geangelt, und ich habe mit ihnen ziemlich große Hechte gefangen. Aber diese Ruten sind einfach nicht so schnell wie kürzere Ruten. Eine geringere Schnelligkeit bedeutet aber kürzere Wurfweiten und oft auch weniger Wurfgenauigkeit. Diese scheint zwar auf großen Wasserflächen von untergeordneter Bedeutung zu sein, sie ist aber auch dort keinesfalls zu unterschätzen.

Den Spinner einfach auswerfen und wieder einholen, kann auch Fänge bringen, aber es geht auch anders und besser. Beim Einholen wird die Rute angehoben und wieder abgesenkt. Dabei steigt der Spinner bis dicht unter die Oberfläche und sackt wieder ab. Das ist für Hechte unwiderstehlich.

Zwischen den verschiedenen Hecht-Spinnern können Welten liegen. Der kleine schwarze Spinner ist für das ultraleichte Spinnen an Gräben und Bächen bestimmt, der riesige Spinnerbait kommt auf großen Seen zum Einsatz.

Die Genauigkeit kann auf weiten Gewässern eine ebenso wichtige Rolle spielen wie an Gräben und schmalen Kanälen. Hier wie dort muss man den Köder oft treffsicher zwischen den Wasserpflanzen platzieren, oder man muss ihn genau an einem Pflanzenfeld entlang werfen, um den lauernden Hecht zum Anbiss zu verlocken. An kleineren Gewässern hat man dabei oft viel bessere Orientierungspunkte, um den Wurf sicher ins Ziel zu bringen. Auf großen Gewässern fehlen die Orientierungshilfen meistens, ein genauer Wurf wird dadurch noch schwieriger. Auf einem größeren Gewässer muss man deshalb viel konzentrierter werfen, sonst besteht die Gefahr, dass man einerseits einige Stellen überwirft oder andererseits unnötig oft an ein und dieselbe Stelle wirft.

Ein Spinner unterscheidet sich in einem wesentlichen Punkt von anderen Kunstködern. Die Rotation des Blattes verursacht eine stärkere Wasserbewegung als irgendein anderer Köder sie hervorrufen kann. Dadurch spürt der Hecht diese vermeintliche Beute mit seiner empfindlichen Seitenlinie, noch bevor er sie überhaupt sehen kann. Oft machen ihn die Bewegungen so neugierig, dass er seinen Einstand verlässt. Das ist ein wichtiger Effekt, den ein Spinner bewirkt. Wenn der Hecht erst einmal sein Versteck verlassen hat und den Spinner ins Visier nimmt, fehlt nicht mehr viel bis zur Attacke.

Auf einem See muss man sehr darauf bedacht sein, eine gute Ausgangsposition beim Fischen zu bekommen. Wie man diese bekommt, hängt entscheidend von dem Boot ab, in dem man sitzt. Das Boot sollte möglichst gleichmäßig seitlich driften. Für ein Boot mit einem tiefen Kiel ist das eigent-

■ Mit Spinner auf Hecht

Ein Spinnerbait mit allen Extras, einem großen und einem kleinen Spinnerblatt, einem Büschel Bucktail und einem Twisterschwanz. Diese Vielzahl seiner verführerischen Elemente macht oft seine besondere Fängigkeit aus.

lich eine Selbstverständlichkeit. Und ein gutes Boot zum Hechtangeln sollte auch einen tiefen Kiel haben, damit man über längere Strecken an den interessanten Stellen entlang driften kann. Um das Gewässer effektiv zu beangeln, sollten die Driften so lang wie möglich sein. Ich wähle die Strecken, an denen ich driftend angle, nicht nur danach aus, ob ich sie kenne und dort schon gefangen habe, sondern auch danach, ob sie gut beangelt werden können. Dieser Aspekt wird oft viel zu sehr vernachlässigt. Dabei ist diese Überlegung so schlicht wie sicher: Nur wenn die Umstände optimales Angeln erlauben, kann man Gerät und Technik schließlich auch optimal einsetzen. An einem Krautbeet zu fischen, über das man in fünf Minuten hinweg driftet, ist beispielsweise nicht sehr ökonomisch. Das soll allerdings nicht heißen, dass man da keinen Fisch fangen kann.

An Strecken mit starkem Pflanzenwuchs, wo man den Köder zwischen den Wasserpflanzen hindurch und über sie hinweg führen muss, ist die Wahl eines geeigneten Spin-

Lough Mask. Vielleicht könnte ein anderer irischer See, der Lough Corrib, ihm diesen Rang noch streitig machen, möglicherweise werden die Hechte dort sogar noch größer. Aber der Lough Mask ist einfach eindrucksvoller. Riesengroß, ruhig, tief und vollkommen unberechenbar liegt er da, ein Gewässer, das man mit höchster Aufmerksamkeit und Vorsicht befahren muss, um nicht von einer plötzlichen Gefahr überrascht zu werden.

Auf einmal taucht dort ein Felsen aus der Tiefe auf. Unmittelbar vor einem steht dann ein bedrohlicher gelber Stein im Wasser, obwohl das Echolot gerade noch sieben Meter Wassertiefe angezeigt hat. Er hat seine Tücken, der Lough Mask, aber er hat eben auch immer wieder unglaubliche Hechte hervorgebracht, - dabei wollen wir die große Zahl kapitaler Forellen nicht unerwähnt lassen.

1995 habe ich mit meinem Kollegen Henk auf dem Lough Mask geangelt. Das war das Jahr, in dem das große Abfischen der Hechte begann. Der See hatte einen optimalen Fischbestand. Man fing reichlich große und kleine Forellen. Weiter draußen auf dem offenen Wasser waren es vor allem Ferrox-Forellen. Bei diesen Forellen stehen oft kleinere Forellen auf dem Speiseplan. Ein Gewicht von über 10 Pfund ist bei solchen Forellen keine Seltenheit. In Ufernähe und um die Inseln herum sind Forellen von zwei bis drei Pfund häufiger. Auch das sind noch beachtliche Fische, die zumal an der Fliegenrute zu einem ernstzunehmenden Gegner werden.

Die überwiegende Zahl der Hechte fingen wir zwischen den Krautfeldern, an den Rändern der Wasserpflanzen und auch mitten zwischen ihnen. Da waren einige mächtige Räuber dabei. Wir haben die Fische gewöhnlich nicht gewogen, aber zweifellos lagen einige davon deutlich über 30 Pfund. Und das sind nicht nur schwere, sondern auch enorm kampfstarke Fische, die einem im Drill alles abverlangen. Wenn man solch ein Kaliber vom Boot aus drillt, erfordert das meistens zwei Mann, und beide müssen dabei genau wissen, was sie zu tun haben.

Wir haben dort viel mit Wobblern geangelt. Dass wir dabei nach jedem zweiten oder dritten Wurf wieder ein paar Wasserpflanzen am Drilling hatten, störte uns nicht sonderlich. Schließlich war unsere Methode mit durchschnittlich zwei dicken Meterhechten pro Tag sehr erfolgreich.

In meinem Gerätekasten befanden sich auch ein paar Spinner. Ich hatte sie eigentlich weniger gekauft, um damit zu angeln, es war mehr eine Art Sammelleidenschaft, die mich zu der Anschaffung getrieben hatte. Aber irgendwie machten sie mich doch neugierig. Und nach einigen Tagen und Meterhechten wollte ich dann doch einen Versuch wagen. Henk schaute mich nur verständnislos an.

Als er den Spinner durchs Wasser laufen sah, war er nicht mehr so skeptisch. Bei den verführerischen Bewegungen konnte es nur eine Frage der Zeit sein, dann würde ein Hecht zupacken. Genauso kam es, und wir konnten es in allen Einzelheiten beobachten. Nur wenige Meter vor dem driftenden Boot schob sich ein großer Hecht auf den Spinner zu und ließ ihn in seinem breiten Maul verschwinden. Es folgte ein heftiger Drill, bei dem der Spinner von Anfang bis Ende fest im Maulwinkel saß. Etwas später sollte ein noch größerer Hecht folgen. Und damit hatte der Spinner uns endgültig überzeugt.

Sicher war es nicht der Spinner allein, der zum Erfolg geführt hat. Dazu gehört immer auch etwas Gewässerkenntnis und die richtige Technik. Die Auswahl des richtigen Angelplatzes und die Köderführung spielen eine entscheidende Rolle für den Fangerfolg.

Auf einer Wasserfläche von rund zehn Hektar kommt es zunächst darauf an, die möglichen Standplätze des Hechts aufzufinden. Den Weg dahin zeigen die Laichkrautfelder. Gute Plätze sind Felder, zwischen denen noch offene Wasserflächen liegen, und einzelne kleine Beete von kaum einem Quadratmeter Fläche. Interessant sind auch flache Bereiche von rund einem Meter Wassertiefe, in denen die Wasserpflanzen von großen Steinen umgeben sind.

Wenn man erst einmal mit den Plätzen vertraut ist, erweist es sich als günstige Technik, mit dem Boot auf die Krautfelder zuzudriften, wobei man zu zweit zu beiden Seiten des Bootes auswirft. Größere Krautflächen beangelt man besser mit einer Längsdrift.

Nach den ersten Fangerfolgen wurden wir mutiger und fischten auch direkt in den Krautfeldern. Zunächst einmal bedeutete das, den Spinner nach jedem Wurf von Kraut zu befreien. Bald gelang es uns aber, den Spinner so schnell zu fischen und dabei die Rute so hoch zu halten, dass wir auch schlanke Weidenblatt-Spinner über die Pflanzen hinweg führen konnten. Diese Technik konnten wir später noch verbessern, indem wir breitere Spinnblätter mit größerem Auftrieb einsetzten.

ners natürlich entscheidend. Ich bevorzuge unter solchen Umständen einen Spinner mit einem Indiana-Blatt. Damit kann man mühelos einen Unterwasser-Dschungel abfischen, ohne allzu häufig mit dem Spinner an den Pflanzen hängenzubleiben.

Aber lassen Sie uns nach all den Vorbereitungen doch einmal ans Hechtgewässer aufbrechen. Folgen Sie mir zu einem kleinen Angelausflug nach Irland. Dort geht es an das vielleicht beste Hechtgewässer, das es in letzter Zeit in Westeuropa gegeben hat, den

Mit Spinner auf Hecht

Spinner fangen immer, auch auf großen Seen im Winter.

Die Technik, mit der man den Spinner fischt, ist bei allen Gewässern gleich. Als fangentscheidend erweist es sich immer wieder, dass der Köder über die Pflanzen angehoben werden kann, um so den Hecht aus den Pflanzen herauslocken zu können. Aber wir wollen uns keiner falschen Vorstellung hingeben: Die weitaus meiste Zeit wird kein Hecht am Spinner hängen. Manchmal können wir beobachten, wie ein Hecht dem Spinner folgt, dann aber abdreht und wieder in den Wasserpflanzen verschwindet.

Um keinen Hecht unnötig abzuschrecken, sollte man sich dem Fangplatz deshalb so vorsichtig wie möglich annähern. Das Boot muss bereits weit vor der Stelle, an der Sie fischen wollen, ruhig im Wasser liegen. Berechnen Sie also zuvor genau, von wo nach wo das Boot driften soll, so dass sie schon im voraus sicher wissen, welche Strecke Sie bei dieser und der nächsten Drift anwerfen werden. Bedenken Sie dabei auch, dass Sie bei einer langen Drift denselben Weg ruhig drei- oder viermal zurücklegen können. Es wäre nämlich nicht ungewöhnlich, wenn sich ein Hecht erst bei einer wiederholten Drift auf den Spinner stürzt.

Unter einer langen Drift verstehe ich eine Driftstrecke von hundert oder mehr Meter, für die man mit einem gut driftenden Boot etwa eine halbe Stunde benötigt. Natürlich hängt der Verlauf einer Drift immer auch von den Wetterverhältnissen ab. Ein kräftiger Wind drückt das Boot schneller über das Gewässer. Unter solchen Umständen ist es ratsam, noch ein paar zusätzliche Driften anzusetzen.

Schauen Sie sich die Stellen genau an, die Sie anwerfen wollen. Wer den Spinner blindlings in dichte Krautfelder schleudert, wird kaum einen erfolgreichen Angeltag erleben. Verursachen Sie an ihrem Platz keine Unruhe. Ich bin zwar der festen Überzeugung, dass man einem Hecht nicht so schnell Angst einjagen kann, wenn man aber einen Köder, der sich im Kraut verfangen hat, mit viel Lärm versucht zu lösen, dient das sicher nicht dem Fangerfolg. Am besten wirft man von vornherein vorsichtig, wenn man aber einmal festhängt, wird der Köder so vorsichtig und leise wie möglich gelöst.

Wenn Sie erstmals mit einem großen Bucktail-Spinner fischen, dann geben Sie ihm eine faire Chance. Nicht nur eine Stunde oder einen Tag, fischen Sie mit ihm möglichst ein paar Tage hintereinander. Dann werden Sie erleben, wie viel Sie dabei über den Umgang mit diesem Spinner lernen. Sie werden aber auch sehen, wie beliebt der Spinner bei den Hechten ist. Mich würde es nicht wundern, wenn Sie ihre anderen Kunstköder danach kaum noch ansehen.

Hechte auf großen Seen mit dem Spinner zu befischen, ist immer ein spannendes Angeln. Große Gewässer bilden für mich in jedem Land eine echte Herausforderung. Man lernt solche Gewässer aber erst im Laufe von Jahren kennen. Wer dabei erst am Anfang steht, kann anhand einer Gewässerkarte wichtige Erkenntnisse gewinnen. Einige Karten sind so detailliert gezeichnet, dass man auf ihnen sogar größere Pflanzenfelder findet. Ist das nicht der Fall, dann kann man sich zumindest an den Tiefenangaben orientieren und daraus schon grob ableiten, wo die Wasserpflanzen gedeihen. Wenn ich hier ständig über Pflanzen spreche, hat das seinen guten Grund. Der Hecht sucht nun einmal bevorzugt seinen Standort bei den Wasserpflanzen. Deshalb üben die Pflanzen nicht nur auf den Hecht, sondern inzwischen auch auf mich eine magische Anziehungskraft aus.

Noch mehr Spinner

Will man zwischen den Wasserpflanzen mit dem Spinner angeln, dann sollte man genau wissen, welche Spinner dafür in Frage kommen. Als sehr gut geeignet haben sich die sogenannten Spinnerbaits erwiesen. Vorsicht gilt allerdings bei den Spinnerbaits mit einem Drilling. Mit denen fängt man nämlich zu viel Kraut und zu wenig Hechte. Man nimmt am besten Spinnerbaits mit einem oder zwei Einzelhaken, die beim Einholen mit der Spitze nach oben stehen und damit gut über die Pflanzen zu führen sind.

Ebenso wie jeden anderen Spinner kann man auch Spinnerbaits selber bauen. Bei ihrer Fertigung und ihrem Einsatz wird man feststellen, dass zwei Einzelhaken eine gute Alternative zum Drilling darstellen. Nadelscharf geschliffen und bedeckt mit Bucktail oder Kunststoff-Fransen haken sie in der Praxis sogar besser.

Auch Spinner, die mit zwei Blättern nebeneinander konstruiert sind, eignen sich gut für das Angeln im verkrauteten Wasser, vor allem wenn sie Indiana- oder Colorado-Blätter haben. Solche Spinner werden auch als Bulger bezeichnet, was von dem englischen Begriff bulge (wölben, aufblähen) abgeleitet ist. Die damit bezeichnete Wölbung bezieht sich auf das Wasser. Wenn man den Bulger nämlich dicht unter der Wasseroberfläche führt, sieht man, wie seine Rotation die Oberfläche wölbt. Der Spinner gleicht dann einem verschreckten Beutefisch, der unachtsam davon schwimmt, wobei er leicht eine lauernde Gefahr übersieht.

Der Vorteil dieser Spinner besteht darin, dass man sie sehr einfach im Oberflächenwasser einsetzen kann. Sie lassen sich problemlos über Wasserpflanzen hinwegführen. Besonders im Frühjahr, wenn die Pflanzen sich noch nicht bis an die Oberfläche ausgebreitet haben, sind diese Spinner unschlagbar. Dasselbe gilt auch für das Saisonende,

Heller Tag und flaches Wasser, unter dieses Umständen versprechen schattige Gewässerstrecken die besten Fänge.

wenn die Pflanzendecke sich lichtet. Allerdings sollte man unterscheiden zwischen Spinnern für das Frühjahr und solchen, die erst im Herbst zum Einsatz kommen. Ich rede hier wohlgemerkt vom Angeln in großen Gewässern. Und da fischt man zu Beginn der Saison mit kleineren Kunstködern, erst zum Herbst hin werden die Köder dann bedeutend größer.

Im Frühjahr reichen Spinnerblätter mit einer Länge von vier Zentimeter vollkommen aus. In der fortgeschrittenen Hechtsaison sollten es dann schon Blätter von sechs Zentimeter Länge sein. Das klingt zunächst nicht nach einem großen Unterschied. Im direkten Vergleich wird man aber an der Rute spüren und im Wasser sehen, wie viel diese zwei Zentimeter ausmachen.

Mit Spinner auf Hecht

In-line-Blatt und Bucktail sind eine fängige Kombination.

Auch einen Bulger kann man sich leicht selber bauen. Dafür ist es wichtig, zunächst den geeigneten Stahldraht auszuwählen. Für ein kleineres Modell reicht ein Drahtdurchmesser von 0,8 Millimeter aus. Bei einem großen Bulger sollte es schon ein Draht von etwa einem Millimeter sein. Als erstes wird dann aus dem Draht die untere Öse für den Drilling geformt. Darüber wird ein Bleikopf auf der Achse befestigt. Damit wird verhindert, dass der Bulger die Schnur verdrallt. Anschließend wird eine Messinghülse auf die Achse geschoben, auf die nach Wunsch eine Verzierung gebunden werden kann.

Der Körper des Spinners darf nach persönlicher Vorliebe gestaltet werden. Da mit diesem Köder aber im Oberflächenbereich gefischt werden soll, ist es ratsam, keine allzu schweren Bestandteile dafür zu nehmen. Farbige Kunststoffperlen sind deshalb besser geeignet als Perlen oder Hülsen aus Messing.

Über dem Körper wird dann das erste Gelenk mit dem ersten Spinnerblatt auf die Achse geschoben. Zunächst kommt jedoch nur der erste Teil des Gelenks auf die Achse, dann wird das Blatt aufgezogen. Nun wird das zweite Gelenk mit dem ersten Teil auf die Achse geschoben und das zweite Blatt eingehängt. Nach Möglichkeit sollte eine Messingkugel als Lager zwischen dem ersten und dem zweiten Gelenk eingesetzt werden. Nun wird auch der zweite Teil des ersten Gelenks und danach des zweiten Gelenks auf die Achse gesteckt. Anschließend muss nur noch die obere Öse aus der Spinnachse geformt werden, und der Bulger ist fertig.

Die beiden Spinnblätter müssen gleich groß sein und dieselbe Form haben. Ihre Farben dürfen aber natürlich unterschiedlich sein. Messing und Silber, Rot und Schwarz oder Gelb und Rot sind beispielsweise fängige Farbkombinationen.

Solche Spinner kann man sich für unterschiedliche Gewässersituationen bauen, für schmale Gräben, Kanäle oder große stehende Gewässer. Überall kann man sie einsetzen, und insbesondere dort, wo viel mit den üblichen Spinnern geangelt wird, erweisen sich die Bulger als außerordentlich erfolgreich.

Es gibt noch eine weitere Spinner-Form, auf die wir noch näher eingehen müssen. Es ist der Buzzbait, wiederum ein Kunstköder, der in den USA entwickelt wurde, bei uns aber kaum benutzt wird. Wie so viele Kunstköder verdankt der Buzzbait seine Entstehung dem Spinnfischen auf Schwarzbarsch.

Das Spinnblatt des Buzzbait kann verschiedene Formen haben, von langrechteckig bis nahezu dreieckig kommen die sonderbarsten Blattformen vor. Die Auswahl unter den Buzzern ist so groß, dass sie schon abschreckend wirkt. Das ist eigentlich schade, denn wer einmal einige dieser Köder benutzt hat, weiß sie zu schätzen.

Buzzer sind so konstruiert, dass man sie sehr gut in Oberflächennähe führen kann. Dabei durchschneiden sie das Wasser wie ein Torpedo. Keine Frage, dass sie dabei die Aufmerksamkeit der Hechte auf sich lenken. Man könnte den Buzzer als eine Art sinkenden Oberflächenköder bezeichnen.

Buzzer eignen sich auch ausgezeichnet zum Spinnen im krautreichen Wasser. Sogar im dichten Bewuchs wie zwischen Reet und über Pflanzenfeldern kann man sie noch erstaunlich gut führen. Dabei darf der Buzzer aber immer nur mit einem oder zwei Einzelhaken versehen sein, niemals mit einem Drilling.

Buzzer können außerdem aufreizend langsam geführt werden. Dass sie dabei etwas tiefer unter der Oberfläche laufen, macht gar nichts, im Gegenteil. Ich fische selber sehr gern mit diesen Spinnern in flachen Seen, Kanälen und Poldern. Die Größe des Spinners wird dabei jeweils auf das Gewässer abgestimmt. Auf den Seen ist ein großer Buzzer, der mit etwas Bucktail noch zusätzlich vergrößert wird, oft genau das richtige Rezept, um die Hechte zum Zupacken zu bewegen. Gelingt es dann sogar im Flachwasser, einen Kapitalen an den Haken zu kriegen, dann wird man einen unvergesslichen Drill erleben.

Grundsätzlich gilt für das Flachwasser, dass man es sehr gründlich abfischen sollte. Die Hechte machen sich dort nicht immer die Mühe, einen längeren Weg zum Kunstköder zurückzulegen. Im tieferen Wasser macht ihnen das weniger aus. Flaches Wasser sollte man aber Meter für Meter abkämmen. Dafür ist ein Köder wie der Buzzbait, der mit seinen Bewegungen eine unwahrscheinliche Turbulenz verursacht, oft das beste Mittel.

Ich habe nun schon Einiges darüber gesagt, in welchen Gewässern man mit Spinnern fischen kann. Und eigentlich ist der Spinner ein Kunstköder, der sich nahezu überall einsetzen lässt. Selbst in kleinsten Tümpeln ohne jeden Pflanzenbewuchs kann ein Spinner ein ausgezeichneter Köder sein. Auch auf weiten und tiefen Gewässern kann man mit Spinnern erfolgreich fischen. Ich dachte selber lange Zeit, dass Spinner etwas für Hechte sind, die zwischen den Pflanzen und versunkenen Hölzern stehen, aber nicht für die im offenen Wasser. Sicher, wenn es einem Gewässer an Pflanzenbewuchs, Hindernissen, Verstecken, also an allen Strukturen fehlt, ist es nicht gerade leicht, zielgerichtet mit einem Spinner zu fischen.

Spinner im Schlepp

Aber schließlich gibt es eine ganze Reihe von Spinnern, die bestens zum Schleppfischen geeignet sind. Mit Spinnern schleppen, das mag Ihnen merkwürdig erscheinen, aber auch dafür ist dieser Kunstköder ausgezeichnet zu gebrauchen. Allerdings benötigt man zum Schleppen mit Spinnern eine spezielle Ausrüstung. Spinner sinken, wenn sie nicht bewegt werden, sofort ab. Um das zu verhindern und den Spinner in der gewünschten Tiefe durchs Wasser zu führen, gibt es Einiges zu beachten.

Zum einen sollte die Rute für diesen Zweck etwas länger sein. Eine Rute von 2,70 Meter wäre gut geeignet, sie dürfte sogar noch etwas länger sein, kürzer jedoch nicht. Mit einer längeren Rute ist es einfacher, einen kontrolliert gleichmäßigen Zug auf den Spinner auszuüben, was dringend erforderlich ist, damit der Spinner nicht zu tief absinkt. Wenn man dabei die Kontrolle verliert, weil der Spinner nicht zügig geführt wird, sind Hänger die unweigerliche Folge. Das bedeutet nicht zwangsläufig den Verlust des Köders. Indem man ihn in die entgegengesetzte Richtung zieht, kann man ihn meistens wieder lösen, vor allem, wenn man mit einer starken Schnur fischt. Aber durch einen Hänger geht unnötig Angelzeit verloren.

Sind wir schließlich auf dem Wasser und steuern die Scharkanten an, stellt sich die Frage, in welcher Entfernung wir den Spinner hinter dem Boot führen sollen. Viele Angler meinen, man müsse den Kunstköder beim Schleppen in möglichst großer Entfernung hinter dem Boot präsentieren. Ich bin da allerdings anderer Meinung.

Ein Hecht stört sich nicht so leicht an einem fahrenden Boot. Man denke nur daran, welch ein reger Verkehr an einigen Sommertagen auf den Seen herrscht. Wenn das den Fischen ernsthafte Probleme bereiten sollte, dann müssten sie von der Unruhe und dem Lärm längst wahnsinnig geworden sein. Nein, ich bin sicher, dass sich die Hechte von dem Betrieb auf dem Wasser nicht aus der Ruhe bringen lassen.

Ich lasse meine Spinner gut 15 bis 20 Meter hinter dem Boot laufen. Das ist im Vergleich zu der Entfernung, die andere Schleppangler bevorzugen, ein relativ geringer Abstand. Aber ich habe dafür meine Gründe. Der wichtigste Grund: Wer seinen Spinner auf größere Entfernung schleppt und dabei auf die Angaben seines Echolotes reagieren will, wird bald bemerken, dass sich sein Köder außerhalb seines unmittelbaren Einflussbereiches befindet.

Ein Beispiel: Sie fahren über einen drei Meter tiefen Gewässerabschnitt. Die Wassertiefe bleibt längere Zeit unverändert, dann nimmt sie aber auf einmal um rund einen Meter ab. Dadurch werden Sie gezwungen, den Spinner höher zu führen. Das lässt sich normalerweise leicht bewerkstelligen, indem man die Rute anhebt. Mit der entsprechenden Rutenlänge ist das eigentlich kein Problem. Dicht hinter dem Boot geführt, reagiert der Spinner darauf wie ein Orchester auf den Dirigenten.

Lassen Sie den Spinner aber einmal noch weitere zehn Meter hinter dem Boot laufen. Heben Sie die Rute an, und behalten Sie dabei genau den Verlauf der Schnur im Auge. Sie werden zwar sehen, dass sich der Winkel zwischen Wasseroberfläche und Schnur allmählich vergrößert. Das geht aber sehr langsam vonstatten, und die Gefahr ist sehr groß, dass der Spinner an der Kante zum flachen Wasser hängen bleibt. Für mich ist das allein Grund genug, dichter hinter dem Boot zu fischen.

Für einen kurzen Abstand zwischen Boot und Spinner spricht auch, dass man dadurch die Möglichkeit hat, schärfer an Scharkanten entlang fischen zu können. Solche Kanten unter Wasser zu finden, ist eigentlich nicht das Problem. Ihnen zu folgen, ist dagegen schon schwieriger. Wer sich dennoch erfolgreich an einer Scharkante entlang manövrieren will, muss manches Mal regelrecht Haken schlagen, um immer sicher an der Kante zu bleiben.

Solche Manöver führen zwangsläufig dazu, dass die Rute vorübergehend nur gering belastet wird. Vor allem, wenn man den Spinner innen an einer Kante entlang führt und zudem noch eine Kurve nach innen gefahren werden muss, um der Kante weiter folgen zu können, lässt die Spannung auf den Spinner unweigerlich nach. Der Spin-

Mit Spinner auf Hecht

Womit soll der Spinner verziert werden, Bucktail oder Gummifransen? Das Gummi hält nicht so viele Bisse aus, dafür kann man es aber leicht wieder ersetzen, und zwar so: Von einem Gummi-Oktopus wird der Kopf aufgeschnitten. Mit den Tentakeln nach oben wird er auf den Spinner-Körper geschoben. Der Oktopus wird mit einem Kabelbinder festgezogen und die Tentakeln nach unten geschoben.

ner sackt infolge dessen ab, die Hängergefahr steigt.

Aber selbst wenn es nicht soweit kommt, besteht eine andere Gefahr. Der Spinner läuft nun so tief, dass er unter dem Hecht hindurch geführt wird und der Räuber den Köder gar nicht bemerkt.

Wird der Spinner dagegen dichter hinter dem Boot geführt, funktioniert das Zusammenspiel zwischen Rute und Köder grundsätzlich besser. Lässt der Zug auf den Spinner während der Fahrt nach, wird die Rute gehoben, um den Zugverlust abzufangen. Indem Sie die Rute weiter nach hinten ziehen, können Sie den Zug auf den Spinner weiter verstärken. Das sind nur einfache Handgriffe, mit denen man aber das Schleppen mit Spinnern einfacher und erfolgreicher gestalten kann.

Ein dritter wichtiger Grund spricht dafür, dichter hinter dem Boot zu fischen. Nahezu alle Gewässer muss man sich mit anderen Booten teilen. Mit geringeren Abständen zwischen Boot und Köder erspart man sich dabei viel Ärger. Sie können von Nicht-Anglern, die mit ihrem Boot eine Vergnügungstour machen, nicht unbedingt erwarten, dass sie noch vierzig Meter hinter Ihrem Boot Schleppköder vermuten.

Als nächstes stellt sich die Frage, welche Spinner man zum Schleppen einsetzen sollte. Prinzipiell ist jeder Spinner zum Schleppfischen geeignet. Aber die Spinner sollten nach meinen Erfahrungen einige bestimmte Eigenschaften aufweisen. Zunächst muss der Spinner einen ausreichenden Auftrieb haben. Den bekommt er beispielsweise, indem man ihn mit einem ordentlichen Büschel Bucktail verziert. Bucktail gibt dem Spinner nicht nur ein zusätzliches Volumen, es verstärkt durch den erhöhten Wasserwiderstand auch den Druck nach oben.

Spinner mit einem schlanken Blatt wie dem Weiden- oder Terrible-Blatt benutze ich gern, um mit ihnen werfend zu fischen. Zum Schleppangeln wechsle ich aber auf einen Spinner mit einem breiteren Blatt, also ein Colorado- oder Indiana-Blatt. Solche Spinnerblätter geben dem Köder den nötigen zusätzlichen Auftrieb, wenn es darum geht, ihn mit angehobener Rute über ein Hindernis hinweg zu führen.

Natürlich gibt es eine ganze Reihe von Spinnern, die sich gut zum Schleppen eignen. Nach meinen Erfahrungen sind aber vor allem die Spinnerbaits ausgezeichnete

Mit Spinnern schafft man schnell den Einstieg in das Angeln mit Kunstködern. Außerdem lernt man viel über den Umgang mit Hechten.

Schleppköder. Oft sind sie sogar deutlich besser als einfache Spinner.

Die kleineren Spinnerbaits, wie sie in kleinen, flachen Gewässern eingesetzt werden, lassen sich noch recht gut und genau werfen. Das ändert sich mit einigen größeren Modellen schlagartig, spätestens, wenn solch ein Spinnerbait mit einem Büschel aus Kunststoff-Fransen verziert ist, werden die Würfe zum Problem. Die Verzierung wird beim Werfen zu einem voluminösen Luftwiderstand, der ein weites oder genaues Platzieren des Köders unmöglich macht. Viele Spinnerbaits sind außerdem auch ausgesprochen schwer. Das bedeutet, dass dieser Köder beim Werfen auf Dauer auch noch einen beträchtlichen Kraftaufwand erfordert. Deshalb geben viele das Angeln mit den großen Spinnerbaits vollkommen auf. Ich gebrauche diesen Köder dennoch gern, allerdings eben nicht zum Werfen.

Als Schleppköder hinter dem Boot sind die großen Spinnerbaits aber kaum zu schlagen. Wer schon einige Erfahrung mit Spinnerbaits gesammelt hat, weiß, dass dieser Kunstköder ausgezeichnet zwischen Wasserpflanzen und über Pflanzenfelder hinweg gefischt werden kann. Nur selten sammelt man mit ihnen Kraut ein, das ist ein enormer Vorteil. Vor allem wenn der Hecht an Standplätzen zwischen Pflanzen oder versunkenem Gehölz befischt werden soll, sind Spinnerbaits von unschätzbarem Wert.

Mit den Spinnerbaits hat es aber noch eine besondere Bewandtnis. Sie werden mit diesem Köder genau wie ich die Erfahrung machen, dass Sie häufig Fehlbisse bekommen und Fische nach kurzer Zeit wieder verlieren. Es macht sehr den Eindruck, als würden sich die Fische besonders auf das Spinnerblatt konzentrieren und weniger auf das Bucktail oder die Kunststoffverzierung.

Im Laufe der Jahre ist es mir gelungen, die Anzahl der Fehlbisse zu reduzieren. Ausschlaggebend dafür ist, dass ich den Köder jetzt etwas höher führe als früher. Wenn der Hecht und der Spinnerbait sich auf derselben Höhe befinden, richtet der Hecht seinen Angriff nach meinen Erfahrungen tatsächlich auf das Spinnerblatt aus. Wird der Spinnerbait höher geführt, fühlt und sieht der Hecht den Köder, aber aus der tieferen Position sieht er nicht das Blatt rotieren, sondern nur die Bewegungen der Verzierung. Und genau darin befindet sich der Haken.

Spinnerbaits werden teilweise auch mit Drillingen angeboten. Davon möchte ich aber abraten. Ich habe die Erfahrung gemacht, dass zwei große Einzelhaken vollkommen ausreichen, um Fische sicher zu haken. Vor allem gibt es aber einen wichtigen Grund, der für Einzelhaken spricht. Besonders in Gewässern mit einem sehr unebenen Boden kann es leicht passieren, dass der Köder mit einem Drilling für immer hängen bleibt. Mit Einzelhaken kann man diese Gefahr deutlich verringern. Selbst wenn man beim Führen des Köders immer wieder Bodenkontakt spürt, ist die Konstruktion so sicher, dass man kaum Hänger befürchten muss. Natürlich sollte man dabei beachten, dass man einen Spinnerbait hat, bei dem die Haken mit der Spitze nach oben weisen.

Und noch ein guter Grund spricht schließlich für Spinnerbaits. Das hohe Volumen die-

■ Mit Spinner auf Hecht

Man kann sich kaum einen Spinner vorstellen, den es nicht auch wirklich gibt.

ser Köder, das gilt insbesondere für die Formen mit Kunststoff-Fransen, gaukelt dem Hecht einen so großen Nahrungsbrocken vor, dass er dem für ihn günstigen Angebot kaum widerstehen kann. Oft führt diese Verlockung zu zahlreichen Bissen innerhalb kurzer Zeit. Hat man das einmal erlebt, dann findet man es gar nicht mehr so tragisch, wenn man an diesem Köder gelegentlich einen Hecht wieder verliert.

Spinner im Einsatz

Da Sie mir schon einmal bis hierher gefolgt sind, könnten Sie auch gleich mit mir an ein gutes Hechtgewässer kommen. Nach so viel Theorie wird es jetzt auch Zeit, mit dem Spinner ans Wasser zu gehen. Ich kenne ein paar überschaubare, nicht allzu tiefe Seen, bei denen sich immer ein Besuch lohnt. So rund fünf Hechte sollten da eigentlich pro Person zu fangen sein. Wenn Sie ein glückliches Händchen haben, könnte es auch das Doppelte werden. Allerdings müssen Sie mir versprechen, nichts über mein Gewässer zu verraten. Es ist nämlich verdammt gut, und das soll es auch bleiben.

Ich muss vorher aber noch gestehen, dass die Hechte dort nicht riesig werden. Ein Hecht von 80 Zentimeter ist da schon ein echter Brocken. Einen Meterhecht habe ich dort zwar auch schon gesehen, aber noch nicht gefangen. Es gibt sie, aber sie sind sehr rar. Aber darauf kommt es erst einmal gar nicht so sehr an. Denn durch die große Stückzahl an Hechten lernen Sie schnell, was Sie über Spinner wissen müssen, vor allem, wie man sie präsentiert und welche Möglichkeiten in den einzelnen Spinnern stecken.

Schauen wir uns erst einmal Ihre Rute an. Über dem Griff steht das Wurfgewicht der Rute: 5 bis 25 Gramm? Das sollten sie schnell vergessen. Es gibt keine Rute, mit der man so unterschiedliche Gewichte werfen kann, von der Köderführung ganz zu schweigen. Es gibt eine Methode, das eigentliche Wurfgewicht einer Rute zu berechnen, bei der ein so weiter Gewichtsbereich angegeben ist. Man zählt die untere und die obere Gewichtsangabe zusammen und teilt die Summe durch zwei. Also: 5 plus 25 ergibt 30, geteilt durch 2 macht das 15 Gramm. Damit hätten Sie das Gewicht, mit dem Ihre Rute am besten arbeitet.

Zu dieser Rute passt ein 5 bis 6 Zentimeter langes Spinnerblatt. Eigentlich finde ich das ein bisschen zu groß für dieses Gewässer. Haben Sie nicht vielleicht eine etwas leichtere Rute? Wie? Ein Wurfgewicht von 3 bis 18 Gramm? Das ist zwar auch eine unmögliche Angabe, aber das wäre für dieses Gewässer schon besser. Nach unserer Faustregel ergibt sich ein ideales Wurfgewicht von 10,5 Gramm. Damit könnte man einen Spinner mit einem etwa 4 Zentimeter langen Blatt fischen. Ja, machen Sie diese Rute mal fertig. Halten Sie die schwerere aber auch griffbereit. Sollten wir mit Spinnern keinen Erfolg haben, können wir es dann immer noch mit Wobblern versuchen. Dafür ist diese Rute nämlich sehr gut geeignet.

Zeigen Sie mir doch mal eben Ihre Schnur. Dyneema? Nein, legen Sie die Rolle lieber wieder zurück, ich leih´ Ihnen eine von meinen. Auf solch einer Rolle ist Dyneema ein Fluch! Wieso?

Keine Frage, Dyneema stellt einen gewaltigen Fortschritt dar in der Entwicklung von Angelschnüren. Aber die Entwicklung ist noch nicht abgeschlossen. Dyneema ist um einiges stärker als monofile Schnur, keiner würde etwas anderes behaupten wollen. Es sind auch großartige Schnüre für das Spinnfischen mit der Multirolle. Ich möchte mit nichts anderem auf einer Multirolle mehr fischen.

Aber wenn ich mit einer Stationärrolle und leichten Kunstködern angle, ist das etwas anderes. Dann wird Dyneema schnell zur Katastrophe. So ist es mir zumindest immer ergangen. Werfen Sie einmal damit! Wenn etwas Wind herrscht, wird sich die Schnur gleich nachdem der Bügel umklappt hinter dem Bügel oder an der Spule verfangen. Und schon müssen Sie die Schnur entwirren, obwohl Sie dafür gar keine Zeit haben. Denn inzwischen sinkt Ihr Spinner allmählich auf den Gewässerboden. Sofern er da nicht vollkommen festhängt, ziehen Sie ein Bündel Kraut an Land.

Sehr hinderlich sind auch die lockeren Schnurwicklungen auf der Spule. Wenn man nach dem Auswerfen anfängt, Schnur aufzuspulen, entsteht erst einmal eine zu lockere Wicklung, ehe die Schnur straffer wird. Das macht sich zunächst nicht bemerkbar. Doch wenn der nächste Wurf mit einer Perücke endet, lag das an genau dieser lockeren Wicklung.

Rutger de Jong zieht es vor, seine Spinner selber zu fertigen. Dabei geizt er nicht mit Bucktail. Und jeder seiner Spinner fängt.

Nein, an diesem Gewässer und für die hier erforderliche Angeltechnik kommt nur eine Monoschnur in Frage. Dabei entscheide ich mich aber sehr wohl für eine Schnur mit geringer Dehnung, um das Gefühl für meinen Kunstköder zu behalten. Eine geringe Dehnung ist aber auch wichtig, damit man bei einem Anbiss in größerer Entfernung einen durchdringenden Anhieb setzen kann. In diesem Moment entscheidet die Dehnung über den Fangerfolg.

So, wir haben uns für Monofil entschieden. Wir wollen mit Spinnern fischen, das ist auch klar. Was brauchen wir noch? Wir müssen etwas gegen das Verdrallen der Schnur unternehmen. Sollen wir ein Anti-Drall-Blatt oder ein Anti-Drall-Blei nehmen?

Dieser See ist nicht sonderlich tief und an einigen Stellen ist er dicht mit Pflanzen bewachsen. Überwiegend handelt es sich dabei um Wasserpest. Wir werden die Spinner hier wohl nicht immer ungehindert einholen können. Die Wasserpflanze aus Amerika wird voraussichtlich einige Male am Spinner hängen bleiben. Coontail nennen die Amerikaner dieses Kraut. Das bedeutet Waschbärenschwanz. Ein bisschen sieht es ja auch so aus. Niedlich finde ich es trotzdem nicht. Und meinetwegen hätte es gern in Amerika bleiben können. Hechte finden in der Wasserpest allerdings sehr gut Deckung, zumindest, wenn sie nicht allzu dicht wächst.

Im Gegensatz zum Laichkraut bildet die Wasserpest oft einen dichten Dschungel vom Boden bis zur Gewässeroberfläche. Beim Laichkraut entsteht an der Wasseroberfläche ein Blätterdach, unter dem locker angeordnet die Stiele der Pflanzen stehen. Dazwischen finden die Fische genug Platz für Verstecke.

Wir haben es hier nun aber mit der Wasserpest zu tun, und da scheint es mir sinnvoll, ein Anti-Drall-Blatt zu montieren. Damit haben wir bessere Aussichten, den Spinner über die absterbenden Pflanzen hinwegzuführen. Vielleicht können wir auch schon ein paar größere Löcher beangeln, die ab Oktober zwischen den Pflanzenfeldern entstehen. Auf jeden Fall sollten wir mit einem Anti-Drall-Blatt dafür sorgen, dass wir den Spinner über längere Strecken und hoch genug führen können, um so die Aufmerksamkeit der Hechte auf ihn zu lenken.

Wenn wir größere offene Wasserflächen finden, werde ich mir sicherlich die Mühe machen, das Anti-Drall-Blatt durch ein Anti-Drall-Blei zu ersetzen. Damit kann man nun einmal weiter und genauer werfen als mit dem Blatt, das beim Wurf einfach viel anfälliger auf Wind reagiert und leichter aus der Bahn gerät.

Bleibt noch die Frage, wo man das Anti-Drall-Blei anbringen soll. Man kann es nämlich zwischen Spinner und Spinnstange, aber auch vor der Spinnstange befestigen. Es liegt nahe, das Blei ganz nach vorne zu setzen, also vor die Spinnstange. So fällt es leichter, den Spinner durchs Wasser zu dirigieren. Will oder muss man den Spinner höher führen, ist es auf jeden Fall einfacher, wenn das

Mit Spinner auf Hecht

Mit etwas Übung kann jeder selber Spinner bauen, die sich neben gekauften Spinnern sehen lassen können. Oftmals sehen sie aber nicht nur gut aus, sie fangen auch noch besser als die Fabrikware.

Und der Bau eines Spinners geht schneller als man denkt. An wenigen Bastelabenden kann man sich ausreichend Spinner für die ganze Saison bauen.

Blei weiter vorne sitzt und nicht zwischen Spinner und Spinnstange.

Aber es hat auch einen Nachteil, wenn das Blei so weit vorne montiert wird. Denn beim Wurf bietet das Blei weniger Luftwiderstand als der Spinner. Das Blei fliegt also dem Spinner voraus. Das führt oftmals dazu, dass der Spinner sich mit der Spinnstange oder der Schnur verheddert. Das kann man entweder in Kauf nehmen, oder man möchte sich das Entwirren der Montage nach misslungenen Würfen lieber ersparen. Dann sollte man das Anti-Drall-Blei doch besser zwischen dem Spinner und der Spinnstange anbringen.

Gewöhnlich baue ich mir mein Anti-Drall-System selber. Es ist ziemlich simpel, und wer nicht ganz ungeschickt ist, kann das natürlich auch. Sie wissen schon, wie ich das mache. Ich drehe noch eine Öse in meine Spinnstange, die ich mit jedem gewünschten Blei beschweren kann. Wenn Sie mit einem kleineren Spinner angeln, reicht es oft schon aus, die Öse ein wenig zu vergrößern. Diese Öse bringt die Spinnstange schon so weit aus der Balance, dass der Spinner keine Chance mehr hat, die Schnur zu verdrallen. Sollte sich die Öse allein aber noch nicht als ausreichend erweisen, wird noch etwas nachgeholfen, indem man ein kleines Bleischrot an die Öse klemmt.

Sie haben also die Wahl zwischen verschiedenen Möglichkeiten, das Verdrallen der Schnur zu verhindern. Ich entscheide mich erst einmal für ein Anti-Drall-Blei, das ich vor der Spinnstange anbringe. Die Gefahr, dass sich die Montage verheddert, verringere ich dabei durch einen einfachen Handgriff.

Beim Werfen bremse ich den Kunstköder leicht ab. Das geschieht ganz einfach, indem ich den Zeigefinger vorsichtig an den Rand der Rollenspule halte. So schlägt die ablaufende Schnur gegen meinen Finger, wodurch sich die Wurfweite ein wenig verringert. Aber auf diese Weise kann ich meistens bewirken, dass Spinner, Spinnstange und Anti-Drall-Blei in der richtigen Reihenfolge im Wasser landen.

Bevor wir anfangen, sollten wir uns aber etwas genauer überlegen, wie wir eigentlich vorgehen wollen. Wie wollen wir also diesen See abfischen? In älteren Büchern kann man oft lesen, dass Hechte sich bevorzugt an den Kanten aufhalten. Man sollte demnach also so intensiv wie möglich parallel zu den Kanten fischen. Ich bin da ganz anderer Meinung. An allen Stellen im Wasser, wo Pflanzen wachsen, ob das nun am Rand oder in der Gewässermitte ist, sind Hechte zu erwarten. Die großen Hechte findet man nach meinen Erfahrungen überhaupt eher an den Stellen in der Mitte.

Für einen Hecht ist es wichtig, im Gewässer einen strategisch günstigen Standort einzunehmen, um an seine Beute zu gelangen. Das ist für den Hecht lebensnotwendig. Ich weiß nicht genau, wie ein Hecht denkt, aber wenn ich ein Hecht wäre, würde ich mich nicht am Gewässerrand aufhalten. Vielleicht noch als kleiner Hecht, aber ein Hecht, der groß werden will, muss notgedrungen ein Risiko eingehen. Und das tut ein kleiner Hecht auch.

Der Hecht sucht sich eine Stelle mit dichtem Pflanzenwuchs möglichst weit zur Mitte des Gewässers hin. Pflanzenfelder mitten im Gewässer verursachen eine Art Engpass, den die Beutefische überwinden müssen. Dadurch sind sie regelrecht gezwungen, dicht am Hecht vorbeizuziehen. Von seiner Position aus kann der Hecht in alle Richtungen vorstoßen und hat damit die besten Voraussetzungen, schnell zu ansehnlicher Größe abzuwachsen.

Natürlich gibt es nicht nur einen Hecht, der so vorgeht, und darin besteht eben das Risiko. Ein Hecht, der dieses Risiko nicht eingeht, wächst zwar auch, aber sein Wachstum bleibt hinter den Möglichkeiten zurück. Für solch einen Hecht beginnt eine gefährliche Zeit, wenn die Pflanzen absterben und er schutzlos im Wasser steht. Jetzt kann er leicht zum Opfer werden für Artgenossen, die schneller abgewachsen sind. Gerade in den ersten Lebensjahren entscheidet das Wachstum über das weitere Schicksal eines Hechts.

Wir konzentrieren uns also nicht nur auf die Randbereiche, sondern suchen vor allem auch die interessanten Stellen in der Mitte des Gewässers auf. Auf keinen Fall dürfen wir die Engpässe vernachlässigen, die durch Pflanzenwuchs entstehen.

Und sicher ist auch der kleine Einlauf dort eine interessante Stelle, an der die Strömung immer wieder ein paar Fische anzieht. Vielleicht hängt das mit der Sauerstoffzufuhr zusammen, vielleicht wird dort auch Nahrung für die Weißfische angetrieben. Beides könnten Gründe dafür sein, dass sich an der Stelle stets ein paar Hechte einfinden.

Aber wir fangen doch zunächst damit an, die Kanten abzuwerfen. Nach Möglichkeit sollte der Wurf schräg angesetzt werden, damit wir den Spinner weit auswerfen und über eine lange Strecke einholen können.

An dieser Stelle müssen wir es jetzt mit dem Spinner genau nehmen. Wir hatten uns schon auf eine Blattlänge von vier Zentimeter festgelegt. Die richtige Form wäre hier ein Indiana-Blatt an einem Spinner ohne weitere Beschwerung. Solch einen Spinner können wir schön langsam führen. Dieses Blatt baut durch seine Rotation einen kräftigen Druck auf. Das ermöglicht es, den Köder recht hoch zu führen. Deshalb können wir wiederum ohne Probleme ein Anti-Drall-Blei verwenden.

Achten Sie darauf, dass Sie saubere Würfe machen. Vor dem Wurf sollten Sie die Schnur zwischen dem Endring der Rute und dem Spinner nicht zu lang lassen. Je länger die Schnur dort hängt, desto schwieriger wird ein genauer Wurf. Nehmen Sie die Schnur lieber kürzer. 30 Zentimeter vom Rutenendring bis zum Köder reichen völlig aus.

Nehmen Sie vor dem Wurf zuerst die Schnur mit der Spitze des Zeigefingers auf, erst danach öffnen Sie den Schnurfangbügel. Dann holen Sie mit der Rute aus, um sie mit einer schnellen Bewegung aus dem Handgelenk nach vorne zu bewegen. Nein, die Rute nicht so weit nach vorne durchziehen! Das verkürzt die Wurfweite, wenn Sie gar zu spät abstoppen, landet der Spinner nur ein paar Meter vor Ihren Füßen im Wasser.

Bei Fliegenfischern ist es üblich, die Rutenposition beim Wurf mit der Stellung von Uhrzeigern zu beschreiben. Das kann man ohne weiteres auf das Werfen mit der Spinnrute übertragen. In der senkrechten Stellung zeigt die Rute auf 12 Uhr, wird sie weiter nach hinten geneigt, zeigt sie im Uhrzeigersinn auf 1 Uhr und so weiter. Beim Werfen wird die Rute aus der 9 Uhr-Position zügig auf 11 Uhr gehoben. Dabei schwingt die Rutenspitze noch bis hinter die 12 Uhr-Stellung. In einer fließenden Bewegung wird die Rute sogleich wieder auf 10 Uhr heruntergedrückt. Das ist die Position, in der die Schnur losgelassen wird. Während der Spinner fliegt, lassen Sie die Rute auf das Ziel gerichtet.

Am Anfang ist dieser Bewegungsablauf nicht ganz einfach, es dauert aber nicht lange, bis er nahezu automatisch ausgeführt wird. Machen Sie ruhig erst einmal ein paar Übungswürfe ohne ein bestimmtes Ziel. Wenn Sie etwas Gespür dafür haben, wie die Rute und der Köder funktionieren, gehen Sie dazu über, einen Punkt genau anzuwerfen. Das klappt also einigermaßen. Nun müssen wir nur noch kurz eine Strategie entwickeln.

Einfach drauflos werfen, ist zwar auch eine Möglichkeit und bringt auch Fische, aber mit etwas System wird man sicherlich mehr Erfolg haben. Ich wende zwei verschiedene Strategien an. Die eine besteht darin, eine Position am Ufer einzunehmen und von dort aus die erreichbare Fläche fächerförmig abzuwerfen. Das ist nicht immer die effektivste Methode, aber wenn man vom Ufer aus einen See beangelt, hat man oft keine andere Wahl. Außerdem muss man sich oft damit zufrieden geben, dort ans Ufer zu treten, wo es überhaupt möglich ist, weil man nicht alle Stellen erreichen kann, an denen man gerne auswerfen würde.

Fächerförmiges Abfischen hat den Nachteil, dass man streckenweise immer wieder an denselben Stellen fischt. Besonders effektiv sind bei dieser Technik die ersten 10 bis 15 Meter nach dem Eintauchen des Spinners. Danach kommt er auf eine Bahn, die sehr nahe an der des vorherigen Wurfes liegt.

Wenn es möglich ist, wende ich lieber eine andere Strategie an. Dann werfe ich diagonal zum gegenüberliegenden Ufer. Ein, zwei Würfe, dann gehe ich ein paar Schritte weiter.

Warten Sie eben! Machen Sie doch erst ein paar Würfe parallel zum Ufer. Schließlich stehen immer ein paar Hechte in Ufernähe, und die kann man natürlich nicht fangen, wenn man ihnen zu nahe kommt. Lässt man diese Würfe aus, dann könnte es passieren, dass nur noch eine Schlammwolke vor Ihren Füßen den Hecht andeutet, der Ihnen entgangen ist.

An jeder Stelle wird erneut parallel zum Ufer ausgeworfen. So wird das Gewässer gründlich abgefischt und kaum ein Hecht übersehen. Natürlich können Sie an einigen Stellen, die Ihnen besonders Hecht-verdächtig erscheinen, auch mehrere Würfe ansetzen. Und platzieren Sie den Spinner immer so dicht wie möglich vor das gegenüberliegende Ufer. Genau wie vor dem eigenen Ufer lauern auch dort einige Hechte.

Gerade wenn Sie so riskante Würfe machen, sollten Sie unbedingt den Zeigefinger am Spulenrand halten. So können Sie

Zwei langstielige Einzelhaken wirken meistens ebenso gut wie ein Drilling. Damit der Spinner richtig arbeitet, müssen vor allem die Größen von Drilling oder Haken und Spinnerblatt richtig aufeinander abgestimmt sein.

Mit Spinner auf Hecht

Man achte auf das Größenverhältnis. Der Hecht hat sich an einen für ihn sehr großen Spinner gewagt. Aber Hechte haben nun einmal eine Schwäche für große Portionen.

immer rechtzeitig die Notbremse ziehen, wenn ein Wurf einmal über das Ziel hinauszugehen droht. Es wird Ihnen sicherlich nicht erspart bleiben, dass Sie einmal zu scharf bremsen, der Spinner weit zurückspringt und sich in der Schnur verfängt. Der Wurf ist dann misslungen, aber dennoch muss man solche Würfe riskieren.

Nun sollten wir uns noch einmal genauer anschauen, wie der Spinner funktioniert, damit wir ihn optimal führen können. Dabei geht es eigentlich nur um ein paar grundsätzliche Dinge, die man immer wieder bedenken sollte. So hat die Wurfweite beispielsweise Einfluss auf die Führung des Köders. Bei einem weiten Wurf sinkt der Spinner selbstverständlich tiefer ab als bei kürzeren Würfen.

Nach einem weiten Wurf sollten Sie die Rute zunächst etwas höher halten. Stellen Sie sich wieder die Uhr vor, und halten Sie die Rute in der 10 Uhr-Position. Wenn Sie den Spinner näher herangeholt haben, senken Sie die Rute gleichmäßig ab. Voraussetzung ist natürlich immer, dass die Situation am Ufer das Hantieren mit der Rute nicht einschränkt.

Haben Sie den Spinner bereits bis auf wenige Meter eingeholt, sollten Sie die Rutenspitze nur noch weniger Zentimeter über der Wasseroberfläche halten. Halten Sie die Rute dabei aber immer in einer Position, die es Ihnen erlaubt, jeden Moment einen ordentlichen Anhieb zu setzen.

Ich schlage vor, dass wir den See von zwei Seiten abfischen. Gehen Sie weiter in diese Richtung, ich versuche es dann ein paar hundert Meter weiter. So in einem Stündchen treffen wir uns dann wieder...

Nun, wie lief es bei Ihnen? Fehlbisse? Lassen Sie sich dadurch nicht entmutigen. Das Problem habe ich auch gelegentlich, und jeder andere Spinnfischer ebenso. Es gibt Tage, da verliert man fünf, sechs Fische und fängt nur zwei oder drei. Aber dann gibt es auch Tage, da klappt alles, Sie fangen sechs, sieben Fische und verlieren keinen einzigen.

Ich markiere mir meistens die Stelle, an der ich einen Fisch verloren habe. Dann lasse ich mindestens eine Stunde verstreichen und versuche es danach noch einmal an der Stelle. Sie können aber auch sofort noch einen Versuch unternehmen, am besten mit einem anderen Köder. Oft packt der Hecht beim zweiten oder dritten Versuch erst richtig zu und hängt schließlich doch sicher am Haken.

Lässt sich der Hecht bei den folgenden Versuchen nicht mehr blicken, wissen Sie zumindest, wo er sich aufhält. Mit diesem Wissen haben Sie später noch einmal eine gute Chance. Den Standort eines Hechtes zu kennen, hat auch den großen Vorteil, dass man von vornherein konzentriert zur Sache geht.

Lassen Sie uns mal ein Stückchen weiter gehen. Ich kenne dort eine Stelle, wo ein

Entwässerungskanal von einem breiten Graben gekreuzt wird. Dort ist das Wasser etwas tiefer, außerdem gibt es dort eine Brücke, interessante Einbuchtungen und breite Schilfkanten. Ein ausgezeichneter Platz, aber es kommt dort noch mehr als an irgendeiner anderen Stelle auf Wurfgenauigkeit an.

Ich nehme jetzt lieber einen Spinner mit einem Terrible-Blatt. Der läuft ohnehin schon etwas tiefer, und mit einem Anti-Drall-Blei geht er auf etwa einen Meter Tiefe. Der Spinner sollte jetzt auch eine Nummer größer ein. Ich montiere deshalb einen Spinner mit einem Blatt von 4,5 Zentimeter Länge.

Ob Sie 5 Millimeter mehr oder weniger nehmen, ist natürlich Ihnen überlassen, Sie müssen nur genau wissen, was Sie gerade mit Ihrer Rute spüren und was Ihr Spinner macht. Laufen Sie Gefahr, den Kontakt zu Ihrem Spinner zu verlieren, weil Sie seine Rotation nicht richtig fühlen, dann nehmen Sie lieber einen größeren Spinner. Merken Sie wiederum, dass Ihre Rute mit einem Spinner überfordert ist, dass sein Widerstand die Rute zu sehr krümmt, müssen Sie wiederum einen kleineren Spinner wählen.

Es ist dringend notwendig, dass man immer fühlen kann, was der Spinner veranstaltet. Hängt Kraut am Spinner, müssen Sie das sofort wissen. Alles, absolut alles, muss über die Rute registriert werden. Mit einem Terrible-Blatt fischen Sie zwangsläufig etwas tiefer als mit einem breiteren Spinnerblatt. Halten Sie die Rute deshalb zunächst etwas höher, und senken Sie die Rutenspitze mit dem Einholen gleichmäßig ab.

Konzentrieren wir uns jetzt als erstes auf die alte Brücke. Dafür brauchen wir keine weiten Würfe zu machen. Kurze Unterhandwürfe und schnelle Köderführung bringen uns unter diesen Umständen am ehesten zum Hecht. Suchen Sie sich einen günstigen Platz, von dem aus Sie den Spinner dicht an der Brücke entlang führen und am besten auch unter die Brücke werfen können.

Dirigieren Sie den Köder so genau wie möglich mit der Rute, um jeden denkbaren Standort optimal abfischen zu können. Beißt in unmittelbarer Nähe der Brücke nichts, dann halten Sie Ausschau nach Kleinfischen. Häufig sieht man kleine Fische aus dem Wasser spritzen, wenn man den Spinner schneller zieht. Wo Sie das bemerken, ist mit Sicherheit auch der Hecht nicht weit.

Fischen Sie diese Stelle sorgfältig ab, am besten mit einigen kürzeren Würfen, bei denen Sie den Spinner ganz genau führen können. Da! Sehen Sie, da raubt einer! Werfen Sie den Spinner über diese Stelle hinaus. Lassen Sie den Spinner beim Einholen etwas auf Tiefe kommen, da, wo der Hecht geraubt hat, führen Sie den Spinner aber nach oben. Einfach die Rute etwas anheben. Ja, er hängt!

Sowohl Spinner als auch Blinker können die Schnur verdrallen. Deshalb empfiehlt sich für beide Köder ein Anti-Drall-System. In tieferem Wasser benutzt man ein Anti-Drall-Blei. Dessen Gewicht wird je nach Wassertiefe festgelegt und kann zwischen drei und über zehn Gramm liegen. Wird in flachem Wasser geangelt oder über Wasserpflanzen, ist ein Anti-Drall-Blatt die bessere Alternative. Mit seinem geringen Gewicht reagiert es aber empfindlich auf Wind. Eine Anti-Drall-Vorrichtung kann man leicht selber bauen. Dafür wird in eine Spinnstange eine Öse gebogen, in die man ein Bleischrot einklemmt.

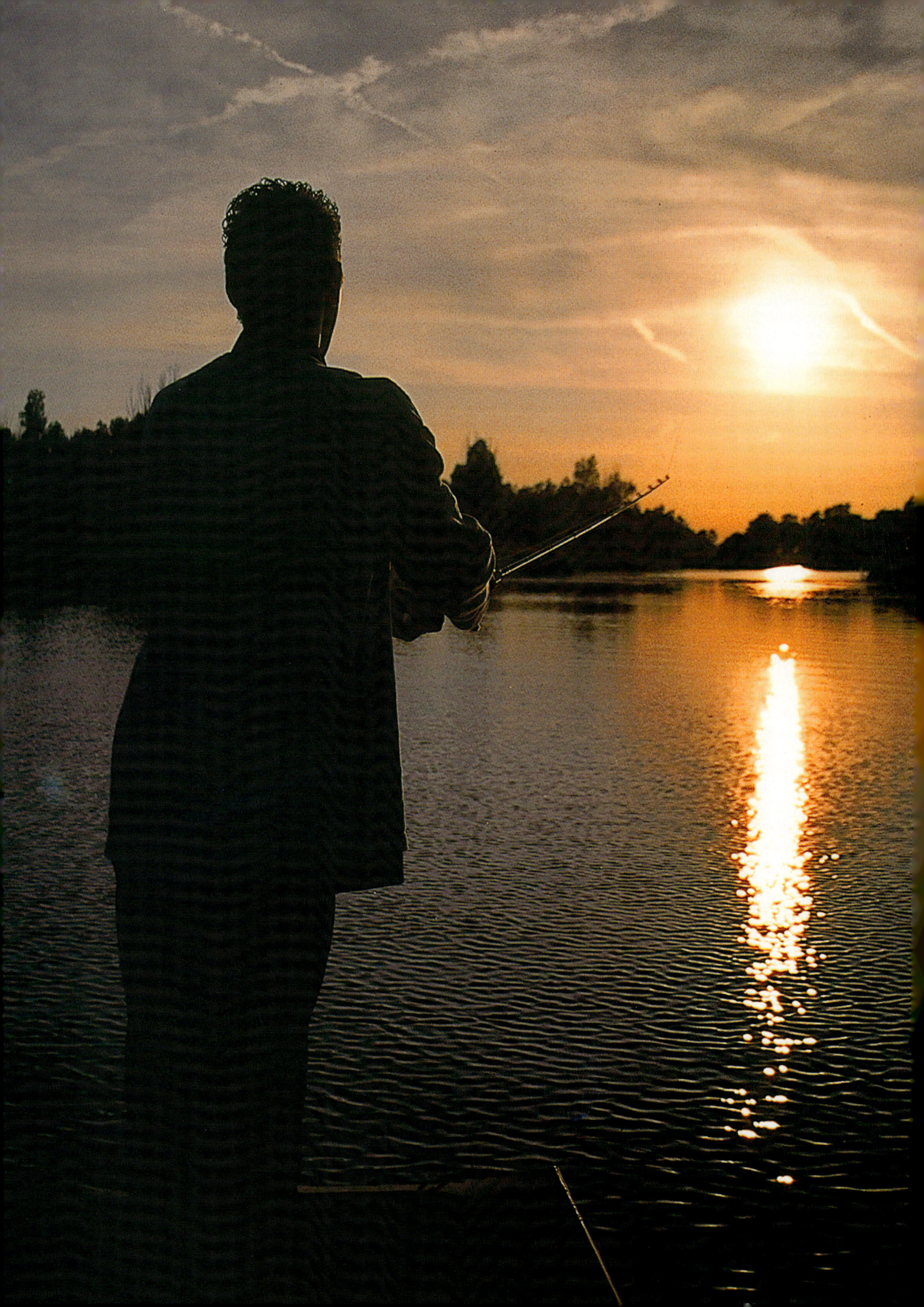

Wobbler für Hechte

Wenn Raubfischangler mit Kunstködern auf Hechte gehen, greifen sie sehr häufig zum Wobbler. Wobbler sind recht einfach zu fischen und ihre verführerische Wirkung auf den Hecht ist unbestritten. Deshalb sind Wobbler bei den Anglern sehr beliebte Kunstköder. Schließlich besitzen Wobbler auch durchaus einige Vorzüge gegenüber anderen Kunstködern. Der wichtigste ist vielleicht, dass die meisten Wobbler sich sehr einfach werfen lassen. Genauso leicht, wie sie sich werfen lassen, kann man sie meistens auch führen. Man muss also nicht gerade ein Meister im Umgang mit Kunstködern sein, um einen Hecht dazu zu bringen, seine Zähne in einen Wobbler zu schlagen. Was gibt es dann noch groß über Wobbler zu berichten? Wenn ein Kunstköder einfach zu benutzen ist, bedeutet das natürlich nicht, dass man auf Anhieb seine ganze Stärke zu nutzen versteht. Deshalb lohnt es sich, die Wobbler einmal genauer unter die Lupe zu nehmen. Im folgenden werde ich sie in Gruppen unterteilt vorstellen und anschließend auf die Ruten eingehen, mit denen sie am besten gefischt werden können.

Wie viele verschiedene Wobbler es gibt, lässt sich kaum schätzen. Man braucht sich nur einmal die Vielfalt der Wobbler in unseren Gerätekatalogen anzuschauen. Dann kommen noch die vielen Modelle aus anderen Ländern hinzu.

Es ist kaum ein Wobbler vorstellbar, den es nicht auch tatsächlich gibt. Viele Wobbler sind sehr aufwendig geformt und bemalt. Einige besondere Exemplare verdienen sogar das Prädikat Kunstwerk. Manchmal sind sie fast zu schön, als dass man mit ihnen angeln möchte. Ob man mit diesen Wobblern aber auch besser fangen kann, diese Frage will ich hier offen lassen.

Riesige Auswahl

Gerade die riesige Auswahl an Wobblern macht die Entscheidung für den richtigen Köder so schwer. Aber ich kann Sie beruhigen, denn mit jedem Wobbler lassen sich auch Hechte fangen. Es ist sogar gut möglich, mit einem riesigen Wobbler in einem kleinen Teich zu fangen, umgekehrt kann man auch mit einem Mini-Wobbler auf einem großen See erfolgreich sein. Beides ist allerdings alles andere als ideal.

Kleine Gewässer, Bäche, Teiche oder schmale Kanäle werden natürlich eher mit kleinen Wobblern beangelt. Weite Seen, große Flüsse, breite Kanäle, also alle größeren Gewässer, beangelt man dagegen eher mit großen Wobblern. Dabei geht es aber auch immer darum, aus jedem Wobbler die optimale Bewegung und Wirkung herauszuholen.

Vor dem ersten Wurf sollte man sich jedes Gewässer genau anschauen, um sich Klarheit darüber zu verschaffen, wo man den Wobbler einsetzt. Ist es ein kleines oder ein

Die kleinen Wobbler von Mann's, Salmo und Storm sorgen für große Fänge an kleinen Gewässern. Der Köder kommt aus Richtung Sonne (linke Seite), ob der Hecht ihn vorbei lassen wird?

Wobbler für Hechte

Ein kapitaler Hecht, gefangen auf einen Suick. Kaum ein anderer Kunstköder ist schon so lange so erfolgreich wie dieser Jerkbait.

großes Gewässer? Strömt das Wasser oder steht es? Ist das Wasser klar und durchsichtig oder dunkel und trüb? All diese Faktoren spielen eine Rolle.

Die Wahl des Wobbler muss selbstverständlich auch auf die Rute abgestimmt sein, mit der man fischt. Und nicht zuletzt sollte man bedenken, wo und wie man den Wobbler einsetzen will. Will man mit ihm vielleicht auf schwere Fische in Irland oder im schwedischen Schärengarten fischen? Es sind also erst einmal viele Fragen zu klären, ehe man zu einem bestimmten Wobbler greift und ihn an einer bestimmten Spinnrute anbietet.

Modelle und Maße

Wobbler können nach ihren Eigenschaften in verschiedene Gruppen unterteilt werden. Das macht die Sache zumindest etwas übersichtlicher. Beginnen wir also mit den verschiedenen Wobblern.

Es gibt schwimmende Wobbler, die bei jeder Bewegung an der Oberfläche bleiben. Sie gehen grundsätzlich nicht unter. Solche Oberflächen-Wobbler können weiter unterteilt werden. Es gibt die sogenannten Spooks, die mit der richtigen Technik geführt, zu beiden Seiten ausschlagen, wenn sie durch die Oberfläche laufen.

Einige Oberflächen-Wobbler besitzen einen Propeller aus Plastik oder Metall, der an der Oberfläche für zusätzliche Unruhe sorgt. Dabei kann der Propeller sowohl vorne als auch hinten am Körper angebracht sein.

Bei anderen Kunstködern für den Oberflächenbereich dreht sich der hintere Teil des Körpers vollständig, bei wieder anderen dreht sich der Kopf um die eigene Achse. Die Drehungen werden bei diesen Ködern durch eine große, stark gebogene Schaufel verursacht. Solche Krachmacher können unwahrscheinlich gut fangen.

Eine andere Variante des Oberflächen-Wobblers ist der sogenannte Popper, der beim Einholen das Wasser spritzend vor sich her drückt.

Nicht unerwähnt bleiben sollte der sogenannte Crawler. Das ist ein recht eigenartiger Oberflächenköder, der sich mit ähnlichen Bewegungen wie ein kraulender Schwimmer durch das Wasser bewegt.

Schließlich wollen wir auch die Shuttler nicht vergessen. Bei diesen Wobblern scheint die Tauchschaufel falsch herum angebracht zu sein, sie steht also nach oben. Dadurch taucht der Wobbler nicht ab, sondern rudert sich durch die Oberfläche.

Spooks, Shuttler, Crawler und Popper in all ihren Varianten ergeben ein ordentliches Sortiment an Oberflächen-Wobblern. Und sicherlich gibt es noch ein paar andere, die mir bislang entgangen sind.

Nun werden natürlich nicht nur Wobbler für die Oberfläche, sondern auch für tiefere Wasserregionen gefertigt. Zahlreiche schwimmende Wobbler tauchen erst beim Einholen ab. Sie können grob in flach und tief tauchende Modelle unterteilt werden. Dann gibt es die sogenannten Suspender, das sind Wobbler, die kaum oder sehr langsam absinken und so gewissermaßen im Wasser schweben.

Wieder andere Wobbler sinken aufgrund ihres Gewichts, teilweise können sie als schnell sinkend bezeichnet werden.

Wobbler können aber nicht nur nach ihren Schwimmeigenschaften unterteilt werden, sondern auch nach ihrem Aufbau. So gibt es einteilige und mehrteilige Wobbler, die je nach ihrer Körpergliederung sehr verschiedene Eigenschaften haben. Nach dem Körpervolumen könnte man auch dickleibige von schlanken Wobblern unterscheiden.

Und schließlich hätten wir da noch die Rassel-Wobbler, zum Teil mit sehr großen Exemplaren, die im allgemeinen als sinkende Köder konstruiert sind.

All diese verschiedenen Wobbler-Typen bekommt man meistens auch noch in unterschiedlichen Größen. Dabei gibt es regelrechte Mini-Wobbler von gerade einmal drei Gramm und gigantische Wobbler von mehreren hundert Gramm Gewicht. Erschrecken Sie also nicht, wenn Ihnen einmal ein Hechtangler begegnet, der einen Wobbler von 200 Gramm an der Schnur hat.

Für einige Wobbler ist die Art und Weise, wie man sie durchs Wasser führt, ein entscheidendes Merkmal. Die sogenannten Crankbaits werden beispielsweise mit geradem Zug eingeholt. Anders ist es bei den Twitchbaits, die man ruckartig durchs Wasser ziehen muss. Dabei handelt es sich durchweg um tauchende Wobbler mit einer kleinen Tauchschaufel, die sofort darauf reagieren, wenn ihnen mit der Bewegung einer schnellen Rute Leben eingehaucht wird.

Und dann gibt es da noch die nicht zu unterschätzende Gruppe der Jerkbaits, die wiederum ganz anders präsentiert werden. Allein die Jerkbaits gibt es wieder in ganz verschiedenen Ausführungen. Klassische Jerkbaits sind beispielsweise der Jack 18, der Bobbie Bait und der durch nichts zu ersetzende Suick.

Der Gleiter ist eine Variante des Jerkbaits, der sich wie ein Spook bewegt, wenn man ihn im richtigen Rhythmus durch die Oberfläche zieht. Es gibt einige Gleiter, die sogar mehr als einen halben Meter weit aus der Zuglinie herausschlagen. Derartige Gleiter werden auch als Searchbait bezeichnet. Ein wirkungsvoller Köder, den es hoffentlich noch lange auf dem Markt gibt.

Made in Holland

Einige der besten Gleiter werden in den Niederlanden hergestellt. Dazu gehören beispielsweise der Dr. Dre oder der Robbait. Beides Köder, die ich nicht mehr missen möchte. Auch den Slider von Salmo kann ich mir gar nicht mehr wegdenken. Neben dem Slider dürfen wir in nächster Zeit noch einige andere fängige Hechtköder aus der Kunstköderschmiede von Salmo erwarten.

Und dann sind da noch die sogenannten Pullbaits, die wiederum auf eine ganz eigene Weise geführt werden müssen. Ein typischer Pullbait ist der Bull Dawg, ein riesiger Kunstköder, an dem aber auch gigantische Hechte gefangen werden.

Ja, es gibt noch viel mehr Wobbler und Wobbler-artige Köder. Fast könnte man all die genannten Bestandteile der Köder wahl-

Oberflächen-Wobbler wie diese Spooks gibt es in unterschiedlichen Größen. Ob man bevorzugt an kleinen Gewässern angelt oder auf großen Seen, für jeden ist die richtige Größe dabei.

Wobbler für Hechte

Oberflächenköder sind nicht nur etwas für den Sommer, in flachen Gewässern fangen sie das ganze Jahr über.

los kombinieren, und nahezu alles, was dabei herauskommen könnte, gibt es auch wirklich. Bei vielen dieser Produkte, die teilweise nur in Ein-Mann-Betrieben hergestellt werden, ist aber zweifelhaft, ob ihnen ein langes Leben auf dem Ködermarkt beschieden sein wird.

Viele Wobbler, die heute wie selbstverständlich zum Hechtangeln eingesetzt werden, waren ursprünglich gar nicht dazu bestimmt. Zu einem großen Teil wurden sie nämlich für das Fischen auf Schwarzbarsch oder das Meeresangeln in Amerika entwickelt. Die Wobbler für das Schwarzbarschangeln hat man oft einfach ein paar Zentimeter größer gemacht, und schon hatte man einen Hechtköder. Ein Zara Spook beispielsweise wird einfach doppelt so lang und dreimal so schwer, und dann ist es ein Hecht-Wobbler. Er bekommt dann einen neuen Namen wie Super Spook oder Giant Jackpot, um hier nur einmal einen wirklich fängigen Spook zu nennen, und dann hat man einen Oberflächen-Wobbler fürs Hechtangeln.

Genauso wird aus einem Shad Rap von Rapala ein Super Shad Rap, fertig ist der Hechtköder. Tatsächlich wird es oft ganz genau so gemacht.

Einige Wobbler wurden auch für das Angeln auf Zander oder viel mehr auf ihre amerikanischen Verwandten namens Walleye entwickelt. Die vergrößerten Schwarzbarschköder scheinen mir dann jedoch besser geeignet. Keine Frage, dass auch mit den Wobblern, die für das Walleyeangeln entwickelt wurden, Hechte gefangen werden. Ich habe das selber oft genug erlebt, aber dennoch meine ich, dass man mit den gröberen, schwereren Wobblern besser bedient ist.

Hechte fängt man nach meinen Erfahrungen besser mit Wobblern, die einen dicken Körperbau haben. Die älteren Raubfischangler erinnern sich sicherlich noch gut an den Big S von Shakespeare. Das war einer der ersten dickleibigen Wobbler für Hechte, der mit seinem birnenförmigen Körper auch noch auffallend gute Wurfeigenschaften hatte.

Hat man einmal mit solch einem Wobbler einen erfolgreichen Fangtag gehabt, dann fragt man sich unwillkürlich, was seine besondere Fangkraft ausmacht. Ich glaube, dass es einfach die große Wasserverdrängung durch solch einen Köder ist, die den Hecht auf ihn aufmerksam macht und ihm den Eindruck vermittelt, dass es da eine besonders lohnende Beute zu holen gibt.

Ist der Hecht erst durch seine Seitenlinie auf den Köder aufmerksam geworden, dann wird sein Eindruck noch durch die Umrisse des Wobblers verstärkt. Der hohe Körper des Köders bildet eine sehr gute Imitation vieler Friedfische in unseren Gewässern. Auf diese Täuschung fallen die meisten Hechte leicht herein. Deshalb würde ich beim Hechtangeln immer eher zu Wobblern mit kräftigem Körperbau raten. Ich weiß aber sehr wohl, dass auch reichlich Hechte auf schlanke Wobbler hereinfallen. Wenn Ihnen diese Wobbler aus irgendwelchen Gründen sympathischer sein sollten, will ich Sie nicht davon abbringen, mit ihnen zu angeln.

Der große Vorteil solch eines Wobblers: Er lässt sich weit und sehr genau werfen.

Oberflächen-Wobbler

Nun habe ich die Oberflächen-Wobbler schon so oft erwähnt, dass wir die nähere Betrachtung der Wobblergruppen am besten gleich mit ihnen anfangen. Viele Oberflächen-Wobbler sehen nicht anders aus als ein Stück von einem Besenstiel, das vorne und hinten etwas abgerundet ist und mit zwei oder drei Drillingen versehen wurde. Für jeden, der seine Köder gerne selber baut, ist das eine der leichtesten Übungen. Einer der bekanntesten dieser Wobbler, die Amerikaner sprechen von Stickbaits, ist der Heddon Spook. Dieser Oberflächen-Wobbler wurde bereits 1922 produziert, möglicherweise sogar noch früher.

Nach dem Vorbild dieses Spook entstanden viele Dutzend gleichartiger Wobbler, bei denen es aber große qualitative Unterschiede gibt. Ich habe reichlich dieser Kunstköder gekauft, und viele davon konnte ich nach einem einzigen Angeltag in den Müll werfen. Aber nicht, weil die vielen Hechte ihn kaputt gebissen hatten. Nachdem einige dieser Wobbler zum ersten Mal mit Wasser in Berührung kamen, schmierte oder platzte die Farbe ab. Bei anderen kam es immerhin noch zu einem Anbiss, danach fehlte aber der Drilling mitsamt Aufhängung.

Aber es gibt auch einige wirklich gute Produkte, die man getrost weiter empfehlen kann: Sowohl für große als auch kleine Binnengewässer sind beispielsweise der Poe's Jack Pot oder der Giant Jack Pot gut zu gebrauchen. Von Mania Tackle gibt es einen Spook mit dem Namen Doc, ein guter Kunststoff-Wobbler und ein echter Brocken unter den Spooks. Es ist zweifellos einer der größten und schwersten Spooks, die ich je gesehen habe.

Die Firma Heddon produziert zur Zeit einen Spook mit der Bezeichnung Excalibur Super Spook. Dieser Oberflächenköder ist sehr gut für große Seen geeignet, er lässt sich aber auch in kleinen stehenden Gewässern gut fischen. Einige gute Oberflächen-Wobbler werden auch von Hi Fin angeboten. Der Sky Walker ist einer davon. Allerdings gibt es ihn nur in einer Größe, mit der sein Einsatz weitgehend auf große Gewässer beschränkt bleibt.

Diese Auswahl sollte für den Anfang reichen. Und ich würde dem Einsteiger tatsächlich empfehlen, zunächst bei diesen Modellen zu bleiben. Wenn Sie mit diesen vertraut sind und weiter experimentieren wollen, dann steht ihnen ein weites Feld offen, auf dem Sie noch viele andere Köder kriegen und viel Geld ausgeben können.

Das Angeln mit Kunstködern an der Oberfläche ist in Europa eine sehr neue Entwicklung. Das darf man durchaus merkwürdig finden, denn auf der anderen Seite des großen Teiches wurde bereits im 18. Jahrhundert mit solchen Ködern gefischt. Allerdings ging man damit noch nicht auf Hecht, sondern auf Schwarzbarsch und Muskie.

Von diesen ersten Oberflächenködern ging dann die Entwicklung weiter zu den Ködern, mit denen auf Hecht oder Muskie geangelt wird. Dabei sind die Amerikaner nicht gerade zimperlich mit ihren Köderformaten,

Wobbler für Hechte

Moderne Jerkbaits wie dieser Fatso von Salmo können auf sehr unterschiedliche Weise geführt werden, man kann sie auswerfen und gleichmäßig oder ruckartig einholen, man kann sie aber auch schleppen.

denn zu groß können sie ihnen offenbar nicht sein.

Die Oberflächenköder sind also alles andere als eine neue Erfindung. Obwohl sie sich aber schon so lange bewährt haben, hat mancher Angler Berührungsängste mit ihnen. Wer sich nicht so recht auf diese Köder einlassen will oder überhaupt erst anfängt, mit Kunstködern zu angeln, sollte sich vielleicht besser erst mit leicht sinkenden Wobblern vertraut machen.

Ehrlich gesagt ist es auch nicht gerade einfach, mit Oberflächen-Wobblern erfolgreich auf Hecht zu angeln. Vor allem Neulinge mit diesen Ködern haben eine hohe Quote an Fehlbissen. Und das gilt auch für erfahrene Angler, die mit anderen Kunstködern gut umzugehen verstehen und ein sicheres Gefühl dafür haben, wann sie gewöhnlich einen Anhieb zu setzen haben.

Mit Oberflächen-Wobbler ist die Situation aber völlig anders. Wenn ein Hecht den Köder attackiert, ist es unglaublich schwierig, sich selbst unter Kontrolle zu behalten. Aber man muss sich zurückhalten, bis der Fisch wirklich zugebissen hat. Für die Schwierigkeiten, die dieses Angeln aufwirft, wird man aber reichlich entschädigt durch unglaublich spektakuläre Anbisse.

Es sind aber nicht nur die aufregenden Anbisse, die für Oberflächen-Wobbler sprechen, diese Köder haben auch ganz praktische Vorzüge. Mit ihnen kann man nämlich so manche Gewässerstrecke befischen, an der man aufgrund der Hindernisse unter Wasser mit tauchenden Ködern keine Chance hätte. Oft sind dies sogar ausgezeichnete Stellen, die man auf keinen Fall unbeangelt lassen sollte.

Ein weiterer Vorteil dieser Köder besteht darin, dass man sie ausgesprochen gut werfen kann. Weil sie keine Tauchschaufel haben, sind sie sehr stromlinienförmig und lassen Wurfweiten zu, die man zuvor nicht für möglich gehalten hat. Besonders wenn man Gewässer vom Ufer aus befischt, wird man diese Eigenschaft des Köders zu schätzen wissen.

Den Oberflächen-Wobblern wird oft nachgesagt, dass man mit ihnen nur in der warmen Jahreszeit erfolgreich angeln kann. Die Wassertemperatur muss angeblich mindestens 12 bis 14 Grad betragen, damit ein Hecht einen Köder an der Oberfläche angreift. Das entspricht allerdings keineswegs den Tatsachen. Ich habe es selber erlebt, dass Hechte im Winter den Köder an der Oberfläche gepackt haben, als das Gewässer streckenweise vereist war.

Es wird auch behauptet, dass man bei starkem Wind keine Wirkung mit Oberflächenködern erzielen könne. Die Hechte sollen den Köder dann nicht mehr wahrnehmen können. Das schien mir zunächst sogar halbwegs verständlich, aber dann habe ich auch diese Behauptung mit Fängen widerlegt. Das

Nach einem Hecht von 107 Zentimeter auf Streamer und noch einem „kleinen" von 103 Zentimeter auf einen Robbait fing Rutger diesen Kapitalen von 120 Zentimeter auf einen Fatso von Salmo.

war im schwedischen Schärengarten. Weit draußen im offenen Wasser habe ich bei starkem Wind einen Oberflächen-Wobbler ausgeworfen. Mein Kollege Anders guckte mich dabei entsetzt an. Das hätte er nicht tun sollen, denn schon beim ersten Wurf hing ein Hecht.

Ein anderer Kollege, Rutger de Jong, konnte diese Erfahrung sogar noch steigern. Bei Windstärke 7 machte er auf einem großen See in den Niederlanden einen Topwater von Joe Bucher einsatzbereit, nachdem uns der Wind ans flache Ufer gedrückt hatte. Ich erklärte ihn für völlig übergeschnappt. Im flachen Uferbereich, bei etwa einem Meter hohen Wellen? Das Boot schaukelte nur so über das Wasser, selbst tauchende Köder hatte man nicht mehr richtig unter Kontrolle. Nein, das schien mir völlig ausgeschlossen. Aber dieses Mal wurde ich eines Besseren belehrt. Mit seinen damals 15 Jahren bekam er nach dem dritten Wurf weiche Knie, als nämlich ein Hecht von 114 Zentimeter an seiner Rute tobte, und ich war mit meiner Weisheit am Ende.

In den niederländischen Poldern und vergleichbaren Gräben und kleinen Kanälen funktionieren Oberflächen-Wobbler eigentlich immer. Dabei müssen die Köder nicht einmal für große Unruhe sorgen. Wer einmal auf diese Weise geangelt hat, kommt kaum wieder davon los. Man steht die ganze Zeit unter Spannung, kann den Köder nicht mehr aus den Augen lassen. Hat man erst einmal den richtigen Rhythmus gefunden, mit dem man einen Spook führen muss, macht es allein solch einen Spaß, den Köder durch die Oberfläche zu ziehen, dass es mir oft gar nicht mehr so wichtig erscheint, was ich schließlich damit fange.

Meine ersten Erfahrungen mit Oberflächen-Wobblern machte ich an einem See mit glasklarem Wasser. Obwohl ein recht heftiger Wind wehte, habe ich zu diesem Köder gegriffen. Der Wind wehte der Länge nach über das Gewässer und sorgte damit für eine sehr unruhige Oberfläche. Es hat einige Zeit gedauert, ehe ich überhaupt den richtigen Rhythmus für den Köder gefunden hatte. Als ich ihn dann aber hatte, fanden die Hechte die Bewegungen an der Wasseroberfläche ausgesprochen einladend.

Selbstverständlich war ich nicht nur einmal mit Oberflächen-Wobblern bei Wind auf dem Wasser. Sehr häufig bin ich gezielt dann losgefahren, wenn die Windverhältnisse das Angeln auf großen Seen stark erschwerten, manchmal sogar fast unmöglich machten. Immer wieder zeigte es sich dabei, dass es gar keinen Unterschied machte, ob es nun sehr windig oder kalt war. Auch unter solchen Umständen sind die Hechte immer sehr interessiert an Ködern, die durch die Oberfläche gezogen werden.

Aber es wäre auch wiederum nicht richtig zu behaupten, dass diese Köder immer und

Wobbler für Hechte

Alte und neue Crankbaits: Der Whitefish von Salmo (oben) ist 18 Zentimeter lang und taucht auf vier Meter Tiefe ab, der Flat Fish von Helin (Mitte) zeichnet sich mit integrierter Tauchschaufel durch starke Wasserverdrängung aus. Der Believer (unten) ist unwiderstehlich für kapitale Hechte.

überall gleich gut funktionieren. Auf großen Seen mit kaum ausgebildeten Uferzonen wird man mitten im Winter keine guten Aussichten haben, einen Hecht auf Oberflächenköder zu fangen. Mir ist das jedenfalls noch nicht gelungen, allerdings habe ich es unter so extremen Umständen auch noch nicht versucht.

Im Sommer kann der Erfolg aber eigentlich nicht ausbleiben, vor allem, wenn man an den Rändern von Wasserpflanzen angelt, egal bei welchem Wetter. Windig oder windstill, klarer Himmel oder bewölkt, die Oberflächen-Wobbler fangen.

Unterschiede ergeben sich aber sehr wohl bei den Tageszeiten. Mit Oberflächen-Wobblern sollten Sie vor allem abends oder am frühen Morgen angeln, dann fangen sie nämlich am besten.

Die Oberflächen-Wobbler haben mich in den letzten Jahren wie kaum ein anderer Kunstköder beschäftigt. Was mir am meisten Kopfzerbrechen bereitet hat, ist die große Zahl der Fehlbisse, die man damit hat. Auch in der Heimat dieser Köder, in Amerika, hat man keine Lösung für dieses Problem.

Selbst an den besten Beißtagen kann die Quote der Fehlbisse fatal sein. An solchen Tagen kann sonst alles stimmen. Bedeckter Himmel, ab und zu mal ein kleiner Schauer, ein lauer Wind, der träge Wellen vor sich her schiebt. Das Wasser wirkt wie zähflüssig. Perfekte Verhältnisse für das Angeln mit Oberflächenködern. Und dann beißt der erste Hecht, dann der zweite, bald schon der fünfte - aber nicht einer bleibt hängen.

Vor einiger Zeit sah ich einen eindrucksvollen Dokumentarfilm von National Geographic, in dem es auch um Raubfische und Beute an der Wasseroberfläche ging. Allerdings handelte er von Tigerhaien, die jährlich an einen Küstenstreifen zogen, wo junge Sturmvögel und Albatrosse ihre ersten Flugversuche machten. Die endeten regelmäßig im Wasser, wo die jungen, aber gut genährten Vögel von den hungrigen Tigerhaien erwartet wurden.

In atemberaubenden Aufnahmen konnte man genau sehen, wie die Haie einen Vogel nach dem anderen attackierten, aber keinen von ihnen zwischen die Zähne bekamen. Das Problem der Haie war für mich ganz eindeutig: Bei jedem Angriff schoben die Haie eine Bugwelle vor sich her, auf der sie den Vogel selber wegschubsten. Erst nach einigen Tagen hatte die Haie gelernt, wie sie die Beute packen können, danach entkam ihnen kein Vogel mehr.

Die ersten Vögel, die das Nest verlassen hatten, haben überlebt. Unverkennbar mussten die Fische erst einmal lernen, mit dieser Beute umzugehen, wie sie sich ihr nähern und sie festhalten müssen.

Ich habe darauf noch einmal meine bisherigen Fänge mit Oberflächen-Wobblern Revue passieren lassen und die Fänge im folgenden Jahr genau registriert. Auffälligerweise hatte ich die besten Erfolge zu Beginn der Saison. Das ist auch die Zeit, in der die Hechte sich am häufigsten Beute von der Oberfläche schnappen. Die Fisch sind dadurch in Übung und wissen genau, wie sie ihre Beute packen müssen. Deshalb verfehlen sie unseren Köder viel seltener. Im Frühsommer habe ich sogar einige Tage erlebt, an denen jeder Biss auch einen gefangenen Hecht bedeutete.

Wie erfolgreich Hechte zu Beginn der warmen Jahreszeit auf Beute an der Wasseroberfläche jagen, hat auch mein irischer Freund Padraigh Heneghan in einem unvergesslichen Erlebnis erfahren. Ein Gastangler wollte gegen Padraighs Widerstand unbedingt einen großen Hecht mit nach Hause nehmen. Also wurde der Fisch ausgenommen und bis zur Abreise des Anglers eingefroren. Beim Ausnehmen kamen aus dem Magen des Hechtes nicht weniger als sieben Entenküken zu Tage.

Als der Angelreisende zwei Tage später zur Rückreise aufbrach, blieb der Hecht auf dem Küchenboden zurück. Das machte Padraigh so wütend, dass er mit seinen Pantoffeln dem Fisch einen kräftigen Tritt versetzte. Dabei hatte er vergessen, dass der Hecht gefroren war und brach sich seinen großen Zeh. So weit muss es ja nicht gleich kommen, aber man kann eben jedes Mal etwas erleben, wenn die Hechte an der Oberfläche rauben. Ein Oberflächen-Wobbler ist dann ein ausgezeichneter Köder, der spektakuläre Anbisse provoziert. Besonders am Anfang der Raubfischsaison bietet dieser Köder gute Fangaussichten.

Im Flachwasser

Wer zum ersten Mal mit Oberflächen-Wobblern angelt, sollte es sich nicht so schwer machen, damit sich möglichst bald ein Erfolgserlebnis einstellt. Mit dieser Methode auf einem großen See zu beginnen, wäre deshalb nicht ratsam. Nach meinen Erfahrungen sind die Verhältnisse da immer etwas schwieriger als an Gräben, kleinen Kanälen oder Teichen.

Gute Gewässer für den Einsteiger sind in den Niederlanden immer noch die Poldergräben. In anderen Ländern findet man mit Gräben oder kleinen Flussläufen vergleichbare Situationen. Wenn die Wasserpflanzen in solchen Gewässern im Sommer üppig wuchern, hat man dort oft keine Chance. Vom Herbst bis ins Frühjahr kann man jedoch tolle Fangtage erleben. Dabei sollte man übrigens niemals das Format der Hechte in den relativ kleinen Gewässern unterschätzen.

Unvergesslich ist für mich der Tag, an dem ich mit einem Bekannten aus Italien auf einem See bei Amsterdam auf Zander angeln war. Er wollte unbedingt mit einem lebenden Köderfisch angeln. Das wurde allerdings ein glatter Misserfolg. Deshalb schlug ich ihm vor, mit Wobblern in den Poldern zu fischen.

Massimo, so hieß der Italiener, hatte schon Bekanntschaft mit einigen Poldern gemacht. Breite Gräben mit gleichmäßigen Kanten, die schnurgerade durch das Ackerland verliefen. Unter erbärmlichen Wetterverhältnisse hatte er dort recht erfolglos geangelt, deprimierender ging es gar nicht. Aber ich versprach ihm andere Polder, die durch die Jahrhunderte verwildert sind, und wo das Angeln schon wieder etwas Abenteuerliches hat. Und ich hatte gar nicht einmal zu viel versprochen.

Erst einmal hakte ich dann einen Karpfen am Rücken. Danach war Massimo zunächst sehr skeptisch gegenüber meiner Angeltechnik. Das hielt aber keine halbe Stunde an. Dann stieß nämlich ein beachtlicher Hecht von 106 Zentimeter wie aus dem Nichts an die Oberfläche und packte den Wobbler. Es folgten noch zwei etwas kleinere Fische, ehe der größte Fang des Tages biss.

Ich zog meinen Spook an einer treibenden Krautinsel aus Wasserpest vorbei. Kein Wasserwirbel, kein Spritzer, aber mein Wobbler verschwand auf einmal von der Oberfläche. Dann allerdings gab es einen gewaltigen Wirbel, und schäumend färbte sich das klare Wasser mit dem aufgewühlten Boden schwarz. Etwas nervös drillte ich auf einmal meinen zweiten Meterhecht dieses Tages, ein prächtiges Exemplar von 112 Zentimeter. Danach musste ich nur noch versuchen, mit diesen beiden Fischen halbwegs bescheiden zu wirken. Denn für Massimo waren das die beiden größten Hechte, die er jemals gesehen hatte. Der Fang solch kapitaler Fisch ist in den Poldern zwar immer möglich, aber nicht

Einige Wobbler haben ein eingebautes Bewegungsmuster. Der Köder schwimmt in Schlangenlinien durchs Wasser, ohne dass man selber etwas dazu beitragen muss. Man holt ihn einfach nur ein. Modelle mit einer kleinen Tauchschaufel lassen sich zudem aber auch sehr gut twitchen.

Wobbler für Hechte

sehr wahrscheinlich. Ob ich dort jemals wieder einen Fangtag wie den mit Massimo erleben werde, wage ich zu bezweifeln. Gewässer wie die Polder sind vor allem sehr gute Übungsgewässer. Hier kann man mit kleineren Fischen in größerer Zahl die Technik mit dem Oberflächenköder einüben, ehe man sich damit an größere Gewässer begibt, um dort auf kapitale Hechte zu fischen.

Machen wir es uns zunächst mit den Oberflächen-Wobblern nicht zu schwer und greifen zu der Rute, die jeder Hechtangler hat, die Spinnrute. Nein, wir brauchen nicht unbedingt eine Baitcaster-Rute und eine Multirolle. Ich weiß nicht, wer das Gerücht in die Welt gesetzt hat, dass man diese Geräte unbedingt benötigt, um an der Oberfläche zu fischen, sicher ist aber, dass es genauso gut auch mit einer Spinnrute möglich ist.

Mit einem kleinen Sortiment von Oberflächen-Wobblern sind Sie schon ausreichend ausgestattet. Meistens sind diese Köder gar nicht so teuer. In den Gerätekasten gehören ein paar nicht zu kleine Popper, ein kleiner Propeller-Wobbler und einige Spooks.

Denken Sie auch ans Stahlvorfach. Mit 15 bis 20 Zentimeter ist es schon lang genug. Wenn Sie ein paar längere Spinnstangen besitzen, sollten Sie diese auch unbedingt mit einpacken. Dann sollten Sie schließlich die Geräte zum Abhaken nicht vergessen.

Ich habe früher sehr viel in den niederländischen Poldern geangelt, oft bin ich nach der Arbeit noch für ein paar Stunden zum Angeln an die Polder gefahren. Dabei habe ich immer wieder etwas über das Hechtangeln gelernt. Aber es war nicht nur lehrreich, sondern auch sehr erholsam. Ich finde es immer wieder herrlich, an diesem weiten Grabensystem zu stehen und auf Hecht zu angeln. Die Wasserläufe sind im Laufe der Jahrhunderte etwas aus der Form geraten, ab und zu stehen ein paar Weiden in der vollkommen platten Landschaft. Der nächste Schritt kann immer in einem Kuhfladen enden, versucht man, den Stiefel am Gewässerrand zu säubern, sackt man gleich noch tiefer in den Schlamm ein. Merkwürdig, aber ich genieße die Stunden an den Poldern jedes Mal.

Nun schauen wir aber einmal genauer auf unsere Ausrüstung. Eine Spinnrute für Wurfgewichte im Bereich von 12 bis 15 Gramm ist hier das richtige Instrument, um die kleineren Oberflächen-Wobbler zu werfen und zu fischen. Die Rutenspitze sollte nicht zu weich sein. Wenn Sie gerade kurz vor dem Kauf

Einen Augenblick später schlug dieser Hecht Bertus Rozemeijer den Drilling des Wobblers in die Hand – kein schönes Gefühl!

einer neuen Rute stehen, bitten Sie den Gerätehändler, die Rutenspitze einmal festzuhalten, um die Rutenkrümmung zu testen. Wenn Sie schon bei geringer Biegung der Rute einen gewissen Widerstand spüren, hat die Rute gewöhnlich ausreichend Kraft in der Spitze, um den Oberflächen-Wobbler wie gewünscht zu bewegen.

Natürlich ist die Rute damit nicht ausschließlich für das Angeln mit Oberflächen-Wobbler zu gebrauchen, aber speziell dafür braucht die Rute die nötige Stärke. Wenn Sie beispielsweise mit Poppern fischen, ist eine harte Rutenspitze unentbehrlich. Popper wie der Heddon Lucky 13 entfalten erst ihre verführerische Wirkung, wenn sie mit kräftigen Rucken durch die Oberfläche geführt werden. Mit einer zu weichen Spitze kann man ihm seine charakteristischen Bewegungen gar nicht verleihen. Versuchen Sie den

Etwas Gehölz und ein paar Wasserpflanzen, solche Stellen muss man im Sommer gründlich abfischen, dann bleibt die Belohnung nicht lange aus.

Köder einmal mit kurzen, harten Schlägen aus der Rutenspitze zu bewegen. Halten Sie die Rute dabei niedrig. Wenn die kurzen Bewegungen der Rute nach unten gerichtet sind, versucht der Popper mit jedem Schlag unterzutauchen. Dabei stößt er jedes Mal mit seinem stumpfen Vorderteil so aufs Wasser, dass es knallt. Daher hat er schließlich seinen Namen (engl. pop = knallen). Die ideale Wirkung erzielt man, wenn der Popper dabei das Wasser noch etwas vor sich aufspritzen lässt. Seine sonderbaren Bewegungen werden Sie möglicherweise albern finden, für einen Hecht stellen sie allerdings die Reize einer ernst zu nehmenden Mahlzeit dar.

Sollte es Ihnen nicht gelingen, einem Popper die erforderliche Bewegung zu verleihen, dann versuchen Sie es einmal mit etwas längeren Schlägen. Dabei führen Sie die Rute etwas mehr zur Seite als nach unten. Seitwärts können Sie die Rute weiter durchziehen und damit einen stärkeren Effekt erzielen.

Will sich mit dem Popper einfach nicht der richtige Erfolg einstellen, probieren Sie es einmal mit einem Köderwechsel, und nehmen Sie einen Spook. Ich kann mir vorstellen, dass Sie diesem Wobbler beim ersten Anblick nicht die geringsten Fangqualitäten zutrauen. Und Ihre Zweifel könnten sogar noch zunehmen, wenn Sie Pech haben und an einen schlecht verarbeiteten Spook geraten. Diese Gefahr besteht nämlich, denn leider kommen aus Amerika viele unsauber verarbeitete Wobbler auf den Markt.

Aber es gibt auch tadellose Modelle. Sehr gut ist beispielsweise die kleinere Version von Poe´s Jackpot. Empfehlen kann ich auch den Excalibur Super Spook von Heddon. Ohne Frage gibt es noch ein paar andere gute Spooks, ich will mich aber auf die beiden genannten beschränken. Wenn Sie mit diesen einige Erfahrungen gesammelt haben, können Sie immer noch andere Modelle ausprobieren.

Auch der Spook nimmt seinen Weg durch das Oberflächenwasser, allerdings nicht geradeaus, sondern im Zickzack-Kurs. Ein Ruck mit der Rute, und der Spook schert nach rechts aus, kurze Pause, dann ein weiterer Ruck, und er schert nach links aus. Wenn Sie mit etwas Übung den Rhythmus gefun-

Wobbler für Hechte

Wenn man mit solch einem Oberflächenköder umzugehen weiß, ist das ein äußerst fängiger Köder.

den haben, läuft der Spook durch das Wasser wie ein Schlittschuhläufer über das Eis.

In diesem Fall vom Lauf des Köders zu sprechen, ist besonders treffend, denn in Amerika hat man für diese Gangart des Köders eigens die Bezeichnung walking the dog (mit dem Hund spazieren) eingeführt. Damit meinen sie allerdings nicht den treuen Vierbeiner, sondern die Larve eines amerikanischen Wassersalamanders. Mit dieser wird dort nämlich auch geangelt. Ich möchte mir das nur ungern vorstellen, aber am Haken oder am System soll dieser Lurch, der auch waterdog (Wasserhund) genannt wird, einen ähnlichen Effekt erzielen wie der Kunstköder.

Um die gewünschte Wirkung mit dem Kunstköder zu erzielen, müssen Sie ihn über eine größere Entfernung auswerfen, damit Sie ihm auch über eine ordentliche Strecke seinen Lauf verleihen können. Nach dem Auswerfen wird so viel Schnur eingeholt, dass sie straff ist, aber noch ein klein wenig Spiel hat. Dann wird der Spook in Bewegung versetzt, indem Sie die Rute kurz nach unten rucken. Dabei werden Sie bemerken, dass dafür nur wenig Kraft aufgewendet werden muss. Es wäre im Gegenteil sogar vollkommen falsch, die Rute kraftvoll zu bewegen, das würde nämlich die Bewegung des Spooks nachteilig beeinflussen. Lenken Sie den Köder also mit einer möglichst lockeren Haltung der Rute.

Sollte der Spook nach dem ersten Ruck noch nicht gleich seitwärts ausbrechen, lassen Sie sich nicht irritieren, solche Startschwierigkeiten gibt es hin und wieder. Zwischen den Rutenbewegungen sollten Sie nicht zu lange warten, eine Sekunde bis zum nächsten Ruck reicht völlig aus. Die Schnur wird bei dieser Köderführung immer zügig aufgespult, nur wenn ein Ruck mit der Rute ausgeführt wird, wird die Schnuraufnahme kurz verzögert oder unterbrochen.

Möglicherweise misslingen Ihnen die ersten Spinnversuche mit dem Spook, und Sie müssen zu Ihrer Enttäuschung zusehen, wie der Köder sich lahm auf Sie zu bewegt. Auch für einen Hecht ist das kein schöner und verführerischer Anblick. Dem Köder fehlen dann genau die Bewegungsmerkmale, die ihn für den Räuber so unwiderstehlich machen. Kontrollieren Sie in diesem Falle erst einmal Ihr Vorfach. Es könnte nämlich sein, dass es zu lang oder zu schwer für diesen

Köder ist. Versuchen Sie es auf jeden Fall einmal mit einem kürzeren oder einem dünneren Stahlvorfach. Sie können natürlich auch eine gewöhnliche Spinnstange verwenden. Oft ist das sogar die bessere Lösung. Probieren Sie es jetzt noch einmal. Halten Sie die Rute dabei etwas über der Hüfte in horizontaler Stellung. Geben Sie der Rute wieder einen Ruck nach unten, so dass sie etwa 30 Zentimeter über der Wasseroberfläche stoppt. Wenn alles geklappt hat, dürfte sich der Spook dabei ein paar Dezimeter auf Sie zu bewegt haben. Bringen sie die Rute dann wieder zurück in ihre Ausgangsposition, und spulen Sie dabei die lockere Schnur auf. Und gerade eben bevor Sie die Schnur richtig straffen, führen Sie die Rute wieder mit einem Ruck nach unten. Wenn Sie die ruckartige Bewegung zu langsam ausführen, bekommt der Köder natürlich nicht den richtigen Lauf. Bewegen Sie die Rute also mit mehr Nachdruck. Versuchen Sie dann nur noch, einen gleichmäßigen Rhythmus zu finden, und der Spook wird laufen wie der weltbeste Schlittschuhläufer.

An Gewässern wie den niederländischen Poldern kann man natürlich auch noch mit anderen lärmenden Ködern die Aufmerksamkeit der Hechte wecken. Zum Beispiel mit Ködern, deren Körper Eisenkugeln enthalten wie der Jitterbug. Auch dieser Köder, der von Fred Arbogast hergestellt wird, ist keineswegs eine Neuheit. Die kleinere Variante dieses Köders, die in Amerika zum Angeln auf Schwarzbarsch eingesetzt wird, ist zugleich ein ausgezeichneter Köder für Hechte in kleineren, flachen Gewässern. Die breite, nach oben gestellte Tauchschaufel lässt den Jitterbug immer wieder kurz nach links und rechts ausschlagen, wobei er stets seinen Kopf über dem Wasser behält.

Wer einmal mit diesem Kunstköder angeln war, hat zwangsläufig das dringende Bedürfnis, sich mit dieser Angelmethode näher zu befassen. Anders als bei den beiden zuvor genannten Oberflächen-Wobblern braucht man beim Jitterbug keine große Erfahrung, um ihn richtig führen zu können. Man muss kaum mehr leisten als ihn auszuwerfen und wieder einzuholen.

Haben Sie damit Ihre ersten Hechte gefangen, dann sollten Sie mit diesem Köder etwas experimentieren. Beschleunigen Sie ihn bei der Führung einmal, oder verzögern Sie seine Fortbewegung plötzlich. Dieser Kunstköder verlangt geradezu danach, spielerisch eingeholt zu werden.

Dann gibt es auch noch einige Oberflächen-Wobbler mit kleinen Propellern, die immer einen Versuch wert sind. Die Poe`s-Wobbler habe ich bereits genannt. Etwas kleiner sind der Ace of Spades und der Cisco Topper. Beide eignen sich ausgezeichnet für das Oberflächenfischen auf Hecht in kleineren, flachen Gewässern. Beide Wobbler sind mit jeweils zwei rotierenden Propellern versehen. „Der Onkel hat einen Motor an seinem Köder", hörte ich einmal einen Knirps

Wieder ein schöner Kanal-Hecht. Diesen fing Richard van Beek beim Schleppen mit einem Warrior Crankbait.

Wobbler für Hechte

Zum Thema Ködergröße: Diese Wobbler sind alle über 22 Zentimeter lang, wie zierlich ist ein Polder-Wobbler dagegen.

sagen, der mir beim Angeln zusah. Tatsächlich sehen diese Wobbler auch ein bisschen aus wie motorisiert.

Auch diese Kunstköder braucht man eigentlich nur auszuwerfen und mit der nötigen Geschwindigkeit einzuholen, um die Aufmerksamkeit der Hechte zu wecken. Genauso wie mit dem Jitterbug können Sie dann noch das Einholen auf unterschiedlichste Weise variieren. Nun ist es die Kunst, den Hecht mit dem Kunstköder aus seinem Unterstand zu locken und ihn dazu zu bringen, unseren Köder zu attackieren. In erster Linie sucht man dafür die potentiellen Standorte des Gewässers ab. Das Problem an den meisten Poldern ist nur, dass es solche Stellen massenweise gibt. Dadurch ist man geradezu gezwungen, das Gewässer sehr gründlich abzufischen. Das soll allerdings nicht heißen, dass man sich zuvor nicht einen Plan machen sollte, wie man vorgehen will.

Ich habe schon weiter oben verraten, dass es meine bevorzugte Methode ist, ein Gewässer von Ufer zu Ufer abzufischen. Die Uferbereiche sind nun einmal wichtige Standorte. Also: Machen Sie erst ein paar Würfe parallel zu dem Ufer, an dem Sie stehen. So können Sie vermeiden, dass vor ihren Füßen ein Hecht davonschießt, den Sie eigentlich hätten fangen können. Danach fischen Sie das Gewässer am besten ab, indem Sie nach und nach weiter in Richtung auf das gegenüberliegende Ufer werfen. Achten Sie dabei immer wieder darauf, wo besonders interessante Stellen sein könnten. Durch die Fänge, die Sie dabei zwangsläufig machen werden, werden Sie ein immer besseres Gespür für diese Stellen entwickeln.

Stellen, die Sie auf keinen Fall übergehen sollten, sind die Einläufe von Gräben. Das sind manchmal recht unscheinbare Einläufe in der Nähe eines Bauernhofes. Oftmals angelt an diesen Stellen kein Mensch, vielleicht weil alle denken, dass jeder andere schon dort gewesen ist. Am Ansatz zu einem solchen Graben steht eigentlich immer der eine oder andere Hecht. Natürlich gibt es auch die klassischen Standorte, an denen man stets mit einem Hecht rechnen darf. Das sind Stellen, an denen sich die Wasserwege kreuzen oder die Fließrichtungen von Haupt- und Nebengewässer aufeinandertreffen. Beachten Sie auf jeden Fall auch Pflanzenbeete in der Gewässermitte und überhängende Zweige und Gestrüpp am Ufer, unter denen die Räuber Deckung finden.

Es wird Ihnen sicherlich nicht immer gelingen, den Wobbler genau dort zu platzieren und so zu führen, wie Sie es sich vorstellen. Aber auch das macht dieses Fischen so reizvoll. Und Sie werden sehen: Wenn Sie die ersten Hechte mit Oberflächen-Wobblern gefangen haben, fällt es Ihnen schwer, wieder ein paar Zentimeter tiefer zu fischen.

Polder-Wobbler

Noch immer stehen viele Angler den Oberflächen-Wobblern skeptisch gegenüber, und tatsächlich wird auch bislang nur wenig mit ihnen geangelt. Wer die Technik für diese Wobbler aber beherrscht, ist sich auch darüber im Klaren, dass sich ihm mit den Oberflächen-Wobblern Möglichkeiten erschließen, die er mit tauchenden Wobblern nicht hat.

Das wiederum heißt nicht, dass man mit Oberflächen-Wobblern unter allen Umständen und zu jeder Jahreszeit im Vorteil ist. Das wäre auch zu viel verlangt. Die Köder sorgen an der Oberfläche für eine ordentliche Bewegung und reichlich Lärm. Aber nicht immer kann man auf diese Weise das Interesse der Hecht wecken. Wollen die Räuber einfach keinen Köder an der Oberfläche angreifen, wird es Zeit für einen tiefer laufenden Wobbler.

Während man ein Gewässer abfischt, kommt man immer wieder an Strecken, die wie ausgestorben scheinen. Erst wenn man einen Wobbler durch die Oberfläche zieht, kommt hier und da Leben ins Wasser. Auf einmal schießen kleine Fischchen durch das Wasser, manchmal nur wenige Zentimeter lang. Dann sehen Sie auf einmal auch einen Hecht rauben. Sie überwerfen die Stellen und holen den Wobbler voller Erwartung wieder ein. Aber der Kunstköder bleibt vollkommen unberührt. Der Oberflächen-Wobbler hat nun zwar keinen Anbiss provoziert, aber er hat doch etwas bewirkt: Er hat den Fisch zumindest in Unruhe versetzt. Jetzt lautet die entscheidende Frage: Welchen Wobbler soll man dem Hecht anbieten? Einen dickbauchigen, einen schlanken, vielleicht einen mehrteiligen? Die Auswahl ist groß, aber sie wird schließlich von den jeweiligen Umständen auch wieder eingeschränkt.

Wer jetzt beispielsweise den 11 Zentimeter langen, zweiteiligen Pike von Salmo durchs Wasser führt, wird ihm seine Fangkraft geradezu ansehen. Er bewegt sich phantastisch, aber das besagt noch nicht, dass er unter allen Umständen die beste Wahl ist. Aber so ganz falsch liegt man mit diesem Wobbler nie. Er ist einfach außerordentlich fängig.

Allerdings reagiert dieser Wobbler auch sehr sensibel auf die kleinsten Störungen. Ein bisschen Kraut an der Tauchschaufel oder an einem der Drillinge, und er kommt aus der Balance. Mehrteilige Wobbler haben immer ihre Qualitäten, aber ich verwende sie doch am liebsten in recht sauberem Wasser. Das hat man allerdings oftmals erst, nachdem es einige Nächte ordentlich gefroren hat. Deshalb kommen die mehrteiligen Wobbler bei mir erst ab der zweiten Novemberhälfte verstärkt zum Einsatz.

Davor gebe ich besonders an pflanzenreichen Stellen der Polder einteiligen Wobblern mit einem dicken Körperbau den Vorzug. Wobbler mit einem voluminösen Körper kann man sehr genau werfen. Das ist aber nicht das einzige Argument, das für sie spricht, aber es ist ein sehr wichtiges. Im Sommer und im frühen Herbst sind die Gewässer noch voller Pflanzen. An den Kanten steht das Schilf, überall breiten sich Seerosen mit ihren kräftigen Stielen aus.

Die Hechte stehen jetzt vielfach in kleinen Trupps zusammen. Man kann ohne weiteres zwei oder drei Hechte auf nur einem einzigen Quadratmeter antreffen. Die Größe dieser Hechte variiert dabei manchmal beträchtlich. Solange genug Futterfische zur Verfügung stehen, scheinen sich die Hechte untereinander nichts anhaben zu wollen. Auf jeden Fall dulden sie sich in dieser Zeit gegenseitig.

Um diese Fische an ihrem gemeinsamen Standort zu verführen, ist es natürlich hilfreich, genau zu werfen. Mit einem dickbauchigen Wobbler wie beispielsweise dem Mann´s Minus ist genaues Werfen keine große Kunst. Neben den Oberflächen-Wobblern ohne Tauchschaufel lassen sich diese fast kugelförmigen Köder noch am genauesten werfen. Dieser Mann´s Wobbler schwimmt auch recht hoch. Unterbricht man kurz das Einholen, sieht man ihn sofort an die Oberfläche kommen. Auch das ist eine wichtige Eigenschaft, denn somit kann man den

Köder wie der Bucher, der Smitty Scuttle Bug und der Burmek B1 (von links) sind im Vergleich zum Spook einfach zu führen. Man braucht sie praktisch nur auszuwerfen und wieder einzuholen.

Wobbler für Hechte

Rassel-Wobbler sind äußerst fängige Köder. Allerdings scheinen sie so auffällig zu sein, dass die Hechte sie bald wiedererkennen. Wenn auf einem Gewässer viel mit diesen Ködern geangelt wird, nimmt die Anzahl der Fänge bald deutlich ab. Die Hechte lernen offenbar dazu.

Wobbler über Hindernisse im Wasser hinwegführen. Befindet sich der Wobbler an der Oberfläche, kann man ihm von seiner Position aus eine neue Laufrichtung geben, indem man die Schnur mendet oder die Rute in eine andere Richtung hält. So kann man diesen Wobbler über längere Strecken führen, auch über Pflanzenbewuchs unter Wasser, ohne dass man mit ihm Kraut einfängt. Die dickbauchigen Wobbler sind auch aus einem anderen Grund vorteilhaft in stark verkrautetem Wasser. Gewöhnlich haben sie nämlich auch ein dickes Vorderteil, mit dem sie die Pflanzen zur Seite drücken. Allein dadurch sammeln sie erheblich weniger Kraut ein als mehrteilige, schlankere Wobbler.

lichen Gerümpel herumzuschleppen. Ich quäle mich schon lange nicht mehr mit solch einem Kasten ab. Schließlich weiß man doch schon vorher, welche Köder man benutzen wird. Wenn ich die Strecken genau kenne und mir sicher bin, dass ich keinen Köder verliere, stecke ich sogar nur zwei Wobbler ein, einen dickbauchigen und einen zweiteiligen Salmo Pike. Der dicke Wobbler kommt an Stellen mit starkem Pflanzenwuchs zum Einsatz und der zweiteilige Salmo in den offenen Bereichen.

Die Strategie mit den flach tauchenden Wobblern ist der mit Oberflächen-Wobblern nicht unähnlich. Ein entscheidender Unterschied ergibt sich allerdings daraus, dass man den Köder nun nicht mehr sieht, wenn man ihn führt. Also handelt man viel mehr nach Gefühl. Jetzt muss man sehr genau spüren können, wie sich der Wobbler beim Einholen bewegt. Zieht man den Köder, weil Kraut am Drilling hängt, regungslos in gerader Linie zu sich heran, so wird man damit kaum einen Hecht zum Anbiss bringen können. Um solche Situationen nach Möglichkeit zu vermeiden, muss man beim Wobbler, genauso wie bei einem Spinner, jede Regung fühlen können. Um zu verhindern, dass man den Wobbler hoffnungslos in ein Pflanzenfeld unter Wasser verankert, muss man schon die Vorboten dieser Situation erkennen und entsprechend darauf reagieren.

Zur planmäßigen Vorgehensweise gehört es wiederum, mit den ersten Würfen die Kante am eigenen Ufer abzufischen. Bei diesen und allen weiteren Würfen sollte man kein Risiko mit zu weiten Würfen eingehen. Ein kurzer, gezielter Wurf, nach dem man den Köder genau am Rand von Wasserpflanzen entlang führen kann, bringt immer noch die besten Ergebnisse. Statt um Wurfweiten geht es also viel mehr um wohl überlegte Würfe.

Suchen Sie sich einen guten Standort, von dem aus Sie werfen, und schauen Sie genau den Platz aus, den Sie anwerfen wollen. Steuern Sie den Wobbler beim Einholen mit Hilfe der Rute auf die gewünschte Bahn. Befindet sich der Köder dicht vor einer verdächtigen Stelle, verzögern Sie die Geschwindigkeit des Wobblers etwas, damit er langsam nach oben wackeln kann. Sobald er die Oberfläche erreicht hat, ziehen Sie ihn langsam weiter.

Sie sehen, wie der Wobbler dabei eine kleine Bugwelle unter der Oberfläche aufschiebt. Lassen Sie jetzt die Rutenspitze ein paar Mal kurz nacheinander zucken. Auf einmal wird

Solche Wobbler können Sie mit derselben Rute fischen, die wir für die Oberflächen-Wobbler ausgewählt haben, eine Spinnrute mit 12 bis 15 Gramm Wurfgewicht. Von den flach tauchenden Wobblern sollten Sie immer zwei dickbauchige Modelle und zwei zweiteilige dabei haben. Wie immer gehören Stahlvorfächer zur Ausrüstung sowie eine Lösezange. Ohne eine solche Zange gelingt es kaum einem Angler, den Köder aus dem Hechtrachen zu entfernen, ohne sich dabei zu verletzen. Mehr brauchen Sie tatsächlich nicht, wenn Sie an den Poldern auf Hecht gehen. Und das bisschen Gepäck passt mühelos in Ihre Angelweste. Damit bleibt es Ihnen erspart, einen Gerätekasten mit allem mög-

Wobbler für Hechte

der Wobbler richtig lebendig und kommt seinem natürlichen Vorbild erstaunlich nahe. Sofern kein Räuber auf diese Provokation reagiert hat, können Sie den Köder anschließend zügig weiter einholen.

Der nächste Wurf erfolgt in einem größeren Winkel zum Ufer, dabei werden wiederum zuvor die potentiellen Standorte der Hechte ausgeguckt. Möglicherweise liegen Sie gar nicht so weit entfernt vom vorherigen Wurf, schließlich gibt es an vielen Polderstrecken dicht an dicht Hechtstandorte. Aber es zahlt sich immer wieder aus, das Gewässer dann auch tatsächlich Stück für Stück gründlich abzufischen.

Hab ich´s nicht gesagt? Ja, bei solchen Krautinseln stehen die Hechte auch genau in der Gewässermitte. Jetzt müssen Sie nur aufpassen, dass Sie ihn möglichst aus den Pflanzen heraushalten. Verstärken Sie den Druck ruhig etwas! Bremsen Sie die Rollenspule mit dem Zeigefinger ab, die Rute weiter nach oben, nein, keine Sorge, sie wird schon nicht brechen! Jetzt mehr Schnur einholen, dann lässt er sich schon von den Pflanzen weg dirigieren. So, nun haben Sie ihn auf der sicheren Seite. Gelingt es einem Hecht, in die Pflanzen zu flüchten, pflügt er sich im günstigsten Fall mit Unterstürzung des Stahlvorfachs durch das Grünzeug hindurch. Meistens bleibt er jedoch darin hängen und ist verloren.

Lassen Sie den Hecht sich jetzt vor Ihrem Ufer noch etwas austoben, dann können Sie ihn mit einem Griff hinter den Kopf aus dem Wasser heben. Lockern sie den Griff beim Anheben ein wenig, so dass Daumen und Zeigefinger hinter die Kiemendeckel gleiten. Nun kann der Fisch nicht mehr entkommen, und Sie können in Ruhe den Köder entfernen.

Wobbler auf großen Seen

An großen Gewässern angelt man in der Regel auch mit deutlich größeren Wobblern. Vielleicht sollte ich aber erst definieren, was ich unter groß verstehe, schließlich bin ich selber kein Anhänger riesiger Wobbler. Als groß bezeichne ich bereits Wobbler wie den Salmo Pike 16.

Natürlich ist mir bekannt, dass einige Kunstköder-Angler anderer Meinung sind. Große Köder fangen bei ihnen mit Wobblern von 20 Zentimeter Länge an. Das sind wirklich beachtliche Köder. Mit solchen Ködern werden natürlich so einige kapitale Hechte gefangen. Und wenn man einmal gesehen hat, wie problemlos ein kleiner Hecht von kaum 30 Zentimeter Länge einen zweiteiligen Rapala von 11 Zentimeter tief im Rachen verschwinden lassen hat, kann man sich unschwer vorstellen, dass ein Hecht von 60 Zentimeter mühelos einen Wobbler von 20 Zentimeter nimmt. Das passiert sogar recht häufig, zu häufig, denn damit beginnt das Übel.

Manchmal geht dabei alles gut, oft richten die verhältnismäßig großen Haken aber im Maul des knapp maßigen Hechts einen beträchtlichen Schaden an. Wie sehr es den Fisch dabei erwischt hat, sieht man ihm nicht immer sofort an, aber nicht selten ist sein

Unter den Gleitern gibt es einige der fängigsten Jerkbaits überhaupt. Zu den erfolgreichen Modellen gehören der River Run Manta (oben), der Reef Hawg (Mitte) und der Crazy Shad von Jack Cobb (unten).

An Pullbaits muss man glauben, denn durch aufregende Bewegungen zeichnen sie sich nicht aus, – aber sie fangen. Hier drei erfolgreiche Modelle: Tony Rizzo Big T (oben), Mania von Burt (Mitte) und Salmo Jack 18 (unten).

Schicksal besiegelt. Manchmal zieht es sich aber noch ein paar Tage hin, bis der Fisch dann verendet.

Oftmals muss man auch erleben, dass ein kleiner Hecht nur an einem Drilling hängt, während er den anderen Drilling bei dem Versuch, sich vom Köder zu befreien, in den Körper gestoßen hat. Auch das kann nicht in unserem Sinne sein.

Zwar habe ich auch schon mit so großen Wobblern geangelt, mit den größten Grandmas und Swimm Whizz, aber es hat sich gezeigt, dass eine Grandma von 14 Zentimeter genauso viele Hechte verführt wie ihre großen Verwandten. Und das gilt auch für alle anderen Wobbler. Zu klein sollte ein Wobbler aber auch nicht sein. Zwar habe ich selber schon reichlich große Hechte an kleinen Wobblern gefangen, ich meine aber dennoch, dass man auch nicht zu zurückhaltend sein sollte bei der Wahl des Wobblers.

Gegen allzu große Wobbler spricht nicht allein die Gefahr, damit einen halbstarken Hecht zu verletzen. Die Benutzung eines großen Wobblers erfordert auch eine schwere Spinnrute, die wiederum schwierig zu handhaben ist. Große Wobbler bieten im Wasser einen enorm starken Widerstand. Eine schwere Rute und ein Wobbler, der dem Angler ständig einen heftigen Widerstand entgegensetzt, wirken auf Dauer sehr ermüdend. Die unweigerliche Folge ist, dass die Konzentration des Anglers nachlässt, dass er unachtsam wird und sich damit seine Fangchancen verschlechtern. Im ungünstigsten Fall zieht man also nicht nur kleine Hechte in Mitleidenschaft, man tut auch sich selbst keinen Gefallen mit zu großen Wobblern.

Ich habe noch eine weitere schlechte Erfahrung mit Groß-Wobblern gemacht. Denn ich habe an ihnen auffällig oft kapitale Hechte verloren. Die Ursache war meines Erachtens die schwere Rute, mit der ich die kräftigen Schläge, die große Hechte austeilen, nicht richtig abfangen konnte. In Verbindung mit der dehnungsarmen geflochtenen Schnur besteht überhaupt kein Spielraum mehr, um die wütenden Bewegungen des Kapitalen abzupuffern. Deshalb benutze ich durchweg Wobbler, die etwa 14 Zentimeter lang sind. Na gut, ein Zentimeter mehr oder weniger, das macht noch nicht den Unterschied. Aber die 20 Zentimeter-Wobbler hängen schon lange unbenutzt in meinem Geräteraum. Nur an eiskalten Wintertagen, wenn sich kein Hecht für die anderen Kunstköder interessiert, setze ich manchmal diese schweren Geschütze ein.

Bevor wir mit den größeren Wobblern auf den See hinaus fahren, schauen wir uns einmal die Geräte an, die wir dazu brauchen. Wir können sie recht kurz abhandeln, denn ich bin auf diese Geräte bereits im Kapitel über Spinner sehr ausführlich eingegangen.

Die großen Wobbler werden mit zwei verschiedenen Techniken gefischt, man kann mit ihnen werfen, man kann sie aber auch schleppend anbieten. Je nach Gewicht des Wobblers wird die Rute mit dem entsprechenden Wurfgewicht gewählt. Aber aufgepasst, jetzt dürfen wir keinen Fehler machen! Denn das Wurfgewicht darf sich nicht nach dem reinen Gewicht des Wobblers richten.

Wobbler für Hechte

Einer der ältesten Jerkbaits ist der Suick. Mit ihm werden in jedem Jahr einige der größten Muskies gefangen, aber nicht nur die, sondern auch kapitale Hechte.

Bei der Führung des Köders zieht nämlich nicht das Gewicht allein an unserer Rute, sondern auch der Widerstand, den das Wasser dem Wobbler entgegenbringt. Dadurch erhöht sich die Wirkung des Gewichts beträchtlich.

Führen Sie beispielsweise einmal eine Grandma von 14 Zentimeter. Dieser Wobbler wiegt etwa 35 Gramm. Danach probieren Sie einen Helin Flat Fish mit demselben Gewicht aus. Bei gleichem Gewicht ist dieser Köder einige Zentimeter kleiner als die Grandma. Da die beiden Wobbler das gleiche Gewicht haben, könnte man meinen, dass man sie auch an ein und derselben Rute problemlos führen könnte. So ist es aber keineswegs! Der Flat Fish und alle ähnlichen Wobbler haben eine massive Tauchschaufel, die in ihren Körper übergeht. Die Wassermasse, die der Flat Fish oder eine seiner zahlreichen Nachbildungen, dadurch verdrängt, ist wesentlich größer als die Wassermasse, die eine Grandma bewegt.

Jede Wasserbewegung, die ein Wobbler verursacht, spürt man auch in der Angelrute. Im ungünstigen Fall wird die Rute von den Bewegungen überlastet. Die Probleme werden tatsächlich erst beim Einholen des Köders erkennbar. Auswerfen kann man ihn mühelos, denn dabei wirkt nur sein eigentliches Gewicht. Da der Gegendruck beim Einholen des Wobblers aber zu groß ist, wird man gezwungen, den Köder kleiner zu wählen. Das bedeutet aber wiederum, dass das Gewicht beim Werfen zu gering ist für die Rute. Trotz dieses scheinbar unlösbaren Konfliktes brauchen Sie aber nicht gleich in Panik zu geraten. Je höher das Wurfgewicht der Rute liegt, desto größer wird auch ihr Toleranzbereich. Im schwereren Gewichtsbereich kann man also durchaus ein gewisses Gewichtsspektrum mit einer Rute werfen.

Haben Sie beispielsweise eine Rute, deren Wurfgewicht mit 30 bis 80 Gramm angegeben ist, dann ist die Rute am besten mit Ködern von 55 Gramm ausgelastet. 30 plus 80 gleich 110, geteilt durch 2 gleich 55, diese Regel habe ich weiter oben schon näher erläutert. Das bedeutet noch nicht, dass man mit dieser Rute keine Köder von 30 oder 80 Gramm werfen kann. Das ist durchaus möglich, allerdings ist damit kein optimaler Wurf und keine maximale Wurfweite zu erreichen.

Mit dieser Rute können Sie sehr wohl einen Köder von 30 Gramm fischen, der einen hohen Wasserwiderstand entwickelt. Ein gleichartiger Köder von 60 Gramm lässt sich mit der Rute aber auf keinen Fall mehr fischen. Damit steht die Rute schon während der Führung derart unter Spannung, dass man einen Anbiss nicht mehr richtig wahrnehmen kann. Gelingt es trotzdem, einen Anbiss zu erkennen, dann hat die Rute aber schon viel zu viel Kraft verloren, als dass man mit ihr noch einen wirkungsvollen Anhieb setzen könnte.

Wenn es also so kompliziert ist, mit einem Wobbler wie dem Flat Fish zu angeln, wäre es doch vielleicht das Einfachste, man würde auf ihn verzichten. Dagegen spricht aber wie-

Der Jack 18 ist ein typischer Ruck-Jerk, man könnte ihn auch als Pullbait gezeichnen. Seine vertikalen Zickzack-Bewegungen verleiht man ihm durch Herunterschlagen der Rute. Die Rute wird bei der Führung mit gleichmäßigem Druck etwa aus Hüfthöhe bis dicht über die Wasseroberfläche gesenkt. Zwischen den wiederholten Bewegungen wird langsam Schnur aufgenommen.

derum, dass der Flat Fish einfach zu gut fängt. Dieser Wobbler wurde bereits in den 1920er Jahren entwickelt. Die Geräte, mit denen man damals geangelt hat, waren noch weit entfernt von dem, was heute selbstverständlich ist. Die Ruten waren noch nicht aus Glasfaser, von Kohlefaser ganz zu schweigen. Hauptsächlich wurden die Ruten aus Bambus gefertigt, teilweise hat man auch Stahl verarbeitet. Die Rollen waren damals gar nicht einmal so schlecht, aber natürlich kein Vergleich zu den heutigen Rollen. Bespult wurden diese Rollen mit geflochtener Seide. Diese Schnüre waren recht steif, und man musste sie zum Angeln extra einweichen. Für uns ist das heute unvorstellbar. Weil all dieses Material nicht annähernd so sensibel war wie modernes Gerät, hat man gern mit dem Flat Fish geangelt. Dieser Wobbler hat dem Angler nämlich immer sehr gut seine gegenwärtige Situation vermittelt: Der Angler konnte trotz grober Geräte fühlen, ob der Wobbler gut läuft, ob er in Schieflage geraten ist oder ob Kraut am Drilling hängt. All das, was heute ganz selbstverständlich ist, hat der Flat Fish damals schon unter schwierigeren Umständen geleistet. Aber auch wenn sich das Gerät inzwischen entscheidend verbessert hat, ist und bleibt dieser Wobbler immer noch gut und fängig.

Wenn ich auf großen Seen Wobbler mit Tauchschaufel benutze, habe ich stets zwei Ruten dabei, eine, mit der ich werfe, und eine, die ich zum Schleppangeln benutze. Will ich mit der einen Rute sehr unterschiedliche Wobbler werfen, dann bevorzuge ich eine etwas kräftigere Rute. Das kann durchaus dieselbe Rute sein, mit der ich auch Bucktail-Spinner fische. Zum Werfen von Bucktail-Spinnern wie auch Wobblern bevorzuge ich eine Rute mit einer Länge um 2,10 Meter. Sie darf auch zehn oder zwanzig Zentimeter länger sein, wird sie jedoch noch länger, so büßt sie zwangsläufig an Führungsvermögen ein. Das Werfen mag noch einigermaßen gelingen, aber das Einholen des Kunstköders geschieht nicht mehr mit dem erforderlichen Gefühl. Die Schnelligkeit, die für die Spinnrute sehr wichtig ist, geht dabei mit zunehmender Länge verloren.

Den weicheren Ruten muss ich an dieser Stelle aber gleich zu Gute halten, dass sie mit uns Anglern gewissermaßen nachsichtiger sind. Wurffehler, besonders wenn man eine Multirolle benutzt, kommt das schon einmal vor, werden weniger hart bestraft, man hat mit einer weicheren Rute sogar noch Möglichkeiten, während des Wurfes zu korrigieren. An einem schlechten Wurf mit der harten Rute ist nichts mehr zu ändern. Ich erlaube mir aber gleich den Hinweis, dass nicht allzu viel schief gehen kann, wenn die Multirolle und der Kunstköder richtig aufeinander abgestimmt sind, ganz gleich, wie hart die Rute dann auch sein mag.

Die zweite Rute, also die, mit der ich schleppe, ist etwas länger. Auch das Wurfgewicht dieser Rute liegt etwas höher. Oft benutze ich beide Ruten beim Schleppen. Dann kommt die längere in einen Rutenhalter, während ich die kürzere mit der Hand führe.

Sie kennen inzwischen meine Vorliebe, was die Wobbler betrifft. Ich benutze keine Holz- oder Kunststoffprügel, an denen neun „Gaffhaken" sitzen, Entschuldigung, anders kann ich es nicht bezeichnen. Deshalb wäre ich in der Lage, mit einer verhältnismäßig leichten Rute zu fischen. Das mache ich aber auch wiederum nicht. Mit meiner Schlepprute könnte ich mühelos einen Wobbler von 60 oder 70 Gramm werfen. Allerdings wiegen die Wobbler, die ich tatsächlich benutze, niemals mehr als 40 Gramm. Nun gewinnen Sie möglicherweise den Eindruck, ich würde meine Rute nicht ausreichend belasten. Das ist aber keineswegs der Fall. Lassen Sie mich das kurz erklären:

Lassen Sie einmal beim Schleppen nur die Schnur ohne einen Köder ins Wasser, sagen wir einmal 20 Meter. Das ist etwa die Entfernung, in der man einen Wobbler hinter dem Boot anbietet. Nehmen Sie dabei eine kräftige geflochtene Schnur. Denn wir fischen schließlich mit ziemlich teuren Kunstködern. Die Fahrt geht an den Kanten entlang und über sie hinweg. Nicht selten lauern dort Hindernisse, versunkenes Gehölz und allerlei Unrat. Die Gefahr, unseren kostbaren Wobbler dort festzusetzen, darf man nicht unterschätzen. Und ich lege immer großen Wert darauf, meine Wobbler am Ende eines Angeltages wieder vollzählig mit nach Hause zu

Wobbler für Hechte

nehmen. Also benutze ich eine starke Schnur, meistens eine Dyneema mit zwanzig Pfund Tragkraft. Im Prinzip ist das sogar mehr, als die Rute heben kann. Würde ich es einmal darauf ankommen lassen und die Schnur bis zum Äußersten belasten, dann würde wahrscheinlich eher die Rute brechen. So weit muss man es aber natürlich nicht kommen lassen. Indem man in die entgegengesetzte Richtung zieht, kann man in neun von zehn Fällen den Wobbler wieder lösen.

Zurück zur Schnur: Die starke geflochtene Schnur stellt selbst bereits eine gewisse Belastung für die Rute dar. Das können Sie sehr leicht feststellen. Verlängern Sie die Schnur (ohne Köder) einmal um zehn Meter. Jetzt ziehen Sie 30 Meter Schnur hinter sich her, und allein der verstärkte Wasserdruck, der nun auf der Schnur lastet, sorgt dafür, dass die Rute anfängt, sich durchzubiegen. Die Rute ist bereits belastet, obwohl noch nichts an der Schnur hängt, was einen Hecht verführen könnte. Sie ahnen jetzt schon, worauf ich hinaus will.

Zum Schleppen auf Hecht braucht man also eine sehr kräftige Rute. Schließlich sollte man auch bedenken, dass die Rute fest im Rutenhalter sitzt. Beim Anbiss muss sie also selber dafür sorgen, dass der Haken sitzt. Wer dann auch noch, anders als ich, mit riesigen Kunstködern angelt, muss einen knallharten Knüppel von Rute haben, will er nicht nur einen Anbiss bekommen, sondern auch noch einen Anhieb durchsetzen.

Weil es nicht so vielversprechend ist, mit nur einer einzigen Rute zu schleppen, benutze ich noch eine zweite. Der Kollege im Boot sieht das genauso, also schleppt man insgesamt mit vier Ruten. Vier Schnüre laufen annähernd parallel hinter dem Boot, mit denen genauso viele Kunstköder auf der Suche nach den interessanten Kanten unter Wasser gezogen werden. Ist solch eine Kante einmal gefunden, dann soll sie auch ordentlich abgefischt werden. Also fährt man hin und her, und dabei müssen auch Kurven genommen werden.

Das ist dann der Moment, in dem die Schnüre ineinander geraten und sich zu einer unentwirrbaren Einheit verknoten. Ich kenne Angler, die das als unvermeidbar in Kauf nehmen. Dabei kann man das durchaus vermeiden. Und Sie können sogar so scharfe Kurven fahren, dass es Sie von einer Bootswand zur anderen schleudert, ohne dass die Schnüre dabei durcheinander geraten, wenn man es richtig anpackt.

Eigentlich ist das Prinzip ganz einfach. Sie schleppen also mit vier Ruten. Davon wird an jeder Bordseite eine in einen Rutenhalter

Zwei riesige Popper, man traut es ihnen vielleicht nicht zu, aber sie fangen wirklich.

Das sind die Popper-Varianten für Polder, ein Storm und ein Salmo. Beide sind im Flachwasser das ganze Jahr über fängig.

gesteckt. Mit diesen Ruten gibt es normalerweise keine weiteren Probleme. Die Ruten sind recht lang und sie zeigen in entgegengesetzte Richtungen. Die Schnüre dieser beiden Ruten verlaufen in einer Entfernung von sechs bis sieben Meter voneinander. Das ist erst einmal eine wichtige Voraussetzung, denn nun kommen noch zwei Ruten hinzu. Diese beiden Ruten, die von den Anglern in der Hand gehalten werden, sind jedoch um einiges kürzer als die Ruten in den Haltern. Ich wage es kaum auszusprechen, aber die Rute, die wir dabei in der Hand behalten, ist eigentlich eine Rute zum Jerken. Aber warum soll man sie nicht auch einmal anders einsetzen. Je vielfältiger wir eine Rute einsetzen können, desto besser.

Diese Ruten sind gut 50 Zentimeter kürzer als die in den Rutenhaltern. Damit hat man einen ausreichenden, aber nicht zu langen Hebel, um zwischen den beiden längeren Ruten zu hantieren. Wenn mit vier Ruten in einem Boot gefischt wird, sind Wobbler eigentlich die idealen Kunstköder. Dennoch muss man in den Kurven genau wissen, was man tut.

Bei jeder Kurve verringert sich der Zug auf die Ruten, die auf der Innenseite der Kurve gefischt werden. Die Wobbler kommen dabei weiter nach oben. Auf der Außenseite dagegen erhöht sich die Geschwindigkeit der Wobbler, dadurch tauchen sie tiefer ab.

Eine Kurve hat auch noch eine andere Wirkung auf die Schleppköder. Da sie nämlich etwa 20 Meter hinter dem Boot laufen, nehmen sie die Kurve in einem anderen Verlauf als das Boot. Sie beschreiben nicht den weiten Bogen des Bootes, sondern schneiden die Kurve viel enger.

Wer mit vier gleichartigen Wobblern, die auch noch in etwa gleicher Entfernung laufen, die Kurve nimmt, wird ein Problem bekommen. Deshalb sollten Sie wie folgt vorgehen:

Als erstes werden die Wobbler an der Rute ins Wasser gelassen, die man beim Schleppen in der Hand behält. Dabei wird ein Wobbler ausgesucht, der etwas tiefer läuft als der an der Rute im Rutenhalter. Das kann beispielsweise ein Salmo Pike 16 sein, ein zweiteiliger Rapala von 13 Zentimeter, ein Helin Flat Fish, es darf auch sein kleinerer Bruder, der Kwikfish, oder ein Believer sein. Letzterer besitzt zwei Ösen zur Befestigung. Wenn Sie die Schnur an der oberen von beiden befestigen, läuft dieser Wobbler ein ganzes Stück tiefer. Die genannten Wobbler sind allesamt sehr fängig. Sie bekommen nun so viel Schnur, dass sie im Abstand von 10 bis 15 Meter hinter dem Boot laufen. Dabei befinden sie sich in einer Tiefe von knapp drei Meter.

Nun kommt auch die zweite Rute zum Einsatz. Mit ihr bieten wir einen Wobbler wie die Grandma, den Slammer oder den Jake an. Das sind alles schlanke Wobbler, die zugleich aber einen recht hohen Körper haben. Die Folge dieses Körperbaus ist, dass sie in ihrer Bewegung intensiv hin- und herkippen, was wiederum sehr verführerisch auf einen Hecht wirkt. Ein sehr fängiger Wobbler dieser Art ist

Wobbler für Hechte

Mit solchen zweiteiligen Wobblern lassen sich auch kapitale Burschen fangen, für die ein so kleiner Beutefisch nur eine Vorspeise wäre.

auch der Fatso von Salmo. Er wiegt satte 100 Gramm, besitzt aber keine Tauchschaufel. Deshalb bietet er im Wasser nur einen relativ geringen Widerstand und kann problemlos an der längeren Rute geschleppt werden. Sollte es Ihnen schwer fallen, den Fatso auszuwerfen, dann machen Sie einfach einen kurzen Pendelwurf und lassen Sie während der Fahrt die nötige Schnurlänge ablaufen.

Diese Wobbler werden immer als zweites ausgeworfen und immer seitlich. Von dort aus finden sie allein in ihre Bahn hinter dem Boot. Und wir können dabei immer sicher sein, dass wir uns nicht selbst in die Schnur werfen. Außerdem lassen wir diese höher schwimmenden Wobbler auch etwas weiter hinter dem Boot laufen. Grandma, Jake und Slammer laufen genauso wie der Fatso ungefähr anderthalb Meter unter der Oberfläche. Mit einer feineren Schnur tauchen sie vielleicht auch auf zwei Meter Tiefe ab. Denn eine dünnere Schnur bietet weniger Wasserwiderstand, wodurch der Aufwärtszug für den Wobbler reduziert wird.

Mit der beschriebenen Kombination von Ruten und Wobblern können Sie sicher sein, dass Ihre Köder und Schnüre sich nicht verheddern. Wenn Sie eine Kurve fahren, überkreuzen sich die beiden Schnüre zwar, aber sie verlaufen sauber übereinander und trennen sich eben so sauber nach der Kurve wieder. Gemeinsam mit Ihrem Partner im Boot sollten Sie immer jeweils gleichartige Wobbler an der kurzen und der langen Rute benutzen. Denn allzu unterschiedliche Wobbler können doch wiederum zu Schnurgewirr führen.

An der Kante entlang

In der Theorie ist das alles sehr einfach. Wie das Schleppangeln in der Praxis aussieht, darüber unterhalten wir uns am besten bei einer gemeinsamen Ausfahrt. Vielleicht kann ich Ihnen dabei noch ein paar nützliche Tipps geben. Wahrscheinlich haben Sie sich schon eine Strecke ausgeguckt, wo Sie gerne einmal schleppen möchten. Selber treffe ich meine Entscheidung immer erst am jeweiligen Angeltag, weil ich sie von den herrschenden Wetter- und Wasserverhältnissen abhängig mache.

Es gibt in den meisten Seen hochinteressante Scharkanten, die meistens für einen Fang gut sind. Unter ungünstigen Umständen kann man aber auch dort nichts fangen, und dann wird man von der vielversprechenden Stelle sehr enttäuscht sein. Immer wieder kämpfen Sie sich an diese Kante heran, haben aber Mühe, den Kurs zu halten, immer wieder geraten sie in zu tiefes oder zu flaches Wasser. Obwohl Sie an der richtigen Stelle sind, gelingt es einfach nicht, den Köder wirklich zielsicher zu präsentieren.

Mit dem Fatso, einem meiner Lieblingswobbler, habe ich reichlich Erfahrungen gesammelt. Aber auch mir passiert es immer wieder, dass ich diesen Wobbler nicht auf die richtige Tiefe bekomme, weil ich immer wieder Kurven fahren muss. Immer wieder sehe ich den Wobbler an die Oberfläche kommen, wo er gar nichts zu suchen hat.

Wenn Sie sich dennoch an die schwierigen Plätze wagen, dann sorgen Sie dafür, dass ordentlich Druck auf Ihren Wobbler kommt, indem Sie das Boot mit etwas höherer Geschwindigkeit an den Platz lenken.

Ein richtig problematischer Störfaktor beim Schleppfischen ist der Wind. Aber wir müssen auch mit ungünstigen Windverhältnissen fertig werden, also lassen Sie erst einmal den

Wobbler ins Wasser. Wie schon beschrieben, werden erst die Wobbler ausgebracht, die dichter am Boot laufen. Sie haben sich für einen 13 Zentimeter langen Rapala entschieden, das ist immer eine gute Wahl! Diese Wobbler tauchen dicht hinter dem Boot auf drei Meter Tiefe ab. Dahinter wollen Sie einen Fatso anbieten? Auch keine schlechte Wahl.

Denken Sie daran, dass die Schnüre auf Ihren Rollen maßgeblichen Einfluss auf die Bewegung und die Tauchtiefe der Wobbler haben. Wollen Sie auf größere Entfernung mit einem nicht so tief tauchenden Wobbler fischen, dann nehmen Sie am besten die dickste Schnur, die Sie haben. Ich schäme mich nicht zu sagen, dass ich mit einer 20 oder sogar 30 Pfund tragenden Schnur fische, - wenn sie mir dabei hilft, den Wobbler dort zu führen, wo ich ihn haben möchte. Ein Hecht stört sich dabei herzlich wenig an der Sichtbarkeit der Schnur.

Sie könnten beispielsweise für den innen geführten Wobbler eine Schnur mit 10 oder 15 Pfund Tragkraft einsetzen und für den Wobbler außen eine Schnur von rund 20 Pfund Tragkraft. Auch die unterschiedlichen Schnurstärken tragen dazu bei, die Wobbler jeweils tiefer oder höher laufen zu lassen, und das erleichtert es zusätzlich, die beiden Köder getrennt voneinander zu halten.

So, der erste Wobbler hat seine richtige Tiefe erreicht, jetzt kann der zweite hinterher. Nein, werfen Sie ihn nicht nach hinten aus. Genau dann laufen Sie nämlich Gefahr, in die bereits hinter dem Boot laufende Schnur zu geraten. Werfen Sie den zweiten Wobbler immer zur Seite aus, von dort driftet er schon ganz von alleine hinter das Boot.

Geben Sie den Wobblern nicht zu viel Schnur. Von der Rute, die ich in der Hand behalte, gebe ich selber meistens nur 10 Meter Schnur ab. Den Wobbler der zweiten Rute lasse ich etwa 15 Meter hinter der Rutenspitze schwimmen.

Nun sind wir bereits nahe an der Unterwasser-Kante, an der wir einen Hecht dazu bewegen wollen, seine Zähne in unseren Wobbler zu hauen. Nun müssen Sie auf verschiedene Dinge gleichzeitig achten: die Tiefenanzeige auf dem Echolot, die Schnurspannung der Ruten und den Verlauf der Kante.

Behalten Sie dabei auch immer noch die anderen Bootsfahrer auf dem See im Blick. Wo fahren sie, kommen sie meinen Wobblern nicht zu nahe? Erwarten Sie nicht von

Ein sehr einfacher Oberflächenköder, der Topraider von Bucher. Es wird lediglich ausgeworfen und ohne irgendwelche Besonderheiten wieder eingeholt.

Seglern oder Freizeitkapitänen, dass sie 20 Meter hinter Ihrem Boot noch Schleppköder vermuten. Vor allem ist jetzt aber der Blick aufs Echolot wichtig. Glauben Sie bitte nicht, dass Sie darauf Hechte erkennen. Natürlich deuten einige Signale auch auf Fische hin. Viel wichtiger ist aber die Gewässertiefe, die Sie dem Echolot entnehmen können. Ich weiß aus langer Erfahrung beim Schleppen, wie wichtig es ist, dem Kantenverlauf genau zu folgen. Genauso wichtig ist es auch, von der Kante aus immer wieder zum tiefen Wasser zu fahren und anschließend wieder auf die Kante zuzufahren.

Sie machen das schon ganz gut, allerdings begehen Sie dabei auch einen Fehler: Sehen Sie, jetzt fahren Sie wieder auf die Kante zu. Auf dem Echolot erkennen Sie, dass das Was-

Wobbler für Hechte

Schwimmender oder sinkender Rassel-Wobbler? Bertus Rozemeijer bevorzugt ihn sinkend.

ser unter dem Boot flacher wird. Jetzt dürfen Sie aber nicht mehr geradeaus weiterfahren! Sobald Sie bemerken, dass die Wassertiefe sich von beispielsweise sechs Meter auf vier Meter verringert, müssen Sie darauf reagieren. Sie müssen jetzt die Richtung ändern, damit Sie nicht in noch flacheres Wasser geraten.

Lenken Sie immer so rechtzeitig gegen, dass Sie niemals nur den Flachwasserbereich auf dem Echolot aufgezeichnet sehen. Wenn auf dem Bildschirm nur noch weniger als zwei Meter aufgezeichnet werden, haben Sie zu spät reagiert. Steuern Sie aber rechtzeitig gegen, dann berühren Sie das Flachwasser nur kurz, ehe Sie wieder über tiefem Wasser fahren. Sehen Sie, so geht es schon besser. Jetzt glauben Sie mir sicherlich auch, dass ein Bootsangeltag sehr anstrengend sein kann. Den ganzen Tag lang konzentriert bleiben und immer genau an der Scharkante entlang fahren, ist gar nicht so einfach.

Wenn Sie sich übrigens jetzt einmal vergegenwärtigen, in welch einem Schlenkerkurs Sie über den See fahren, werden Sie vielleicht nachempfinden, dass andere Wassersportler

Oftmals machen Angler beim Schleppen aber einen Fehler, der gerade in den Kurven folgenschwer sein kann. Wenn man auf einem Gewässer mit wechselnden Strukturen fischt und dementsprechend oft scharfe Kurven fährt, läuft man leicht Gefahr, dass die Schnur unter das Boot oder sogar in die Schraube des Außenborders gerät. Diese Gefahr besteht besonders für den Beifahrer, wenn er weiter vom Motor entfernt sitzt. Genau darin liegt auch der Fehler. Beide Angler müssen immer dicht beieinander sitzen und nicht, wie ich es oft beobachte, einer am Außenborder und der andere weit vorne im Boot.

Die beiden Ruten im Rutenhalter müssen so lang sein, dass sie die Schnur auch bei einer scharfen Kurve immer sicher am Heck vorbeiführen. Das bedeutet auch, dass die Halterungen für diese Ruten weit hinten im Boot angebracht werden müssen. Mit den Ruten, die man in der Hand behält, ist man natürlich flexibler. Mit ihnen kann man immer noch korrigieren, wenn der Abstand der Schnur zur Bootswand oder zum Motor einmal knapp wird. Diese Ruten sollten aber immer zumindest ein kleines Stück länger sein als der Abstand vom Sitzplatz des Anglers zum Heck des Bootes. Dann lässt sich die Schnur nämlich immer sicher vom Außenborder fernhalten.

Grundsätzlich sollte die Schnur der Rute, die wir in der Hand halten, immer einen möglichst gleichen Abstand zum Boot behalten. Gerade wenn man sie allzu intensiv bewegt, gerät sie nämlich am ehesten mit anderen Schnüren aneinander. Am besten hält man die Schnüre auseinander, wenn man sie immer gleichmäßig parallel laufen lässt.

Beißt dann ein Hecht, gilt den Schnüren wieder höchste Aufmerksamkeit. Während der eine Angler den Fisch drillt, holt der andere die drei übrigen Ruten ein. Befindet sich an einer Rute ein sinkender Köder, so wird dieser natürlich als erstes eingeholt.

Selbstverständlich wird vorher der Motor gestoppt und der Steuerknüppel so gestellt, dass das Boot vom gehakten Fisch wegdriftet. Dadurch vermeidet man, dass die Schnüre der anderen Ruten sich dem Ort des Drillgeschehens nähern.

Manchmal bekommt man die Situation aber nicht so leicht unter Kontrolle. Wenn heftiger Wind weht oder der Fisch in die Richtung der anderen Ruten flüchtet, kann er doch in eine andere Schnur geraten. Dann

sich darüber wundern, was Sie auf dem See veranstalten. Man könnte Sie geradezu für schwer angetrunken halten. Damit ich nicht in diesen Verdacht gerate, schleppe ich gern früh morgens oder später am Nachmittag, wenn nicht mehr so viel Betrieb auf den Seen herrscht.

Der Schlenkerkurs, den man beim Schleppen fährt, hat, wie oben schon angedeutet, einen maßgeblichen Einfluss auf den Lauf der Köder. Fährt man eine Rechtskurve, dann zieht es die Wobbler auf der linken Seite weiter in die Tiefe. Zugleich steigen die Wobbler auf der rechten Seite weiter nach oben. Manchmal tauchen sie dann sogar an der Oberfläche auf. Eigentlich beeinträchtigt das die Fangaussichten beim Schleppfischen nicht, deshalb sollte man sich vom Auf und Ab der Köder in solchen Situationen nicht irritieren lassen.

■ Wobbler für Hechte

Um mit diesem Kunstköder zu fangen, braucht man kein Profi zu sein. Etwas Übung mit der schnellen Spinn- oder Jerkrute, und schon fängt man.

sollte man dennoch nicht in Panik geraten. Gibt es keine andere Möglichkeit mehr, muss man zur Not die Schnur, in die der Fisch hineingeschwommen ist, kappen. Solche Fälle sind aber meistens zu vermeiden, wenn das Zusammenspiel der beiden Angler im Boot funktioniert. Kein Köder sollte einfach blindlings eingeholt werden. Man sollte immer erst die Rute etwas anheben, um zu sehen, wohin die Schnur verläuft. Wenn Sie farbige Schnüre verwenden und auch der Schnurverlauf zum gehakten Fisch gut sichtbar ist, dürften sich die Schnüre leicht unterscheiden lassen. Befindet sich die Schnur nicht im Bereich des Fisches, wird sie so schnell wie möglich eingeholt.

Weht ein starker Wind, dann haben Sie nicht nur mit dem Fisch, sondern auch mit dem Boot zu kämpfen. Und das geht oft unglücklich aus. Nach dem Einholen der Schnüre muss der zweite Angler dann sofort das Steuer übernehmen, den Motor wieder starten und das Boot längs in Windrichtung legen. Dann liegt das Boot einigermaßen still, und der Angler kann sich auf den Drill des Fisches konzentrieren. Sobald die Schnur dem Außenborder zu nahe kommt, wird der Motor abgestellt.

Wenn wir die nächsten Stellen anfahren, müssen Sie gegen den Wind lenken. Das wird nicht ganz einfach sein. Besonders wenn das Boot vorne nicht genug Druck entwickelt, weht es einem den Bug des Bootes immer wieder zur Seite. Geben Sie also so viel Gas, dass das Boot druckvoll durch das Wasser schneidet. Mit einer etwas höheren Geschwindigkeit kann man die gröbsten Probleme beseitigen. Damit sind Sie nicht zu schnell für einen Hecht, keine Sorge! Bei einer Geschwindigkeit von drei oder vier Stundenkilometer kann ein Hecht locker um Ihr Boot herumschwimmen.

Achtung, jetzt kommen Sie etwas vom Kurs ab. Sie lenken das Boot zu scharf in den Wind, dadurch drückt es uns zu weit von der Kante weg. Wenn dann noch eine Böe das Boot seitlich erwischt, verlieren wir den Kurs gänzlich. Halten Sie sich die Situation genau vor Augen. Sie fahren Richtung Norden, an der westlichen Seite haben Sie einen flachen Bodenverlauf, an der östlichen fällt die Kante steil ab. Der Wind kommt aus Nord-Nordwest. Versuchen Sie zunächst noch die Bootsspitze etwas mehr Richtung Westen zu halten. Sie werden sehen, das Boot weicht beständig von diesem Kurs ab. Obwohl Sie zum flachen Wasser hin steuern, bleiben Sie doch über dem tieferen Wasser.

Um immer scharf an der Kante zu fahren, müssen Sie das Boot immer wieder auf die Kante zu drücken und dann wieder gegensteuern, sobald Sie die Kante erreicht haben.

Als nächstes verändert die Kante ihren Verlauf in westliche Richtung. Behalten Sie Ihren bisherigen Kurs dann bei, geraten Sie unweigerlich in tieferes Wasser. Unter diesen Umständen ist es das Beste, wenn Sie eine scharfe Richtungsänderung vornehmen, mehr Gas geben und so schnell wie möglich versuchen, die Kante wieder zu erreichen. Zwar könnten Sie sich auch mit geringerem Tempo dem Kantenverlauf allmählich wieder annähern. Aber das kostet zu viel Zeit, deshalb empfehle ich, lieber einmal ordentlich Gas zu geben. So richtig schwierig wird das Manövrieren bei kräftigem Seitenwind. Dabei ist man gezwungen, immer wieder kräftig Gas zu geben, um das Boot über der gewünschten Tiefe zu halten. Es wird sich kaum vermeiden lassen, dass Sie dann und wann ins Flachwasser geraten und genauso oft auch ins tiefere Wasser abdriften. Das ist aber nicht so schlimm. Hauptsache, Sie steuern dem Wind immer richtig und rechtzeitig entgegen.

Kommt der Wind von links, und die Kante befindet sich ebenfalls links, müssen Sie immer die Spitze des Boots auf die Kante ausrichten. Dabei wird es Sie immer wieder von der Kante weg ins tiefe Wasser drücken. Die beste Technik ist nun wiederum kurz Gas zu geben und auf das flache Wasser zuzusteuern. Dabei behalten Sie immer die Tiefenangabe auf dem Echolot im Auge, damit Sie rechtzeitig auf die Veränderungen reagieren können.

Vielleicht verstehen Sie nun, warum ich mir am liebsten die einfachen Kantenverläufe zum Schleppen vornehme. Ganz gleich, wie viele Hechte an einer Kante stehen, es hat überhaupt keinen Sinn, ihnen nachzustellen, wenn man das Boot dort nicht halbwegs vernünftig entlang lenken kann.

Ich muss allerdings zugeben, ich habe auch manches Mal bei starkem Wind unter härtesten Bedingungen geschleppt. Und ich erinnere mich an so einige Situationen, die mir im Nachhinein nicht mehr ganz vernünftig erscheinen. Während ich einen großen Hecht drillte, ist mein Boot einmal beinahe gegen scharfe Felsen geschlagen. Mein Kollege konnte das Boot nur mit äußerster Mühe halbwegs kontrollieren.

Der Motor und das Heck verschwanden vollständig in den hohen Wellen. Schwere Wellen schlugen über die Bootswand und spülten durchs Boot. Und ich stand da mittendrin, die Rute bis ins Griffteil gebogen. Der Hecht schon ganz nahe, fast konnte ich ihn greifen. Immer wieder drückten die Wellen den Fisch weg. Dann endlich, nach fürchterlichen Strapazen, lag der Hecht im Boot. 1,27 Meter, alle Achtung, aber ob ich das alles noch einmal mitmachen möchte?

Wollen Sie unbedingt eine problematische Strecke unter schwierigen Umständen abfischen, weil Sie meinen, dass Sie da am meisten fangen, dann machen Sie das doch besser nur mit einer einzigen Rute. Das erspart Ihnen unnötige Schwierigkeiten.

Der Jack 18 von Salmo lässt sich nicht nur einfach werfen. Im Frühjahr und im Herbst ist er ein enorm fängiger Köder.

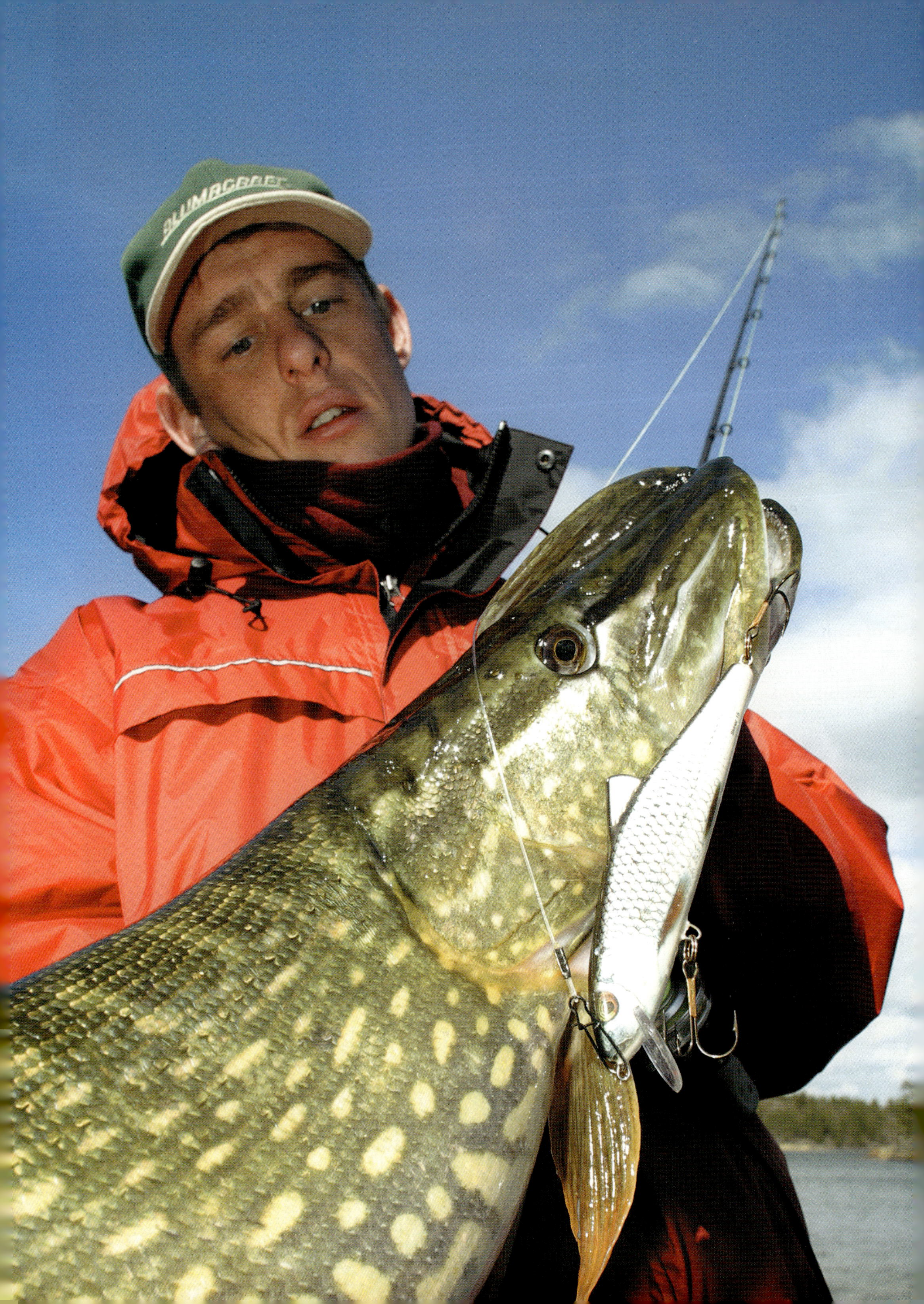

Twitchen, Gliden und Jerken

In der letzten Zeit wurde das Spinnfischen um einige neue Begriffe bereichert: Twitchen, Gliden und Jerken. Die Angeltechniken, die hinter diesen Bezeichnungen stehen, sind zum Teil nicht ganz unbekannt gewesen. Aber mit den neuen Namen kamen auch neue Köder und neue Entwicklungen bei der Köderführung. Vor allem wurden die Methoden mit den eigens dafür hergestellten Ruten wesentlich effektiver.

Was diese Angelruten anbelangt, gerät meiner Meinung nach noch so Einiges durcheinander. Nicht zuletzt weil über die neuen Begriffe noch nicht bei allen vollkommene Klarheit herrscht, wird so manch eine Rute vom Hersteller oder Großhändler mit Bezeichnungen beschriftet, die eigentlich nicht auf das Gerät gehören.

In der Vergangenheit haben wir immer sehr genau auf die Entwicklung bei den Angelgeräten in England geguckt. Dort angelt man sehr gern mit langen Ruten. Lachsangler benutzen Ruten von 13 Fuß (3,90 Meter), sowohl beim Fliegenfischen als auch beim Spinnfischen. Irgendwann hat wahrscheinlich jeder erfahrene Spinnfischer auch einmal solch eine lange Rute benutzt.

Persönlich betrachte ich solche Ruten nur als eine angeltechnische Katastrophe. Ruten von 11, 12 oder mehr Fuß Länge kann man wohl benutzen, um damit Köderfische anzubieten. Spinnruten sollten für meinen Geschmack niemals länger als 9 Fuß, also 2,70 Meter sein. Mit solch einer Rute kann

Twitchbaits wie der Salmo Skinner sind unwiderstehlich, wenn man sie richtig anbietet.

man ausgezeichnet hantieren und über große Entfernungen werfen.

Etwas Ähnliches geschieht gegenwärtig auch mit dem Gerät zum Jerken. Das Material für diese Methode wurde in Amerika und Kanada entwickelt, von wo wir es übernommen haben. Es liegt deshalb nahe, auch die dort gebräuchlichen Ruten einzusetzen, und das sind Ruten zum Muskiefischen. Ich habe selber einige Male das Vergnügen gehabt, auf Muskie fischen zu können. Und ich bin durchaus davon überzeugt, dass man einen wahren Knüppel braucht, um einen Muskie zu haken und zu drillen. Als ich es bei meinen Besuchen in Kanada mit einer leichteren Rute auf Muskie versuchte, habe ich damit jedenfalls ziemlich schlecht abgeschnitten.

Aber der Hecht ist nun einmal kein Muskie. In der Anfangsphase, als die neuen Methoden bei uns bekannt wurden, habe ich oft mit Muskie-Ruten auf Hecht geangelt. Mit St. Croix Ruten, Gary Loomis Muskie Ruten und knallharten Shimano Ruten. Ich habe sie alle nach einiger Zeit weggeworfen, eine teure Lektion.

Wer in Europa auf Hecht angelt, kann das mit wesentlich besser geeigneten Ruten tun. Selbstverständlich müssen auch diese Ruten schnell genug sein, um einen Köder gut abfeuern zu können. Zugleich müssen sie sehr stark sein, denn oft fischen wir mit beträchtlich schweren Ködern, die der Rute einiges abverlangen.

Die Aktion zahlreicher Muskie-Ruten wird als schnell oder mittel-schnell angegeben. Das sind Ruten mit einer Spitzenaktion. Sicher haben auch diese Ruten ihre Liebhaber, und wenn man zu ihnen gehört, muss man diese Ruten eben benutzen.

Ich habe im Laufe der Jahre viele negative Erfahrungen gesammelt mit Ruten, die eine Spitzenaktion haben. Ruten mit einer parabolischen Aktion, langsame Ruten also, gefallen mir wesentlich besser. Denn wir werfen schließlich schwere Kunstköder mit einer Multirolle. Für das Fischen mit Jerkbaits ist das einfach die bessere Rolle. Wer damit noch nicht geworfen hat, muss es spätestens zum Jerken lernen. Auch wenn einige Angler die Multirolle als ein Unding betrachten und meinen, man würde damit mehr Perücken produzieren als Fische fangen. Perücken bekommen aber nur die Angler, die mit der Rolle nicht umgehen können. Bei richtigem Umgang und richtiger Einstellung der Multirolle kann normalerweise keine Perücke entstehen.

Wer nun mit einer Rute mit Spitzenaktion fischt, muss dabei bedenken, dass solche eine Rute keinen Wurffehler verzeiht. Die Rute ist so schnell, dass jeder Fehler sofort und hart bestraft wird.

Bei einer Rute mit parabolischer Aktion merken Sie gleich, dass sie viel langsamer, viel träger ist. Je langsamer die Rute, desto großzügiger verzeiht sie Ihnen Wurffehler. Sie haben also noch Möglichkeiten, in einen misslungenen Wurf einzugreifen und ihn zu korrigieren. Genau wie die Rute wirft man nun praktisch auch als Angler selbst etwas langsamer. Man fühlt dabei genauer, wie man die Rute belastet und wie weit man sie aufladen kann. Schon dabei vermeidet

■ Twitchen, Gliden und Jerken

deutlich größer. Besseres Werfen und mehr Sicherheit beim Drill sind zwei wichtige Pluspunkte für eine parabolische Jerkrute. Auf Muskie wird übrigens meistens in ziemlich großen Gewässern gefischt. In den USA und Kanada gibt es keine Polder wie in den Niederlanden, keine Fluss-Systeme wie in Irland und keine kleinen Seen wie in Schweden, in denen die Hechte kaum einen Meter Länge erreichen.

Der Hecht hat auch einen anderen Schädelbau als der Muskie. Das Hechtmaul ist breiter, wenn er damit einen Kunstköder richtig gepackt hat, hat der Anhieb bessere Aussichten auf Erfolg. Man sieht in letzter Zeit immer mehr Jerkbaits für das Hechtangeln. Die sind kleiner als die entsprechenden Kunstköder für Muskies. Irgendwie scheint das nicht zusammen zu passen. Muskies haben ein erkennbar kleineres Maul als Hechte. Aber Muskies werman Probleme, die beim Wurf auftreten könnten.

Stellen Sie sich dann vor, Sie drillen einen Hecht, den Hecht Ihres Lebens. Den wollen sie natürlich ins Boot kriegen. Sind Sie dabei genauso eigensinnig wie ich, dann haben Sie keinen Kescher im Boot und landen jeden Fisch mit der Hand. Aber, ach, der Jerkbait hängt nur mit einem Haken in der Haut.

Fischen Sie mit einer beinharten Muskie-Rute, dann ist die Gefahr groß, dass der wild kämpfende, mit dem Kopf schlagende Hecht vom Köder frei kommt. Haben Sie dagegen eine parabolische Rute, dann federt sie die Schläge und Stöße des Fisches ab. Das ist zwar keine Garantie dafür, dass der Fisch sicher gelandet wird, die Chancen sind aber

Drei spezielle Jerkbaits von Salmo: Der Glider (oben) lässt sich mit recht leichten Ruten werfen, verführt dabei aber richtig schwere Hechte. Der Warrior (Mitte), einem Hering nachempfunden, wurde eigens für die Hechte der Ostsee entwickelt – von denen er schon reichlich an den Haken gebracht hat. Der Fatso (unten) hat sich in nur einem Jahr einen Namen gemacht. Alle drei lassen sich auch gut schleppen.

den überwiegend an größeren Kunstködern gefangen.

Muskie-Angler gehen normalerweise nicht mit einer einzigen Angel los. Auch wenn man auf Hecht gehen will, kann man natürlich mehrere Jerkruten einpacken. Mehr als bei anderen Angelmethoden sollte man die Gerätewahl dabei auf den eigenen körperlichen Zustand abstimmen. Ihre Kondition und Kraft ist mitbestimmend dafür, wie und womit Sie jerken sollten.

Ich fühle mich selber noch glänzend, aber der Allerjüngste bin ich auch nicht mehr. Vor fünf Jahren hatte ich keine Probleme damit, einen langen Tag über den 100 Gramm schweren Cobb Jerkbait zu werfen. Da möchte ich aber heute gar nicht mehr dran denken. Nach ein oder zwei Stunden mit einem solchen Jerkbait fische ich dann doch lieber mit dem halben Wurfgewicht weiter. Das lässt sich oft mit ein und derselben Rute bewerkstelligen, dennoch habe ich aber immer noch eine zweite Jerkrute dabei, mit der ich den leichteren Köder besser werfen und führen kann.

Wenn auf dem Wasser viel Betrieb herrscht, angelt man am besten früh morgens oder spät abends.

Ich muss noch etwas anmerken: Große Hechte finden wir bekanntlich nicht nur in großen natürlichen Seen, sondern auch in Flüssen, Bächen, Kanälen, Teichen, Baggerseen und so weiter. Wenn es bei uns irgendwo ein Gewässer gibt, ist da wahrscheinlich auch ein Hecht drin. Haben Sie eine Vorliebe für kleinere Gewässer, dann hätte es für Sie gar keinen Sinn, mit Mus-

Der Slider ist ein sehr einfach zu fischender gleitender Jerkbait. Die Schnur wird in gleichmäßigem Tempo eingeholt, und zwischendurch gibt man mit der Rutenspitze einen kurzen Ruck. Am besten wird dieser Ruck mit der Rute aus Kniehöhe bis dicht über die Wasseroberfläche durchgeführt. Zur Kontrolle sollte man die Bewegungen des Köders so genau wie möglich beobachten.

■ Twitchen, Gliden und Jerken

Am Vortag hatte Bertus Rozemeijer am Salmo Slider einen wahren Giganten verloren. Danach fing er aber noch diesen Hecht von 121 Zentimeter Länge, den sein Kollege Richard van Beek hält. Als der Fisch neben den Boot auftauchte, erschien er aber geradezu zierlich im Vergleich zu dem Fisch vom Vortag.

kie-Gerät angeln zu gehen. Nehmen Sie unbedingt eine leichtere Jerkrute, beispielsweise ein Modell, wie man es in Amerika zum Angeln auf Schwarzbarsch benutzt. Wenn Sie daran kleinere Jerkbaits anbieten, können Sie auch ein herrliches Hechtangeln erleben.

Sie brauchen sich nicht darum zu sorgen, dass die Rute zu leicht sein könnte für Hechte. Selbst die größten Hechte kann man an leichten Jerkruten problemlos drillen. Der Drill wird allerdings spektakulärer und aufregender mit dem leichteren Gerät, aber dagegen haben Sie doch sicherlich nichts einzuwenden.

Jerk- und Twitchbait im Einsatz

Ich möchte Sie schon einmal vorwarnen: Die folgenden Ausführungen könnten verwirrend sein. Alle Kunstköder und Techniken scheinen auf einmal durcheinander zu geraten. Deshalb mache ich Sie vorab darauf aufmerksam, dass sich die beschriebenen Techniken immer auf ganz bestimmte Wobblertypen beziehen. Es geht dabei vor allem um zwei Gruppen, Twitchbaits und Jerkbaits, die sich recht unterschiedlich bewegen.

Für die meisten Hechtangler ist ein Twitchbait nichts anderes als ein gewöhnlicher Wobbler mit einer Tauchschaufel. Ehrlich gesagt kann man einen Twitchbait auch ganz genau so einsetzen wie einen normalen Wobbler. Man kann ihn einfach auswerfen und wieder einholen, oft genug reicht das auch schon vollkommen aus, um einen Hecht zu verlocken.

Der entscheidende Unterschied zu einem gewöhnlichen Wobbler besteht darin, dass ein Wobbler, den man twitchen kann, so gebaut ist, dass er seine optimale Beweglichkeit erreicht, wenn man ihn mit kurzen, ruckartigen Schlägen der Rute führt. Twitchen (engl. twitch = zucken) bedeutet nichts anderes, als dass der Köder gezupft oder ruckartig geführt wird.

Ein typischer Köder zum Twitchen ist beispielsweise der Mania Jake. Auch der Bagley Top Gun und der Mann's Minus, vor allem in der Stretch-Ausführung, lassen sich sehr gut twitchen. Persönlich schätze ich besonders die Crane Baits 205s und 206s. Auch die Salmo-Wobbler aus Polen wurden in den letzten Jahren immer besser. Vor allem überzeugen sie durch ihre sehr natürliche Wirkung. Der Warrior mit Tauchschaufel ist ein guter Allround-Wobbler, der sich auch vortrefflich twitchen lässt. Sehr fängig ist auch der flach tauchende Pike 16, der sich mit seiner kleinen Tauchschaufel leicht über Wasserpflanzen führen und dabei twitchen lässt. Sowohl den Warrior als auch den Pike wird man kaum tiefer als einen Meter herunter bekommen.

Auch die Grandma war früher ein ausgezeichneter Twitchbait. Die neueren Formen dieses Köders haben aber eine vergrößerte

Hechte halten sich gern in der Nähe von Wasserpflanzen auf. Deshalb sollte man die Präsentation des Köders an und über Pflanzenfeldern gut üben, es lohnt sich ganz gewiss.

Tauchschaufel bekommen. Dabei ist dann ein sehr guter Crankbait herausgekommen. Auf die Bezeichnung Crankbait werden Sie noch häufiger stoßen. Darunter versteht man einen Wobbler, der mit erhöhtem Tempo geführt wird.

Wieso der Grandma dadurch seine Eigenschaften als Twitchbait weitgehend eingebüßt hat, lässt sich schnell erklären. Um twitchen zu können, braucht man eine harte Rute. Dabei kann sie eine parabolische Aktion haben oder eine Spitzenaktion, Hauptsache sie ist hart, denn die Rute gibt dem Köder die Bewegungen. Er muss auf die Bewegungen der Rute reagieren. Das kann der Kunstköder aber nur, wenn seine Tauchschaufel nicht allzu groß ist. Hat er eine große Tauchschaufel, wird sein Widerstand im Wasser zu groß, die Folge: Die Rute krümmt sich, aber der Köder bewegt sich kaum. Unser Versuch, den Köder ruckartig zu führen, lässt ihn ziemlich unbeeindruckt.

So erklärt sich, dass man tief tauchende Wobbler nicht twitchen kann. Ein Flat Fish beispielsweise lässt sich nicht twitchen. Das geht allenfalls mit einer extrem schweren Rute. Dasselbe Problem hat man mit den neuen Modellen der Grandma. Ihre verstärkte Tauchschaufel ist einfach zu groß geworden, um diesen Köder noch den Twitchbaits zurechnen zu können. Das erfordert eine Rute, die noch schwerer ist als die schwerste Muskie-Rute, und damit möchte kein Mensch fischen.

Neben den Wobblern zum Twitchen gibt es dann die Jerkbaits. Jerken bezeichnet eigentlich kaum etwas anderes als das, was bereits über das Twitchen gesagt wurde. Mit anderen Worten: Auch diese Kunstköder werden ruckartig geführt, ganz gleich, ob sie an der Oberfläche oder darunter laufen.

Was ist dann eigentlich der Unterschied zwischen Twitchbaits und Jerkbaits? Das ist nicht ganz einfach zu erklären. Es macht die Sache auch nicht viel leichter, wenn ich verrate, dass die meisten Jerkbaits keine Tauchschaufel haben. Denn es gibt auch Wobbler mit einer Tauchschaufel, die als Jerkbait bezeichnet werden. In dem Fall handelt es sich um Wobbler, die sich am besten bewegen, wenn sie ruckartig eingeholt werden. Und eben diese Jerkbaits sollen sich auch wiederum gut zum Twitchen benutzen lassen. Verstehen Sie? Ich ehrlich gesagt nicht.

Aber schließlich muss man es mit all diesen Bezeichnungen und Unterscheidungen, die

■ Twitchen, Gliden und Jerken

aus dem Amerikanischen kommen, auch gar nicht so genau nehmen. Das Entscheidende bei allen diesen Wobblern oder Wobbler-Varianten ist die Technik, mit der man sie beim Spinnfischen einholt. Dann wird auch einiges deutlicher. Also: Ein Twitchbait kann, genauso wie ein ganz normaler Wobbler, gleichmäßig eingeholt werden. Aber man kann ihn auch ruckartig einholen, also twitchen oder meinetwegen auch jerken.

Beim Einholen eines Jerkbait dagegen muss man die Rute unbedingt ruckartig bewegen. Tut man das nicht, verleiht man dem Köder nicht seinen verführerischen Lauf. Die meisten Jerkbaits kommen dann geradewegs und ohne irgendeine Reizwirkung für den Hecht zurück.

Bei den Jerkbaits unterscheidet man wiederum unterschiedliche Modelle, es sind dies die Glider oder Gleiter und die Pullbaits oder Ruck-Jerks. Diese Köder können alle durchaus auch schleppend gefischt werden. Sie werden ganz normal hinter dem Boot hergezogen, ab und zu versetzt man ihnen einen kräftigen Ruck. Mehr muss man gar nicht tun, um einen Hecht auf den Köder aufmerksam zu machen.

Aber beim Schleppen holt man aus diesen Ködern noch nicht alles heraus, was in ihnen steckt. Twitch- und Jerkbaits wurden in erster Linie entwickelt, damit man werfend mit ihnen fischt. Deshalb fische ich mit ihnen an Schilfkanten entlang, an Seerosenfeldern und am Laichkraut, wo die Hechte ihre Standorte haben. Aber auch auf dem offenen Wasser fische ich mit diesen Ködern.

Von Wasserpflanzen fühlt sich Bertus Rozemeijer genauso angezogen wie große Hechte. Deshalb treffen beide dort immer wieder aufeinander.

Einen Twitchbait erkennt man an der kleinen Tauchschaufel. Die Technik des Twitchens ist recht einfach. Beim Einholen gibt man der Rute regelmäßig einen leichten Ruck nach unten. In kurzen Abständen verleiht das dem Köder eine lebhafte Bewegung.

Im Sommer sollte man den Kunstköder hoch anbieten. Die Erfahrung machte Henning Stilke auch mit diesem kapitalen Hecht von 125 Zentimeter, der einen Salmo Warrior nahm.

Nach Möglichkeit versuche ich, mit ihnen in einer langen, langsamen Drift Kantenverläufe unter Wasser oder die Zuflüsse in ein Gewässer abzufischen. Aber auch Landzungen, die in ein Gewässer hineinragen, fische ich damit ab oder Erhebungen unter Wasser, über denen es sehr flach wird. Das sind Stellen, an denen die Hechte schnell tieferes Wasser erreichen können. Hier schwimmen die Rotaugen und Brassen auf der Nahrungssuche nach oben und bieten wiederum dem Hecht reichlich Nahrung.

Aussichtsreiche Fangplätze für diese Köder findet man auch immer zwischen Inseln. Genauso sind Flachwasserbereiche zwischen einer Insel und dem Festland stets ein paar Würfe wert.

In Irland und Schweden sind es, anders als in meiner Heimat, ausschließlich natürliche Gewässer, an denen ich mit Jerkbaits fische. Dann suche ich bevorzugt die Buchten ab und halte Ausschau nach flachen Stellen in den Seen. Wenn dort noch Wasserpflanzen hinzukommen, wird um so intensiver gefischt. Felsen oder größere Steine im Wasser bilden vor allem für erfahrene Hechte, also die größeren Exemplare, einen idealen Standort für ihre überfallartigen Angriffe. Mit der Zeit sammelt jeder Hechtangler seine Erfahrungen über die Standplätze sei-

Twitchen, Gliden und Jerken

Ein kräftiges Profil reizt Hechte zum Zupacken. Genau diese Eigenschaft zeichnet den Bobbie aus, und das macht ihn so fängig.

nes Zielfisches und entwickelt ein Gespür dafür, wo er die Räuber zu suchen hat. Dabei bekommt man nach und nach auch ein Gefühl dafür, wo man mit dem Jerkbait gute Erfolgsaussichten hat.

Mit Twitchbaits und Jerkbaits kann man besonders im Sommer und im frühen Herbst gut fangen. Zwar schleppe ich selber sehr gerne mit Wobblern, aber wenn ich die Wahl habe, entscheide ich mich doch lieber fürs Werfen. So kann man nach meiner Erfahrung immer noch effektiver angeln.

Allerdings müssen die Umstände auch das Werfen erlauben. Die Wetterverhältnisse sollten so weit stimmen, dass man den Köder weit und genau werfen kann, und man muss vom driftenden Boot aus immer sicher mit ihm hantieren können.

Eine wichtige Voraussetzung fürs Werfen ist, dass das Boot sehr langsam driftet. Wenn das aufgrund der Windverhältnisse nicht möglich ist, muss man nachhelfen. Ich habe deshalb immer, auch bei schwachem Wind, einen Driftanker in meinem Boot.

Sicherlich ist das alles nicht so leicht verständlich, wenn man über die neumodischen Köder aus Amerika theoretisiert. Deshalb sollten wir uns einfach einmal mit Twitch- und Jerkbaits ans Wasser wagen. Inzwischen wissen wir, wo wir nach Hechten Ausschau halten müssen. Im Schutz der Wasserpflanzen halten sie sich auf oder an Hindernissen unter Wasser.

Vielleicht haben Sie auch schon einmal das Foto von einem Hecht in einem Autowrack gesehen, das ein Unterwasserfotograf

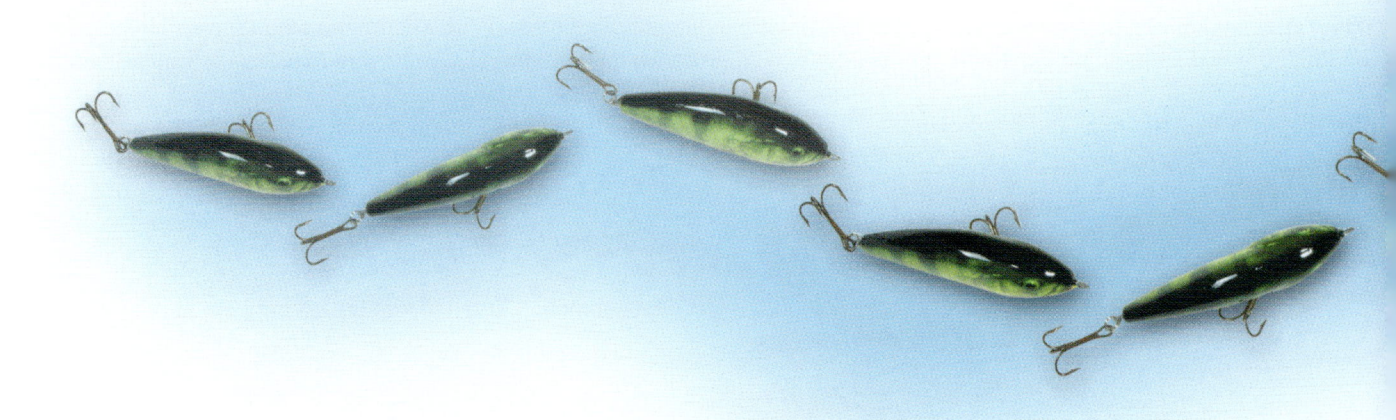

Ein Jerkbait von oben: Der Fatso wird mit gleichmäßigem Tempo eingeholt. Dabei entwickelt er keinen allzu starken Zug auf die Rute. Mit verschiedenen Bewegungen der Rute, kurzen Schlägen oder längeren Stopps, verändert man seinen Lauf und macht ihn noch attraktiver.

Hechte fressen nun einmal gerne Hechte. Und der Jack 18 ist die perfekte Hecht-Imitation.

vor einigen Jahren geschossen hat. Ein Autowrack gehört eigentlich nirgendwo auf einen Gewässerboden, aber es kennzeichnet ganz gut die Standortvorlieben der Hechte. Ich sehe die Hechte allerdings lieber unter versunkenem Gehölz, Baumwurzeln, unterspülten Ufern, an Schilfkanten oder anderen natürlichen Strukturen.

Aber wir sollten jetzt lieber einmal genau auf das Echolot schauen. Da, am Rand der Scharkante, wenn man´s nicht weiß, fährt man daran vorbei. Der Boden hat dort eine niedrige Pflanzendecke. Jede Wette, dass dort Hechte dazwischen liegen. Lassen Sie uns dem Pflanzenbeet einmal folgen. Sehen Sie, wie weit es sich erstreckt? Meiner Meinung nach ist das ganz normales Laichkraut. Allerdings wird es immer wieder so tief abgemäht, wenn die großen Segeljachten mit ihren langen Kielen darüber hinwegfahren. So werden die Pflanzen nicht größer als einen Meter. Nur hier und da ragt einmal ein Stengel bis zur Oberfläche.

Eigentlich könnten wir den Booten sogar dankbar sein für ihre Arbeit. So eröffnet sich uns nämlich die Möglichkeit, mit Jerkbaits über die Pflanzen hinweg zu fischen. Dass wir unsere Köder dabei gelegentlich von Pflanzenresten befreien müssen, ist nicht das Problem.

Allzu breit sind die Pflanzenfelder an den Unterwasser-Böschungen meistens nicht, aber sie haben es in sich. Und wenn sie sich wie hier über rund 100 Meter erstrecken,

Twitchen, Gliden und Jerken

sind sie es allemal wert, gründlich abgefischt zu werden. Kehren wir also an den Anfang des Feldes zurück. Von dort aus lassen wir uns über die gesamte Strecke driften. Vorher machen wir schon einmal den Elektromotor startklar, denn den werden wir sicherlich brauchen, um die erforderlichen Kurskorrekturen vornehmen zu können.

Achten Sie erst noch einmal genau auf den Wind. Der schiebt uns schön langsam vor sich her, allerdings leicht schräg zum Pflanzenfeld. Deshalb müssen wir schon gleich den Elektromotor zum Einsatz bringen. Ab und zu muss damit etwas stärker gegengehalten werden, aber mit ein paar Korrekturen halten wir uns sicher in der gewünschten Driftrichtung. Mit einer Geschwindigkeit von etwa einem Kilometer pro Stunde driften wir so gemächlich über die Wasserpflanzen hinweg.

Ich möchte sie aber gleich auf einen Fehler aufmerksam machen, einen Fehler, den die meisten Spinnfischer auf dem Boot machen. Die meisten werfen nämlich gern in die Andrift, also vor das driftende Boot. Ich halte das für nicht sehr klug. Denn das Boot wird vom Wind vorangeschoben, dann machen Sie einen Wurf von, sagen wir 30 Meter, oft wirken die Würfe viel weiter als sie wirklich sind. Diese 30 Meter holen Sie in rund 20 Sekunden wieder ein. In dieser Zeit hat sich das Boot etwa fünf Meter weiterbewegt. Dann machen Sie den nächsten Wurf in dieselbe Richtung, mit dem Sie also nur fünf Meter weiter werfen als mit dem vorherigen Wurf.

Die tatsächliche Strecke, über die Sie den Köder einholen, beträgt immer nur 25 Meter. Und mit jedem Wurf fischen Sie den Köder 20 Meter weit über eine Strecke, über die er schon beim vorherigen Wurf lief. Das kann man meinetwegen auch ein- oder zweimal machen, wenn man es aber noch häufiger wiederholt, bringt man sich selbst um seine Fangchancen. Bei einer Drift über 30 Meter zieht man den Köder so drei oder viermal an derselben Stelle vorbei.

Wir müssen ganz anders vorgehen. Bleiben Sie im hinteren Teil des Bootes, dann gehe ich vorne an die Spitze. Sie sind hier der Kapitän, also behalten Sie auch das Echolot im Auge und den Elektromotor im Griff. Vergessen Sie dabei aber nicht, dass hier noch ein paar andere Boote auf dem Wasser sind. Den Elektromotor bringen Sie am besten am Heck an und nicht an der Seite. So können Sie das Boot besser manövrieren. Versuchen Sie gleich, mit dem Elektromotor die richtige Geschwindigkeit zu finden, mit der er uns sauber an der Kante entlang driften lässt.

Nun kommen Sie endlich auch zum Werfen. Aber werfen Sie, wie gesagt, nicht gerade in Driftrichtung, sondern schräg dazu. So führen Sie den Köder die gesamte Strecke im unbefischten Bereich. Mit dem nächsten Wurf führen Sie den Köder in etwa fünf Meter Abstand zum vorherigen. Und mit den folgenden Würfen verhält es sich genauso.

Driftet das Boot seitwärts, sollten Sie so auswerfen, dass Sie den Köder in Richtung auf die Längsachse des driftenden Bootes einholen. Bei geringem Wind werfen Sie also etwa in Verlängerung der Längsachse des Bootes aus. Wenn stärkerer Wind herrscht,

Manchmal sorgen auch kleine Hechte für einen spektakulären Drill, oder sollte man sagen: besonders die kleinen Hechte?

Mit einer kleinen Tauchschaufel lässt sich der Wobbler sehr gut twitchen. Auch der Pike 16 und Perch 12 von Salmo sind Wobbler, die mit entsprechender Schaufel ausgestattet wurden.

werfen Sie entsprechend weiter in die Driftrichtung, aber noch nicht direkt in die Andrift. Erst wenn das Boot so schnell driftet, dass man kaum noch zur Seite werfen kann, muss man zwangsläufig weiter vor das Boot werfen.

Wenn der Wind solche Probleme bereitet, werfe ich immer einen Driftanker. Dadurch reduziert sich die Geschwindigkeit des Bootes, und man kann wieder besser seitwärts werfen. Auf großen Seen ist es ohnehin sehr sinnvoll, einen Driftanker dabei zu haben. Bekommt man da Probleme mit dem Wind, kann man das Boot mit Hilfe eines Driftankers besser stabilisieren und die Geschwindigkeit reduzieren.

Ich benutze den Driftanker auch schon bei weniger heftigem Wind. Je nachdem, wie ich das Boot in der Drift bremsen möchte, bringe ich den Driftanker vorne oder an der Seite des Bootes an. Meistens werfe ich ihn an der Seite aus, so wird das Boot nicht nur vom Kiel gebremst, sondern zusätzlich durch den Driftanker beruhigt.

Mit welchen Ködern wollen wir nun anfangen? Ich würde mich erst einmal für einen Jerkbait entscheiden. Meine persönlichen Favoriten sind die Gleiter. Nicht dass man damit unbedingt mehr oder größere Hechte fängt, mir gefällt vor allem die Technik, mit der man diese Köder einholt. Es wirkt vielleicht ziemlich plump, wenn man

mit diesen Kunstköder von rund 100 Gramm angeln geht. Aber das Fischen mit einem Gleiter ist sogar eine sehr feine Methode.

Jerkbait ist meiner Meinung nach ein ziemlich unpassender Name für diese Kunstköder. Denn die Bewegungen, die man mit der Rute vornehmen muss, um den Köder richtig laufen zu lassen, müssen sehr gefühlvoll sein. Man ruckt (engl. jerk = rucken) den Köder eigentlich nicht, man streichelt ihn viel mehr.

Werfen Sie erst einmal aus. Sehen Sie, Ihre Rute wird beim Wurf deutlich überlastet, dadurch werfen Sie automatisch sehr langsam. So, nun bringen Sie die Schnur auf die

■ Twitchen, Gliden und Jerken

nötige Spannung. Die Rute halten Sie dabei horizontal etwa auf Hüfthöhe. Dann drücken sie die Rutenspitze langsam herunter, etwa bis auf Kniehöhe.

Versuch missglückt! Der Gleiter kommt in gerader Linie wieder zurück. Woran das liegt? Ich nehme an, dass Sie die Schnur etwas zu straff genommen haben oder dass Sie die Rute zu schnell abgesenkt haben. Dadurch haben Sie den Gleiter zu stramm auf sich zu gezogen. Versuchen Sie es gleich noch einmal mit etwas lockerer Schnur. Sehen Sie, nun gleitet der Köder schön zur Seite. Lassen Sie den Gleiter nun das tun, wozu er bestimmt ist, lassen Sie ihn ruhig ausgleiten.

Während der Köder nach links oder rechts gleitet, heben Sie die Rute wieder an, bis die Spitze etwas über Hüfthöhe liegt. Dabei drehen Sie auch etwas Schnur auf, aber nicht so viel, dass sie bis zum Köder gestrafft ist. Es muss immer noch etwas Spielraum bleiben für den nächsten Schlag - oder vielmehr die nächste Streicheleinheit. Nun also wieder die Rute senken. Na also, durch die etwas lockere Schnur startet der Gleiter genau so, wie er es soll, dieses Mal in die entgegengesetzte Richtung des vorherigen Zuges.

Versuchen Sie erst einmal, den richtigen Rhythmus für den Köder zu finden. Dabei sollten Sie seine Bewegungen, so gut es geht, beobachten, das erleichtert es, sein Verhalten genauer kennenzulernen. Es ist keine große Kunst, einen Gleiter richtig zu führen. Wenn er seine lockenden Bewegungen vollführt, erregt er viel Aufmerksamkeit bei den Räubern und wird dadurch zu einem ausgezeichneten Fänger.

Überstürzen Sie nichts, wenn Sie den Gleiter einholen. Wenn Sie zu schnell werden, bringen Sie ihn nämlich aus dem Gleichgewicht, und er kommt geradewegs auf Sie zu. Jede Bewegung muss sorgfältig und ruhig ausgeführt werden. Haben Sie den Gleiter soweit im Griff, ist es Zeit, ein wenig zu experimentieren.

In den USA werden die Gleiter vielfach als sogenannte Searchbaits eingesetzt. Dabei versucht man, mit ihnen Muskies aufzutreiben (engl. search = suchen). Der Gleiter wird mit hohem Tempo geführt, in der Hoffnung, dass ein Muskie ihm folgt. Das machen diese nämlich sehr gern, oft folgen sie bis zum Boot, ohne den Köder auch nur einmal zu berühren.

So findet man aber heraus, wo ein Fisch steht. Dann wartet man eine Zeit lang ab, manchmal länger als einen Tag, und anschließend wird ihm ein Gleiter oder auch ein ganz anderer Köder langsamer angeboten. Die Gleiter können also sehr langsam, aber auch mit hohem Tempo gefischt werden. Beim langsamen Fischen lassen wir ihn nach jeder Bewegung auslaufen, beim schnellen Fischen gönnen wir ihm diese Zeit nicht, dadurch vollführt er seinen Zickzack-Lauf auf einer sehr engen Bahn.

Das Angeln mit solchen Ködern kann unglaublich spannend sein, es kann gera-

Das Vorfach muss immer tadellos sein, denn nicht immer sitzt der Köder direkt vor dem Hechtmaul.

Crankbaits sind sehr fängig, aber auch sehr empfindlich. Zu den besten Modellen gehört der Crane (oben). Bei der Grandma (Mitte) führen schon leichte Veränderungen der Tauchschaufel zu einem ganz anderen Tauchverhalten. Der Slammer (unten) wird allen Anforderungen gerecht, aber er ist noch weitgehend unbekannt.

dezu süchtig machen. Wenn der Gleiter in Oberflächennähe gefischt wird, sieht man den Hecht oft schon, eher er den Köder gepackt hat.

Als sehr vorteilhaft erweist sich ein Gleiter auch, wenn man häufiger Hindernissen ausweichen muss. Stellen Sie sich vor, Ihr Gleiter liegt hinter einem Pflanzenfeld oder einem Stein. Um daran vorbei zu kommen, geben Sie dem Gleiter einen Ruck, damit er nach links läuft. Aber Sie lassen ihn nicht auslaufen, sondern geben ihm schon früh einen Ruck nach rechts. Nun lassen Sie ihn allerdings auslaufen. Danach wiederholen Sie das Ganze, kurz nach links, lang nach rechts, und so führen Sie den Gleiter immer weiter rechts am Hindernis vorbei. So kann man zumindest über kurze Strecken den Gleiter gewissermaßen um die Kurve führen. Diese Möglichkeit hat man mit keinem anderen Kunstköder.

Mit einem Gleiter zu fischen, ist etwas ganz anderes als mit einem einfachen Wobbler, den man auswirft und wieder herankurbelt. Und Sie erkennen sicherlich auch schon, wieso ein Gleiter erst bei ruhigem Wetter seine vollen Fähigkeiten entfalten kann. Wenn dieser Köder von einem schnell driftenden Boot aus gefischt wird, bringt ihn das rasche Einholen aus dem Gleichgewicht. Und so kann der Gleiter sich nicht bewegen, wie er es eigentlich soll.

Gleiter sind aber keine praktischen Allround-Köder. Trotz aller Sympathie für diese Köder, würde ich das niemals behaupten. Aber unter geeigneten Umständen wird das Angeln damit zu einem Fest, man kann unglaublich gut mit ihnen fangen und vor allem auch richtig kapitale Hechte.

Es gibt eine Reihe wirklich guter Gleiter, die hoffentlich noch lange auf dem Markt sind. Die Gleiter von Jack Cobb sind beispielsweise ausgezeichnet. Seine 15-Zentimeter-Gleiter kann man immer noch gut werfen. Auch der Undertaker von Anettail Tackle ist sehr fängig. Das gilt auch für den River Run Manta-Jerkbait, der maschinell aus Kunststoff hergestellt wird. Unlängst hat auch Salmo mit dem Slider einen hervorragenden Gleiter produziert.

Und auch einige niederländische Kunstköderbauer verstehen sich auf die Herstellung von Gleitern. Rob Kraaieveld hat ein ausgezeichnete Modell gefertigt. Nicht zu vergessen auch die Gleiter von Andre Koehoorn und Marco Dol. Ich hoffe, dass sie ihre Jerkbaits noch ein paar Jahrzehnte bauen werden.

So reizvoll es auch ist, mit Gleitern zu fischen, man muss sich immer zwingen, realistisch zu bleiben. Deshalb sollte man auch jeden Kunstköder nur dann einsetzen, wenn die Bedingungen für ihn optimal sind.

Es gibt durchaus auch einige Kunstköder, die man unter sehr unterschiedlichen Verhältnissen gut einsetzen kann. Soll es unbedingt ein Jerkbait sein, dann würde ich beispielsweise den Suick empfehlen oder Bobbie Baits, also die sehr einfachen Modelle, die ein wenig wie bemalte Dachlatten aussehen. Etwas mehr Ähnlichkeit mit einem Beutefisch hat der Salmo Jack 18. Der fängt gut und lässt sich ausgezeichnet werfen, nicht nur weit, sondern auch sehr genau. Der Jack 18 verfügt im übrigen über einen verführerischen Wackeleffekt. Wenn er nach kurzem Anziehen ausläuft, bewegt er sich immer noch etwas zu den Seiten. Und das wird vom Hecht zweifellos aufmerksam wahrgenommen.

Einem eingefleischten Wobbler-Angler erscheinen diese Bewegungen sicherlich nur minimal. Wer sich aber erst einmal mit Jerkbaits angefreundet hat und mit ihnen erfolgreich war, weiß, dass es gar nicht auf wilde Bewegungen ankommt. Solche Jerkbaits fangen unglaublich gut und außerdem lassen

Twitchen, Gliden und Jerken

Der Umgang mit kurzen, schnellen Ruten will gelernt sein. Kenner wissen diese Ruten zu schätzen.

sich diese sogenannten Ruck-Jerks auch sehr einfach führen. Mit ihnen zu fischen, ist lange nicht so kompliziert, wie es mit einem Gleiter manchmal sein kann.

Was ich nämlich bislang noch gar nicht erwähnt habe: Die aus Holz gefertigten Gleiter sind niemals völlig gleich, auch nicht, wenn sie von ein und demselben Hersteller sind. Jedes Mal muss man einen neuen Köder erst kennenlernen, man muss seine Form genau unter die Lupe nehmen und sein Bewegungsverhalten beobachten, um zu erfahren, wie man ihn richtig zu führen hat. Einer meiner ersten Jerkbaits war ein Reef Hawg von 15 Zentimeter. Mit ihm habe ich verdammt viele Hechte gefangen. Also habe ich mir davon noch mehr gekauft. Innerhalb weniger Jahre habe ich rund 20 dieser Jerkbaits benutzt, aber keine zwei Reef Hawgs waren wirklich gleich.

Mit einem Suick gibt es dieses Problem nicht. Wenn Sie diesen Jerkbait einmal kennen, können Sie auch ohne weiteres mit dem nächsten Suick fischen. Was er allerdings mit den Gleitern gemeinsam hat: Auch er ist oft schwerer als alles, was man mit seiner Rute gerne werfen möchte. Aber auch einen Suick kann man mit einer etwas überlasteten Rute und einem entsprechend trägen Wurf über respektable Weiten werfen. Bei Würfen mit dem Wind zeigt sich, dass Suick, Bobbie Bait oder auch der Burt von Mania Tackle trotz ihres hohen Gewichts herrlich fliegen und fast mühelos größere Entfernungen überbrücken.

Auf eine Besonderheit dieser Jerkbaits möchte ich Sie noch hinweisen. Genau wie ein Bobbie Bait hat auch der Suick eine Metallschaufel als Schwanz. Diese Schaufel kann man biegen, um so das Schwimmverhalten des Köders zu verändern. Steht sie horizontal, bleibt der Jerkbait nahe an der Oberfläche. Das ist natürlich von Vorteil, wenn man über Pflanzen hinweg fischen möchte. Will man tiefer fischen, dann wird die Metallschaufel heruntergebogen. Wird sie senkrecht heruntergebogen, kann ein Suick bis zu drei Meter tief tauchen. Das gilt zumindest für die schwerere Version, die ich ohnehin empfehlen würde.

Nun werfen Sie erst einmal aus, und machen Sie zunächst dasselbe wie mit dem Gleiter. Lassen Sie den Köder erst kurz zur Ruhe kommen, dann holen Sie die lockere Schnur ein. Jetzt können Sie anfangen. Ziehen Sie die Rute weit nach unten durch, um den Ruck-Jerk auf Tiefe zu bringen.

Während wir die Gleiter eher mit kurzen, vorsichtigen Bewegungen der Rute zum Leben erwecken, erfordern Ruck-Jerks wie der Jack 18, Suick, Bobbie oder auch der Burt und Tony Rizhos Little T einen kräftigeren Ruck der Rute. Erinnern Sie sich noch an die Bezeichnung Pullbait? Mit den gerade genannten Kunstködern habe ich die weitaus besten Fänge gemacht, wenn ich sie als Pullbaits benutzt habe.

Der Köder wird in langen Zügen rhythmischer Schläge eingeholt. Immer wieder wird die Rute aus Hüfthöhe bis zu den Füßen heruntergeschlagen. Für den Köder ist das ein beträchtlicher Tauchgang. Wenn man dabei im Boot steht, kann die Rute sogar über eine noch längere Strecke heruntergeführt werden. Ziehen Sie den Jerkbait

Zum Twitchen benutzt man Wobbler mit einer kleinen Tauchschaufel. Die Twitchbaits wie hier der Salmo Warrior Crank (rechts), der Storm (Mitte) und der Mann´s Minus Stretch (links), stehen den Jerkbaits nicht nur äußerlich sehr nahe, sie werden auch ganz ähnlich geführt.

also energisch in die Tiefe. Nach einem Zug bringen Sie die Rute wieder in die Ausgangsposition, holen Sie die lockere Schnur ein, und geben Sie dem Köder wieder einen Ruck.

Versuchen Sie wiederum, den richtigen Rhythmus für den Köder zu finden, und beachten Sie, dass Sie ihn nicht zu nervös fischen. Wir sind übrigens - es klingt vielleicht merkwürdig - immer noch nicht beim eigentlichen Jerken angelangt. Daran möchte ich mit den bislang genannten Ködern gar nicht denken.

Ein Suick bewegt sich nach einem Ruck langsam wieder in seine Ausgangsposition zurück. Während wir unsere Angelrute wieder anheben und Schnur aufspulen, steigt der Köder nach seinem Tauchgang wieder nach oben. Aber noch in seiner Aufwärtsbewegung führen wir die Rute wieder nach unten. Wie der Köder sich genau bewegt, kann man natürlich nicht sehen, man muss einfach von der Wirkung überzeugt sein. Letzten Endes ist es auch nicht so wichtig, dass wir die Auf- und Ab-Bewegungen selber verfolgen können. Hauptsache die Hechte sehen die Bewegungen und werden dadurch beißwütig.

Der Suick lässt sich ausgezeichnet in stark bewachsenen Gewässern einsetzen, man kann ihn sehr gut über Wasserpflanzen hinwegführen, aber auch im offenen Wasser fängt er wie kaum ein anderer. Kein Wunder also, dass dieser Köder bereits seit den 1940er Jahren in großen Stückzahlen produziert wird.

Mit einem Suick wollen wir jetzt einmal etwas experimentieren. Das Pflanzenfeld dort ist dafür bestens geeignet. Fahren Sie einmal hin, dann kann ich Ihnen zeigen, was man mit einem Suick und den Twitchbaits so alles anstellen kann. Sie sehen schon, das Beet ist nicht sonderlich groß. Aber es befindet sich genau an einer Stelle, die sehr attraktiv ist für Hechte. Schauen Sie mal aufs Echolot.

Dicht vor den Pflanzen fällt der Boden steil ab. Aber fahren Sie erst einmal ein Stück weiter. Sehen Sie das? Der Boden steigt wenig später schon wieder deutlich an. Ganz klar haben wir es hier mit einem großen, tiefen Loch zu tun. Wie viele Hechte ich hier schon gefangen habe, kann ich gar nicht mehr genau sagen, aber es waren nicht wenige. Werfen Sie den Suick einmal dicht vor die Pflanzen. Lassen Sie ihn kurz liegen, und ziehen ihn dann zurück.

Achtung! Gleich hängen Sie in den Pflanzen. Bewegen Sie die Rute nicht nach unten, sondern zur Seite. Halten Sie die Rute dabei höher, dann können Sie den Suick über die Pflanzen hinwegführen. Üben Sie diese Bewegungen erst einmal, Sie werden sehen, dass man aus einem Suick viel mehr herausholen kann, als meistens über ihn gesagt wird.

Natürlich kann man Stellen wie diese auch anders befischen. Wir könnten es beispielsweise auch einmal mit einem Twitchbait versuchen. Dann sehen Sie, dass es keinen wesentlichen Unterschied gibt zwischen den Techniken mit denen man einen Jerkbait und einen Twitchbait fischt. Man könnte sogar sagen, dass ein Twitchbait nichts anderes ist als ein Jerkbait mit einer Tauchschaufel. Es ist nicht sehr schwer, damit zu fischen, aber wenn man alles aus diesem Köder herausholen will, muss man ihn auch wiederum gut kennenlernen.

Nun sollten wir aber auch noch einmal einen Jerkbait ausprobieren, den man wirklich durchs Wasser schlägt. Eigentlich sind das erst die wirklichen Jerkbaits. Es sind Kunstköder, die mit kurzen, heftigen, mal langsamen, mal schnellen Schlägen gefischt werden. Und jetzt kann man die Bewegungen der Rute auch tatsächlich als Schläge bezeichnen.

Bei diesen Jerkbaits kann man kaum oder gar nicht vorhersagen, in welche Richtung sie sich als nächstes bewegen werden. Sie schießen in alle Richtungen los, nur nicht dahin, wo man sie gerne haben möchte.

Lange Zeit wollten mir diese Jerkbaits nicht so recht gefallen. Ich möchte nämlich immer gern wissen, was mein Kunstköder als nächstes tut. Aber ich habe beim Angeln auch nichts gegen Überraschungen, - vor allem wenn sie groß sind und scharfe Zähne haben.

Es hat also einige Zeit gedauert, bis ich ernsthaft mit Jerkbaits wie dem Gries Striker JR oder dem Lureland Hammer angeln ging. Eigentlich bedauere ich das jetzt, denn diese Köder haben eine unwahrscheinliche Wirkung. Mit welcher Technik man diese Köder fischt? Eigentlich kann man das gar nicht beschreiben. Am wirkungsvollsten bewegen sich diese Jerkbaits, wenn man sie mit sehr kurzen, schnellen Schlägen einholt. Bemerkenswert ist übrigens das Gewicht dieser Jerkbaits, denn viele von ihnen sind mit Gewichten deutlich über 100 Gramm reichlich schwer.

Ich denke, nun haben wir genug über Wobbler und Jerkbaits erfahren. Nun sollten Sie erst einmal intensiv damit fischen. Dabei werden Sie selber eine gewisse Vorliebe für den einen oder anderen Kunstköder entwickeln. Es ist selbstverständlich auch wichtig, dass Ihnen der Köder gefällt. Aber in erster Linie sollten Sie den Köder immer nach den Erfordernissen des jeweiligen Angelplatzes wählen.

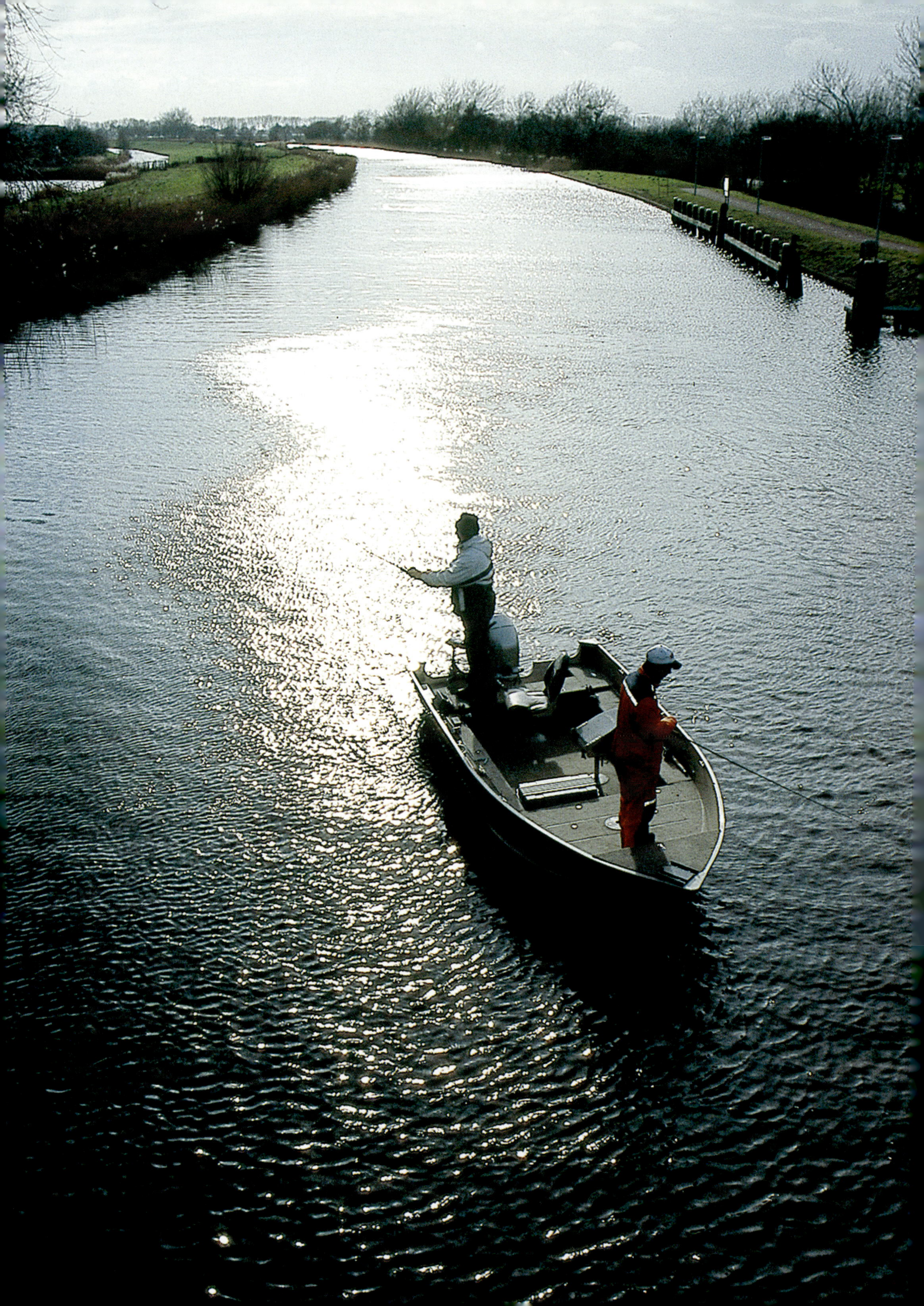

Erfolgreich mit Blinker

Blinker sind vielleicht die bekanntesten Kunstköder überhaupt, zugleich werden sie aber oft sehr unterschätzt. Viele Spinnfischer gehen kaum oder gar nicht mit Blinkern angeln. Einige hängen sich dann und wann einmal den Metallköder an die Schnur. Aber sie holen aus diesem Köder bei weitem nicht heraus, was in ihm steckt. Sonst würden sie ihn nämlich sicherlich viel häufiger aus der Gerätekiste holen.

Zum Raubfischangeln mit Blinkern habe ich ein ganz persönliches Verhältnis. Denn ich habe selber meinen ersten Hecht mit einem Heintz-Blinker gefangen. Ein Fisch von 74 Zentimeter, der mir, ehe ich ihn abgehakt hatte, ungefähr zehnmal aus den zitternden Händen gefallen war. Als ich dann endlich mit ihm fertig war, sah er wie eine vollkommen neue Fischart aus.

Die Lektion, die ich später daraus zog: Es ist sehr unvernünftig und unverantwortlich, unerfahrene Angler ohne Begleitung auf die Fische loszulassen. Als erstes sollte man lernen, wie man mit Fischen umgeht. Danach kommt alles andere. Und ein Teil davon ist dann auch das Angeln mit dem Blinker.

Blinker gibt es in einer großen Fülle unterschiedlichster Ausführungen. Die Auswahl ist ähnlich groß wie bei den Wobblern, die es auch in schier unendlicher Vielfalt gibt. Dadurch besteht die große Gefahr, den falschen Blinker an die Schnur zu hängen.

Über Wobbler wird viel geschrieben, und wenn man das genau liest, erkennt man, dass sich da vieles in einer Art Grauzone bewegt. Was ist ein Jerkbait? Und was ein Twitchbait? Kann man mit einem Jerkbait schleppen, und wenn ja, sollte man ihn dazu auch wirklich benutzen? Das sind Fragen, auf die man gar nicht so leicht und schlüssig antworten kann.

Blinker sind keine selektiven Köder, aber sie sind sicher, man fängt mit ihnen eigentlich immer und überall.

Aber Blinker sind sicher ein nicht weniger komplexes und schwieriges Thema. Würden wir, so wie es zur Zeit bei den Wobblern der Fall ist, alle Blinker einführen, die es auf dem Markt gibt, wir würden echte Probleme beim Köderkauf bekommen. Dazu ein Beispiel:

Vielen Anglern in Europa werden die Blinker der Marke Eppinger Dardevil kein Begriff sein. In Amerika und Kanada stehen diese Blinker dagegen sehr hoch im Kurs. Eppinger produziert eine ganze Reihe verschiedener Modelle, teilweise speziell für bestimmte Fischarten. Darunter findet man einige Blinker, die nach ihrer Form perfekt für unsere Hechtangelei scheinen, aber sie wiegen stolze 120 Gramm.

Das sind Löffel, die für die Schleppfischerei bestimmt sind. Wer wollte auch den ganzen Tag mit einem derart schweren Blinker werfen. Mit diesen Blinkern wird im tiefen, kalten Wasser auf Seeforellen geschleppt. Oft muss mit ihnen sogar sehr tief gefischt werden, ohne dass Downrigger, Paravan oder Dipsy Diver als Hilfsmittel eingesetzt werden können.

Wer sich die gewaltigen Fische anschaut, die mit diesen Blinkern gefangen werden, möchte am liebsten auch solche Blinker haben. Wollte man aber mit diesen Ködern in einem gewöhnlichen See in Europa auf Hecht angeln, würde man sich bald betrogen fühlen. Denn man bräuchte eine ganze Menge Hängerlöser.

Noch ein weiteres Beispiel: Auf den großen Seen in Amerika wird viel auf Lachs geschleppt. Dabei kommen oft Downrigger zum Einsatz. Auch damit werden Blinker in großer Tiefe angeboten. Diese Löffel haben ein extrem dünnes Blatt und wiegen nicht mehr als zehn bis zwanzig Gramm.

Nun denken Sie vielleicht, das wären die idealen Blinker fürs Flachwasser. Ich habe diese Blinker in verschiedenen Geschäften gesehen und schließlich auch welche gekauft. Als ich versucht habe, einen dieser Blinker auszuwerfen, bereute ich den Kauf. Sie flattern in alle möglichen Richtungen, nur nicht dahin, wo sie hin sollen. Beim Wurf gegen den Wind weht dieser Köder sogar einige Meter zurück, ehe er ins Wasser fällt.

Mit Leichtigkeit

Achten Sie also nicht nur auf die Blattform eines Blinkers, sondern vor allem auch auf das Verhältnis von Größe und Gewicht. Der Blinker, den ich gekauft habe, ist bei seiner Größe so leicht, dass er an der Wasseroberfläche klebt. Beim Einholen gleitet er nur übers Wasser. Dabei kann dieser Blinker sich unter Wasser sehr attraktiv bewegen, allerdings muss man dafür die Rutenspitze ins Wasser tauchen.

Es handelt sich bei diesem Blinker nämlich um einen sogenannten Flutterspoon, der erst ordnungsgemäß arbeitet, wenn er hinter einem Downrigger geschleppt wird. Durch sein geringes Gewicht und den relativ großen Widerstand läuft der Flutterspoon sauber in einer Bahn hinter den Downrigger.

Will man in Amerika auf die großen Seeforellen angeln, so muss man sich zu vielen guten Gewässern mit einem Wasserflugzeug fliegen lassen. Diese kleinen Flugzeuge sind nur für wenig Gepäck ausgelegt. Neben der Angelrute kann man nicht allzu viel Zubehör mitnehmen. Für sperrige und schwere Ausrüstung wie einen Downrigger mit zugehöriger Bleikugel ist da kein Platz. Dafür werden eher noch ein paar Liter Treibstoff mitgenommen.

Die Gerätewahl ist darum klar. Man nimmt ein paar schwere Blinker mit. Ein paar leichtere Modelle für die feinere Präsentation

Erfolgreich mit Blinker

Solche Blinker fangen in den Poldern immer. Leider werden sie aber selten eingesetzt. Wer sie einmal ausprobiert, ist sofort von ihnen überzeugt.

wären vielleicht auch nützlich. Mit den Flutterspoons werden Sie aber wohl eine Enttäuschung erleben. Unter Wasser leisten die zwar vortreffliche Arbeit. An der Spinnrute muss man sie aber irgendwie auf Tiefe bringen, sonst funktionieren sie nicht. Haben Sie beim Gerätekauf etwas voreilig zu diesen Blinkern gegriffen, dann könnte es sein, dass Sie sehr schnell die Nase voll haben von ihnen.

Geschwindigkeit

Die Beispiele haben sicherlich ausreichend verdeutlicht, wie sehr man sich bei der Wahl oder dem Einsatz von Blinkern vertun kann. Aber glücklicherweise gibt es auch reichlich Blinker, die für unsere Zwecke hervorragend geeignet sind. Bevor wir uns einige von ihnen näher anschauen, muss hier aber mit alten Anglerweisheiten aufgeräumt werden.

Kunstköder müsse man so langsam wie möglich anbieten, hat man uns lange Zeit gelehrt. Eigentlich stimmt das sogar. So langsam wie möglich eben. Und wenn es nicht möglich ist, sie langsam zu führen, muss man sie eben schneller führen. Langsame Kunstköder werden zweifellos gern von Hechten geschnappt. Aber eines sollte man dabei nicht vergessen: Hechte, die sich ein paar Mal an langsamen Ködern vergriffen haben, werden ihnen gegenüber sehr argwöhnisch und schauen sie sich beim nächsten Mal erst in Ruhe an. Führen wir einen Kunstköder aber schneller, dann appellieren wir damit an die natürlichen Reflexe des Hechts. Wer selber einmal beobachtet hat, wie mühelos ein Hecht, scheinbar aus dem Nichts kommend, auf einen Köder zurast, ahnt, dass ein Köder nicht langsam sein muss. Deshalb muss auch der Blinker keineswegs langsam geführt werden, um Hechte zu fangen. Schnelles Spinnfischen ist also durchaus nicht unvernünftig.

Ein Hecht muss schließlich häufig sehr schnell reagieren, wenn er sich die Beute holen will, die sich ihm in seinem Jagdrevier bietet. Oft muss er sogar so schnell sein, dass seine Zähne bereits in der Beute stecken, ehe er überhaupt wahrnimmt, was er sich da gegriffen hat.

Denken Sie nun aber wiederum nicht, Sie sollten den Kunstköder so schnell wie möglich führen. Es kann natürlich auch zu schnell sein. Wenn der Köder aber zügig eingeholt wird mit einer Geschwindigkeit von fünf Stundenkilometer, vielleicht sogar etwas mehr, wirft das für einen Hecht noch keine Probleme auf.

Eine höhere Ködergeschwindigkeit hat einige deutliche Vorteile. Zum ersten kann man dann mit etwas schwereren Blinkern angeln, mit denen man meistens auch weiter werfen kann. Das ist vor allem wichtig, wenn man vom Ufer angelt. Zum zweiten wirft man eindeutig genauer, was nicht nur für den Ufer- sondern auch für den Bootsangler entscheidend ist. Und zum dritten kann man

Blinker kann man unterschiedlich führen. Besonders schlanke Modelle lassen sich aufgrund des geringen Widerstandes im Wasser sehr variabel anbieten. Mit einer harten Rute kann man sie auch gut twitchen.

somit täglich eine viel größere Wasserfläche abfischen, wodurch die Aussichten auf die Begegnung mit einem Hecht deutlich steigen. Schließlich gewinnt man somit die Zeit, eine Stelle an einem Angeltag wiederholt mit dem Blinker zu befischen.

Profile

Es gibt Blinker in einer schier unüberschaubaren Fülle an Formen und Größen, viele davon sind speziell für eine Raubfischart entwickelt worden. Das soll aber keineswegs heißen, dass man mit einem Blinker für Lachs oder Meerforelle nicht auch Hechte fangen kann. Umgekehrt gilt natürlich dasselbe.

Dennoch haben Lachs- und Meerforellen-Blinker aber nicht zufällig ihre ganz charakteristische Form bekommen. Denken wir beispielsweise an den Toby von ABU und seine zahlreichen Nachbildungen. Seine schlanke Form hat dieser Blinker aus zweierlei Gründen. Zum einen lässt er sich damit sehr gut und genau werfen. An breiten Flüssen müssen Salmonidenangler immer wieder über große Entfernungen mögliche Standorte ihrer Zielfische anwerfen. Dabei kommt ihnen die Form dieses Blinkers entgegen.

Zum anderen hat dieser Blinker seine schlanke Gestalt bekommen, damit kein zu starker Druck auf seinem Körper lastet. Denn mit diesen Blinkern wird überwiegend in stark strömenden Gewässern geangelt. Das gilt besonders für die Flüsse, aber auch an der Küste kann beträchtlicher Strömungsdruck wirken.

Wer unter solchen Umständen mit einem breiten, gedrungenen Blinker angeln will, braucht eine Angelrute wie einen Knüppel, um den Blinker noch halbwegs führen zu

Der Heintz-Blinker (links) wurde oft kopiert und nie erreicht. Noch immer ist er einer der besten Blinker. Auch der Pako-Blinker ist auf dem Weg zu einem Klassiker. Mit seinem dünnen Blatt arbeitet er lebhaft dicht unter der Wasseroberfläche. Er ist ideal zum Schleppen.

können. Dennoch wird der hohe Wasserdruck dazu führen, dass der Blinker überwiegend im Oberflächenwasser läuft.

Für Hechte darf ein Blinker aber durchaus eine breite, gedrungene Form haben. Schließlich sind die Augen des Hechts oft größer als sein Magen. Groß und breit ist also durchaus richtig, das ist sogar genau das, was den Hecht anspricht.

Wenn man mit Blinker auf Hecht angelt, dann macht man das genau wie der Lachsangler unter ganz bestimmten Umständen. Von denen wird vorgegeben, wie man mit dem Blinker angeln muss. Wir haben bereits gesehen, dass die Wurfeigenschaften des Köders sehr wichtig sind.

Angelt man vom Ufer aus an kleinen Gewässerläufen, kommt es nicht auf weite Würfe an, sehr wohl aber auf Genauigkeit. Und das um so mehr, je unregelmäßiger der Uferverlauf ist. Oft muss man den Köder zentimetergenau platzieren, um den Hecht

■ Erfolgreich mit Blinker

Läuft der Blinker zu tief, kann man ihn mit etwas Verzierung am Drilling höher laufen lassen, außerdem wirkt er dadurch größer.

zum Anbiss zu bewegen. Auch auf großen Gewässern kommt es nicht selten auf genaue Würfe an. Meistens geht es dann aber weniger um den Zentimeter, noch wichtiger ist es, dass man große Wurfweiten erzielen kann.

Mit welchem Blinker man angelt, hängt also sehr davon ab, an welchem Gewässer und mit welcher Methode man ihn einsetzen will. Sie sollten dabei auch nicht vergessen, dass es zahlreiche Gewässer oder Gewässerstrecken gibt, an denen man gar nicht mit Blinkern angeln kann. Auch die Jahreszeit spielt im übrigen eine Rolle bei der Blinkerwahl.

Wer all diese Aspekte berücksichtigt, wird unschwer erkennen, dass es keinen Standard-Blinker gibt, mit dem man das ganze Jahr hindurch und unter allen Umständen angeln kann. Es ist wie mit anderen Kunstködern auch: Wer mit Blinkern angelt, braucht verschiedene Modelle, um das ganze Jahr über erfolgreich sein zu können.

Ich will aber keine Auflistung aller möglichen Modelle geben, die man im Handel bekommen kann. Ich möchte hier vor allem betonen, dass es immer auf die jeweiligen Umstände ankommt, unter denen man den Blinker einsetzen will. Wenn man diese sehr genau beachtet, wird man unschwer von selbst feststellen, welche Blinker wann am besten geeignet sind.

Blinker-Ruten

Beim Spinnfischen wende ich gerne die Technik des Twitchens an. Wie Sie inzwischen wissen, bedeutet das im Prinzip nichts anderes als das wechselweise Beschleunigen und Verlangsamen des Kunstköders. Das Twitchen hat viele Vorteile gegenüber dem herkömmlichen, geradlinigen Einholen des Blinkers. Genau wie der Hecht empfinden auch wir das mit der Zeit als eine sehr langweilige Methode, den Köder zu bewegen. Twitchen überrascht, verführt und fängt einfach viel besser.

Aber wir müssen dabei beachten, dass das Twitchen nur funktioniert, wenn die Rute und der Kunstköder genau aufeinander abgestimmt sind. Das bedeutet, dass die Rute auf jeden Fall schnell sein muss, sie sollte aber auch ein starkes Rückgrat haben. Nur mit solch einer Rute kann man den Köder kontrolliert twitchen. Die Rute darf dabei sowohl eine parabolische als auch eine Spitzenaktion haben.

Mit einer langsamen Rute verliert man allzu oft den Kontakt zum Kunstköder. Dadurch läuft man Gefahr, zu spät auf einen Anbiss zu reagieren oder diesen ganz zu verpassen. Auch der Köder kann dann leicht einmal verloren gehen, wenn wir nicht rechtzeitig bemerken, dass wir dem Boden zu nahe kommen. Im günstigsten Fall sammelt man dann nur Kraut auf.

Nun sollten Sie aber nicht denken, dass man einen Blinker nur mit einer schweren Rute führen kann. Wie schwer die Rute ausgelegt sein muss, hängt nämlich vom Gewässer und dem Format des Blinkers ab. Wenn man in kleineren Gewässern angelt und dabei auch kleinere Blinker benutzt, dann führt man sie auch an leichteren Ruten mit einem Wurfgewicht von nur 12 bis 15 Gramm.

Eine ganz andere Rute brauchen wir auf den großen Gewässern, wenn auch entsprechend größere Blinker eingesetzt werden.

Mit Längen von 9 bis 20 Zentimeter und dem damit verbundenen Gewicht und Wasserwiderstand erfordern die Blinker dann wirklich eine schwere Spinnrute.

Blinker im Einsatz

Für den niederländischen Hechtangler ist Pako ein fester Begriff. Jeder Spinnfischer kennt die Blinker von Pako. Das sind Blinker, die eigens für die Bedürfnisse der Raubfischangler in den Niederlanden angefertigt werden. Aber auch diese Blinker bewegen sich selbstverständlich nicht von alleine. Es ist immer noch der Angler, der den Köder in Bewegung bringt und der das Maximum aus ihm herausholen muss.

Paul Korver, der Erfinder und Hersteller des Pako-Blinkers, ist selber ein Spinnfischer, der am liebsten an kleineren Gewässern angelt. Seine bevorzugte Methode ist das Schleppangeln auf den Kanälen. Das scheint eine recht einfache Angelmethode zu sein, aber man sollte sie auf keinen Fall unterschätzen. Wer einmal mit Paul angeln geht, der erlebt einen Hechtangler, der sich seinen Fang ernsthaft erarbeitet und seinen Blinker dabei optimal einzusetzen versteht. Seine ganze Technik ist auf das Angeln im flachen Wasser der Kanäle ausgerichtet. Das fängt bei seinem Boot an. Allzuviel Wasser hat man in den kleinen Kanälen nie unter dem Kiel. Eine Wassertiefe von einem Meter ist dort schon viel. Ein Boot mit einem tiefen Kiel, der nur allzu leicht den Gewässerboden aufwühlt, kann man da nicht gebrauchen. Deshalb befährt Paul diese Gewässer nur in einem Boot mit flachem Boden.

Für den Antrieb seines Bootes bevorzugt er einen Elektromotor. Weil das Boot sehr flach und leicht ist, benötigt er keinen allzu großen Motor. Allerdings muss das Boot auch an windigen Tagen sicher gelenkt werden und deshalb darf der Motor wiederum nicht zu klein sein. Ein Motor mit einer Schubkraft von 17 Kilopond und einer Betriebsspannung von 12 Volt treibt das Boot mit einem 105 Ampere-Akku etwa sechs Stunden lang mit der gewünschten Geschwindigkeit an.

Wie in jedem anderen Boot ist es wichtig, die Gewichte gleichmäßig zu verteilen, so dass im Boot eine ausgewogene Balance entsteht. Für den Mitfahrer bedeutet das, dass er immer sehr genau in der Mitte des Bootes zu sitzen hat, damit es keine Schlagseite bekommt. Wer selber einmal solch ein leichtes Boot gelenkt hat, weiß, wie schwierig es sich geradeaus lenken lässt, wenn es schief im Wasser liegt.

Paul angelt immer mit zwei Ruten, einer längeren Schleppangel, die praktisch nebenbei mitläuft, und einer kurzen, schnellen Spinnrute. Mit dieser recht leichten Rute wirft Paul immer wieder die Kanten der Kanäle an, um dort die lauernden Räuber aus ihrem Versteck zu kitzeln.

Bei dieser Methode ist es sehr wichtig, dass man den Köder nicht zu weit hinter dem Boot anbietet. Man sollte viel mehr dicht neben dem Boot angeln und dabei rechtzeitig auf Hindernisse reagieren. An denen soll der Köder gezielt entlang geführt werden, nach Möglichkeit sogar unter ihnen hindurch. Das erreicht man, indem man die Rutenspitze ins Wasser taucht und somit auch den Köder unter das Hindernis führt.

In der Praxis ist das jedoch nicht ganz so einfach. Man muss immer sehr schnell reagieren, und man muss es schließlich über-

Dicht an den Kanten und kurz hinter dem Boot fischt Paul Korver seine Blinker am liebsten.

Erfolgreich mit Blinker

Vor allem im flachen Wasser wie hier in einem Kanal zeigen Blinker ihre Stärke.

haupt riskieren, unmittelbar an den Hindernissen zu angeln. Viele Angler können sich kaum dazu durchringen, ihren Kunstköder so dicht am Boot anzubieten, weil sie fürchten, die Fische zu verschrecken. Wer allerdings das nötige Vertrauen zu dieser Methode aufbringt, wird dabei sicher regelmäßig mit angenehmen Überraschungen belohnt. Tatsächlich hat es einen ganz eigenen Reiz, mit dieser Technik Hechte zu überlisten.

Nun zu den weiteren Bestandteilen der Ausrüstung. Beim Bootsangeln auf Hecht stellt sich immer wieder die Frage, ob man mit einer Stationär- oder einer Multirolle angeln soll. In diesem Fall ist die Stationärrolle erste Wahl. Die Blinker, mit denen geangelt wird, sind schließlich recht leicht und lassen sich daher nicht gut mit einer Multirolle werfen.

Zwar sind auch keine weiten Würfe erforderlich, wenn man sehr dicht am Boot angelt, dennoch ist man jetzt mit der Stationärrolle im Vorteil. Außerdem kann diese Gerätekombination, die im Boot eingesetzt wird, auch für das Angeln vom Ufer verwendet werden, und dann kommt es noch sehr viel mehr aufs Werfen an.

Die Rolle wird am besten mit einer monofilen Schnur bespult. Ich weiß sehr wohl, dass Dyneema viele Vorteile hat, meine Erfahrungen in den Poldern haben mich aber davon überzeugt, dass man an den kleinen Kanälen und Gräben der Monoschnur den Vorzug geben sollte. Geflochtene Schnur ist in der Situation einfach zu leicht, was zu echten Problemen führen kann: Die Schnur wickelt sich um das Rollengehäuse und um den Schnurfangbügel, beim Wurf bilden sich Schlaufen, und danach entstehen Perücken. Nein, die Monoschnur ist noch lange nicht von den Rollen der Spinnfischer wegzudenken.

Nur wenn Sie tatsächlich nichts anderes vorhaben, als auf den Kanälen zu schleppen, sollten Sie sich für eine geflochtene Schnur entscheiden. Wählen Sie die Schnur dann aber nicht zu fein. Natürlich weiß ich, dass die geflochtene Schnur eine weitaus höhere Tragkraft hat als eine Monofile mit demselben Durchmesser. Deshalb empfehle ich auch, die Bremseinstellung bei der Rolle nicht nur auf die Tragkraft der Schnur, sondern auch auf die Stärke der Rute abzustimmen. So kann Ihr Gerät eigentlich keinen Schaden erleiden.

Der große Vorteil einer dickeren Geflochtenen besteht darin, dass sie den Blinker beim Schleppen höher hält. Dyneema hat nun einmal Auftrieb, und eine dicke Dyneema hat mehr Auftrieb. Sie werden bei ein paar Schlepptouren schnell erkennen, dass Ihnen eine dicke Geflochtene die Kontrolle über den Blinker erleichtert und Ihre Chancen auf einen guten Fang deutlich erhöht.

In den Poldern

Das Spinnfischen in kleinen Kanälen und in den Poldern kann unglaublich spannend sein. Auch wenn die 20-Pfünder dort nicht gerade gestapelt stehen, kann man Hechte in beachtlichen Stückzahlen fangen. Und ein 10-pfündiger Hecht in den Poldern kämpft nicht weniger spektakulär als ein 20-Pfünder in einem großen Binnensee. Denn er kämpft dort schließlich an viel leichterem Gerät.

Man sollte das Angeln in den Poldern auf keinen Fall gering schätzen. Einem Hechtangler, der nicht in den Poldern angelt, entgeht sogar sehr viel. Übrigens nicht nur anglerisch, denn auch über die Fänge hinaus kann man an den Poldern einiges erleben.

Wer an den Poldern auch noch einen Blick über seine Angel hinaus wirft, wird nicht nur Hechte fangen, sondern auch mit einzigartigen Eindrücken dieser Gewässerlandschaft belohnt werden. Für mich sind die Polder schon lange mehr als nur Hechtlieferanten. Vor allem durch Arjan Willemse habe ich ein inniges Verhältnis zum Angeln in den

Kommen mehrere Ruten zum Einsatz, dann sollte man verschiedene Blinker wählen. Breite, hoch laufende Modelle werden weiter hinter dem Boot geführt, schlanke, tief laufende dicht hinter dem Boot.

Poldern der Moorlandschaften gewonnen. Die alte niederländische Landschaft, von unseren Urahnen geschaffen, ist einzigartig in der Welt. Wo sonst findet man solche Moorwälder mit ihren Birken, Erlen, Weiden und hier und da einer Mooreiche. Jedermanns Angeln ist es in dieser Landschaft allerdings nicht, denn der Fangerfolg wird einem hier nicht gerade geschenkt. Dabei wimmelt es oft geradezu von Hechten. Man kann Tage erleben, da sieht man wirklich überall Hechte jagen. Aber diese Hechte zu fangen, ist keine leichte Aufgabe. Für mich war das Angeln in den Moor-Poldern eine wichtige Lehrzeit. Und ich bin noch heute fasziniert, wenn ich sehe, wie sich die Hechte dort verhalten.

Hechte jagen als Einzelgänger, daran gibt es keinen Zweifel, aber in den Moor-Poldern gibt es Jagdzeiten, in denen sich die Hechte in ihrem Jagdverhalten zumindest gegenseitig beeinflussen. Sehr oft habe ich beobachtet, dass ein jagender Hecht eine wahre Kettenreaktion bei seinen Artgenossen ausgelöst hat.

Ein Hecht eröffnet die Jagd, indem er sich in einen Schwarm kleiner Fisch stürzt, ein zweiter nutzt die Panik der Beutefische, dann schließt sich dem ein dritter, ein vierter Hecht an und so weiter. Ich konnte einmal genau sieben Hechte ausmachen, die gemeinsam die ruhige Beschaulichkeit eines Polders durchbrachen und für gehörigen Lärm im Wasser sorgten.

Überall sah man die auseinander gesprengten Jungfische auf den Seerosenblättern liegen und herumspringen. In Sicherheit waren sie da aber auch nicht, denn nun wurden sie von den Lachmöwen aufgesammelt. Diese Jagdszenen zu beobachten, war atemberaubend. Die Versuche, einen Hecht zu fangen, waren dagegen enttäuschend. Angesichts der großen Fresslust, so dachten wir, dürfte es doch eine Kleinigkeit sein, da ein paar Hechte zu erwischen. Aber damit hatten wir uns schwer getäuscht, mit unserer gesammelten Erfahrung als Hechtangler konnten wir nicht einen einzigen Fisch an den Köder locken.

Diese Lektion zeigte uns sehr eindrucksvoll, wie selektiv Hechte bei der Beutejagd vorgehen können. Solch ein Verhalten kennt man eigentlich eher von Bachforellen, die gelegentlich alles verweigern, was nicht genau nach ihrer Nase ist. Die Farbe, Form und Größe des Köders müssen dann genau dem gewünschten Schema entsprechen, sonst wird nicht zugepackt.

Das alles hat nicht so direkt mit Blinkern zu tun, es verdeutlicht aber, mit welchen Problemen man manchmal bei der Köderwahl zu tun hat. Es sollte aber auch andeuten, wie aufregend das Hechtangeln in den Poldern, vor allem in denen der Moorlandschaften sein kann.

Ich habe bereits die Seerosen angesprochen. Im Sommer bedecken ihre Blätter oft weite Wasserflächen der Polder und Moorseen. So lange das der Fall ist, können wir uns als Angler einen Besuch dieser Gewässern sparen. Etwas anderes als Pflanzenstengel werden wir dann ohnehin kaum haken.

Es muss erst ein paar Nächte kräftig frieren oder nach dem Frost einen ordentlichen Wind geben, damit die Seerosenfelder erst einmal ausdünnen. Blätter, die dann noch stehengeblieben sind, lassen sich meistens leicht abreißen, sollte der Haken einmal daran hängen bleiben. Wenn der lange Blatt-

■ Erfolgreich mit Blinker

stengel der Seerosen an die Oberfläche steigt, kann man sich ausmalen, was passiert, wenn ein Hecht im Drill durch ein absterbendes Seerosenfeld rast.

Wie soll man nun an solch einem Platz mit dem Blinker vorgehen? Zunächst einmal sollte man keinen zu großen Blinker wählen. Wichtig sind aber Blinker mit guten Wurfeigenschaften. Denken Sie daran, dass genaues Werfen in den Poldern das erste Gebot ist. Der Blinker darf also kein dünnes Blatt haben, es darf sogar im Gegenteil recht dick sein.

Das Blatt kann gern eine Stärke von einem Millimeter haben. Jetzt werden sicherlich einige die Stirn runzeln und darauf hinweisen, dass solche Blinker viel zu tief laufen würden. Das trifft zumindest bei weiten Würfen auch zu. Nach einem 50-Meter Wurf pflügt man damit den Gewässerboden um. Aber um solche Würfe geht es schließlich gar nicht.

Wir werfen an den kleinen Gewässern doch selten weiter als 15 oder 20 Meter, meistens sind die Würfe sogar noch viel kürzer. Selbst dann fällt es aber oft nicht leicht, den Blinker hoch genug zu führen. Dafür gibt es jedoch ein Mittel. Der Drilling wird einfach mit einem leichten Material verziert.

Zierelemente

Wer selber Fliegen bindet, wird schon etwas Geeignetes finden. Ein kleiner Twisterschwanz oder ein Stückchen Sämischleder wirken Wunder. In Amerika benutzt man für diese Zwecke auch ein Stück Pork Ripple Rind (eine Schweineschwarte, mit der in Amerika viel geangelt wird). Mit Hilfe solcher Verzierungselemente lassen sich auch schwerere Blinker leicht in höheren Wasserschichten halten.

Allerdings muss man dabei schnell reagieren, wenn der Blinker im Wasser eintaucht. Dann wird sofort der Rollenbügel umgeklappt und mit angehobener Rute angefangen, den Blinker einzuholen. So lassen sich selbst relativ schwere Blinker im flachen Wasser effektiv präsentieren.

Probieren Sie auch einmal, den Blinker zu jiggen, selbst auf die Gefahr hin, dass er dabei gelegentlich an die Oberfläche kommt. Sollte er zu weit nach oben geraten, dann legen Sie eine kurze Pause ein, damit der Blinker wieder nach unten sinken kann. Ansonsten würden Sie ihn nur weiterhin an der Oberfläche führen. Auch so könnten Sie selbstverständlich Hechte fangen.

Blinker gibt es in diversen Farben. Im trüben Wasser sind Fluorogelb und Orange immer sehr fängige Farben.

Ganz so einfach, wie es sich beschreiben lässt, ist das Spinnfischen mit Blinkern allerdings nicht. Man braucht immer einige Trainingstage, ehe man einen Blinker wirklich gut fischen kann. Jeder Blinker, ob dickes oder dünnes Blatt, muss auf die ihm eigene Weise gekonnt und kreativ geführt werden. Dabei muss man selber erst einmal lernen, den Blinker so am Hecht vorbeiflattern zu lassen, dass er ihn zum Draufbeißen verführt.

Mit einem gewissen Blick für die jeweilige Angelsituation lassen sich die Fangchancen dabei immer steigern. Halten Sie Ausschau nach offenen Stellen zwischen den absterbenden Seerosen, auch nach kleinen Stellen, die Sie nur mit einem kurzen Unterhandwurf erreichen können. Verankern Sie Ihr Boot so, dass Sie die besten Stellen optimal abfischen können. Versuchen Sie sich in die Lage des Hechts zu versetzen. Wo würden Sie dann Ihren Standort wählen?

Befischen Sie auf jeden Fall auch die Uferbereiche mit überhängenden Ästen und Gestrüpp, an denen sich immer ein paar Hechte aufhalten. Lassen Sie sich nicht dadurch abschrecken, dass ab und zu einmal ein Blinker am Ufer hängen bleibt. Dann reißen Sie eben die Schnur durch, binden

Kaltes und klares Wasser, dazu passen blaue Köder. Wichtig ist es aber, schlanke Blinker zu nehmen, mit denen man die tief stehenden Fische erreichen kann.

ein neues Vorfach an und hängen den nächsten Blinker ein, mit dem Sie es noch einmal versuchen. Den Blinker am Ufer holen Sie sich später wieder.

Auf großen Gewässern

In kleinen Gewässern wie den Poldern, Kanälen und Moorseen sind Blinker fängige Kunstköder, das steht außer Frage. Doch auch auf den großen Gewässern bieten sich gute Möglichkeiten für den Einsatz von Blinkern. Immer mehr Hechtangler versuchen Ihr Glück auf den weiten Binnenseen. Aber ist Ihnen einmal aufgefallen, wie viele dabei mit Wobblern angeln? Und haben Sie auch bemerkt, wie wenige Angler dort einen Blinker benutzen? Eigentlich ist das geradezu ein Aufforderung, mit Blinker zu angeln.

Wo und wie Sie mit dem Boot fahren müssen, habe ich in den vorherigen Kapiteln schon geschrieben. Es ist schließlich kein großer Unterschied, ob Sie mit einem Wobbler oder einem Blinker angeln. Die interessanten Stellen bleiben dieselben und das Boot wird auch auf dieselbe Weise gelenkt. Deshalb will ich mich darauf beschränken, ein paar Tipps zum Schleppangeln mit Blinkern zu geben. Wer lieber werfend mit Blinkern angeln möchte, kann sich weitgehend auf breite Modelle mit einem dicken Blatt festlegen, die nicht so tief laufen. Gerade die breiten Blinker lassen sich schließlich relativ hoch führen, auch wenn sie verhältnismäßig schwer sind. Das ist besonders wichtig, will man sie zwischen oder über den Wasserpflanzen führen. Ob mit Wobbler oder Blinker, in dieser Situation kommt es auf die richtige Führung in der richtigen Tiefe an.

Beim Schleppfischen gibt es aber doch gewisse Unterschiede. Das Schleppen mit einem Blinker ist nicht ganz zu vergleichen mit dem Schleppen eines Wobblers. Zum einen erfordert der Metallköder ein Anti-Drall-Blatt. Nicht nur Spinner, auch Blinker können die Schnur verdrallen. Beim Werfen und Einholen des Blinkers sehen wir kaum, dass er sich um seine eigene Achse dreht. Aber das hängt vor allem damit zusammen, dass wir den Blinker von Hand viel langsamer führen, als wenn wir schleppen.

Das kann man eigentlich sehr einfach anhand der Spannung überprüfen, die auf der Rute lastet. Holen Sie den Kunstköder einmal so schnell ein, dass die Rute so stark gekrümmt ist wie beim Schleppangeln. Da müssen Sie schon sehr rasant kurbeln.

Testen Sie Ihren Blinken vor dem Schleppen einfach einmal, indem Sie ihn neben dem Boot laufen lassen. Erkennen Sie, dass sich der Blinker bei der normalen Schleppgeschwindigkeit um seine eigene Achse dreht, so müssen Sie unbedingt ein Anti-Drall-Blatt vorschalten. Die Größe des Blattes oder auch eines Anti-Drall-Bleies sollte selbstverständlich auf die des Blinkers abgestimmt sein.

Schleppen Sie mit einem großen Blinker von mehr als zehn Zentimeter Länge, dann brauchen Sie auch ein entsprechend schweres Anti-Drall-Blatt. Die Drall-Gefahr eines kleinen Blinkers können Sie mit einem kleinen Blatt bannen, wie Sie es für das Angeln mit Spinnern in den Poldern benutzen.

Beim Angeln mit dünnblechigen Blinkern befestigen Sie einfach ein Blei mit Wirbel vor dem Stahlvorfach. Das Blei wird mit einem Karabiner befestigt und kann so leicht ausgetauscht werden. So kann das Blei schnell durch ein anderes ersetzt werden, wenn in einer bestimmten Situation mehr oder weniger Gewicht erforderlich wird.

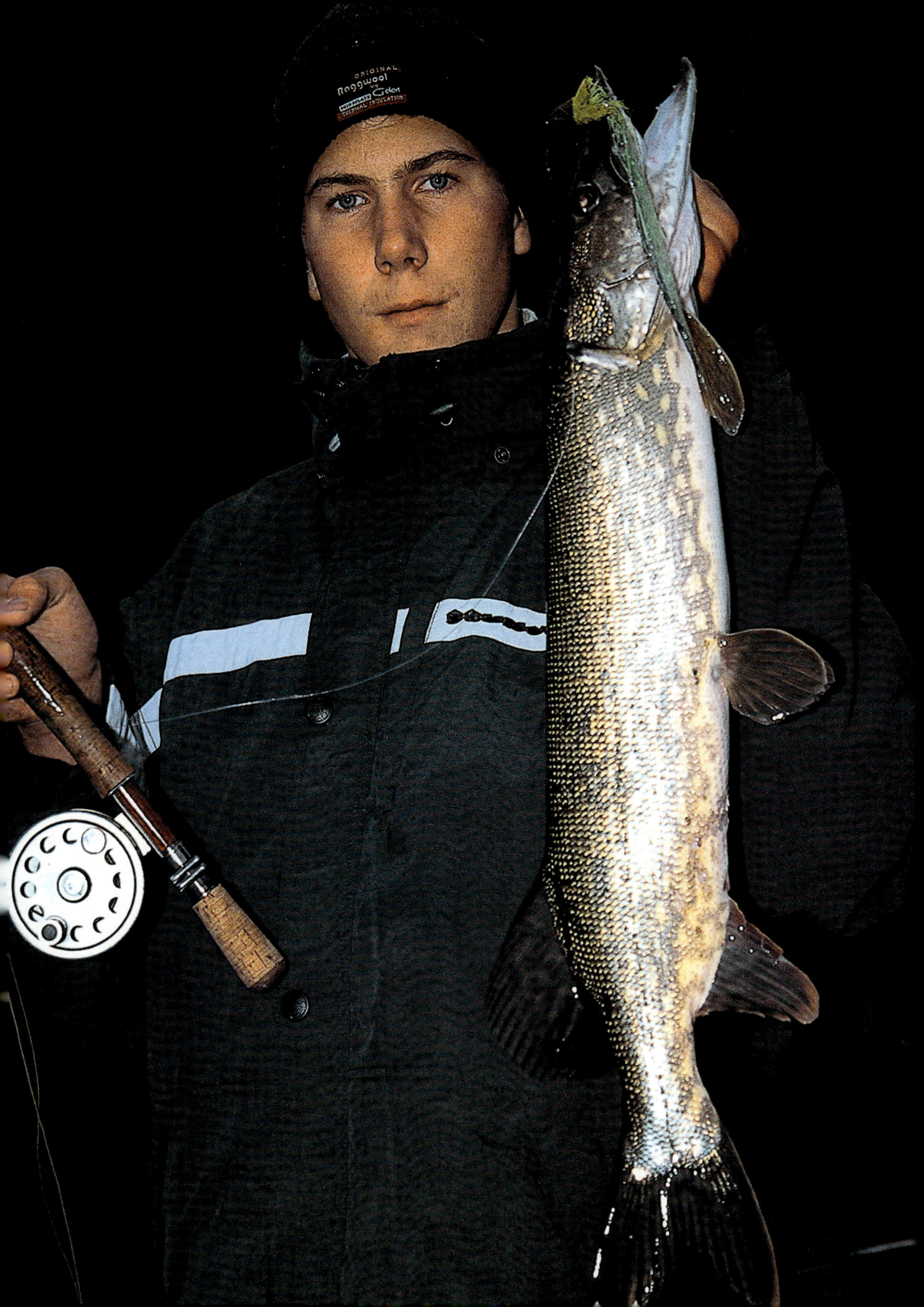
ORIGINAL
Raggwool
THERMAL INSULATION

Mit der Fliege auf Räuber

Immer mehr Hechtangler stellen ihrem Lieblingsfisch mit der Fliege nach. Das kann kein Zufall sein. Mit der Fliege auf Hecht zu angeln, ist aber immer noch eine stark unterschätzte Methode für den Fang großer Hechte. Außerdem kann man mit der Fliegenrute einen wirklich spektakulären Drill erleben. Oft geht es dabei auf Biegen und Brechen – letzteres sollte natürlich nicht buchstäblich eintreten. Hechtangeln mit der Fliegenrute gehört für mich zum spannendsten Angeln überhaupt, dabei bin ich eigentlich aus Verlegenheit dazu gekommen.

Ich war in den 1970er Jahren nicht sehr mobil, deshalb musste ich meine Hechte in den Gewässern der näheren Umgebung fangen. Mein bevorzugtes Gewässer war ein Entwässerungskanal im Polderland von Wijde Wormer. Ein tadelloses Gewässer, glasklar und mit dem richtigen Pflanzenwuchs, gerade so, dass man einen Kunstköder gut führen konnte. Leider durfte in diesem Gewässer aber erst ab Mitte September auf Hecht geangelt werden.

Diese Vorschrift versuchte ich elegant zu umgehen, indem ich dort mit einer zu groß geratenen Red Tag fischen ging. Das funktionierte auch tatsächlich ausgezeichnet, mit der Folge, dass ich zum leidenschaftlichen Fliegenfischer auf Hecht wurde. Nebenbei fing ich dabei auch Rotaugen, Rotfedern, Alande, Brassen und sogar Karpfen.

Für den Hechtfang mit Streamer gilt klares Wasser als günstig. Allerdings kann man Hechte bekanntlich auch in stockfinsterer Nacht fangen, und wieso sollte man sie dann nicht auch mit Streamer im trüben Wasser fangen.

Als Fliegenfischer auf Hecht begann ich auch meine Autorentätigkeit. Ich habe viel über diese Methode des Hechtangelns gelernt. Aber in den Fachblättern war darüber kaum etwas zu lesen. Es bildete sich ein kleiner Club fanatischer Hechtangler, die in der Umgebung von Wilnis und Vinkeveen in Holland mit der Fliege fischten.

Es fing an mit einer Glasfaserrute Klasse 6, dann kam eine Richard Walker Reservoir Rod. Die erste Orvis rückte in erschwingliche Nähe, also wurde eine Powerhouse gekauft, dann eine Leonard, und dann... Wo ist damals bloß mein Geld geblieben?

Der Kauf einer Rute war die eine Sache, dann musste aber auch noch eine Rolle her. Zuerst war es eine Hardy, dann eine Orvis, alles, was weniger als 500 Gulden kostete, erschien uns nicht gut genug. Der Höhepunkt war schließlich eine Bogdan, ein Traum von einer Rolle für 1200 Gulden. Das war wohlgemerkt 1976.

Jede Fliegenrolle brauchte natürlich auch eine Fliegenschnur, eine schwimmende 8er, eine Intermediate, eine langsam sinkende und extra langsam sinkende Schnur, Schusskopf, Bassbug, Sinktip und natürlich eine Leadcord. Leadcord ist eigentlich

Fliegenfischen auf Hecht, das darf man nicht so wörtlich nehmen, schließlich angeln wir nicht mit Insekten-Imitationen. Unsere Streamer sind wesentlich größer als Insekten und täuschen für den Hecht einen Beutefisch vor. Eigentlich ist das weniger Fliegenfischen als Kunstköder-Angeln mit der Fliegenrute.

nichts anderes als Lötdraht mit einem Plastikmantel.

Manche Fliegenrute haben wir damit zu Bruch geworfen. Vor allem die Leonards brachen wie Biskuit. Zum Glück hat solch eine Leonard ja nicht einmal 700 Gulden gekostet...

Gut zehn Jahre habe ich intensiv mit der Fliegenrute und Streamern auf Hecht geangelt, dann habe ich die ganzen Geräte jedoch in eine Ecke gestellt und lange nicht mehr angeguckt. Das war eigentlich nicht richtig, denn mit der Fliegenrute erlebt man aufregendes Hechtangeln. Aber es ist nicht allein die erhöhte Spannung, das Angeln mit der Fliegenrute kann auch viele Fische bringen.

Mit der Fliege auf Räuber

Streamer eignen sich besonders gut, um mit ihnen auf kleineren Gewässern und im flachen Wasser Hechte zu fangen. Gibt es in dem Gewässer viele Hindernisse, kann der Streamer sogar erfolgreicher sein als alle anderen Kunstköder.

Bevor man mit dieser Methode wirklich erfolgreich ist, muss man sie aber gründlich erlernen und richtig einschätzen. Vor allem muss man aber pragmatisch bleiben, auch wenn die Verlockung groß ist, das Fliegenfischen zu einer extremen Spezialdisziplin zu entwickeln.

Pragmatisch bleiben

Beim Fliegenfischen auf Hecht sollten wir also immer pragmatisch sein. Wir angeln auf große, starke Fische, deshalb darf das Material keine Schwächen haben. Außerdem angeln wir mit schweren Kunstködern. Ich spreche bewusst von Kunstködern und nicht von Fliegen. Denn die Streamer für das Hechtangeln möchte ich nicht zu den Fliegen rechnen.

Ein Fliegenfischer auf Hecht benutzt eine Fliegenrute und eine Fliegenschnur, um seinen Kunstköder auszuwerfen. Solange mir aber noch keine 15 Zentimeter große Fliege begegnet ist, bleibe ich bei dem Begriff Kunstköder.

Mit der Fliegenrute können wir sowohl in Poldern, Kanälen und Teichen als auch auf großen Seen auf Hecht angeln. Wichtig ist, das die Rute genug Kraft hat, um den großen Kunstköder auf Entfernung zu bringen.

Die Rute muss natürlich auch auf das jeweilige Gewässer abgestimmt werden, an dem gefischt wird. Zugleich wird man dadurch die eigenen Möglichkeiten zwangsläufig einschränken. Mit einer leichten Fliegenrute kann man schließlich auch nur leichte Streamer fischen. Die Folge ist eine extreme Spezialisierung für einen Hechtangler, was sich aber eigentlich kaum vermeiden lässt.

Wer mit der Fliegenrute noch einigermaßen allround auf Hecht angeln will, braucht dafür eine Rute für eine 8er Schnur. Damit kann man an kleineren Gewässern aufregendes Angeln erleben. Bekommt man damit aber einen kapitalen Hecht auf einem See an den Haken, dann wird es problematisch.

Wer ausschließlich in Poldern oder Gräben fischt, dem genügt eine Ausrüstung der Klasse 6. Mit solchem Gerät habe ich selber viele Jahre geangelt und tolle Fische damit gefangen. Sicherlich waren das keine Giganten, aber mit den passenden Streamern für dieses Gerät gibt es eben Grenzen nach oben. Zieht es Sie zum Hechtangeln besonders auf die großen Seen, dann brauchen Sie mindestens eine Rute der Klasse 9. Denn Sie werden sehr große Streamer benutzen, die Sie mit der Rute auch über möglichst große Entfernungen werfen müssen. Über die Aktion der Rute gibt es nicht viel zu sagen. Die Rute muss einfach schnell sein, nehmen Sie also keine Fliegenrute, wie man sie für das Angeln auf Meerforellen benutzt.

Die Rute muss aus einem einfachen Grund schnell sein: Der Hecht hat ein stark bezahntes Maul. Rund 700 Zähne zieren sein Maul, darunter einige kräftige Hauer im Unterkiefer. Der Streamer, den wir dem Hecht präsentieren, ist aber weich und verhältnismäßig leicht. Der Köder besteht aus Materialien wie Federn, Haaren verschiedener Tiere und leichtem Kunststoff.

Um diesen Köder sicher im Maul des Hechts zu verankern, müssen wir kräftig anschlagen können. Wenn die Rute nicht

Unberührte Gewässer voller Hechte. In Nordschweden sind an den teilweise kleinen Seen Tagesfänge von mehr als 50 Hechten nicht ungewöhnlich.

Der Streamer muss nicht übermäßig groß sein, um Hechte zu fangen.

schnell genug ist, werden wir dabei etliche Fische verlieren. Zum Glück arbeiten die Hechte beim Anbiss auf den Streamer oft mit. Der Streamer bietet im Wasser kaum Widerstand. Wenn der Hecht sich auf ihn stürzt, inhaliert er ihn dabei manchmal geradezu. Ich habe sogar schon einige Male erlebt, dass der Hecht den Streamer nahm und in einem Zuge durch die Kiemen wieder herausdrückte.

Das ist nur der Extremfall, aber sehr häufig sieht man, dass der Streamer irgendwo in den Kiemenbögen hängen bleibt. Oftmals sitzt der Haken dann nicht mit seiner Spitze, sondern er hält mit dem Hakenbogen.

Ich will Sie aber nicht von einer parabolischen Rute abbringen, wenn Sie dafür eine Vorliebe haben. Persönlich möchte ich lieber einen energischen Anhieb durchbringen können, und dafür ist eine harte Rute einfach besser geeignet als eine weiche, parabolische.

Die Frage der Schwimmeigenschaften der Fliegenschnüre kann ich recht schnell abhandeln. Ich habe eine Vielzahl unterschiedlicher Schnüre ausprobiert. Mit schnell sinkenden Schnüren gehe ich heute eigentlich kaum noch fischen. Wenn das Gewässer so tief ist, dass ich den Streamer mit einer sinkenden Schnur in die Tiefe bringen muss, dann wechsle ich lieber gleich zum Spinnfischen. Dann kann ich nämlich mit anderen Ködern besser fangen.

Mit einer Schwimmschnur oder einer Intermediate ist man den meisten Situationen beim Hechtangeln mit der Fliegenrute gewachsen. Im übrigen macht das Fischen damit auch viel mehr Spaß als mit einer Sinkschnur.

Das Angeln auf Hecht kann manchmal sehr mühsam sein. Hechte sind keine Zander, deshalb gibt es auch Tage, an denen man einfach nicht an sie herankommt. An solchen Tagen interessiert den Hecht kein Köder. Glücklicherweise ist es dann auch oft wieder anders.

Wir wollen aber schließlich immer Hechte fangen, möglichst viele und möglichst große. Deshalb müssen wir pragmatisch vorgehen. Beim Fliegenfischen bedeutet

Mit der Fliege auf Räuber

Auf großen Gewässern muss man großflächig angeln. Je mehr Wasserfläche man abdeckt, desto besser sind die Fangchancen.

Hier ist eine schwerere Rute angebracht. Nicht nur für größere Streamer, sondern vor allem, um genauer werfen zu können.

das, dass wir uns der Grenzen der Methode bewusst sein müssen. Wenn Sie einmal als Fliegenfischer einen Spinnfischer mit im Boot haben, dann werden Sie sehen, dass er mit Spinnern oder Wobblern mehrere Würfe macht, während Sie nur einen Wurf mit der Fliegenrute gemacht haben. Außerdem wirft ein Spinnfischer viel weiter und genauer.

Besonders wenn noch ein bisschen Wind weht, kann es sehr schwirig werden, den Streamer an der Fliegenschnur dahin zu befördern, wo er hin soll. Weil wir also im Gegensatz zum Spinnfischer sehr viel Zeit verlieren, sollten wir, gleich nachdem der Streamer ins Wasser eingetaucht ist, anfangen ihn einzuholen.

Beim Einholen können wir dann die ganze Stärke dieses Köders ausspielen. Wir können ihn nämlich so langsam führen, wie wir nur wollen. Außerdem können wir ihm auch eine andere Richtung geben, indem wir die Schnur menden. So kann der Streamer direkt an Pflanzenfeldern vorbei geführt werden. Mit der Sonne im Rücken können wir den Streamer gut im Auge behalten und gezielt an die Stellen dirigieren, wo wir einen Hecht vermuten.

Schnurwahl

Mit einer Sinkschnur hat man keine Möglichkeit zu menden. Sie befindet sich immer unter der Oberfläche und erlaubt deshalb keine so genaue Führung des Streamers. Tiefe Bereiche zu befischen, erfordert auch mit einer sinkenden Schnur viel Geduld. Denn selbst mit einer Sinkschnur dauert es eine ganze Weile, bis der Köder in der Tiefe ist.

Ein guter Fliegenfischer kann den Streamer an der Fliegenschnur etwa 20 Meter weit werfen. Wenn dann die Sinkschnur abtaucht, hängt sie unter Wasser zwangsläufig in einem Bogen. Fängt man dann an, den Streamer einzustrippen, dann wird man feststellen, dass er sehr schnell im Wasser aufsteigt. Aus der Präsentation im tiefen Wasser wird dann also nichts.

Bei all diesen Problemen scheint das Fliegenfischen auf Hecht gar nicht viel für sich zu haben. Aber so ist es ganz und gar nicht. Ich weiß nicht genau, woran es eigentlich liegt, aber es kommt immer wieder vor, dass der Streamer der einzige Köder ist, auf den die Hechte überhaupt reagieren.

Wie gesagt, ich fische Streamer eigentlich immer an schwimmender Schnur oder

Ein paar solcher Hechte sind an einem guten Gewässer mit der Fliegenrute oft zu erwischen.

einer Intermediate-Schnur. Wer aber einmal Freude am Hechtangeln mit der Fliegenrute gefunden hat, der möchte vielleicht auch gerne ein paar andere Schnüre ausprobieren. Weil es mir genauso ging, bin ich auch der letzte, der Ihnen das verbieten möchte.

Nach den Verhältnissen an Ihren Gewässern werden Sie sicherlich selber am besten einschätzen können, welch eine Rute Sie brauchen. Über die Fliegenrolle würde ich mir dann nicht allzu viele Gedanken machen. Es muss gewiss kein Super-De Luxe-Modell sein. Sie muss groß genug sein, um die Schnur mitsamt Backing aufnehmen zu können. Einen übergreifenden Spulenrand sollte sie meiner Meinung nach schon haben. Damit kann man einen flüchtenden Fisch mit Hilfe des Fingers besser ausbremsen. Über die Schnur auf dieser

Mit der Fliege auf Räuber

Ein prächtiger Hecht von 1,07 Meter nahm den Streamer, der hinter einer Schwimmschnur angeboten wurde. Bertus Rozemeijer hat mit allen denkbaren und undenkbaren Schnurkombinationen experimentiert, aber zum Fliegenfischen auf Hecht benutzt er nur noch Schwimmschnüre und gelegentlich eine Intermediate. Wenn ein Köder in größerer Tiefe angeboten wird, ist es ohnehin besser, auf die Fliegenrute zu verzichten und mit einem anderen Kunstköder zu angeln.

Rolle sollte man ruhig etwas ausgiebiger nachdenken. Zunächst kommt aber die Rute. Für jede Rute gibt es eine passende Schnurstärke. Die Klassen reichen von AFTMA 2 bis AFTMA 13. Für Spezialisten gibt es auch noch die 1er Klasse. Mit der 2er Klasse werden extrem kleine Fliegen geworfen. Sie ist für das Fischen an kleinen Bächen auf Forellen bestimmt, die meistens ebenfalls klein sind. Die Klasse 13 Schnüre und Geräte verwendet man auf See beim Big Game-Angeln.

Die Einteilung in Klassen beruht auf dem Gewicht der ersten 30 Fuß (9,15 Meter) einer Fliegenschnur. Die Gesamtlänge einer Fliegenschnur bewegt sich zwischen 27 und 30 Meter. Das variiert je nach Hersteller etwas. Wenn die ersten 30 Fuß in der Luft sind, ist die Rute beim Werfen optimal ausgelastet. Mit weniger Schnurlänge ist sie unter-, mit mehr Schnur ist sie überlastet. Befinden sich die 30 Fuß Schnur beim Auswerfen vor dem Rutenendring, kann man den Streamer - zumindest theoretisch - genau platzieren.

Nun gibt es eine Reihe unterschiedlicher Schnurarten. Am bekanntesten ist sicherlich die Double Taper (DT), eine Schnur, die sich an beiden Enden gleichmäßig verjüngt, dazwischen aber gleich dick ist. Man könnte sie auch als die Standard-Fliegenschnur bezeichnen. Double Taper sind keine schnellen Schnüre.

Eine Weight Forward (WF)-Schnur ist im Prinzip genauso dick wie eine DT, aber bei ihr ist das Gewicht nach vorne verlagert. Deshalb spricht man auch von einer Keulenschnur. Nach dem Prinzip der WF gibt es verschiedene andere Schnüre wie die Saltwater Taper, Bass Bug Taper und auch die Pike Taper. Nach dem keulenartigen Vorderteil wird die Schnur deutlich dünner. Deshalb lässt sie sich auch gut über größere Entfernungen werfen.

Die beabsichtigte Wurfweite versucht man zu erreichen, indem man den schwereren vorderen Teil der Schnur hinausschießen lässt. Den Streamer dabei genau zu platzieren, ist nicht immer ganz einfach. Zumal auf großen Seen kann man es aber verkraften, wenn man etwas neben dem Ziel liegt.

Die Abkürzung SH steht bei den Fliegenschnüren für Shooting Head oder Schusskopf. Die entsprechenden Schnüre sind lediglich neun Meter lang. Der Schusskopf wird mit einer nachfolgenden, dünneren Schnur verbunden, der sogenannten Runningline. Dabei kann der Fliegenfischer selber entscheiden, welchen Schusskopf er mit welcher Runningline kombinieren möchte.

Ein Schusskopf hat die Aufgabe, durch sein Gewicht die anschließende Schnur herauszuziehen. Man lässt die Schnur regelrecht hinausschießen. Mit etwas Übung gelingt es, den Schusskopf so hinaus zu befördern, dass er bis zu 20 Meter der Runningline mitzieht. Damit kann man den Streamer über insgesamt mehr als 30 Meter auswerfen. Beim Angeln mit der Fliegenrute ist das schon eine ganz beträchtliche Weite. Allerdings bedienen sich nicht viele Angler dieser Technik beim Streamer-Fischen.

Aber nicht immer ist solch eine Schnur angebracht. Wenn man hauptsächlich mit

Zum Fliegenfischen in den Poldern sollte man ruhig einen größeren Streamer nehmen. Daran kann man auch kleinere Hechte sicherer drillen.

der Fliegenrute in den Poldern oder auf Moorseen angelt, dann kann man sich auf den Gebrauch einer Double Taper-Schnur beschränken. Ich wähle die Schnur dann immer eine Klasse leichter als die Rute. Damit erreiche ich, dass die Rute ihre optimalen Wurfeigenschaften mit mehr als zehn Meter Schnurlänge hat. Der kleinere Durchmesser der Schnur erleichtert mir außerdem auch das Auswerfen.

Vorausgesetzt man benutzt eine Schwimmschnur, hat man nun die Möglichkeit, den Streamer über die Schnur genau zu steuern. Indem man die Schnur mendet, kann man den Köder in verschiedene Richtung lenken und an interessanten Stellen vorbeiführen, Sicherlich kann man den Streamer nicht über viele Meter umlenken, aber man kann ihn genauer anbieten und seine Wirkung auf den Hecht dadurch erhöhen. Eine Weight Forward ist eine schnelle Schnur, sei es nun eine Bass Bug, Saltwater oder eine andere Taper. Angeln Sie nur oder bevorzugt auf großen Seen, dann würde ich Ihnen diese Schnur empfehlen. Damit kann man zwar nicht so genau werfen wie mit einer Double Taper, aber man ist einfach schneller.

Einen Schusskopf werden wir wahrscheinlich nicht so oft gebrauchen. Es ist nämlich nicht ganz einfach, mit der langen Runningline umzugehen, wenn man die Schnur einstrippt. Oft verfängt sie sich im oder am Boot, und man hat mehr Probleme als Angelvergnügen. Wann benutzen wir dann also einen Schusskopf?

Sinnvoll ist diese Schnur vor allem, wenn man vom Ufer angelt. Dann muss man nämlich auf Entfernung werfen, um die interessanten Stellen des Gewässers zu erreichen. Es empfiehlt sich dann auch, einen Schnurkorb anzulegen, in den man die Schnur hinein strippen kann. So vermeidet man unnötiges Schnurgewirr.

Ich sammle die Schnur übrigens auch, wenn ich mit einer WF fische, am liebsten in einem Schnurkorb. DT-Schnüre sammle ich meistens in großen Bögen in der Hand, mit der ich auch die Schnur einstrippe. Die DT gerät dabei nicht so leicht durcheinander, weil sie einen größeren Durchmesser hat als eine WF-Schnur oder eine Runningline.

Vorfach und Streamer

Die Fliegenschnüre haben wir nun ausführlich behandelt. Aber an ihr werden die Streamer schließlich nicht angeknotet. Der Streamer wird am Vorfach befestigt, das

Mit der Fliege auf Räuber

Kein Kapitaler, aber an der Fliegenrute versteht solch ein Hecht zu kämpfen.

wiederum am Ende der Fliegenschnur angeknotet wird. Das Vorfach wird aus mehreren Stücken unterschiedlich dicker Nylonschnur aufgebaut. Dabei verjüngt sich das Vorfach zum Streamer hin.

Würde sich die Schnur nicht verjüngen, dann bestünde die Gefahr, dass sich der Streamer beim Werfen im Vorfach verheddert oder dass das Vorfach beim Ablegen der Schnur zusammenbricht und der Streamer ins Wasser fällt, ehe sich das Vorfach ausgestreckt hat. Ich baue meine Vorfächer aus drei Teilen. Den Anfang bildet ein etwa einen Meter langes Stück 0,70er Schnur, das ich mit der Fliegenschnur verbinde. Daran knüpfe ich mit verbessertem Clinch-Knoten ein 50 Zentimeter langes Stück 0,50er Schnur und daran wiederum mit verbessertem Clinch-Knoten 50 Zentimeter 0,40er. Ich verwende hierbei also keine Blutknoten, weil die Schnurstärken dafür zu unterschiedlich sind.

Das Vorfach ist also nur zwei Meter lang. Wenn Sie ein sehr guter Werfer mit der Fliegenrute sind, können Sie das Vorfach auch noch länger nehmen. Damit der Hecht das Vorfach nicht durchbeißen kann, müssen wir es aber ohnehin noch etwas verlängern. Sie können entweder ein Stück Stahldraht anbinden oder auch eine Stahlstange.

Wenn ich nichts anderes zur Hand hatte, habe ich auch schon ein Stück ummantelten Stahldraht angeknüpft. Den Streamer befestige ich daran, indem ich den Draht durchs Hakenöhr führe, das Drahtende ein paar Mal um den Draht vor dem Streamer wickele und die Ummantelung mit dem Feuerzeug festschmore. Das ist eine einfache und sichere Befestigungsmethode, auch wenn es manchmal nicht ganz sauber aussieht.

Lieber befestige ich den Streamer allerdings an einer Stahlstange. Ich habe nämlich den Eindruck, dass man damit immer noch die beste Präsentation eines Streamers erreicht.

Damit kommen wir nun zum Streamer selbst. Wie soll er aussehen? Und wie groß muss ein Hechtstreamer sein? Als ich vor etwa 30 Jahren anfing, mit Streamern auf Hecht zu angeln, konnte einem kein Mensch irgendetwas zu diesem Thema mitteilen. Keiner konnte einem sagen, welchen Haken man nehmen sollte, wie man einen Streamer baut und wie groß das ganze sein sollte.

Die kleine Gruppe fliegenfischender Hechtangler, zu der ich gehörte, behalf sich damals mit Streamern wie dem Chief Nedabeh mit echten Federn vom Dschungelhahn und allem, was dazugehört. Wir probierten es auch mit Matukas und verschiedenen Lachsfliegen. Aber der Chief fing immer noch am besten.

Schließlich fing ich an, mir mühsam meine ersten Streamer selber zu binden. Die verschiedensten Federn und Tierhaare kamen dabei zum Einsatz. Böse Zungen behaupteten, meine Streamer würden wie Brieftauben aussehen, einige auch wie Fledermäuse. Aber ab und zu war auch ein wirklich fängiges Exemplar dabei.

Bucktail war immer ein wichtiger Bestandteil bei meinen Streamern. Auch verschiedene Kunststoffprodukte, die damals gerade aufkamen, erwiesen sich als durchaus verwendbar.

Spezielle Haken für Hechtstreamer, wie sie von verschiedenen Herstellern angeboten werden, kommen für mich nicht in Frage. Diese Haken sind mir einfach zu schwer. Meiner Meinung nach kommt es darauf an, den Streamer möglichst groß wirken zu lassen, ohne dass er dabei aber wirklich schwer ist. Bucktail erscheint mir dafür immer noch das beste Material. Hirschhaar eignet sich sehr gut, um dem Streamer Volumen zu geben oder um ihm eine besondere Gestalt zu verleihen. Mehr natürliche Materialien benutze ich aber nicht.

Gewichtsveränderungen

Für einige Fliegenfischer ist Kaninchenfell das wichtigste Material für Hechtstreamer. Tatsächlich wirken die Streamer mit Fellstreifen auch sehr lebendig. Aber mit der dicken Hautschicht nehmen die Fellstreifen auch sehr viel Wasser auf. Das Gewicht des Streamers nimmt dadurch dramatisch zu, was das Werfen des Köders außerordentlich erschwert. Das Gerät ist schließlich nicht für diese Gewichtsveränderung ausgelegt. Ich will das kurz erläutern.

Bei einer Spinnrute müssen wir es nicht immer ganz genau nehmen mit der Angabe des Wurfgewichtes. Ist es mit 15 bis 50 Gramm angegeben, haben wir zumindest einen breiteren Spielraum. Bei einer Fliegenrute ist das Wurfgewicht hingegen sehr genau definiert. Das Wurfgewicht entspricht genau dem Gewicht der ersten 30 Fuß der zugehörigen Fliegenschnur. Es gibt keine Fliegenrute mit einem Wurfgewicht von AFTMA 5 bis 9. Jede Rute ist nur für eine Klasse und ein Gewicht ausgelegt.

Und eine Fliegenrute ist schließlich dafür bestimmt, Fliegen zu werfen, die nahezu nichts wiegen. Nun hängen wir aber einen Streamer vom Typ Pike Bunny ans Vorfach, am besten noch mit zwei Fellstreifen. Oder nehmen wir einen Streamer mit einem Bucktail-Büschel von 15 Zentimeter Länge. Im trockenen Zustand wiegt solch ein Haufen Haare an einem original Hecht-Streamerhaken etwa sechs bis sieben Gramm. Nachdem er im Wasser war, wiegt er gut und gerne das Doppelte.

Selbst wenn wir versuchen, das Wasser so gut es geht aus dem Haarbüschel herauszuwerfen, wiegt er immer noch um die 10 Gramm. Der Streamer hat immer noch das Gewicht eines kleinen Wobblers. Den würde sich allerdings niemand an die Fliegenrute hängen.

Oftmals bedenken die Fliegenfischer nicht, dass die Rute nur für das Gewicht der Schnur ausgelegt ist und nicht noch für das zusätzliche Gewicht des Streamers. Die ersten 30 Fuß einer Klasse 9 Fliegenschnur wiegen ungefähr 20 Gramm. Für eine Jerkrute wäre das noch kein nennenswertes Wurfgewicht. Eine Fliegenrute für diese Schnur ist aber schon ein sehr kräftiges Gerät.

Welche Schnurart wir innerhalb der Klasse 9 wählen, macht keinen Unterschied. Auf den ersten 30 Fuß wiegen sie alle gleich viel. Wenn wir nun aber einen Streamer mit Kaninchenfell anbinden, belasten wir die Rute mit weiteren fünf bis zehn Gramm Gewicht. Ist der Streamer besonders groß, was zur Zeit sehr modern ist bei Hechtanglern, dann kommen sogar noch ein paar Gramm hinzu.

Auch wenn es hierbei nur um Gramm geht, das Werfen wird mit jedem zusätzlichem Gewicht schwieriger. Und dabei kommt es schließlich gerade beim Angeln mit Streamern sehr auf das sichere und genaue Werfen an. Gewöhnlich lassen wir die Schnur richtig hinausschießen. Wer diese Technik beherrscht, kann damit einige Meter an Wurfweite gewinnen und sieht die Fliegenschnur, das Vorfach und den Streamer in gerader Linie auf dem Wasser aufkommen.

Eine große Wurfweite erreicht man aber nur dann, wenn sich die Schnur bis hin zum Streamer perfekt ausstreckt. Wird die Schnur beim Werfen zu früh losgelassen, ehe sie sich gestreckt hat, dann bleibt der Streamer im Flug zurück. Die Schnur fliegt dann gewissermaßen in zwei Ebenen hinaus. Der obere Teil der Schnur fällt zurück, weil er durch den Streamer gebremst wird. Der untere Teil läuft ungebremst weiter durch. Der Streamer fällt dabei immer weiter hinter der vorschnellenden Fliegenschnur zurück. Schließlich fällt der Streamer hinter dem Ende der Fliegenschnur ins Wasser.

Ist die Schnur dagegen beim Auswerfen richtig gestreckt, dann trägt der Streamer dazu bei, die weitere Schnur hinauszuziehen, die der Werfer zuvor von der Rolle abgezogen hat. Der Köder wird über die optimale Weite befördert. Aber gerade die schweren Streamer machen es einem sehr schwer, sie beim Auswerfen vor das Vorfach zu platzieren.

Nach diesem kleinen Exkurs in die Wurfproblematik will ich aber noch einmal auf den Streamer selbst zurückkommen. Um die Anforderungen an den Haken richtig einschätzen zu können, stelle man sich einmal vor, was passiert, wenn der Hecht den Streamer erfasst. Ein Hecht öffnet erst kurz bevor er seine Beute erreicht hat sein Maul. Er kommt nicht von weitem mit einem weit aufgerissenen Maul angeschossen, wie man es oft auf Zeichnungen oder Malereien sieht.

Das wäre auch völlig unmöglich, weil dabei der Wasserwiderstand für den Hecht viel zu groß wäre und jeder Beutefisch entkommen könnte. Erst dicht vor der Beute öffnet der Hecht das Maul, was den Effekt hat, dass er die Beute regelrecht einsaugt. Da unser Streamer im Wasser sehr leicht ist, wird er mühelos vom Hecht eingesogen.

Der Streamer gerät dabei sicher in den Rachen des Hechtes und muss nicht einmal über einen großen Haken verfügen, um dort zu fassen. Ich benutze deshalb beim Fliegenfischen auch ganz einfache Karpfenhaken der Größe 1/0. Diese Haken haben einen recht kurzen Schenkel, der aber immer noch lang genug ist, um das gesamte Bindematerial fassen zu können.

Wenn es sein muss, kann man daran sogar einen Kopf aus Hirschhaar binden. Der Vorteil besteht vor allem in der runden Form des Hakens, mit der es leichter ist, den Hecht zu haken oder ihn sich selbst haken zu lassen.

Als Bindematerial gebrauche ich etwas Bucktail für den Körper, der dadurch im Wasser mehr Volumen bekommt. Darüber binde ich glitzernde Kunststoffe, die dem Streamer noch mehr Volumen geben und ihn attraktiv und lebendig erscheinen lassen. Der große Vorteil bei dieser Materialwahl besteht darin, dass der Streamer ein relativ geringes Gewicht hat, das auch dann nicht zunimmt, wenn er im Wasser gewesen ist.

Der Kunststoff nimmt kein Wasser auf, und das bisschen Wasser, was daran hängen bleibt, perlt beim ersten Luftwurf schon wieder ab. So kann man also auch mit einem recht großen, dabei aber immer noch leichten Streamer dem Hecht auf die Schuppen rücken.

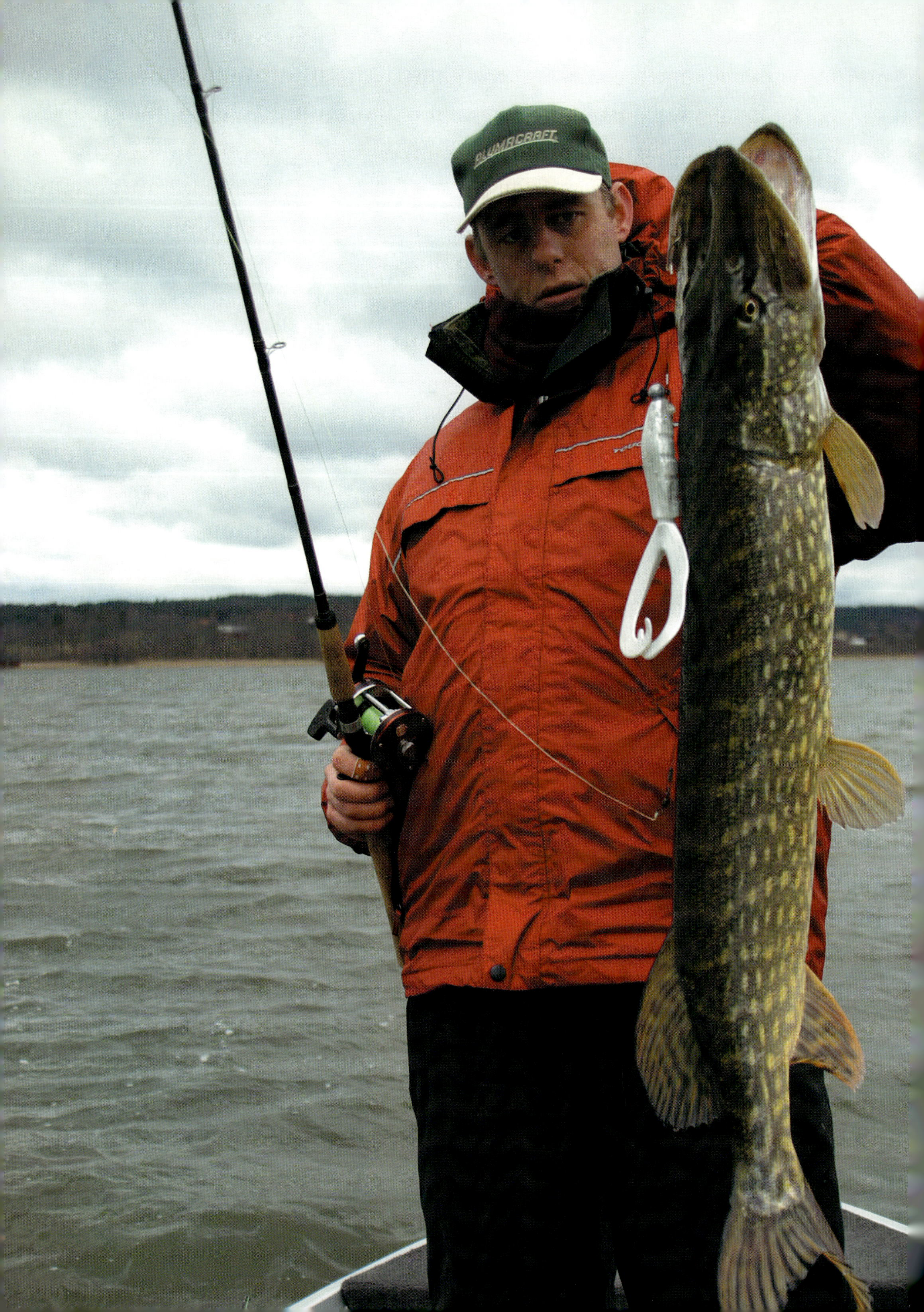

Gummifisch und Riesen-Twister

Twister und Gummifische gehören schon lange zur Standardausrüstung der Raubfischangler. Vor allem Barsch- und Zanderangler haben die Vorzüge der Gummiköder für sich entdeckt. Vielen Hechtanglern sind Gummiköder keine Überlegung wert. Eigentlich schade, denn sie können auch auf Hecht eine äußerst wirkungsvolle Waffe sein. Da die Gummiköder im Vergleich zu anderen Kunstködern auch noch sehr preiswert sind, ist es eigentlich verwunderlich, dass sie nicht von mehr Hechtanglern genutzt werden.

Ich weiß gar nicht, wieso die Gummiköder sich keiner rechten Beliebtheit erfreuen. Gibt es vielleicht einfach zu viele andere Kunstköder? Liegt es daran, dass eine ganze Generation von Hechtanglern mit Naturködern und Wobblern und Spinnern aufgewachsen ist? Sind die Gummiköder vielleicht zu einfach zu handhaben und stehen deshalb im Schatten von Kunstködern, die mehr Technik erfordern?

Sicher wissen auch viele Hechtangler um die Fängigkeit der Gummiköder und angeln aber dennoch nicht gerne mit ihnen. Vielleicht kann ich da ein wenig Abhilfe schaffen.

Die Gummiköder haben eine Reihe von Stärken. Wie erwähnt sind sie ausgesprochen preiswert. Gemessen an dem durchschnittlichen Preis eines amerikanischen Jerkbaits sind sie sogar spottbillig.

Gummifische können in sehr flachem Wasser angeboten werden, sie lassen sich aber auch in großer Tiefe sehr gut führen. Im Wasser bieten Gummifische und Twister nahezu keinen Widerstand, wodurch man mit der Rute ein sehr feines Gefühl für den Köder hat. Den größten Vorteil hat der Angler am Ufer von Seen und Flüssen, wo sich der Gummifisch geradezu als der ideale Kunstköder erweist. Der Köder lässt sich leicht über große Entfernungen werfen und kann mühelos auch auf Distanz dem Räuber präsentiert werden. Die Art und Weise, wie man den Köder anbietet, ist dabei sehr variabel.

Die gehakten Fische sitzen meistens sehr sicher. Man hat mit Gummifischen und Twistern relativ wenig Aussteiger, und das allein ist schon ein gutes Argument, um zu den Gummis zu greifen.

Ich will aber nicht verschweigen, dass diese Köder auch gewisse Nachteile haben. Wenn man beispielsweise großen Wert darauf legt, den Lauf des Köders zu beobachten und am liebsten auch spektakuläre Anbisse sehen will, dann kommt man mit Gummiködern nicht auf seine Kosten. Wie der Hecht einen Gummifisch verfolgt und packt, wird man kaum zu sehen bekommen. Im Normalfall laufen diese Köder zu tief, als dass man die Attacke eines Hechte beobachten könnte.

Große Gummifische und Twister mit einem Drilling links und noch einem Drilling rechts, dann noch etwas Stahldraht am Körper, können auch eine ziemlich unhandliche Ködermasse darstellen. Sehr ansprechend sieht das

Große Gummis fangen besser. Sie brauchen aber einen zusätzlichen Drilling, denn Größe bedeutet auch Fehlbisse.

Kein anderer Kunstköder ist so einfach in der Herstellung und in der Führung wie der Gummifisch und der Twister.

Gummifisch und Riesen-Twister

Zu groß geht kaum, auch solch ein Doppelschwanz-Twister passt mühelos in einen Hechtrachen.

Gummiköder können ähnlich wie diese Wobbler beim Vertikalangeln auf Hecht eingesetzt werden (oben: Bill Lewis Rattle Traps, darunter: Salmos Giant Chubby Darter).

tatsächlich nicht immer aus, aber nach ein paar Fängen kann man sich schnell daran gewöhnen.

Mehr rausholen

Schauen wir uns erst einmal die Rute für Gummiköder an. Auf Hecht werden die Gummifische und Twister eine Nummer größer gewählt, als wenn man damit auf Barsch oder Zander angeln will. Auch die Rute muss deshalb entsprechend stärker sein.

Man kann diese Köder durchaus mit einer schweren Spinnrute fischen. Wenn über die Rute nachgedacht wird, schleichen sich aber immer wieder Denkfehler ein. Wenn es um Gummifische und Twister geht, steht in Sachen Wurfgewicht bei vielen Anglern der Bleikopf im Vordergrund der Überlegungen, während das Gummigewicht nicht weiter in Rechnung gestellt wird. Wer jedoch an einer Rute mit einem Wurfgewicht von 20 Gramm auch einen Bleikopf mit eben diesem Gewicht fischen will, bemerkt bald, dass er sich etwas verkalkuliert hat. Denn auch der Gummikörper des Köders belastet die Rute schließlich. Und gerade bei Gummifischen wiegt nicht selten der Kunststoff-Fisch mehr als der Bleikopf.

Also summieren wir die beiden Gewichte von Gummi und Blei. Möchten wir dann auch noch besonders große Gummifische einsetzen, brauchen wir zwangsläufig eine extrem starke Rute. Das Wurfgewicht solch einer Rute liegt dann schon ganz nahe bei dem einer kräftigen Jerkrute.

Wer häufig mit Gummifischen angelt, findet selber schnell heraus, welches Köderformat für ihn und seine Hechte am besten geeignet erscheint. Ich habe persönlich keinen Sinn für große, schwere Gummifische und Twister. Gummiprügel von 20 Zentimeter Länge oder mehr kommen mir nicht in die Gerätekiste. Dabei kann es gerade im Spätherbst oder im Winter auf dem offenen Wasser sehr nützlich sein, ein halbes Pfund Gummi an den Bleikopf zu hängen. Das steht übrigens in einem krassen Gegensatz zum Spinnfischen mit Gummiködern in Poldern, kleinen Kanälen, Teichen oder geschützten Hafenanlagen. Dort spielen nämlich die Schwärme von Jungfischen eine wichtige Rolle als Nahrungsquelle der Hechte.

Das Angeln mit Gummiködern kann in den kleinen Gewässern manchmal zu einer wahren Strapaze werden. Obwohl die Hechte rauben, sind sie nicht leicht an den Haken zu kriegen. Denn jetzt sind sie völlig auf die kleinen Fischchen fixiert, mit denen sie sich ihren Magen vollschlagen.

Einige Male ist es mir trotzdem gelungen, diese sehr heiklen Hechte zu fangen, die im Drill oft Mengen kleiner Fischchen erbrachen. Ich muss wahrscheinlich nicht betonen, dass man diese Hechte nur fängt, wenn der Köder dieselbe Größe hat wie die natürliche Beute. Für die Angelei mit Gummiködern bedeutet dies, dass man winzige Gummifischchen anbieten muss, die man eigentlich nur mit einer ultraleichten Rute werfen kann. Genau das ist schließlich auch das Rezept, mit dem man jetzt an die Hechte herankommt. Für mich ist das eine ganz besondere Art, auf Hecht zu angeln, und obendrein eine sehr spektakuläre.

Ungeahnte Möglichkeiten

Aber kommen wir zurück zu den großen Gummifischen und ihrem Einsatz auf großen Gewässern. Gummifisch und Twister bieten dort verschiedene Möglichkeiten. Eigentlich kann man mit ihnen alles machen, was man auch mit anderen Kunstködern macht. Man kann einen Gummifisch sehr schnell führen, aber auch langsam. Man kann mit ihm ausgezeichnet vertikal angeln. Auch Jerken oder Twitchen ist möglich. Sie können den Gummifisch aber auch ganz konventionell auswerfen und einholen. Selbstverständlich muss man auch auf dem See nicht mit den schwersten Gummifischen angeln, auch dort kann man leichtere Köder wählen. Und ebenso gut wie vom Boot kann man auch vom Ufer mit Gummiködern angeln.

Es gibt also reichlich Möglichkeiten. Je nachdem, was Sie nun genau mit Ihren Gummiködern vorhaben, suchen Sie das passende Modell aus dem großen Sortiment aus und bieten Sie es am geeigneten Gerät an. Für den Uferangler steht dabei immer das Erreichen großer Wurfweiten im Vordergrund. Schließlich können einige Meter Wurfweite darüber entscheiden, ob man den Fisch erreicht oder nicht.

Wie ich weiter oben schon erklärt habe, sind schwere Spinnruten toleranter gegenüber verschiedenen Wurfgewichten. Sie vertragen also ein größeres Spektrum unterschiedlicher Gewichte. Nichtsdestotrotz haben sie aber auch ein ideales Wurfgewicht. Selbst bei der schwersten Rute gibt es ein Gewicht, mit dem sie am besten arbeitet.

Ich will hier nicht noch einmal näher auf das Wurfgewicht eingehen. Wichtig ist, dass Sie selber das ideale Wurfgewicht für Ihre Rute finden. Sie werden sehen, dass Sie damit gleich einige Meter weiter werfen.

Eine möglichst große Wurfweite ist vor allem für Angler am Seeufer ein wichtiges Gebot. Auf die Wurfgenauigkeit kommt es dabei nicht so sehr an. Das ist wiederum

Gummifisch und Twister haben schon zahlreiche Kapitale verführt. Dabei kann man mit ihnen an ausgesprochen leichtem Gerät angeln.

anders, wenn man am Fluss angelt. Hier geht es nicht so sehr darum, Wurfweite zu erreichen. Wird der Gummifisch am großen Fluss einfach in die Strömung gefeuert, kann es passieren, dass er völlig aus der Kontrolle gerät. Der Angler verliert dabei viel Zeit ohne wirkliche Chancen auf einen Biss. Ob es nun mehr um Weite oder Genauigkeit geht, in jedem Fall wird sich zeigen, dass die richtige Abstimmung von Ködergewicht und Wurfgewicht einen entscheidenden Vorteil bringt. Das gilt im übrigen für jeden Kunstköder und jede Angelrute.

Beim Spinnfischen mit Gummiködern sollte die Rute nicht zu kurz sein. Mit einer Länge von 2,70 Meter kann man die Rute noch pro-

Gummifisch und Riesen-Twister

Ein Bleikopf ist nicht nur das Wurfgewicht für den Gummifisch, mit ihm wird der Hecht auch gehakt. Der Haken muss dafür mit seinem ganzen Bogen aus dem Gummi schauen (links). Die Haken der Bleiköpfe sind bis zu neun Zentimeter lang, dabei haben sie Gewichte von 7 bis 50 Gramm. Da ist für jede Situation etwas dabei. In Kanälen und Poldern empfiehlt sich ein sehr leichter Bleikopf.

blemlos handhaben. Ausgestattet mit dem notwendigen Wurfgewicht kann man mit ihr den Gummiköder auch über respektable Entfernungen werfen. Es schadet auch nicht, wenn die Rute noch etwas länger ist, kürzer sollte sie allerdings nicht sein.

Das Wurfgewicht sollte mindestens 20 Gramm betragen, womit Sie aber immer noch eine eher leichte Spinnrute haben. Besser wäre es, wenn die Rute über das doppelte Wurfgewicht verfügt, damit mit ihr auch etwas schwerere Gummiköder gut gefischt werden können. Bei der Aktion sollte die Entscheidung zwischen einer parabolischen und einer semi-parabolischen Rute fallen.

Lassen Sie sich nicht zu sehr von den Angaben auf den Ruten leiten. Nicht jede Rute hält, was sie laut Aufdruck verspricht. Aber mit der Zeit werden Sie schon selber erkennen, wo das richtige Wurfvermögen einer Rute liegt.

Wenn Sie Zweifel an der Stärke einer Rute haben, dann hängen Sie ein entsprechendes Gewicht an den Spitzenring der Rute und führen Sie sie in einer gleichmäßigen Bewegung nach oben. Zieht es die Rutenspitze dabei allzu sehr nach unten - und das wird sicher bei einigen der Fall sein, dann stellen Sie diese Rute lieber wieder zurück.

Ich habe übrigens nie verstanden, wie so viele ungeeignete Ruten gefertigt werden können, - bis ich dann einmal in einer riesigen Rutenfabrik in China zu Besuch war. Dort stand eine Rute einer renommierten Firma aus Amerika. Ein ganz schönes Gerät, auf dem irgendetwas wie spinning stand. Diese Rute wurde von mindestens drei anderen Firmen kopiert. Und das waren in Europa keine kleinen Firmen.

Die Aufgabe der Rute

Das ist ein etwas fragwürdiges Verfahren. Und es hatte wohl niemand wirklich beachtet, wofür diese Original-Rute eigentlich gedacht war. Zwar war darauf das Wort spinning zu lesen, aber die Rute war dazu gedacht, dass man mit ihr in stark strömendem Wasser Lachseier anbietet. Dafür war sie auch perfekt ausgerichtet.

Die Rute hatte eine butterweiche Spitze, die dafür sorgt, dass die Lachseier beim Wurf auf dem Haken bleiben. Zwei Drittel des Blanks waren so steif, dass man auch auf Entfernung einen Anhieb durchbringen und einen Fisch im Drill ordentlich unter Druck setzen kann.

Beim Angeln mit Naturköder hat man nach dem Anbiss Zeit, sich auf den Anhieb vorzubereiten. Wer mit Kunstköder angelt, hat diese Zeit nicht. Trotzdem wurde die Rute, die wirklich nicht zum Angeln mit Kunstködern bestimmt war, nachgebaut und empfohlen für das Angeln mit Spinnern, Wobblern und auch Gummifischen.

Ich erlebte damals eine Überraschung nach der anderen. Wenn mir irgendetwas die Augen geöffnet hat über den Angelsport, dann waren das meine Fabrikbesuche in Asien. Nun suchen Sie aber bitte nicht die Schuld bei den Rutenbauern in China und Korea, nein, wir sind schließlich selber verantwortlich für das, was dort geschieht. In beiden Ländern werden auch ausgezeichnete Ruten hergestellt, sofern die Auftraggeber die entsprechenden Vorgaben machen.

Kommen wir zurück zu der Angelrute für Gummifische, wie ich sie mir vorstelle. Zum ersten muss man damit also große Weiten werfen können. Zum zweiten, und das ist nicht weniger wichtig, muss man den Köder damit in verschiedenen Techniken führen können. Man muss den Gummifisch in hoher Geschwindigkeit einholen können, aber er muss sich auch mit der Rute wie ein Jerkbait führen lassen.

Nach meinen Erfahrungen ist eine Rute mit parabolischer Aktion für diese Anforderungen am besten geeignet. Sicher, wenn man auf größere Entfernung angelt, bringt man den Anhieb mit einer Spitzenaktion besser durch. Der Nachteil ist aber, dass es damit noch schwieriger ist, dem Köder einen gleichmäßigen Rhythmus zu geben.

Bei der Führung des Gummifisches muss man erst allmählich lernen, die Bewegungen der Rute auf die Entfernung des Köder abzustimmen. Eine Aufwärtsbewegung der Rute hat bei einer Entfernung des Köders von 40 Meter eine viel geringere Wirkung als dieselbe Rutenbewegung, wenn der Köder nur 10 Meter entfernt ist. Während man den Köder zu sich führt, muss die Intensität der Rutenbewegung also auf die Entfernung des Köders abgestimmt werden. Und das erfordert eine hohe Konzentration. Ich halte das ehrlich gesagt keinen ganzen Tag lang durch.

Aber Sie haben schließlich die Wahl, in welcher Weise Sie den Gummiköder führen wollen. Sind Sie sehr geschickt mit der Rute, dann entscheiden Sie sich vielleicht für eine aktivere Köderführung. Wollen Sie es lieber etwas einfacher haben, dann holen Sie das Gummi eher in einem gleichmäßig zügigen Tempo ein.

Gummi im Flachwasser

Mit Gummifischen im Flachwasser zu angeln, ist eine Methode, die noch nicht viele Anhänger bei den Hechtanglern gefunden hat. Eigentlich völlig zu Unrecht, denn auf diese Weise lassen sich sehr viele Hechte fangen. Und nicht nur das, auch wirklich kapitale Fische bekommt man so an den Haken.

Vor allem in unseren niederländischen Gewässern haben Gummifische eine besondere Wirkung. Hechte werden bei uns in den Niederlanden gewöhnlich nach dem Fang wieder zurückgesetzt. Danach haben sie etwas dazugelernt über den Kunstköder, mit dem sie gefangen wurden. Gummifische kennen sie jedoch meistens nicht, und sie erkennen sie auch nicht so schnell wieder.

In flachen Gewässern wie Poldern, Gräben, Teichen und Moorseen kann man dieselbe Spinnrute benutzen, die man auch beim Angeln mit Gummiködern vom Boot einsetzt. Mit 2,40 Meter ist sie relativ kurz, aber gerade lang genug, um den Köder auch auf Entfernung unter Kontrolle zu behalten.

Das wichtigste Element des Köders ist der Bleikopf, der natürlich nicht zu schwer sein darf. Mit wenigen Gramm hat er bereits ein ausreichendes Gewicht. Nehmen Sie auf keinen Fall einen Bleikopf, der schwerer ist als zehn Gramm.

Versuchen Sie nach Möglichkeit, schwimmende Gummifische zu bekommen. Tatsächlich gibt es einige Gummifische, die ohne zusätzliche Beschwerung schwimmen. Selbst wenn sie nur einen geringen Auftrieb haben, bietet das eine willkommene Erleichterung bei der Kombination mit dem Bleikopf. Für die Führung von Gummiködern ist die Twitch-Technik die ideale Methode. Der Köder kann gar nicht zu nervös geführt werden.

Beim Angeln mit Gummifischen bringen viele Angler noch einen zusätzlichen Drilling am Bauch des Köders oder dicht vor dem Schwanz an. Wenn Sie im Flachwasser angeln, sollten Sie das allerdings nicht machen. Ganz und gar verbietet es sich an Stellen mit starkem Pflanzenwuchs, denn mit Sicherheit wird man dann ständig Kraut mit diesem Drilling einfangen.

Beim Einholen sollten Sie sich vor allem auf die ersten Meter konzentrieren. Halten Sie die Angelrute hoch, und versuchen Sie, den Köder nach Möglichkeit im Auge zu behalten. So verhindern Sie, dass der Gummiköder zu tief läuft, was in den flachen Gewässern nur allzu schnell passiert.

Vom Boot

Im Boot stellt sich das Angeln mit Gummiködern anders dar, denn nun kommt es nicht mehr auf weite Würfe an. Ganz im Gegenteil: Es wäre unsinnig, auf große Entfernungen abzielen zu wollen. Dann wissen Sie nämlich nicht, wo Ihr Köder überhaupt landet. Er könnte ins Flachwasser geraten, was noch nicht so schlimm wäre. Er könnte aber auch im tiefen Wasser weit absinken, und das wäre sehr ungünstig.

Im Boot hole ich deshalb bei weitem nicht alles aus meiner Rute heraus. Würfe über 20 Meter, höchstens 30 Meter, sind letztlich viel günstiger als die endlosen Weitwürfe, die einige Spinnfischer sich und ihrem Gerät abringen. Ich mache dadurch auch viel mehr Würfe, und habe den Köder bei jedem Wurf von Anfang an unter Kontrolle.

Außerdem weiß ich so auch genau, dass mein Köder sich immer dort befindet, wo ich auch mit einem Hecht rechnen kann. Die Rute für das Boot darf etwas kürzer sein als die Rute, die wir am Ufer großer Seen brauchen. Die Länge sollte der Rute für das Hechtangeln an den Poldern entsprechen, 2,40

Der Bull Dawg ist ein Spitzen-Köder aus Gummi. Selbst an schlechten Fangtagen kann man damit noch einen Hecht überlisten.

■ Gummifisch und Riesen-Twister

Gummiköder beweisen auch am Fluss ihre Fängigkeit. Rutger hat von seinem Bull Dawg alle Haken entfernt und ihn an einem System für Köderfische befestigt. So bleibt der Gummiköder deutlich länger in Form.

Meter wäre das richtige Maß. Das ist eine ausreichende Länge für Polder und fürs Boot.

Die Rute muss stark genug sein, um den Gummiköder mit Bleikopf gezielt werfen zu können. Das gemeinsame Gewicht von Gummi und Blei verlangt von der Rute mindestens ein Wurfgewicht von 40 Gramm. Wollen Sie die Rute sowohl für das Angeln an Poldern als auch auf großen Seen vom Boot gebrauchen, dann müssen Sie einen Kompromiss eingehen. Nehmen Sie tendenziell eine etwas leichtere Rute. Scheuen Sie keine Investitionen, dann legen Sie sich zwei verschiedene Ruten zu.

Vertikal auf Hecht

Auf großen Seen bieten Gummiköder eine weitere interessante Möglichkeit. Mit großen Gummifischen kann man nämlich auch sehr gut vertikal angeln. Dabei wird der Köder nahezu direkt unter dem Boot angeboten. Zanderanglern ist diese Technik wohl bekannt. Etwas variiert setze ich sie auch auf Hecht ein. In den letzten Jahren habe ich dabei eine ganze Reihe kapitaler Hechte zum Zupacken gebracht.

Beim Zanderangeln sucht man die Fische mit dieser Methode oft in großer Tiefe. Das macht man beim Angeln auf Hecht nicht. Dabei reicht eine Tiefe von drei bis vier Meter vollkommen aus. Natürlich gibt es auch immer die Ausnahme von der Regel. Wenn das Wasser sich stark erwärmt hat, kann es sinnvoller sein, den Köder etwas tiefer anzubieten, sogar tiefer als zehn Meter. Gewöhnlich angeln wir aber nicht in solchen Tiefen. Anders als beim Zanderangeln brauchen wir unseren Angelplatz auch nicht auf den Zentimeter genau auszumachen.

Beim Vertikalangeln setze ich bevorzugt den Benzinmotor ein, um langsam im Rückwärtsgang zu fahren. Werde ich dabei zu schnell, setze ich zusätzlich den Elektromotor ein, den ich in Vorwärtsrichtung laufen lasse, um das Boot abzubremsen. So bringe ich das Boot immer sehr genau an den gewünschten Standort, außerdem ist das eine ganz nützliche Übung, bei der man ein Gefühl dafür bekommt, wie man die Wirkungen von Benzin- und Elektromotor aufeinander abstimmen kann.

Die Rute für das Vertikalangeln auf Hecht muss im Gegensatz zu anderen Ruten für Gummiköder knallhart sein. Ehrlich gesagt habe ich mir sogar eine Jerkrute für das Vertikalangeln umgebaut, besser gesagt, umbauen lassen, selber könnte ich das gar nicht. Das Resultat ist eine starke Rute mit einem Wurfgewicht von 80 Gramm und einer Länge von nicht einmal zwei Meter. Mit dieser Rute kann ich einen Gummifisch von einem Pfund problemlos fischen.

Das Vertikalangeln auf Hecht erfordert mehr Geschwindigkeit als diese Methode auf Zander. Im Gegensatz zum Zander jagt der Hecht gewöhnlich nicht in Trupps. Wenn man irgendwo einen Zander fängt, dann kann man fast drauf wetten, dass man an der Stelle auch noch weitere Zander fängt.

Beim Vertikalangeln auf Hecht bleibe ich meistens im Boot stehen. So habe ich mehr Spielraum, um auf plötzliche Bodenveränderungen zu reagieren, ohne dass ich dabei mit der Rolle Schnur abgeben oder aufnehmen muss. Wenn man vertikal auf Zander angelt, sollte man die Rute so niedrig wie möglich halten. Man hebt den Köder nur kurz an, und dann lässt man ihn wieder hän-

Bull Dawgs gibt es in drei verschiedenen Größen. Die kleinsten eignen sich für Kanäle und Polder. Die mittelgroßen sind gute Allrounder auf großen Seen. Man kann sie gut werfen und schleppen. Mit den großen Bull Dawgs zu werfen, artet in Arbeit aus, sie sind aber ein sehr guter Schleppköder.

gen. Bei der kurzen Aufwärtsbewegung befindet sich die Rute nur etwa einen halben Meter über der Wasseroberfläche. Angelt man vertikal auf Hecht, dann darf man gern etwas weiter ausholen und den Köder etwas aggressiver bewegen. Dabei fährt außerdem auch das Boot etwas schneller. Um dabei auf plötzliche Veränderungen der Bodenstruktur sofort reagieren zu können, stehe ich also lieber im Boot. Die Rute versuche ich möglichst niedrig zu halten. Gesenkt halte ich sie nicht höher als einen halben Meter über der Wasseroberfläche, angehoben reicht sie bis auf Hüft-, maximal Brusthöhe.

Muss ich die Rute noch weiter anheben, dann nehme ich mit der Rolle Schnur auf. Verliere ich den Bodenkontakt, schaue ich erst aufs Echolot, um zu entscheiden, ob ich Schnur geben sollte, um den Köder tiefer anzubieten. Schließlich würde es einem Hecht keine große Mühe bereiten, dem Köder ein Stück nach oben entgegen zu schwimmen.

Beträgt der Abstand zwischen Gummifisch und Boden mehrere Meter, öffne ich den Schnurfangbügel, um den Köder weiter abzusenken. Wenn Sie den Köder vertikal im Bereich einer Unterwasserböschung anbieten, sollten Sie immer Richtung Böschung fahren und wieder zurück. Der Köder wird also wechselweise vom flachen ins tiefe Wasser geführt und wieder vom tiefen ins flache. Führen Sie den Köder intensiv, das erfordert einige Bewegung und Konzentration, aber am Ende des Angeltages werden Sie meistens feststellen, dass es sich durchaus gelohnt hat.

Irgendetwas macht die Bull Dawgs für Hechte besonders anziehend. Und wenn sie sich auf sie stürzen, verschwindet oft der ganze Köder im Maul. Deshalb braucht man immer ein gutes Stahlvorfach oder eine Spinnstange.

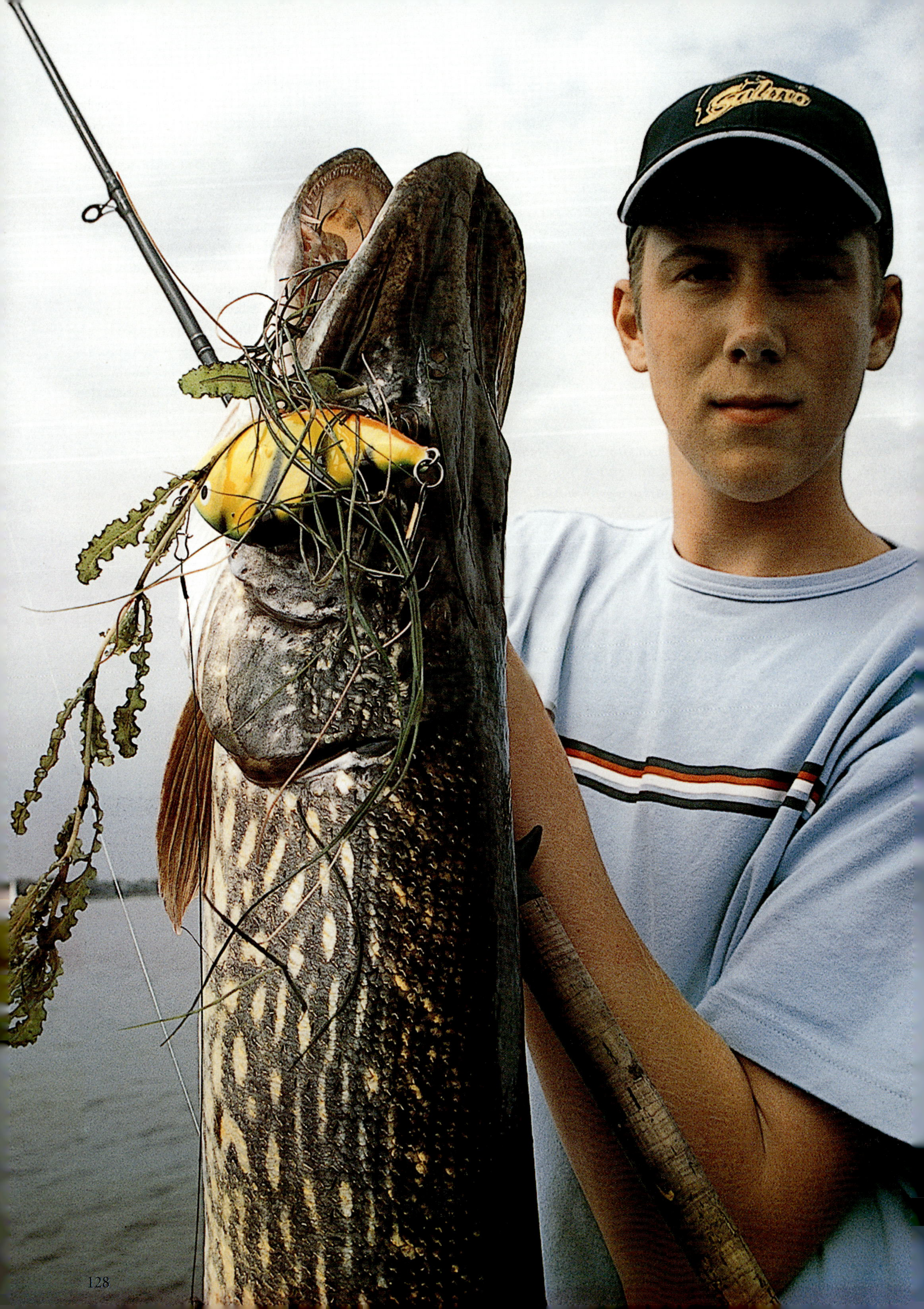
Salmo

Hechtgewässer

Seen, Teiche, Bäche, Flüsse und Kanäle, alles das sind Hechtgewässer. Meistens ist es deshalb keine Frage, ob in einem Gewässer Hechte sind. Die Frage lautet: Wo sind die Hechte? Aber auch darauf gibt es eine klare Antwort.

Oben: Jeder hat so seine Vorlieben. Hechte bevorzugen Pflanzen wie Schilf und Seerosen. Dort können sie ihrer Beute auflauern.
Links: Rutger de Jong hat in Zusammenarbeit mit diesem Hecht eine kleine Lichtung in das Laichkraut gemäht.

Raubfischangeln ist meine große Leidenschaft. Zander finde ich großartig, vor allem wenn ich sie beim Vertikalangeln fange. Wenn sich mir die Möglichkeit bietet, angle ich auch gern auf Lachse und Meerforellen. Aber auch der Fang von Bachforellen mit der Fliege oder an geschleppten Kunstködern gehört zu meinen regelmäßigen Angelaktivitäten. Aber dann gehe ich doch immer wieder auf Hecht.

Die Erklärung dafür ist ganz einfach. Man kann dem Hecht mit allen erdenklichen Angelmethoden nachstellen. Man kann vom Ufer ganz gemächlich mit einem toten Köderfisch angeln, dabei kann man ihn nach Belieben passiv oder auch sehr aktiv präsentieren. Man kann auch mit der Fliegenrute und einer Schwimmschnur auf Hecht gehen, eine sehr spannende und oft ausgesprochen effektive Methode. Und das gilt nicht nur für das Hechtangeln an kleinen Tümpeln.

Mit einem Wobbler auf Hecht zu angeln und diesen Köder nach allen Regeln der Kunst anzubieten, ist absolut fesselnd. Auch mit Blinkern kann man seine Freude am Hechtangeln haben. Vertikalangeln mit großen Gummifischen, Doppelschwanz-Twistern und großen Blattpilkern funktioniert ausgezeichnet. Jerkbaits und Oberflächen-Wobbler sind auf großen Gewässern im Sommer unwiderstehlich für Hechte, an kleinen, flachen Gewässer wirken sie sogar das ganze Jahr über. Dabei ist diese Angelei mindestens so spannend wie das Fliegenfischen.

Kurzum, es gibt kaum eine Methode, mit der man nicht auch Hechte fangen kann. Ich habe in diesem Buch versucht, alles Wichtige über diese Methoden zusammenzutragen. Bevor wir die Rute auswerfen, stellt sich aber die entscheidende Frage: Wo sollen wir auf Hecht angeln gehen?

Der Hecht lebt in weiten Gebieten der nördlichen Erdhalbkugel. Esox lucius kommt in Kanada vor, und genau dieselbe Art gibt es auch im Norden Spaniens. Auf der Verbreitungskarte sehen wir, wo überall unser einheimischer Hecht zu Hause ist. Innerhalb des

Hechtgewässer

In den Weiten des schwedischen Schärengartens bilden Schilf und Krautinseln Anhaltspunkte bei der Suche nach dem Hecht.

Verbreitungsgebiets nimmt die Anzahl der Hechtgewässer nach Norden hin zunächst zu. Dort gibt es große Seen, teilweise fast schon Meere, aber auch kleine, flache, oft vollkommen unbeangelte Gewässer.

Innerhalb Europas sind es vor allem die Länder Schweden und Finnland, wo die Hechte in zahllosen Seen hausen. In den Niederlanden, auch nicht gerade ein trockenes Land, findet man Hechte in allen möglichen Gewässern, von den Moorseen bis zu den kleinsten Gräben. Und es gibt sie auch in den vielen Kanälen und Poldern, die mit ihren schnurgeraden Verläufen nicht unbedingt beispielhaft sind für Naturschönheit. Es gibt Hechte in natürlichen und künstlichen Seen. Auch in den Flüssen ist der Hecht zu Hause, selbst wenn diese Gewässer noch so schnell strömen.

Irland ist vielleicht das Land, in dem man die größten Hechte fangen kann. In den oft kalkhaltigen Seen wachsen ausgesprochen große Fische heran. Für mich war es immer ein Genuss, dort zu angeln. Schade nur, dass man in Irland mit dem Hechtbestand einiger Seen nicht gut umgeht. Meiner Meinung nach werden die Hechtbestände dort völlig unnötig reduziert. Momentan muss man deshalb auf jeden Fall genau wissen, wo man in Irland am besten auf Hecht angeln kann.

Aber auch in Schweden und Finnland muss man gute Informationen haben. Viele Seen sind dort ziemlich sauer oder nährstoffarm. Manchmal hat das natürliche Ursachen, manchmal ist das auf landwirtschaftliche Verunreinigungen zurückzuführen.

In Skandinavien gibt es viele flache Seen, die in einer moorigen Landschaft liegen. Das sind keine Gewässer, in denen man Monster fangen kann, aber man kommt dort schnell auf große Stückzahlen. Oft sind die Flüsse, die die Seen miteinander verbinden, so sauer, dass Forellen oder Äschen darin nicht mehr leben können. Dem Hecht geht es dort jedoch bestens. Nicht selten haben die Gewässer einen PH-Wert von 6,5 oder noch weniger.

Wenn es dort im Winter mit 30 bis 40 Grad unter Null friert, und die Gewässer oft bis zum Boden vereisen, stirbt ein großer Teil des Fischbestandes. Die überlebenden Hechte sorgen anschließend für eine explosionsartige Vermehrung. Natürlich gibt es dort aber auch noch die vielen tieferen Seen. Auch in den schwedischen und finnischen Schären gedeihen die Hechte vortrefflich. Das manchmal recht salzige Wasser scheint den Fischen nichts anzuhaben. Im Süden von Schweden ist das Wasser so salzhaltig, dass Fische wie der Zander dort nicht leben können. Und je salziger das Wasser wird, desto weniger Arten von Süßwasserfischen können sich noch darin aufhalten. Der Hecht gehört zu den Süßwasserfischen, die es noch bei höheren Salzkonzentrationen aushalten.

Viele Seen in Deutschland und Österreich sind für ihre kapitalen Hechte bekannt. Immer wieder werden dort einige der größten und schwersten Hechte gefangen. In beiden Ländern stehen Hechte von eineinhalb Meter Länge in den Rekordbüchern.

Darin liegt der Unterschied

Der Hecht hat eine besondere Vorliebe für Wasserpflanzen. Die teilt er allerdings mit vielen anderen Fischen, die sich ebenfalls vom Grünzeug angezogen fühlen. Aber so groß die Anziehungskraft der Pflanzen auch ist, für die kleineren Fische werden sie schnell zur grünen Hölle. Bei der Gefräßigkeit der räuberischen Wasserbewohner ist es kein Wunder, dass die Fische für zehntausende,

Die Hinweise der Natur verraten oft die besten Fangplätze. Das Schilf zeigt hier zwei verschiedene Färbungen. Rechts ist es grün und links eher gelb. Der Farbunterschied zeigt eine Trennung von tiefem Wasser rechts und flachem Wasser links. Genau an dieser Stelle muss man im Herbst angeln.

oft auch hunderttausende Nachkommen sorgen müssen, um die Erhaltung der Art zu sichern.

Und auch die kleinen Hechte können leicht zur Beute von Räubern werden. Gerade erst auf der Welt, müssen sie sich vor Wasserinsekten, deren Larven und ihren eigenen Artgenossen in acht nehmen. Der Hecht ist einer der ersten Fische, die im Frühjahr laichen. Für den Hecht ist die frühe Laichzeit sinnvoll, weil für die Jungfische bald der Tisch mit der Brut anderer Fischarten gedeckt wird. Nach dem Hecht laichen nämlich viele andere Süßwasserfische wie Barsche und alle Weißfischarten.

Für das Wachstum der Hechte ist der Nährwert ihrer Beutefische ganz entscheidend. In Gewässern, in denen sich viele „fette" Fische befinden, wachsen die Hechte sehr schnell und erreichen hohe Gewichte. Denken Sie dabei nicht an die gedrungenen Fische, die man manchmal in kleinen Gewässern fängt. Solche Fische sind etwas aus der Form geraten und nicht zu vergleichen mit den wirklich großen Hechten, die im Laufe ihres Lebens einen kräftigen Körper mit viel Muskelmasse aufgebaut haben.

Wie Eisenbahnschienen

Zusammen mit meinen Angelkollegen habe ich einige Hechte mit beachtlichen Gewichten gefangen, deren Körper nicht wie eine weiche Masse durchhing, sondern wie eine Eisenbahnschiene in den Händen lag.

In Gewässern mit Forellenbestand wachsen die Hechte wie Unkraut. Aber auch in Gewässern mit Maränen, Stinten und Heringen gedeihen Hechte außerordentlich gut. Die Kombination von Heringen und Hechten wirkt eigenartig. Aber im schwedischen Schärengarten schwimmen Hechte, Heringe und Meerforellen munter durcheinander.

Auch die Temperatur des Wassers spielt eine wichtige Rolle für das Wachstum des Hechtes. In warmen Gewässern wachsen Hechte weniger gut ab. Aber der Hecht kommt auch in einigen spanischen Stauseen vor. Die tieferen Seen, die im Norden Spaniens oft höher gelegen sind, haben sogar einen guten Hechtbestand.

Extrem kaltes Wasser scheint dem Hecht nicht zu schaden. Beide Temperatur-Extreme haben Vor- und Nachteile. Im wärmeren Wasser wächst der Hecht schnell, wird aber nicht so alt. In den spanischen Stauseen werden die Hechte deshalb kaum älter als zehn Jahre. Der große Vorteil des schnellen Wachstums besteht darin, dass sich der Hechtbestand immer wieder rasch aufbaut und vergrößert. Vor allem an Gewässern, wo oft Fische von Anglern entnommen werden, hat solch eine Regenerationskraft große Bedeutung.

Im Hechtland Irland mit seinem gemäßigten Klima ist die Situation gar nicht viel anders. Die Hechte werden oft nicht älter als 12 bis 14 Jahre. Winter mit vereisten Gewässern sind in Irland selten. Die relativ konstanten Wassertemperaturen und die Forellen auf dem Speiseplan lassen die irischen Hechte besonders gut abwachsen. Die irischen Spitzengewässer sind der Lough Mask und der Lough Corrib. Leider musste der Hecht dort aber zu Gunsten der Forellen weichen. Neben diesen beiden Seen, in denen Hechte ausgezeichnet

Hechtgewässer

Im Hochsommer muss man nicht immer tief angeln. Solange die Wassertemperaturen unter 20 Grad bleiben, fängt man die Hechte im Bereich bis fünf Meter unter der Oberfläche.

Immer noch denken viele Angler, dass Hechte sich nur am Boden aufhalten. Dabei begeben sie sich gerade in tieferen Gewässern auch in höhere Regionen. Führt man dann den Köder zu tief, wird ihn der Hecht nicht wahrnehmen, denn er kann nicht nach unten schauen. Besonders im Sommer sollte der Köder deshalb hoch geführt werden. Ein Hecht schießt dann auch über mehrere Meter nach oben.

gedeihen, gibt es aber noch einige andere schöne Seen, aus denen man den Hecht ebenfalls zu verdrängen versucht. Ob diese Gewässer einmal die Gelegenheit bekommen werden, wieder ihren alten, großartigen Hechtbestand zu entwickeln, wird sich zeigen. Sicher ist auf jeden Fall, dass sich ein Hechtangler, der in Irland die wirklich großen und unglaublich starken Hechte fangen will, auf die Seen begeben muss, in denen Hechte und Forellen die wichtigsten Raubfische sind.

Die Hechte auf dem europäischen Festland, in Ländern wie den Niederlanden, Deutschland und Dänemark, wachsen etwas langsamer. Dafür haben sie aber auch eine etwas höhere Lebenserwartung. In den Niederlanden kann ein Hecht unter günstigen Umständen ein Alter von 15 bis 17 Jahren erreichen. Weiter im hohen Norden Europas kann man dagegen sogar Hechte mit einem Alter von über 25 Jahren fangen.

Die Angler in den kühleren Ländern sollten immer bedenken, dass ihr Hechtbestand empfindlicher ist. Die Lücke, die durch die Entnahme eines Meterhechts entsteht, wird erst nach Jahren wieder geschlossen. Weil alle kleineren Hechte grundsätzlich auch über einen Meter abwachsen können, scheint es, als würde die Entnahme eines großen Hechts dem Bestand nichts anhaben.

In kühlen Ländern wie Kanada und Schweden hat sich aber gezeigt, dass die Entnahme von Hechten aus unberührten Seen einen beträchtlichen Schaden beim Hechtbestand anrichten kann. Das soll nicht heißen, dass man in solchen Ländern keine Hechte fangen soll. Aber man sollte bedenken, dass das Gleichgewicht des Fischbestandes in den kälteren Gewässern leicht gestört wird.

Viele dieser Gewässer werden nun von einer großen Zahl kleiner Hechte bevölkert, die untereinander um Nahrung konkurrieren und gegenseitig ihr Wachstum hemmen. Ansonsten sind es aber auch in diesen Gewässern die übrigen Umstände, die über das Wachstum und die Lebenserwartung der Hechte entscheiden. In Gewässern mit guter Wasserqualität und nahrhaften Beutefischen werden die Hechte älter und vor allem größer als in sauren Gewässern, die ihnen nur magere Beutefische bieten.

Ich habe schon auf Gewässern geangelt, die eigentlich einen guten Hechtbestand hatten, in denen aber sehr selten große Hechte gefangen wurden. Längen von 1,10 Meter wurden gelegentlich noch erreicht. Lag einmal ein Hecht sogar noch darüber, dann handelte es sich sicher um ein vollkommen altersschwaches Exemplar. Eine plausible Erklärung für eine solche Hechtgesellschaft habe ich aber auch nicht.

Hechte und ihre Umgebung

Neben gutem Wasser und ausreichender Nahrung benötigt der Hecht auch Deckung. Bevorzugt hält er sich in der Nähe von Wasserpflanzen auf. Es gibt eine ganze Reihe verschiedener Wasserpflanzen. Einige Wasserpflanzen gedeihen gut in nährstoffarmen Gewässern. Die Wasseraloe (Stratiodes aloides), die oft im flachen Wasser wächst, ist ein gutes Beispiel dafür. Kommt diese Pflanze in einem Gewässer häufig vor, ist der Fischbestand dort sicher nicht besonders groß.

Andere Pflanzen wachsen bevorzugt in nährstoffreichen Gewässern und geben uns Anglern meistens eine günstigeres Signal. Alle Arten des Laichkrauts (Potamogeton) sind Beispiele dafür. Vor allem das Kamm-Laichkraut (Potamogeton pectinatus), das Krause Laichkraut (Potamogeton crispens) und das Durchwachsene Laichkraut (Potamogeton perfoliatus) bieten dem Hecht Standorte in guter Deckung.

Laichkraut verträgt auch eine Portion Salz. Deshalb bildet diese Pflanze auch im schwedischen Schärengarten zum Teil große Felder. Das Durchwachsene Laichkraut kann Längen von über fünf Meter erreichen. Solch ein Pflanzenwald bietet ausreichend Platz für große Hechte und die Hechtbrut zugleich. Die Jungfische müssen dabei natürlich auf der Hut sein vor ihren älteren Geschwistern.

Laichkraut sieht oft wie eine völlig undurchdringliche Pflanzenmasse aus. Vor allem dicht unter der Wasseroberfläche erscheint solch ein Pflanzenfeld wie ein wahrer Dschungel. Dichter am Gewässerboden bieten die Pflanzen aber viel Raum für die Fische, um sich zu bewegen, zu jagen und zu fressen. Zwischen diesen Pflanzen zu fischen, ist aber nahezu unmöglich.

Top-Stellen zwischen Pflanzen

Es gibt auch attraktive Wasserpflanzen, die sehr schön blühen, zum Beispiel die Weiße Seerose (Nymphea alba), die große Teichrose (Nuphar lutea) oder die Rundblättrige Seekanne (Nymphoides peltata). Auch diese Pflanzen haben schon viele Hechte kennengelernt.

Aber nicht alle diese Pflanzen sind für Angler wirklich von Interesse. Seerosen beispielsweise, so schön sie anzusehen sind, bilden ein dichtes Blätterfeld, unter dem die Fische meistens wenig Platz finden.

Teichrosen dagegen ziehen den Hecht geradezu magisch an. Sie bilden auch selten ein so dichtes Beet aus wie Seerosen. Oft bilden diese Pflanzen offene Strukturen, die genug Platz für Kleinfische bieten, um sich zu verbergen, und für Hechte, um darin zu jagen. Die wichtigsten Bestandteile der Teichrosen befinden sich aber unter Wasser. Dort bildet die Pflanze nämlich noch weitere Blätter aus, die in tiefem Wasser bis zu einem Meter hoch werden können und so ähnlich aussehen wie Salatblätter. Hinter diesen Blättern finden Hechte ausgezeichnete Standplätze. Selbst wenn die Blätter nicht ihre maximale Größe erreichen, finden die Hechte dahinter ausreichend Deckung. Diese Blätter bleiben übrigens auch im Winter unter Wasser stehen. Das macht die Gewässerstrecken, auf denen Teichrosen wachsen, für uns auch im Winter sehr interessant.

Viele Stellen, an denen Teichrosen wachsen, werden von Anglern gar nicht weiter beachtet. Das sind meistens Stellen, an denen die Pflanzen oder die einzelnen Blätter mehrere Meter voneinander entfernt stehen. Das erscheint uninteressant, deshalb fahren die meisten Angler schnell weiter. Dichter über dem Gewässerboden, in drei oder vier Meter Tiefe, kann sich da aber eine wahre Oase für Fische befinden. Solche Stellen registriere ich immer sehr genau und befische sie gründlich im Sommer und Winter.

Auch die verschiedenen Schilfgewächse am Wasser gilt es zu beachten. Von allen grasartigen Gewächsen im Uferbereich sind Binsen das wichtigste für den Hecht. Vor allem die Sumpfbinsen (Eleocharis) und die Teichbinsen (Schoenoplectus) spielen dabei eine wichtige Rolle. Binsen haben eine starke Wasser reinigende Wirkung. Möglicherweise hängt es damit zusammen, dass Hechte sich von diesen Pflanzen angezogen fühlen. Sicher ist aber auf jeden Fall, dass überall dort, wo Binsen im offenen Wasser stehen, die Hechte nicht weit sind.

Gesteigertes Interesse erfahren die Binsen bei den Hechten noch, wenn weitere Wasserpflanzen mit ihnen zusammen wachsen. Befinden sich bei den Binsen noch Teichrosen, Laichkraut oder andere Wasserpflanzen, wird ihre Anziehungskraft noch verstärkt. Besonders vorteilhaft ist es auch, wenn die Halme der Binsen weit auseinander stehen. Dort müssen einfach Hechte stehen.

Damit soll es aber genug sein mit dem Ausflug in die Botanik. Beachten Sie am Gewässer immer die genannten Pflanzen, und halten Sie immer die Augen offen, wenn Sie bei oder zwischen diesen Pflanzen angeln. Dann werden Sie sicher bald feststellen, dass es auch da immer noch ein paar hochinteressante Angelstellen gibt, wo auf den ersten Blick ein undurchdringlicher Dschungel wuchert.

Bodenstrukturen

Neben den Pflanzen sollte bei der Suche nach dem Hecht das Augenmerk immer auch den Bodenstrukturen eines Gewässers gelten. Die Kombination von Bodenveränderungen und Pflanzenbewuchs ist immer der Idealfall. Hechte mögen keine gleichmäßigen Gewässerstrecken mit einem ebenen Boden. Deshalb sollte man immer nach Veränderungen im Wasser Ausschau halten, wo die Hechte Deckung finden.

In Gewässern ohne Pflanzenwuchs wird der Hecht zu einem Bergbewohner. Gern steht er dann im Bereich einer abfallenden Kante. In der Nähe von Böschungen steht er manchmal frei über mehrere Meter tiefem Wasser. Wer glaubt, der Hecht würde immer nur oder bevorzugt dicht über dem Gewässerboden stehen, kann sich da schwer täuschen. Für flache Gewässer trifft diese Annahme zwar

Krautige Stellen müssen abgefischt werden, auch wenn das Wasser drum herum sehr tief ist. Oft stehen dort mehrere starke Hechte auf nur wenigen Metern nebeneinander.

Hechtgewässer

Schwer zugängliche Gewässer sollten eigentlich jeden Hechtangler anziehen. Wer sich die Mühe macht, ans Wasser zu gelangen, wird garantiert fangen.

zu, dort hat der Hecht aber auch nicht viele andere Möglichkeiten.

In großen, weiten Gewässern benehmen sich die Hechte oft ganz anders, als viele Angler glauben. Von einem eigenen Territorium haben die großen Hechte da noch nie etwas gehört. Selbst in einem kleineren See habe ich in zwei Jahren ein und denselben Hecht in allen möglichen Winkeln des Gewässers gefangen.

Sehr gut erinnere ich mich auch noch an einen Hecht, den ich am Morgen mit einem Köderfisch gefangen habe und einige Stunden später dann noch einmal mit einem Blinker. Ich konnte diesen Fisch anhand seiner Körpermerkmale genau wiedererkennen. Es ist ja nicht allzu außergewöhnlich, dass ein Hecht an einem Tag mehrmals gefangen wird. Aber dieses Exemplar ließ mich doch einigermaßen staunen. Denn die Entfernung zwischen dem ersten und dem zweiten Fangplatz betrug nicht weniger als 600 Meter. Es gibt in jedem Gewässer sogenannte Hot Spots, Top-Stellen, an denen sich immer Hechte aufhalten. Solche Stellen muss man unbedingt ausfindig machen. Ein erfahrener Hechtangler hat meistens schon einen Blick dafür entwickelt, wo sich solche Stellen befinden, und erkennt sie schon, ohne dass er dort überhaupt geangelt hat.

Wie man solch einen Blick entwickelt, lässt sich so vom Schreibtisch aus nicht ganz leicht erklären. Ich werde es trotzdem versuchen, Punkt für Punkt. Vielleicht wird das eine etwas trockene Übung, nicht leicht zu lesen und auch nicht immer leicht zu verstehen. Ich hoffe, es gelingt mir dennoch zu verdeutlichen, worum es im wesentlichen geht.

Polder, Kanal und Moorsee

Die niederländischen Polder, Kanäle und die künstlichen Seen in den Moorlandschaften haben bei aller Unterschiedlichkeit auch einiges gemeinsam. All diese Gewässer sind reich an Nährstoffen und Pflanzen, sie sind flach und haben fast immer recht klares Wasser. Eine Ausnahme bilden die Entwässerungskanäle, über die bei Hochwasser große Wassermassen mit hohem Druck abgeführt werden. Das bedeutet, dass diese Kanäle im Herbst und Winter sehr trübes Wasser führen können. Aber mit der Trübung sind sie zugleich auch reich an Nährstoffen, was den Fischen wiederum zu Gute kommt.

Mit Wassertrübung muss man sich zeitweise auch in den landwirtschaftlich genutzten Gebieten auseinandersetzen, in denen intensiv gedüngt wird und ein Teil des Düngemittels in die Gewässer gelangt. Das führt dazu, dass die Gewässer in den wärmeren Monaten ein starkes Algenwachstum zeigen. Dadurch getrübtes Wasser kann die Fangaussichten sehr negativ beeinflussen. Glücklicherweise geht solch eine Eintrübung des Wassers oft auch schnell vorüber. Sobald die Temperaturen fallen, wird das Wasser wieder klarer und bietet dem Hechtangler guten Chancen auf einen Fang.

Über weite Gebiete wurden die Ländereien und damit auch die Polder in den Nieder-

Die Hechte haben gerade abgelaicht. Wenn es wie in Schweden erlaubt ist, wird jetzt im Flachwasser geangelt, wo sich zahlreiche Hechte aufhalten. Dringend braucht man eine kräftige Rute, mit der man die Hechte aus den Pflanzenresten herausdrillen kann.

landen durch die Parzellierung begradigt. Die früher noch sehr abwechslungsreiche Landschaft mit Gräben, die sich immer wieder um mehrere Meter verbreiterten und wieder verengten, wurde immer mehr vereinheitlicht. Früher waren die Ufer noch unregelmäßig, teilweise unterspült und reich mit Pflanzen bewachsen. Die Ländereien waren mit Brücken verbunden, an denen sich der Wasserlauf verengte.

Von dieser Landschaft ist aber leider kaum noch etwas übrig geblieben. Ehrlich gesagt habe ich heute kaum noch Lust, in dieser ökonomisch veränderten Landschaft angeln zu gehen. Aber auch in den geradlinigen Gewässern kann man eben sehr große Hechte fangen. Die Standorte der guten Fische kann man heute aber nicht mehr so sicher erkennen wie früher. Damals bedeutete jede kleine Veränderung einen potentiellen Standort. Heute gibt es diese Veränderungen nicht mehr, und genau damit geht der spannende Teil beim Hechtangeln hier verloren. Deshalb gehe ich an diesen Gewässern auch kaum noch angeln.

Aufregender wird es dann an den unbegradigten Poldern, den Kanälen und den Moorseen. Dort hat man unzählige Möglichkeiten, wo man einen Hecht finden kann, an jeder Stelle kann ein Standort sein. Immer wieder wird man überrascht von der Vielzahl der Hechte und deren sehr unterschiedlichen Größen. Wenn die Gewässer im Sommer stark bewachsen sind, kann man dort eigentlich kaum noch angeln. Vor allem die Seerosen und die Wasserpest machen es dem Spinnfischer nahezu unmöglich, seinen Köder über eine etwas längere Strecke einzuholen, ohne dass er dabei Pflanzen hakt.

Und selbst wenn es einmal gelingt, einen Hecht an den Haken zu bekommen, ist er noch lange nicht gefangen. Fast jeder Hecht hat sich im Handumdrehen in den Wasserpflanzen festgesetzt, und da bekommt man ihn nicht so leicht wieder heraus. Diese Gewässer müssen deshalb bis zur zweiten Oktoberhälfte warten.

In den weniger bewachsenen Gewässern können wir dem Hecht das ganze Jahr über nachstellen. Hier sind es die vereinzelten Pflanzenfelder, die genau nach Hechten abgesucht werden müssen. Auch Uferstrecken mit einem wilden Pflanzenbewuchs werden natürlich genauestens beangelt. Die Buchten wirken dort manchmal sehr klein, aber oft bieten sie genug Platz für mehrere Hechte.

Vor allem in den Seen der Moorlandschaften findet man oft inselartige Pflanzenansammlungen. Solche Stellen sollte man unbedingt gründlich abfischen. Durch den Einfluss der vorherrschenden Windrichtung kann es an Poldern, Kanälen, vor allem aber bei Seen zur Verlandung des West- und Nordufers kommen. Dann sieht man oft sogar die Wurzeln der Teichrosen an der Wasseroberfläche. So flach es an solchen verkrauteten Stellen auch sein mag, dort darf man immer einen Hecht vermuten.

Mich überrascht es überhaupt nicht mehr, wenn im Wasser von nicht einmal einem halben Meter Tiefe ein richtig großer Hecht auf meinen Kunstköder losschießt. Das ist jedes Mal ein wahres Schauspiel, wenn sich eine richtige Bugwelle auf den Köder zuschiebt.

An allen Gewässer widme ich mich besonders aufmerksam den ruhigen Buchten. Bei den Wasserläufen zwischen Weide- und Ackerland kann man bei jedem Einlauf davon ausgehen, dass dort ein Hecht steht. Auch die Brücken, an denen sich der Wasserlauf verengt, die Strömungsgeschwindigkeit zunimmt und schattige Stellen entstehen, sind sichere Standplätze.

Die Kreuzung zweier Wasserwege bietet auch immer gute Fangchancen. Solch eine Stelle sollte in alle Richtungen gründlich befischt werden. Wiederum ist es sehr hilfreich, die Gewässerstrecken im Sommer genau unter die Lupe zu nehmen. Dabei kann man nicht nur die Aktivitäten raubender Hechte beobachten, sondern auch sehen, wo die meisten Pflanzen stehen, was Rückschlüsse auf die Standorte zulässt, auch nachdem die Pflanzen abgestorben sind.

In den Moorseen ist das Wasser oft nicht tiefer als in den Poldern oder den kleinen Kanälen. Solche Seen gibt es überall in den Niederlanden. Manchmal sind sie durch den Torfabbau entstanden, manchmal aber auch ganz natürlich, so wie ganz ähnliche Gewässer in Irland und häufiger noch in Schweden und Finnland. In diesen Seen verdient der Schilfwuchs besondere Aufmerksamkeit. Oft reichen schon ein paar Halme aus, damit sich ein Hecht dort einen Standort einrichtet.

Sterben im Herbst die Pflanzen ab, sind es wiederum die Teichrosen, die den Hechten noch längere Zeit Deckung bieten. Sehr vielversprechend sind jetzt die Felder weiter im offenen Wasser. Auch in den tieferen Bereichen vor den Kanten im Norden oder Osten der Seen halten sich die Hechte jetzt gern auf. Natürlich müssen wir dort ausgiebig abfischen.

Wo Äste und Sträucher über das Ufer hängen, sind genaue Würfe erforderlich. Wer genau werfen kann, hat dort gute Aussichten

Hechtgewässer

Einer der zahlreichen Moorseen in Nordschweden. Man glaubt es kaum, wie viele Hechte es hier gibt.

auf einen Fang. Man sollte aber nicht nur direkt vor das Geäst werfen, sondern vor allem diagonale Würfe machen, so dass der Köder auf einer möglichst langen Bahn vor dem Hecht vorbei gezogen wird.

Ebenso wie auf den Moorseen angle ich auch auf kleinen Kanälen am liebsten vom Boot. Das Gewässer muss dann natürlich schon so groß sein, dass man es mit einem Boot befahren kann. Ansonsten muss man notgedrungen vom Ufer angeln. In dem Fall mache ich immer diagonale Würfe zum gegenüberliegenden Ufer. So wird das Wasser Meter für Meter durchkämmt.

Starker Schilfbestand kann dieser Technik aber sehr im Wege stehen. Unter den Umständen fische ich einzelne Stellen fächerförmig ab. Manchmal wird es dann sehr schwierig, wirklich gute Stellen auszumachen. Erfolgversprechend ist es aber immer, die geschützten Bereiche des Gewässers aufzusuchen. Das kann beispielsweise ein Gewässerabschnitt sein, der an den Gebäuden eines Bauernhofes liegt oder an dem es einen dichten Baumbestand gibt. Gerade dort halten sich Hechte besonders gerne auf. Vor allem an kalten und windigen Tagen kommen solche geschützten Stellen auch dem Angler sehr entgegen.

Kann ich den Kanal jedoch mit einem Boot befahren, dann ziehe ich das einem Fußmarsch vor. Zwar könnte man auch schleppen, aber bleiben wir doch erst einmal beim Werfen. Das Boot sollte immer in der Mitte des Gewässers bleiben, damit man vor beide Ufer werfen kann. So lässt sich das Wasser in nahezu endloser Drift optimal abfischen. Und nur selten werden die Hechte dabei im Verborgenen bleiben.

Große Gewässer

Große Gewässer lassen sich in verschiedene Kategorien einteilen. Bei den großen stehenden Gewässern kann man allgemein unterscheiden zwischen künstlichen Seen, beispielsweise Baggerseen und durch Torfabbau entstandene Moorseen, und natürlichen Seen, wobei auch einige Moorseen eine scheinbar natürliche Struktur haben. Eine eigene Gruppe bilden die Fließgewässer, also große Flüsse mit schwerem Schiffsverkehr.

Baggerseen, in denen Kies oder Sand abgebaut wurde, sind in der Regel einfach zu beangeln. Oft wurden die Gruben dieser Seen ausgehoben, wo zuvor schon ein flaches Gewässer bestand. Günstig für die Fische sind Seen mit einer ausgedehnten Uferzone. Leider denkt man beim Bodenabbau aber meistens nicht an den späteren Fischbestand. Von einer breiten Uferzone, die für einen gesunden Fischbestand sehr wichtig wäre, kann deshalb bei den meisten Baggerseen kaum die Rede sein.

Die Bodenstruktur der künstlichen Seen folgt in den meisten Fällen einem einfachen Schema. An den Kanten gibt es einen kurzen, flachen Verlauf und dann eine sehr steile Böschung. Bei einigen Seen verläuft diese Böschung in Stufen, so dass zumindest ansatzweise eine Struktur erkennbar ist, die den Bedürfnissen der Fische entgegenkommt und ihnen mögliche Ruhezonen bietet.

Was muss man als Angler nun an solchen Gewässern beachten? Zunächst einmal sollte man sich auf die flachen Bereiche, soweit vorhanden, konzentrieren. Das kann beispielsweise ein flaches Plateau sein, wie es sie häufiger in den künstlichen Seen gibt. Solch ein Bereich kann mehrere hundert Quadratmeter groß sein. Dabei kann das Plateau ein Gefälle von nicht einmal einem Meter Tiefe auf über acht Meter Tiefe haben. Noch günstigere Bedingungen bietet ein Plateau mit geringem Gefälle bei einem Tiefenbereich von etwa zwei bis fünf Meter.

Ideal wären einige Unebenheiten auf dem Plateau, also einige Erhebungen und Senken von vielleicht einem halben Meter. Kommen solche Erhebungen und Vertiefungen in stetem Wechsel vor, wäre das ein sehr günstiges Profil, das auf die Begegnung mit Hechten hoffen ließe.

Natürlich sind auch an diesen Seen die Pflanzenfelder wiederum von großer Bedeutung. Sie bilden gewissermaßen die weichen Strukturen des Gewässers, zwischen denen nahezu alle Fische einen Teil ihres Lebens verbringen. Beachten Sie auch dabei immer die flachen Bereiche. Die Seen sind teilweise außerordentlich tief, was aber nicht bedeutet, dass sich auch die Fische im Tiefen aufhalten. Ganz im Gegenteil, wenn Flachwasserbereiche vorhanden sind, suchen die Hechte sie auch sehr gerne auf.

Niemand wird sich darüber wundern, wenn er im Frühjahr Hechte im Flachwasser antrifft. Wenige Angler wissen aber, dass viele Hechte sich auch im Herbst im flachen Wasser aufhalten. In einem sehr gleichmäßigen See mit einer bewachsenen Uferzone kann es manchmal außerordentlich schwierig sein, die Hechte zu finden. Schließlich können die Fische dann auch überall sein.

In solchen Fälle suche ich dann gezielt nach tiefer stehenden Wasserpflanzen. Je nachdem wie klar das Wasser ist, können Wasserpflanzen aus Tiefen bis sechs Meter an die Oberfläche wachsen. Bei solchen Pflanzenfeldern angle ich vor allem an den tieferen Randbereichen. Besonders an Stellen, wo die Pflanzen an einer Böschung wachsen, kann die Präsentation eines Kunstköders sehr wirkungsvoll sein.

Von den beschriebenen Stellen gibt es aber meistens nicht allzu viele. Wenn Sie in einem Baggersee ein paar dieser Stellen ausgemacht haben, sollten Sie dort an einem Angeltag in Abständen wiederholt den Köder auswerfen. An diesen Plätzen halten sich nämlich die dicksten Hechte auf.

Ich habe bereits angedeutet, dass Hechte gern an steilen Hängen stehen. Die Ränder der Pflanzenfelder befinden sich auch oft im Hangbereich, teilweise vor extrem tiefem Wasser. Wenn Sie solch eine Situation vorfinden, müssen Sie unbedingt die Strecke vor den Pflanzen abfischen. Die Ränder der Beete werden ganz sicher von Hechten beobachtet, die davor über dem tiefen Wasser stehen. Denn alles, was aus dem Grünzeug herausschwimmt, ist für den Hecht eine potentielle Mahlzeit. Eine Scharkante verläuft unter Wasser nie ganz gleichmäßig, es gibt

Die Hechte ziehen mehr umher als man denkt. In Schweden kommt es vor, dass man am Morgen und am Abend in kaum einem Meter tiefen Wasser fängt, tagsüber aber in sechs Meter Wassertiefe. Viel hängt dabei von der Sichttiefe des Wassers ab. Je heller das Wasser, desto tiefer stehen die Fische.

Ein- und Ausbuchtungen. Zeichnet sich im Kantenverlauf ein Einschnitt ab, halten sich dort mit Sicherheit Fische auf. Selbst von einer so sicheren Stellen darf man aber natürlich nicht erwarten, dass man dort immer auf Anhieb einen Hecht fängt. Machmal bedarf das auch an sehr sicheren Standorten einiger Anläufe. Aber der Hecht ist gewiss dort, und wahrscheinlich ist es auch kein kleiner.

Die Moorseen weisen oft Verbindungen mit Wasserläufen in der Umgebung auf, mit Kanälen oder Gräben. An den Einläufen dieser Gewässer darf man immer mit einem Hecht rechnen. Aber nicht nur direkt im Einlauf, auch in der oft flacheren Umgebung davon kann ein Hecht auf Beute lauern. An solch einer Stelle sollten Sie nie achtlos vorübergehen, weder im Sommer noch im Winter.

Ich weiß nicht, von wem das Gerücht stammt, die Hechte würden im Winter alle ins tiefe Wasser ziehen. Vielleicht tun das auch einige, aber ich habe schon viele Hechte im Winter in ausgesprochen flachem Wasser gefangen.

Die künstlichen Seen betrachte ich als gute Übungsgewässer, in denen man auch sehr große Hechte fangen kann. Und man kann dort vieles lernen, was man dann beim Hechtangeln auf großen natürlichen Seen anwenden kann.

Natürliche Seen

Wenn wir an einen natürlichen See treten, bemerken wir sofort, wie schwierig es ist, die Uferzone einzuschätzen. An künstlichen Seen hat man immer gleich eine gewisse Vorstellung davon, wie der Uferbereich verläuft. Natürliche Seen sind dagegen oft völlig unberechenbar. An einer Stelle kann die Böschung steil abfallen und der See in Ufernähe extrem tief sein, hundert Meter weiter kann der Uferverlauf ganz anders sein und der See eine breite Flachwasserzone haben.

Künstliche Seen haben oft einen eintönigen, gleichmäßigen Uferverlauf. Natürliche Seen zeigen dagegen einen sehr viel unregelmäßigeren Verlauf mit Buchten, Landzungen, Wechsel von sandigem und steinigem Ufer, am und teilweise auch im Wasser stehenden Bäumen. Kleinere und größere Inseln können weitere natürliche Elemente des Sees bilden.

Die abwechslungsreiche Gestalt eines solchen Sees kann sehr einladend wirken, aber wo soll man eigentlich anfangen? Der Uferverlauf mit seinen Buchten sieht sehr vielversprechend aus, die Inseln aber nicht weni-

Hechtgewässer

Links: Zwischen dem Glänzenden Laichkraut kann man oft noch gut fischen. Auf jeden Fall kann man den Köder immer noch an den Rändern der Krautfelder führen.

Rechts: Felder von Kamm-Laichkraut können einen wahnsinnig machen. Man weiß genau, dass darin die Hechte stehen, aber man weiß auch, wie leicht man dort seinen Kunstköder verlieren kann.

ger. Ebenso wie in den künstlichen Gewässern gibt es Bereiche, in denen man nahezu immer Fische findet, aber auch solche, wo sich die Hechte nur ungern aufhalten.

Nehmen Sie sich am besten als erstes eine Karte des Gewässers vor. Ohne eine gute Karte ist man an größeren Seen ohnehin aufgeschmissen. Man fährt blindlings über das Wasser und läuft Gefahr, die Stelle, wo der Hecht des Lebens steht, nie zu finden. Dabei sollte man doch in der meist viel zu kurzen Zeit auf einem See so effektiv wie möglich angeln.

Die Wahl des Angelplatzes richtet sich ganz wesentlich nach der Jahreszeit. Nirgendwo ziehen die Hechte so aktiv durchs Wasser wie in natürlichen Seen. Ihre Laichplätze können kilometerweit von ihren Jagdplätzen entfernt sein. Wo man zur Laichzeit der Hechte angeln darf, wie beispielsweise in Schweden, sollte man im Frühjahr die Hechte im Flachwasser suchen. Jetzt brauchen wir nämlich Wasser, das ein paar Grad wärmer ist als die Wassermasse des Sees. Das wärmere Wasser findet man in den Buchten und verengten Uferbereichen. Aber auch der Uferbereich im Norden des Gewässers ist wärmer. Dort staut sich nämlich das wärmere Wasser, dass durch den Wind aus südlicher und westlicher Richtung bewegt wird.

Dabei geht es nur um wenige Grad Temperaturunterschiede. Aber dieser kleine Unterschied ist für den Hecht entscheidend bei der Wahl des Laichplatzes. Im Bereich des Laichplatzes sollten Sie sich nie allzu lange an einer Stelle aufhalten. Haben Sie etwa zehn Würfe gemacht und keinen Fisch gefangen oder gesehen, dann ist es Zeit, ein Stück weiterzuziehen. Fischen Sie den Bereich Stück für Stück ab, und führen Sie den Köder dabei langsam und flach.

Vermuten Sie, dass die Fische gerade zum Laichgebiet ziehen, dann führen Sie den Köder davor in etwa drei Meter Wassertiefe. Sind die Fische noch nicht in der Nähe des Laichgebiets, müssen Sie sie noch weiter im tieferen Wasser suchen. Bieten Sie den Köder dann ab drei Meter bis auf etwa sechs oder sieben Meter Tiefe an, und führen Sie ihn sehr langsam. Der Köder kann jetzt eigentlich gar nicht langsam genug geführt werden.

Haben sich die Hechte dann tatsächlich am Laichplatz eingefunden, bieten Sie den Köder in weniger als zwei Meter Tiefe an. Sie brauchen dann gar nicht unbedingt dicht am Schilf zu angeln. Die Hechte laichen auch über den Wasserpflanzen, die in dieser Jahreszeit erst dicht über dem Gewässerboden austreiben. Im flachen und klaren Wasser wird man unschwer die Laichstränge der Hechte erkennen können. Das bedeutet, dass sich einige Fische schon wieder zurückgezogen haben. Nun kann man ihnen entweder folgen, oder darauf hoffen, dass noch weitere Hechte den Laichplatz aufsuchen. Ist das Laichgeschäft definitiv abgeschlossen, dann wird der Tiefenbereich um drei Meter wieder interessant. Tiefer sollten Sie den Köder jetzt nicht anbieten.

Eine Wasserfläche von einem Hektar fischt man so innerhalb einer Stunde ab. Haben Sie in der Zeit kaum etwas oder gar nichts gefangen, machen Sie sich schnell auf in eine andere Bucht, um es dort zu versuchen. Sie werden die Hechte mit Sicherheit noch finden.

Kehren Sie dann im August mit der Erinnerung an gute Fänge im Frühjahr an eben diesen Fangplatz zurück, dann gehen Ihnen wahrscheinlich nur kleine Hechte an den Haken. Die großen Fische, auf die Sie gehofft hatten, sind nicht am Platz. Sie halten sich jetzt überwiegend im offenen Wasser auf.

Mich hat das sehr überrascht, als ich diese Feststellung erstmals gemacht habe. Deutlich konnte ich dieses Verhalten der Hechte in Schweden beobachten. Im Frühjahr habe ich dort Hechte in nicht einmal einem Meter Wassertiefe gefangen. Teilweise war das Wasser sogar flacher als einen halben Meter. Der Fangplatz war eine Bucht an der Nordseite des Sees.

Das nächste Plateau, das einen guten Jagdplatz für die Hechte darstellte, war gut und gerne einen Kilometer vom Laichplatz entfernt. Dazwischen hatte der See eine Wassertiefe bis 60 Meter. Schon wenige Tage nachdem die Hechte abgelaicht hatten, haben sie sich an diesem Jagdplatz eingefunden. Noch während der Laichzeit hatte ich bei dem Plateau, wo das Wasser etwa vier Meter tief ist, nicht einen einzigen Fisch gefangen. Kurz nach dem Ablaichen waren die Fänge dort sicher. Am Plateau standen die Hechte aber keineswegs sehr tief. Viele Fische habe ich im nur wenige Meter tiefen Wasser gefangen. Dieses Beispiel zeigt, wie wichtig es ist,

Wasserpest, Laichkraut und andere Pflanzen bilden einen dichten Dschungel. Tagsüber produzieren diese Pflanzen Sauerstoff, der über Nacht zum Teil aufgebraucht wird. Viele Fische, die sich am Tage zwischen den Pflanzen aufhalten, trauen sich erst in der Dunkelheit heraus. Darauf haben sich die Hechte eingestellt und passen diese Beute in einiger Entfernung vor dem Dschungel ab.

Gewässerkarten zu studieren. Erst mit ihrer Hilfe kann man nämlich solche Plätze finden. Wie intensiv man solche Unterwasserinseln befischt, hängt von deren Ausmaßen ab. Handelt es sich nur um eine Spitze inmitten tiefen Wassers, reichen schon ein paar Würfe aus, um die unmittelbare Umgebung nach Hechten abzusuchen. Am besten lässt man dann das Boot einmal oder auch mehrmals über diese Stelle driften. Oft kann es sehr hilfreich sein, die Stelle mit einer Boje zu markieren. So fällt es leichter, sie immer wieder zielgenau anzuwerfen.

Bei Bodenerhebungen, die sich über eine größere Fläche erstrecken, bevorzuge ich es, vom verankerten Boot zu werfen. Ich fange dann an der Seite des Plateaus an, an der ich den Wind im Rücken habe. Der Anker wird im tiefen Wasser vor der Erhebung heruntergelassen. Dann wird so viel Seil gegeben, dass das Boot an der Kante des Plateaus liegen bleibt.

Die Stelle wird rund um das Boot abgeworfen. Im klaren, tiefen Wasser kommen tief tauchende Wobbler zum Einsatz sowie Blinker und, noch besser, Gummifische. Ist der Boden mit Wasserpflanzen bewachsen, wird mit flach tauchenden Wobblern, Twitchbaits und Jerkbaits geangelt, bei sehr starkem Pflanzenbewuchs eher noch mit Oberflächen-Wobblern und Spinnerbaits.

Auf den Seen gibt es auch Stellen, die zunächst völlig aussichtslos erscheinen, Bodenbereiche mit reinen Steinansammlungen beispielsweise. An solchen Stellen angle ich aber sehr gerne. Lassen Sie mich noch einmal darauf hinweisen, dass es ein Irrglaube ist, Hechte müssten immer tiefes Wasser unter ihrem Bauch haben. In einem großen See können Hechte ein sehr aktives Leben führen, sie ziehen täglich zwischen Ruhezonen und Jagdgebieten hin und her. Dabei ist es nicht ungewöhnlich, wenn die beiden Gebiete mehr als 100 Meter auseinander liegen.

In einem flachen, steinigen Bereich eines Sees habe ich in Schweden ausgezeichnet Hechte gefangen, und das im August, für viele Angler der schlechteste Hecht-Monat überhaupt. Es ist allerdings etwas waghalsig, an solchen Stellen mit nicht einmal einem Meter Wassertiefe zu angeln. Immer wieder hat man mit dem Außenborder Bodenkontakt, man muss also sehr behutsam fahren. Ein bisschen Risikobereitschaft wird dann aber oft mit vielen Hechten belohnt.

Es müssen aber natürlich nicht immer die problematischen Stellen eines Gewässers sein. Die Hechte lassen sich jetzt auch in allen großen und kleinen Buchten fangen. Oft muss man die Buchten aber erst genau erkunden, denn einige werden zwar ständig von Hechten aufgesucht, andere aber eher selten. Manchmal wirken die Stellen äußerlich sehr unattraktiv, flache Buchten mit einem völlig kahlen Sandboden beispielsweise. Befinden sich aber in der Nähe Wasserpflanzen, dann halten sich dort oft einige Hechte auf.

Man fragt sich allerdings, wieso man die Hechte an solchen Stellen immer wieder über dem Sandboden fängt und nicht zwischen den Pflanzen. Ich weiß es ehrlich gesagt auch nicht. Aber einen absolut sicheren Tipp möchte ich Ihnen noch geben. Die besten Buchten findet man nämlich am Ende von Landzungen und an Vorsprüngen größerer Inseln.

Engpässe

Ausgezeichnete Fangplätze findet man überall dort, wo das Gewässer zwischen zwei Inseln oder zwischen einer Insel und dem Festland eingeengt wird. So etwas wirkt wie eine große Reuse. Das gilt vor allem, wenn durch die Umrisse der Inseln oder durch den Uferverlauf am Festland eine Art Trichter entsteht, in dessen Verlauf das Gewässer immer weiter eingeengt wird. Beutefische, die durch solch einen Engpass ziehen, werden automatisch immer dichter zusammengedrängt. Am Ende des Trichters wartet dann der Hecht.

In Irland und Schweden habe ich einige hervorragende Fangplätze gefunden, die genau nach diesem Schema funktionierten. Das Prinzip einer solchen Stelle muss man nicht unbedingt an der Oberfläche erkennen können. Auch die Bodenstrukturen unter Wasser können einen ähnlichen Effekt haben.

Wenn Sie solch eine Situation an einem Gewässer gefunden haben, können Sie davon ausgehen, dass Sie dort regelmäßig Hechte fangen werden. Ich befische deshalb auch immer wieder ähnliche Strukturen am Gewässerrand. Verläuft in Ufernähe eine tiefe Rinne, dann wartet dahinter sicherlich ein Hecht auf seine Beute. Als tief bezeichne ich in diesem

Hechtgewässer

Solch ein Stein dicht unter der Wasseroberfläche kann dem Boot zum Verhängnis werden. Deshalb sollte man immer vorsichtig fahren und sich solche Hindernisse gut merken.

Fall Gewässerbereiche von fünf bis zehn Meter. Und davon gibt es auch in unseren heimischen Gewässern mehr als man denkt.

Die tiefen Uferbereiche können sehr unterschiedlich aufgebaut sein. Manchmal werden sie von Gestein flankiert, lieber ist mir aber immer eine lockere Schilfkante. Besser noch ist eine unregelmäßig unterbrochene Schilfkante. Aber die besten Fangchancen verspricht eine Stelle, die zwischendurch einige Erhebungen mit Pflanzenbewuchs aufweist. Da muss man einfach Hechte fangen.

Der große Vorzug solcher Stellen besteht für den Hecht darin, dass er dort kühleres Wasser in der Tiefe findet und zugleich Deckungen hat, aus denen er den Weißfischschwärmen auflauern kann, die regelmäßig an den Schilfkanten entlangziehen.

Es gibt noch andere Stellen, die sich überdeutlich als gute Fangplätze zu erkennen geben. Eine Anhäufung von Inseln beispielsweise, durch die ein Teil eines Gewässers stellenweise abgeriegelt wird. Dabei spielt es keine Rolle, ob es sich um echte kleine Inseln oder um große Felsen handelt. Ein Fluss, der in den See mündet, ist auch immer ein Top-Platz. Die Situationen können sehr verschieden sein. Flüsse führen aber stets Sediment, wodurch eine Flussmündung äußerst flache Bereiche ausbilden kann. Das gilt auf jeden Fall für die Randbereiche der Mündung. Weil dabei meistens sehr fruchtbarer Boden angespült wird, gedeihen dort die Pflanzen sehr gut. Das bedeutet für uns wiederum, dass wir dort mit Hechten rechnen dürfen. Flussmündungen wirken sehr anziehend auf Fische, ob Forelle, Rotauge, Brassen oder auch Güstern. In ihrem Gefolge finden sich auch Barsche ein. Und der Barsch bildet eine beliebte Speise für den Hecht.

Für die Ausbildung der Flussmündung und damit des Fangplatzes spielt die Größe des Flusses eine entscheidende Rolle. Ein kleiner Fluss führt nicht nur sehr wenige Sediment, er bietet auch nicht viel Raum für Hechte. Je größer der Fluss aber wird, desto mehr darf man von ihm erwarten - nicht nur Sediment, sondern auch Hechte. Aber wie klein der Fluss auch sein mag, ein paar Würfe muss man an der Einmündung immer riskieren.

Große Flüsse bilden teilweise weit ausufernde Mündungsbereiche aus. Dann kann es sich lohnen, auf der Suche nach guten Fangplätzen mit dem Boot ein Stück flussaufwärts zu fahren. Steigen in den Fluss Lachse und Meerforellen auf, wie das in vielen Flüssen Schwedens der Fall ist, dann können Sie sich auf gewaltige Hechte einstellen.

Der Fluss

Damit sind wird schon bei der letzten Kategorie großer Gewässer angelangt, den Flüssen. Es gibt sie in allen möglichen Größen und Variationen, ich meine hier aber nur die wirklich großen Flüsse. Also Wasserwege, die auch für die kommerzielle Schifffahrt genutzt werden. Das sind Flüsse, die eine Breite von mindestens ein paar Dutzend Meter aufweisen.

Solche Flüsse schrecken viele Hechtangler ab, womit ihnen so einige Fische entgehen. Natürlich ist der Hecht kein Lachs, der geschmeidig gegen den Strom schneller Flüsse schwimmt. Das heißt aber nicht, dass sich nicht auch Hechte im strömenden Wasser zu Hause fühlen.

In den schnell strömenden Abschnitten der Flüsse wird man zwar nicht allzu viele Hechte finden, aber weiter im Unterlauf und im Mündungsbereich sind sie umso häufiger. Auch in den geschützten Binnenhäfen der Flüsse halten sich viele Fische und damit auch Hechte auf, oft sogar überraschend große Fische.

Die Methoden, mit denen man die Hechte im Fluss fängt, unterscheiden sich nicht so sehr von denen in stillen Gewässern. Auf Seen arbeite ich mehr mit einem Elektromotor, auf dem Fluss werfe ich dagegen häufiger den Anker, zum Beispiel an Buhnenköpfen. Oftmals sind die Bereiche zwischen den Buhnen so klein, dass es ausreicht, einmal am Buhnenkopf zu ankern, um den ganzen Zwischenraum bis zur nächsten Buhne abzuwerfen. Sind die Abstände zu groß, muss man auch zwischen den Buhnen noch einmal den Anker werfen.

Die besten Stellen liegen zweifellos an der Strömungskante der Buhnen. Suchen Sie vor allem immer die letzten Meter vor der Strömungskante ab. Ein paar Würfe reichen schon aus, um festzustellen, ob dort Räuber lauern.

Die Sichtverhältnisse können im Fluss stark schwanken. Führt der Fluss klares Wasser, sucht man den Hecht am besten in tieferen Bereichen. Bei Hochwasser hat man oft keine Chance, die Hechte aufzufinden.

Die Hechte suchen oft geschützte Stellen direkt an den Buhnen auf. Der Schutz kann dort übrigens auch in Strömungsrichtung vor einer Buhne liegen. Prallt das Wasser gegen ein Hindernis, in diesem Fall eine Buhne, so entsteht eine Gegenströmung, die am Fuße der Buhne für eine ruhigere, geschützte Zone sorgt. Und darin verbergen sich immer wieder kapitale Hechte.

Nun noch kurz zu den Kunstködern für den Fluss. Gute Arbeit leisten ruckende Jerkbaits oder ein Bull Dawg. Schlanke Wobbler mit einer kleinen Tauchschaufel laufen hier viel besser als tief tauchende Wobbler, die zu viel Wasserwiderstand bieten.

Wollen Sie lieber mit Blinkern angeln, dann nehmen Sie einen mit schwerem Blatt, das aber schlanker ist als für stehende Gewässer. Bevorzugen Sie einen Streamer, dann sollten Sie ihn an einer Sinkschnur anbieten. Nutzen Sie eine besondere Möglichkeit, den Köder anzubieten, die Ihnen der Fluss bietet: Lassen Sie den Köder über das nahezu stille Wasser an der Buhne an die Strömungskante und von dort aus in den Strom ziehen.

Ein Phänomen der Hechte in Nordschweden: Viele von ihnen sind am ganzen Körper gemustert.

142

Wichtige Details

Manchmal entscheiden Kleinigkeiten wie ein Wirbel oder eine Quetschhülse über den Fangerfolg. Aber nicht nur bei Geräten geht es um Feinheiten, sondern auch bei der Ernährung der Hechte – und vielleicht auch beim Wetter.

Oben: Ein weiterer Fang an Titanium. Ein Titanium-Vorfach aus einem einzelnen Drahtstrang mit einer Tragkraft von 70 Pfund erlaubt den Drill einiger Dutzend starker Hechte.
Links: Was soll man nehmen, ein Stahlvorfach oder eine Spinnstange? Ein Stahlvorfach muss man regelmäßig auswechseln. Eine Stange schränkt die Bewegungsfreiheit des Köders ein, aber sie hält lange.

Wer mit Kunstködern angelt, muss immer darauf bedacht sein, seinen Köder so natürlich wie möglich anzubieten. Grundsätzlich sollte sich beim Hechtangeln dabei ein Stahlvorfach oder eine Spinnstange vor dem Köder befinden. Oft wird gerade dieser Teil unserer Ausrüstung vollkommen falsch verstanden. Wie genau müssen wir es also mit dem Teil vor dem Köder nehmen?

Hechtangler sind manchmal sehr gleichgültig, was ihr Vorfach anbelangt. Wenn die Hechte gut beißen, hat man gelegentlich auch den Eindruck, es wäre völlig egal, wie das Vorfach aussieht. Dann wird man in der Tat leicht gleichgültig. Aber es gibt auch die andere Situation: Immer wieder folgen Hechte dem Köder, aber nehmen ihn nicht. Irgendetwas hält sie davon ab. Möglicherweise ist es der Kunstköder selbst. Es könnte aber auch an der Präsentation des Köders liegen.

Wenn wir einen Kunstköder am Stahlvorfach oder an der Spinnstange präsentieren, sollten wir uns vorher sehr genau überlegen, wie wir damit das beste Zusammenspiel mit unserem Köder und unserer jeweiligen Methode erreichen. Als erstes müssen wir uns über die Länge des Vorfachs Gedanken machen. Grundsätzlich sollte dieser Metallteil vor dem Köder so kurz wie möglich sein. Die Vorfachlänge richtet sich dabei nach den zwei entscheidenden Faktoren: dem Kunstköder, mit dem man fischt, und dem Gewässer, in dem man ihn anbietet.

Wer in einem Polder oder einem Bach angelt, wird darin keine Riesenhechte erwarten. Außerdem angelt man dann gewöhnlich auch nicht mit großen Wobblern von 20 Zentimeter oder mehr. Sicher, es kommen gelegentlich auch große Hechte in kleinen Gewässern vor. Aber die Raubfische in kleinen Gewässern haben sich meistens darauf spezialisiert, kleine Beutefische zu jagen. Deshalb hat es dort wenig Sinn, einen großen Kunstköder einzusetzen.

143

Wichtige Details

Der Köder tief im Hechtrachen, in solch einer Situation darf das Vorfach keine Schwächen zeigen.

Also angelt man mit einem Wobbler von rund 11 Zentimeter Länge, einem nicht zu schweren Spinner oder einem Löffelblinker. Ein Streamer wäre sicher auch eine gute Wahl.

So oder so muss dann aber ein Stahlvorfach vor den Köder. Mit einer Länge von 12 bis 15 Zentimeter ist es lang genug. Rechnet man noch die Länge des Kunstköders hinzu, sind das über 20 Zentimeter bis zur Hauptschnur. Die ist damit auch vor dem Rachen großer Hechte gut geschützt.

Wenn Sie ein längeres Stahlvorfach nehmen, verschaffen Sie sich selber Nachteile beim Werfen. Denn je länger das Stahlvorfach ist, desto schwieriger wird es, genau zu werfen. Aber gerade an kleinen Gewässern, wo die Hechte sich an schwer erreichbaren Standorten aufhalten, ist genaues Werfen eine dringende Notwendigkeit. Obendrein bedeutet mehr Stahl auch mehr Gewicht, das den Kunstköder in ungewünschte Tiefe herunterziehen könnte. Halten Sie das Vorfach also möglichst kurz.

Auf großen Gewässern ist die Situation etwas anders, aber nicht grundlegend anders. Wir führen den Köder dann oft über größere Entfernungen und in größeren Tiefen. Die Hechte können beachtliche Größen erreichen, und man fängt sie gewöhnlich auch besser an etwas größeren Kunstködern. Jetzt kommen Wobbler über 14 Zentimeter Länge zum Einsatz, wer es mag, kann sie bis zu 25 Zentimeter Größe nehmen. Zu den Ködern für diese Gewässer gehören auch Jerkbaits und Bucktail-Spinner sowie große Streamer.

Die Kunstköder werden keinesfalls immer von hinten gepackt. Immer wieder greifen Hechte den Köder gerade von vorne an. Oft attackieren sie den Köder auch von unten. Das ist im Prinzip noch nicht sonderlich gefährlich, wenn wir ein 15 Zentimeter langes Stahlvorfach haben, oder sollten wir doch besser auf 20 Zentimeter verlängern?

In großen Seen haben Hechte eine äußerst unangenehme Angewohnheit, die ihre Artgenossen im Flachwasser selten haben. Sie drehen sich nämlich gern wie wild um ihre eigene Achse und wickeln dabei das Stahlvorfach um ihren Kopf. Dabei geraten Sie dann doch immer wieder mit den Zähnen an die Hauptschnur. Besonders oft scheint das zu geschehen, wenn wir den Hecht zu hart an einer steifen Rute drillen, einer Jerkrute beispielsweise. Man sollte den Hecht deshalb zwar stramm drillen, aber doch wiederum so locker, dass er sich unter der Oberfläche austoben kann. Drillen Sie lieber nicht zu forsch, und nehmen Sie das Stahlvorfach wiederum nicht zu lang, jedenfalls nicht länger als 25 Zentimeter. Denn auch auf großen Seen lässt sich ein Kunstköder an einem zu langen Stahlvorfach nicht genau genug präsentieren.

Tragkraft

Neben der Länge ist natürlich die Tragkraft eine entscheidende Eigenschaft des Stahlvorfachs oder der Spinnstange. Viele Stahlvorfächer sind nach dem Seven Strand-Prinzip hergestellt. Das heißt, sie bestehen aus sieben einzelnen Stahlfäden, die zu einem Draht gewunden sind. Diese Stahlvorfächer gibt es mit oder ohne Kunststoffmantel. Ich benutze meistens einen ummantelten Draht.

Der Name Stahldraht klingt gewaltiger als das Material tatsächlich ist. Es ist nämlich keinesfalls unverwüstlich. Auch Stahldraht hat seine Grenzen, das steht schon auf der Verpackung. Denn dort ist deutlich lesbar angegeben, welche Tragkraft ein Stahlvorfach hat. Das Vorfach muss mindesten dieselbe Tragkraft haben wie die Hauptschnur, mit der wir fischen. Noch lieber ist es mir allerdings, wenn das Stahlvorfach noch stärker ist als die Hauptschnur. Aber man sollte das Vorfach auch wiederum nicht übertrieben stark wählen, denn das könnte die Bewegungsfreiheit des Kunstköders negativ beeinflussen.

Nehmen wir einmal an, Sie wollen in den niederländischen Poldern angeln. Als Köder haben Sie einen 11 Zentimeter langen, zweiteiligen Salmo-Wobbler, den Sie an einer Schnur mit acht Pfund Tragkraft fischen. Nun dürfen Sie natürlich kein Vorfach von sechs Pfund Tragkraft nehmen. Jede Kette ist nur so stark wie ihr schwächstes Glied. Und das wäre dann das Stahlvorfach. Also wählen Sie ein Stahlvorfach mit 10 Pfund Tragkraft, das ist stärker als die Hauptschnur. Aber vergessen Sie nicht, dass solch ein Vorfach ziemlichen Belastungen ausgesetzt wird und schnell an Tragkraft verlieren kann. Auch deshalb sollte die Tragkraft des Vorfachs höher angesetzt werden als die der Hauptschnur.

Besonders wenn man mit kleinen Kunstködern angelt, ist die Bewegungsfreiheit des Köders sehr wichtig. Die Abstimmung von Hauptschnur und Vorfach sollte deshalb sehr sorgfältig vorgenommen werden. Das Stahlvorfach sollte stärker sein, aber wiederum nicht zu stark. Grundsätzlich gilt das auch, wenn man mit schwererem Material auf größeren Gewässern angelt.

Ein Stahlvorfach sollte nie zu lange benutzt werden. Vielleicht erscheint Ihnen das etwas übertrieben, aber ich tausche mein Stahlvorfach aus, sobald es nach einigen Hechtfängen etwas zerknickt ist. Allerdings mache ich das nicht nur, weil das Vorfach bei der nächsten Belastung reißen könnte, sondern auch, weil ein geknicktes Stahlvorfach sich negativ auf die Laufeigenschaften des Köders auswirken kann. Auch das gilt wiederum ganz besonders, wenn wir einen kleineren Köder benutzen. Vor allem die leichteren Kunstköder neigen dazu, schräg zu schwimmen, wenn das Stahlvorfach nicht mehr ganz gerade ist.

Stahlvorfächer verwende ich immer dann, wenn es darauf ankommt, den Kunstköder weit auszuwerfen. Für Blinker, Wobbler und in einigen Fällen auch Jerkbaits ist ein Stahlvorfach dann die beste Lösung.

Auch Spinnstangen bekommt man in verschiedenen Längen und Stärken. Spinnstangen bestehen aus einem einfachen leichten Drahtstrang. Eine Spinnstange mit einem Standard-Durchmesser von rund 0,6 Milli-

Hechte kämpfen mit allen ihnen zur Verfügung stehenden Mitteln. Und allzu oft gelingt es ihnen dabei, das Vorfach zu zerreißen.

meter hat bereits eine beträchtliche Tragkraft. Oft liegt sie beim Zehnfachen der Hauptschnur. Von der Tragkraft her könnte man durchaus dünnere Stangen nehmen, allerdings verbiegen diese sich zu leicht.

Ganz vermeiden lässt es sich natürlich nicht, dass die Spinnstange ab und zu verbiegt, zumal wenn sie in einen Hechtrachen gerät. Meistens kann man sie dann aber leicht wieder geradebiegen und weiter benutzen. Spinnstangen können deshalb ein sehr langes Leben erreichen.

Starke Spinnstangen

Mit der Größe des Kunstköders sollte auch die Spinnstange einen größeren Durchmesser bekommen. 0,6 Millimeter reichen bei großen Ködern nicht mehr aus. Die Spinnstange muss länger genommen werden, und dadurch besteht die Gefahr, dass sie sich beim Wurf verbiegt. Allein wegen der Wurfbelastung muss die Stange dicker gewählt werden, ein Durchmesser von 0,8 Millimeter bis zu einem vollen Millimeter ist dann angebracht.

Diese Stärke ist nun wiederum nicht erforderlich, um die Hauptschnur zu schützen. Ein Stahldraht von einem Millimeter Durchmesser kann mehr als 100 Kilo tragen, und das ist beim Hechtangeln wirklich nicht erforderlich.

Bei so dicken Stangen sprechen wir gewöhnlich nicht mehr von Spinnstangen, sondern von Jerkstangen. Diese Stangen haben teilweise auch eine beträchtliche Länge, die nun aber tatsächlich notwendig ist. Wie lang genau soll man die Stange nehmen?

Wenn Sie mit einem Ruck-Jerk fischen wie dem Suick, einem Bobby Bait oder einem Salmo Jack 18, dann befindet sich die Stange immer vor Ihrem Köder. Eine Länge von 20 Zentimeter reicht dann in jedem Fall aus. Ich habe mit einer solchen relativ kurzen Stange noch nie einen Fisch verloren.

Eine andere Situation ergibt sich, wenn Sie mit einem Gleiter fischen. Dieser Kunstköder schiebt sich im Wasser mal nach links und mal nach rechts. Einige dieser gleitenden Jerkbaits scheren dabei bis zu einem Meter aus ihrer Bahn aus. Gelegentlich ziehen sie dabei auch an der Jerkstange vorbei.

Ich hatte einmal einen sensationellen Gleiter, es war ein Reef Hawg, den ich später in keinem Laden mehr finden konnte. Meine Jerkstange war etwas länger als der Köder. Ich habe es noch genau vor Augen. Gerade als der Jerkbait an der Stange vorbei glitt, schob ein Hecht sein weit geöffnetes Maul über den gesamten Gleiter. Und in genau diesem Moment erwischte das Hechtungetüm natürlich nicht nur meinen Jerkbait, sondern auch die Stange und die Schnur. Alles verschwand gleichzeitig in seinem Maul. Ich spürte nur einen knallharten Biss, dann wirbelte der Fisch ein paar Quadratmeter Wasser auf, und ich stand da

■ Wichtige Details

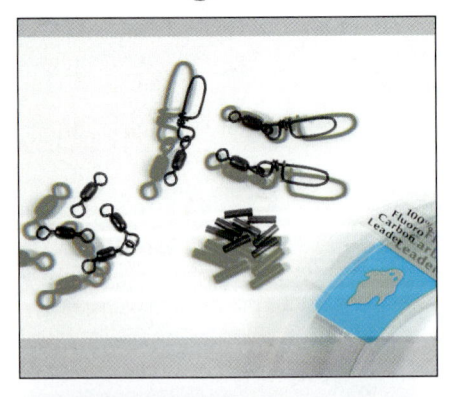

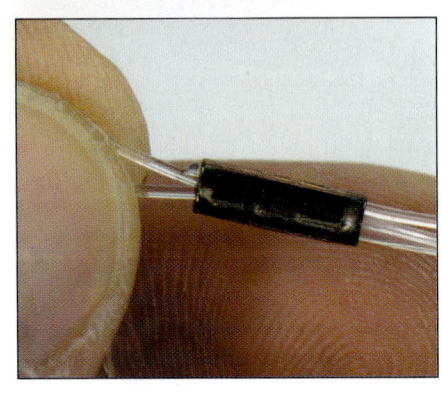

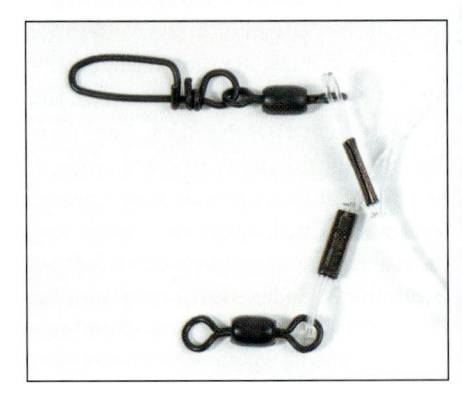

1 Das nötige Zubehör zum Vorfachbau: Wirbel, Quetschhülsen und Schnur (hier Fluorocarbon).

2 Die Fluorocarbon-Schnur fürs Vorfach hat eine Tragkraft von 60 Pfund. Die Quetschhülsen dafür müssen 60 bis 80 Pfund halten. Zusätzlich zu dem Schnurstück für das Vorfach werden zwei kurze Stücke von 10 Zentimeter abgeschnitten. Ziehen Sie eine Quetschhülse auf und schieben Sie eines der kurzen Stücke mit ein. Führen Sie beide Enden durch die Öse des Wirbels.

3 Die beiden Schnurenden werden in die Hülse zurückgeschoben. Die Schlaufen beider Schnüre müssen gleich groß sein. Mit der Verdopplung der Schnur wird das Vorfach an seiner schwächsten Stelle, nämlich an den Quetschhülsen verstärkt.

4 Die Hülsen werden mit einer guten Quetschhülsenzange zusammengedrückt.

5 Die Schnurreste werden mit einer scharfen Kneifzange abgekniffen.

6 Das ist der sichtbare, oder besser gesagt unsichtbare Unterschied zu anderem Vorfachmaterial. Wer einmal mit Fluorocarbon geangelt hat, will sicher kein anderes Vorfach mehr.

Mit einer guten Quetschhülsenzange kann man verschieden große Quetschhülsen sicher fest drücken. Wer häufig Vorfächer oder Systeme selber macht, braucht solch eine Zange.

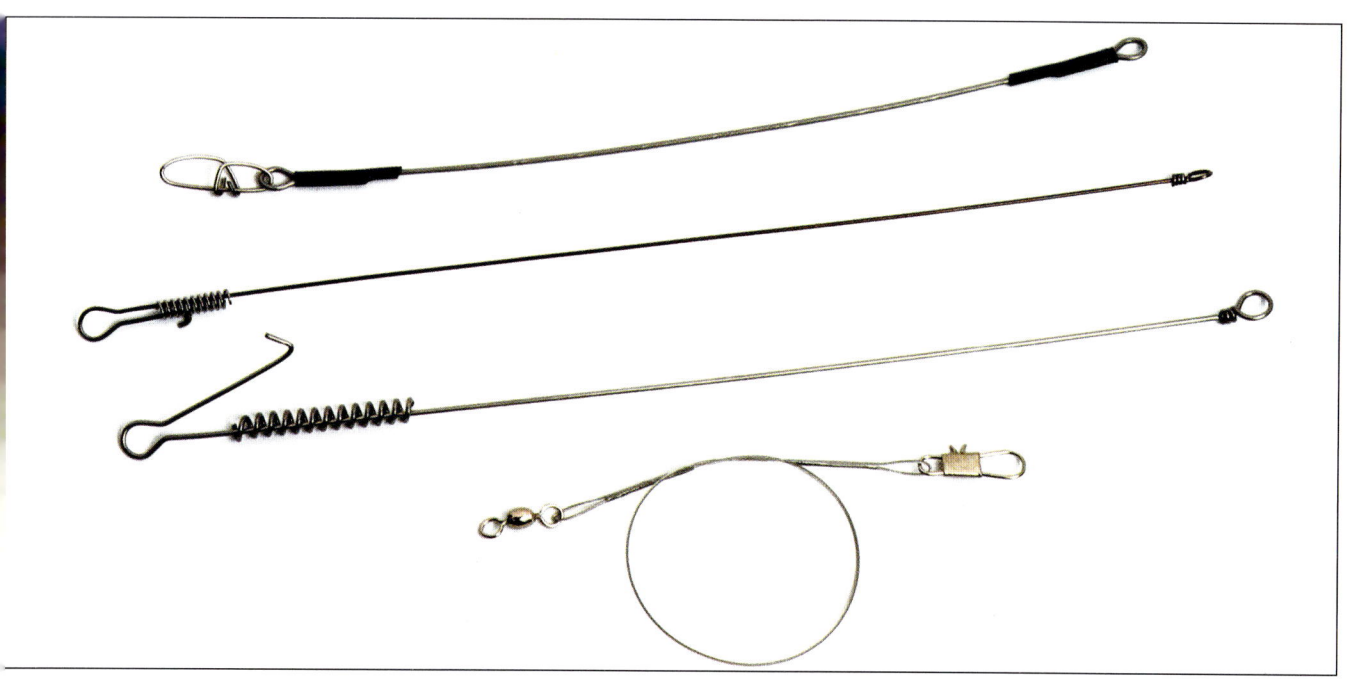

Stahldraht, Spinnstange, Titanium, man hat die Wahl fürs Vorfach – sie haben alle Vor- und Nachteile.

Sprengringzange und Rundzange gehören neben der Kneifzange zum wichtigen Gerät des Hechtanglers.

Welche Haken Sie auch benutzen mögen, sie werden alle mit der Zeit stumpf, und deshalb muss man sie wieder schärfen. Dafür gibt es spezielle Schleifsteine und Pfeilen, die ein Hechtangler haben sollte.

Auf die hier beschriebene Weise können Sie ein Vorfach aus Fluorocarbon, Stahldraht oder Titanium machen. Das Fluorocarbon sollte von bester Qualität sein. Gut geeignet sind die Sufix InvisiLine und die Climax FC. Nehmen Sie eine relativ dicke Schnur mit 60, 80 oder sogar 100 Pfund Tragkraft.

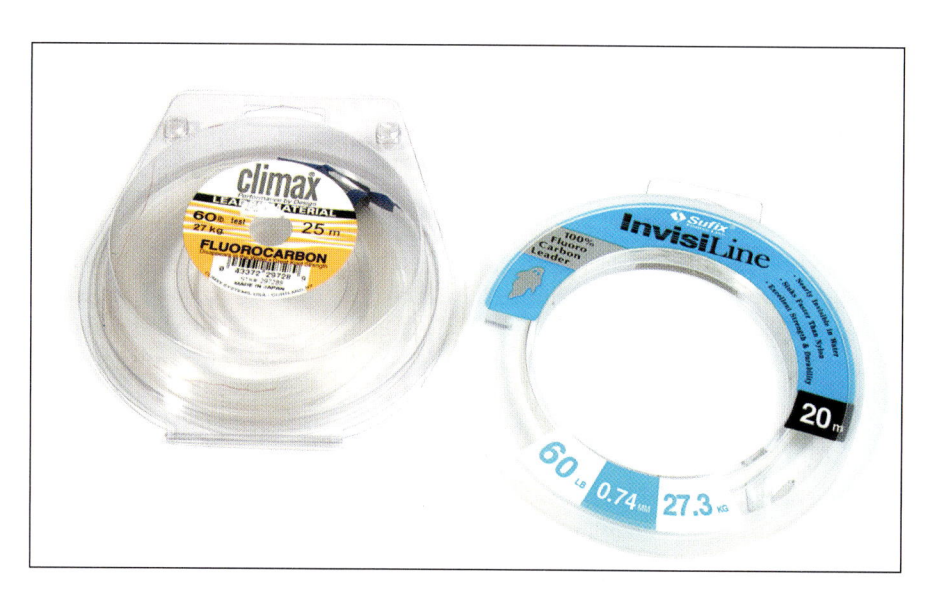

■ Wichtige Details

Eine leichte Spinnstange ist vielleicht noch das beste Vorfach beim Streamerfischen. Aber auch Titanium ist sehr leicht, flexibel und unglaublich stark.

ohne Jerkbait, ohne Spinnstange, nur mit einem Schnurende, das im Wind wehte.

Meine Lehre daraus: Keinen Gleiter mit einer zu kurzen Jerkstange fischen. Die Stange sollte mindestens um ein Drittel länger sein als der Jerkbait. Dabei ergibt sich allerdings ein Problem. Beim Werfen des relativ schweren Jerkbaits wird sich die Stange verbiegen. Dadurch gerät der Jerkbait wiederum aus der Balance, was gerade bei einem Gleiter sehr nachteilig ist. Nun könnten Sie dickere Stangen kaufen - oder natürlich selber machen. Ich habe selber auch schon Jerkstangen mit einem Durchmesser von 1,25 Millimeter gefischt. Mit einer angemessenen Länge von 25 Zentimeter merkt man aber sehr schnell, dass das nicht zusammenpasst. Das Verhältnis von Kunstköder und Spinnstange stimmt einfach nicht mehr.

Ich benutzte statt dessen jetzt häufiger ein kräftiges Stahlvorfach. Auch das hat Nachteile. Wie bereits erwähnt, gibt es Gleiter, die ein Stahlvorfach oder eine Spinnstange überholen. Dabei wird das Stahlvorfach immer wieder gebogen, was zu Materialermüdung führt. Sie halten diese Bedenken für übertrieben? Dann überlegen Sie einmal, wie oft der Gleiter allein bei einmaligem Einholen nach links und nach rechts auschert. Vielleicht 20 oder 30 mal? Das Ganze bei etwa 800 Würfen an einem Angeltag. Danach ist die Kraft aus dem Stahlvorfach heraus. Länger als einen vollen Tag fische ich deshalb nicht mit einem Stahlvorfach.

Deshalb würde ich Ihnen auch empfehlen: Kneifen Sie nach einem langen Angeltag den Karabiner und den Wirbel vom Vorfach, und ersetzen Sie den Stahldraht. Nehmen Sie einen etwa 30 Zentimeter langen Stahldraht von rund 50 Pfund Tragkraft für das Vorfach, damit sind Sie auf der sicheren Seite, und der Köder hat noch ein verführerisches Spiel. Die Wirbel für das Vorfach sollten eine Tragkraft von mindestens 200 Pfund haben, damit haben Sie die Garantie dafür, dass kein Hecht Ihr Vorfach zerlegt.

Warum so starke Wirbel? Sie öffnen und schließen den Karabinerwirbel einige Dutzend Male. Und jedes Mal, wenn das geschieht, schwächen Sie den Wirbel etwas sicher nur geringfügig, aber trotzdem lässt seine Kraft nach. Deshalb sollten Sie dem Wirbel von vornherein so viel Kraft mitgeben, dass er ein paar Dutzend Stahldrähte überlebt.

Aber nicht nur der Karabiner wird mit der Zeit geschwächt, sondern auch der Wirbelkörper, das gilt auch für den Tönnchenwirbel, der die Verbindung zwischen Vorfach und Hauptschnur bildet. Mit jedem einzelnen Wurf gibt es einem Ruck im Wirbel, auch deshalb benutzen wir Wirbel mit einer viel höheren Tragkraft als das Vorfach.

Zurück zum Stahlvorfach: Solch ein Vorfach hat noch einen Vorteil. Das Material ist oftmals so leicht, dass ein gleitender Jerkbait unter das Vorfach läuft. Manchmal gleitet er sogar noch weiter durch, weil das Vorfach so geschmeidig ist, dass es seinen Lauf gar nicht behindert. Der freie Lauf des Gleiters macht ihn nur noch attraktiver, und das wiederum zahlt sich in Fängen aus.

Farben

Stahlvorfächer gibt es in unterschiedlicher Farben, in Grün, Silber oder Schwarz. Selber mag ich die silbernen Vorfächer nicht so sehr. Ich habe manchmal den Eindruck, sie würden Hechte abschrecken. Solch ein glitzerndes Ding gehört schließlich nicht vor einen Beutefisch. Ich habe auch oft beobachtet, das

Gegen Kälte gibt es gute Spezialkleidung. Wenn es extrem kalt ist, sollte man ab und zu anlegen und sich etwas bewegen.

Barsche einem großen Kunstköder folgten, sich dann aber vor allem für den silbernen Draht vor dem Köder interessierten.

Nehmen Sie lieber weniger auffällige Farben. Schwarz ist immer gut, Grün ist auch nicht falsch, Silber...? Auch damit kann man Fische fangen, aber nehmen Sie den Durchmesser dann nicht größer als unbedingt erforderlich. Spinnstangen müssen aus biegsamem Stahldraht gefertigt sein, zu weich dürfen sie aber wiederum nicht sein. Ich habe mich selber einmal beim Einkauf von Stangen vertan. Sie waren aus rostfreiem Stahl und sahen eigentlich sehr zuverlässig aus. Aber sie verbogen sich bei jedem Wurf. Auch eine zu dicke Spinnstange kann einen Hecht davon abhalten, den Köder zu nehmen. Achten Sie also auch hier auf den Durchmesser.

Ein anderes Metall für Spinnstangen ist Bronze. Dieses Metall hat gute Eigenschaften, wird bislang aber kaum beim Angeln eingesetzt. Ein neues Vorfachmaterial bildet Nickel-Titanium. Vor einiger Zeit noch kaum bekannt, wird der Draht aus Nickel-Titanium inzwischen von immer mehr Anglern benutzt. Allerdings ist dieses Material sehr teuer. Wer allerdings einmal mit Nickel-Titanium geangelt hat, weiß die großartigen Eigenschaften dieses Materials wohl zu schätzen. Es zerknickt nicht, ist sehr geschmeidig und unglaublich stark.

Muss man ein normales Stahlvorfach schon nach vier oder fünf Fängen wechseln, so kann man mit Nickel-Titanium immer weiter angeln und fangen. Ich habe selber bereits mit einem einzigen Nickel-Titanium-Vorfach über 100 Hechte gefangen.

Ich frage mich, ob es nicht irgendwo auch Spinnstangen aus Titanium gibt. Es liegt doch eigentlich nahe, aus diesem Material Spinnstangen zu fertigen. Ich weiß aber nicht, ob sie irgendwer produziert oder verkauft. Ich bin davon überzeugt, dass eine Spinnstange aus Titanium die Präsentation unserer Köder verbessern kann.

Knoten

Ein Stahlvorfach oder eine Spinnstange muss selbstverständlich mit der Hauptschnur verbunden werden. Ich binde schon seit Jahrzehnten immer dieselben Knoten, mit denen ich nie Probleme bekommen habe, weder bei monofiler Schnur noch bei geflochtener.

Ein Knoten ist trotzdem immer eine Schwachstelle der Schnur. Selbst die besten Knoten können die Tragkraft der Schnur um 10 Prozent schwächen. Schlechte Knoten können die Tragkraft sogar um 50 Prozent verringern. Ein ganz normaler Knoten beispielsweise halbiert schon die Tragkraft der Schnur.

Wenn wir die folgenden Knoten binden, müssen wir eines immer bedenken: Werden zwei Schnüre zusammengeknotet, dürfen sich ihre Durchmesser nicht um mehr als 0,10 Millimeter voneinander unterscheiden. Sind die Unterschiede der Durchmesser größer, dann zieht sich der Knoten nicht richtig fest.

Zur Befestigung der Schnur an der Öse von Wirbel oder Kunstköder benutze ich den Clinch-Knoten. Nehmen Sie für diesen Knoten das Schnurende auf einer Länge von rund 10 Zentimeter doppelt. Damit geben Sie der Schnur an dieser Stelle auch die doppelte Tragkraft. Die Schwachstelle der Schnur wird

Wichtige Details

Auch bei eisiger Kälte kann man Hechte fangen. Nicht zufällig werden in Skandinavien im Winter Wettangeln auf Hecht veranstaltet. Dabei werden erstaunlich viele Hechte im Flachwasser gefangen.

also vorab verstärkt, ehe sie dann durch den Knoten wieder verringert wird.

Führen Sie die doppelte Schnur durch die Öse des Wirbels. Halten Sie mit Daumen und Zeigefinger die Öse und die Schnur daran fest. Legen Sie dann die Schnurschlaufe vier- oder fünfmal um die Schnur zurück. Dann wird die Schlaufe durch die Schnuröffnung an der Öse geführt. Den Knoten anziehen. Nun stehen ein kurzes Schnurende und eine kleine Schlaufe ab. Beides können Sie abschneiden, selber lasse ich die Schlaufe immer stehen. Dieser Knoten ist sehr einfach, aber so stabil, dass die Schnur niemals am Knoten reißt.

Haben der Draht der Öse und die Schnur einen sehr unterschiedlichen Durchmesser, empfiehlt es sich, einen verbesserten Clinch-Knoten anzuwenden. Wieder nehmen Sie die Schnur doppelt. Drehen Sie diese doppelte Schnur etwas, so dass Sie ein spitzes Ende bekommen. Dieses führen Sie wieder durch die Öse des Wirbels und legen das Ende wieder vier- bis fünfmal um die Schnur. Führen Sie das Ende nun wiederum durch die Schnurschlaufe an der Öse. Dadurch entsteht eine weitere Schlaufe, durch die das Schnurende - und das ist nun die Verbesserung - abschließend hindurchgeführt wird. Der Knoten wird nun festgezogen. Wenn Sie eine monofile Schnur benutzen, befeuchten Sie die Schnur vor dem Zuziehen etwas mit Speichel, dann sitzt der Knoten anschließend besser. Andere Knoten braucht man meines Erachtens zur Befestigung von Schnüren nicht.

Wenn ich Vorfächer zum Fliegenfischen zusammensetze, also zwei Monofilschnüre zusammenknote, verwende ich gewöhnlich den sogenannten Blutknoten. Auch dabei nehme ich die Schnurenden doppelt. So haben die Schnüre auch an dieser Stelle ihre volle Tragkraft.

Knote ich beim Vorfach zwei Schnüre mit sehr unterschiedlichen Durchmessern zusammen, dann kommt wiederum der verbesserte Clinch-Knoten zum Einsatz. Mit jedem Schnurende wird dann ein solcher Knoten gebunden, so dass also zwei Knoten aneinander sitzen. So wird auf jeden Fall verhindert, dass sich eine Schnur aus der anderen herauslösen kann.

Machen Sie es sich mit dem Vorfach beim Fliegenfischen nicht zu kompliziert. Wir fischen schließlich mit schweren Streamern. Ein einfaches Vorfach wird aus Schnüren mit verschiedenen Durchmessern gefertigt, so dass es sich von 0,70 Millimeter auf 0,50, dann auf 0,40 und schließlich auf 0,30 Millimeter verjüngt. Das letzte Stück ist das schwächste, deshalb sollte die Schnur dort auf jeden Fall doppelt genommen werden.

Erst seit kurzem sind Fluorocarbon-Schnüre auf dem Markt. Dieses Material sieht ähnlich aus wie Nylon, ist transparent und sinkt verhältnismäßig schnell. Weil diese Schnur den Streamer schnell herabführt, scheint mir dieses Material für das Fliegenfischen auf großen Gewässern sehr gut geeignet. Oftmals entscheidet es nämlich über den Fangerfolg, ob man den Streamer dicht unter der Oberfläche führt oder deutlich tiefer.

Fluorocarbon-Schnüre eignen sich aber nicht nur als Vorfachmaterial fürs Fliegenfischen. Die Schnur kann auch ebenso gut für jede andere Angelart mit Kunstködern eingesetzt werden. Ich habe schon einige Zeit mit diesem Material experimentiert und habe damit sehr gute Erfahrungen gemacht. Mit einem einzigen Vorfach von 60 lb Tragkraft habe ich beispielsweise 114 Hechte sicher gelandet. Dabei ist die Schnur weder zerknickt, noch hat sie sonst einen nennenswerten Schaden erlitten. Diese Erfahrung, die ich im schwedischen Schärengarten gemacht habe, hat mich zu weiteren Experimenten ermutigt. Ich habe dann ein ganzes Jahr lang mit Fluorocarbon geangelt.

Nur einem einzigen Hecht ist es gelungen, ein allerdings auch schon stark beschädigtes Fluorocarbon-Vorfach durchzubeißen oder zu zerreißen - das war nicht sicher auszumachen. Mein Kollege Rutger de Jong hat an Fluorocarbon aber einmal einen wahrscheinlich sehr großen Hecht verloren.

Zum Fluorocarbon ist noch etwas Wichtiges anzumerken. Die Produkte, die unter diesem Namen im Handel sind, stammen von verschiedenen Firmen und auch die Materialeigenschaften sind teilweise sehr verschieden. Meine eigenen Erfahrungen habe ich mit Schnüren von Climax und Sufix gesammelt. Beide haben den Härtetest locker bestanden.

Aber es gibt auch Schnüre unter der Bezeichnung Fluorocarbon im Handel, die tatsächlich aber nur mit Fluorocarbon ummantelte Nylonschnüre sind. Diese Schnüre halten keinen Vergleich mit echten Fluorocarbon-Schnüren stand. Den Unterschied kann man übrigens auch am Preis erkennen. Eine gute Fluorcarbon-Schnur ist wesentlich teurer als eine ummantelte Schnur. Aber für einen passionierten Hechtangler lohnt sich die Investition.

Wie lange kann man schließlich mit einem gewöhnlichen Stahlvorfach angeln? Wenn man Pech hat, ist es nach einem Hecht hinüber. Wenn es gut läuft, hält ein Stahlvorfach auch zehn Hechtfänge durch, aber das war's dann auch. Fluorocarbon-Vorfächer können Sie im Prinzip für alle Kunstköder verwenden. Selbst für das Angeln mit Jerkbaits ist dieses Material durchaus geeignet. Auf die Beweglichkeit des Jerkbaits wirkt es sich sicherlich nicht nachteilig aus. Ich habe auch den Eindruck, dass man mit diesem durchsichtigen Vorfach so manchen Hecht fangen kann, der sich bei einem anderen Vorfach-Material zurückgehalten hätte. Diese Möglichkeit zur Verbesserung der Köderpräsentation sollte man als Hechtangler eigentlich nicht ungenutzt lassen.

Nun sind wir etwas vom Thema Knoten abgekommen. Fluorocarbon kann man zumindest mit geringeren Durchmessern gut knoten. Mit größeren Durchmessern wird das Material allerdings so steif, dass sich ein Knoten nicht mehr sicher anziehen lässt. Ich ziehe es dann vor, Fluorocarbon mit Quetschhülsen zu befestigen. Auch dabei gilt es, sehr sorgfältig vorzugehen. Deshalb müssen die Tragkräfte der Schnur und der Hülsen genau zusammenpassen. Eine Schnur von 60 lb Tragkraft erfordert also auch eine Quetschhülse mit derselben Tragkraft. Oft sind die Hülsen dann groß genug, um die Schnur doppelt durchzuführen. Das sollte man auf jeden Fall tun. Kneifen Sie dann zusätzlich noch ein kleinen Stück von der Schnur ab und stecken Sie dieses mit durch die Quetschhülse. An dieser Stelle wird die Schnur damit verdoppelt, und somit genau dort verstärkt, wo sie am meisten beansprucht wird. Außerdem wird die Gefahr, dass die Schnur beim Zukneifen der Hülse beschädigt wird, deutlich verringert. Gehen Sie nichtsdestotrotz sehr sorgfältig vor, wenn Sie sich das Vorfach selber bauen. Sie werden dann mit einem leistungsfähigen Vorfach belohnt.

Kleidung

Früher zog man zum Angeln seine ältesten Klamotten an. Schließlich war Angeln eine ziemlich schmuddelige Angelegenheit. Daran hat sich inzwischen einiges geändert. Heute kann man sich spezielle Bekleidung zum Angeln kaufen, die so viel kostet wie ein Maßanzug. Das ist natürlich schon ein Extrem, aber dennoch ist und bleibt die Kleidung sehr wichtig für den Angler. Ein nasser und durchgefrorener Hechtangler ist schließlich kein guter Hechtangler. Er denkt mehr an sein warmes Zuhause als ans Fische fangen.

Im Sommer gibt es meistens weniger Probleme mit der Kleiderwahl. Die normale Alltagskleidung reicht vollkommen aus. Im Boot angle ich dann gern mit leichtem Schuhwerk. Wenn es regnet, werden die Füße eben nass, aber zumindest nicht kalt. Mit Regen muss man schließlich auch im Sommer rechnen, eine Regenjacke sollte man deshalb immer im Gepäck haben. Sie sollte aber möglichst leicht sein. In den wärmeren Jahreszeiten wollen Sie sicherlich aktiv Spinnfischen, Sie müssen sich frei bewegen können, dabei sollte eine Regenjacke nicht hinderlich sein.

Im Boot gehört immer auch eine Schwimmweste zur Ausrüstung. Nichtschwimmer sollten sie natürlich auch während des Angelns tragen. Es gibt relativ dünne Schwimmwesten, die beim Angeln nicht so hinderlich sind. Ich trage selber allerdings keine Schwimmweste. Aber ich achte sehr darauf, dass ich leicht wieder ins Boot klettern kann, wenn ich einmal über Bord gehen sollte. Deshalb lasse ich ein Seil aus dem Boot hängen, das ich im Notfall ergreifen kann. Wenn ich vom Ufer aus angle, trage ich am liebsten eine Weste oder Jacke, wie sie bei Fliegenfischern üblich sind. Da passt leicht alles hinein, was ich mit mir herumschleppe, und es bleibt immer noch die eine oder andere Tasche frei. Am Ufer gehören auch Gummistiefel an die Füße. Denn meistens hat man dort keinen trockenen Boden mehr unter den Füßen, auf dem man mit anderen Schuhen gehen könnte.

Die unangenehmste Jahreszeit für Angler ist der Winter. Ich bin schon manches Mal fürchterlich durchgefroren nach Hause gekommen. Wenn ich im Winter ein paar Tage nacheinander ans Wasser gehe, erscheint es mir mit jedem Tag unangenehmer. Das Wasser strahlt geradezu Kälte aus. Man mag gar nicht dran denken, dass man da hineinfallen könnte. Glücklicherweise ist mir das bislang erspart geblieben, aber ich fürchte, der Tag wird noch kommen. Aber ich habe schon einige andere Hechtangler über Bord gehen sehen. Danach muss man sich so schnell wie möglich wieder aufwärmen. Mir scheint, dass wir Angler dem Winter jedes Jahr aufs Neue in die Falle gehen. Immer wieder gehen wir an den ersten kalten Tagen in zu dünner Kleidung angeln und zittern uns durch den Angeltag.

Wenn wir vom Ufer aus angeln, sollten wir deshalb einen ein- oder zweiteiligen warmen Regenanzug tragen. Wer häufiger im Winter angelt, sollte sich solch einen Anzug unbedingt leisten. Er ist nicht nur warm, sondern auch wasserdicht. Wenn man am Ufer größere Strecken zurücklegt, sind Neopren-Stiefel eine Wohltat für die Füße. Kaufen Sie diese Stiefel aber so groß, dass Ihre Füße auch noch mit einem dicken Paar Socken hineinpassen.

Im Boot bewegt man sich nicht so intensiv. Das Beste für die Füße sind dann sogenannte Moonboots oder Stiefel mit besonders guter Isolation. Die größten Probleme bereiten immer die Hände. Ich reibe meine Hände oft vor und nach einem Angeltage dick mit Vaseline ein. Das verhindert das Austrocknen der Hände, und es hält die Hände auch warm. Auch Neopren-Handschuhe können gegen Kälte helfen, aber sie sollten nicht zu eng sein. Nimmt man sie eine Nummer größer, kann man mit ihnen besser hantieren. Merkwürdigerweise bekomme ich in solchen Handschuhen aber immer besonders kalte Hände.

Der Bootsangler sollte bei der unteren Kleidungsschicht an die Wärmewirkung denken. Geeignet sind eine Jeanshose, ein langärmeliges Sweatshirt, ein dickes Flanell-Oberhemd oder ein dichtes Fleeceshirt. Ein einfacher

Wichtige Details

Regenanzug ist aber noch nicht die beste Wahl im Boot. Zwar habe ich damit selber jahrelang der Kälte getrotzt, aber im Boot ist ein Thermo-Schwimmanzug auf jeden Fall die bessere Kleidungswahl. Auch wenn man darin aussieht wie ein oranger Kanarienvogel.

Wenn man im Winter angelt, kühlt man ganz langsam aus, fast unmerklich schleicht sich die Kälte in den Körper. Fällt man dann über Bord, hat man kaum noch eine Chance. Ein Thermo-Schwimmanzug wärmt Sie im Boot genauso lange und so gut wie ein anderer Anzug. Wenn Sie darin aber ins Wasser fallen, haben Sie immer noch genug Zeit, um wieder ins Boot zurückzuklettern. Sie sind auch ausreichend geschützt, um sich notfalls ans Ufer treiben zu lassen. Selbst dort sind Sie aber noch nicht in wärmender Sicherheit. Aber der Anzug hilft Ihnen, die Zeit bis dahin zu überbrücken.

Eigentlich sollte ein Thermo-Schwimmanzug zur Pflichtkleidung für Bootsangler werden. Er vermittelt immer ein sicheres Gefühl. So kann man viel entspannter angeln und sich auf das Wesentlich konzentrieren.

Esox Speiseplan

Wir essen alle am liebsten das, was uns besonders gut schmeckt. Tiere in der freien Natur haben meistens nicht die Möglichkeit, zwischen verschiedenen Speisen auszuwählen. Raubtiere müssen zupacken, wenn sich ihnen Nahrung anbietet. Das gilt auch für Hechte. Lange stand der Hecht in dem Ruf, ein gieriger Fresser zu sein. Deshalb wurden ihm auch Beinamen wie Süßwasser-Wolf verliehen. Dazu hat natürlich auch das grimmige Aussehen des Hechtes beigetragen. Der Hecht wird sicherlich noch lange als der Bösewicht des Süßwassers gelten. Dieses Bild vom gefräßigen Schrecken des Süßwassers wird auch durchaus bewusst aufgebaut.

Ein Beispiel dafür bietet das Buch „Pike and the pike angler" von Fred Buller. Darin sieht man auf Seite 160 einen Hecht mit aufgeschnittenem Bauch, in dem sich rund 20 Meerforellen befinden. Der Hecht soll all diese Forellen gefressen haben. Der Hecht, um den es sich dabei handelt, brachte etwa fünfeinhalb Pfund auf die Waage, womit er etwa 70 Zentimeter lang gewesen sein dürfte. Das allein klingt mir schon sehr unglaubwürdig. Hinzu kommt, dass die Forellen trotz der aggressiven Magensäure des Hechts nahezu unversehrt aus seinem Magen geholt wurden.

Hier wurde, wie mir scheint, eindeutig manipuliert, um den Hecht in ein schlechtes Licht zu rücken. In einem Buch von jemandem wie Fred Buller hätte so etwas eigentlich keinen Platz finden dürfen. Sicherlich gibt es bei Hechten Perioden, in denen sie ausgesprochen gefräßig sind. Aber 20 Meerforellen, die der Hecht unmittelbar hintereinander gefressen haben muss, das halte ich für undenkbar.

Im Drill würgte ein Hecht den Rest einer Forelle aus. Der Suick zum Vergleich ist 22 Zentimeter lang. Die Forelle dürfte rund 75 Zentimeter groß gewesen sein, nicht zu groß für einen kapitalen Hecht.

Große Mahlzeiten

Hechte gehen sehr ökonomisch mit ihrer Nahrung um. Vor allem große Hechte können viele Tage, oft sogar Wochen überstehen, ohne Nahrung aufzunehmen. Für kleine Hechte gibt es nur ein Ziel: Sie müssen so schnell wie möglich wachsen. Wenn sie langsam wachsen, laufen sie Gefahr, von größeren Artgenossen verspeist zu werden.

Um einen Beutefisch langsam zu verdauen, suchen große Hechte nach Möglichkeit kälteres Wasser in der Tiefe auf. Oft stehen diese Fische dann unmittelbar über dem Gewässerboden. Und das selbst, wenn das Gewässer über 20 Meter tief ist. Aktive Fische suchen bei der Beutejagd wärmere Wasserschichten auf. Die Hechte rauben dann sogar an der Gewässeroberfläche.

Hechte können eine ausgesprochene Vorliebe für bestimmte Beute haben. In großen Aquarien kann man genau beobachten, wie Hechte eine bestimmte Auswahl der Beute treffen. Stehen ihnen dabei Rotaugen, Brassen und Barsche zur Verfügung, haben besonders die Rotaugen eine kurze Lebenserwartung. Etwas mehr haben die Brassen zu erwarten, dann folgen die Barsche. Das ist die Situation in einem Aquarium. Darin kann man aber kaum wirklich große Hechte halten.

In einem großen Gewässer sind die Verhältnisse wohl etwas anders. Die Hechte scheinen da eine Vorliebe für Barsche zu haben. Die Fangergebnisse mit Barschen, Rotaugen und Güstern als tote Köderfische lassen daran kaum Zweifel. Auf großen Gewässern wirken deshalb auch naturgetreue Nachbildungen von Barschen sehr gut.

Es ist sicherlich kein Zufall, dass die Barsche als Beute so hoch im Kurs stehen bei den Hechten. Ich habe den Eindruck, einige Hechte spezialisieren sich im Laufe ihres Lebens auf diese Beute.

In einem mittelgroßen See, der vollkommen abgeschlossen ist, habe ich immer wieder dieselben Fische gefangen. Mit der Zeit erkennt man dann einige Unterschiede. Hechte, die ich wiederholt mit einem Barsch als Köderfisch gefangen hatte, fielen durch ihren kleinen Kopf und einen sehr kräftigen Körper auf. Dagegen hatten die Hechte, die ich mit Rotaugen und Brassen fing, einen deutlich größeren Kopf, und obwohl sie auch ein hohes Gewicht hatten, war der Körper dieser Fische immer weicher. Ob das mit der unterschiedlichen Nahrung zusammenhängt? Es ist nur eine

Das passiert gelegentlich: Man drillt einen kleineren Hecht, und dann wird dieser von einem echten Monster gepackt. Dieser Hecht war 70 Zentimeter lang. Das Maul, das seine Spuren auf ihm hinterließ, war 22 Zentimeter breit.

Alle Gewässer Schwedens haben einen guten bis sehr guten Barschbestand. Nicht nur in den kleinen und großen Seen des Landes, sondern auch an der gesamten Ostseeküste von Schweden trifft man auf Barsche. Barsche und Kunstköder mit Barschdekor fangen dort immer.

In der Ostsee leben die Barsche aber nicht ganz so gefährlich wie in den Seen. Denn an der Küste gibt es schließlich auch noch den Hering. Und der steht ganz hoch im Kurs bei hungrigen Hechten. Oft ziehen die Hechte sogar mit den Heringsschwärmen herum. Um diese Hechte zu fangen, sollte man sich kleine flache Stellen suchen, die von sehr tiefem Wasser umgeben sind.

Weiter im Norden gehören auch Äschen und Maränen zu den Beutefischen der Hechte. Beides sind Fische, die für den Räuber einen hohen Nährwert haben. Ob der barschartige Wobbler da noch fängt? Sicher, er ist auch dort fängig, allerdings fängt man mit blau-silbernen Kunstködern noch mehr. Wiederum zeigt sich, dass man erfolgreich ist, wenn man sich auf die jeweiligen Umständen am Gewässer einstellt.

Salziger Nachgeschmack

Einige Hechtangler, die mit toten Köderfischen angeln, bevorzugen Meeresfische als Köder. Vor allem in England ist es sehr beliebt, mit toten Heringen auf Hecht zu angeln. Auch wenn dieser Köder sich auf dem Kontinent nur schwer durchsetzt, die Methode funktioniert ganz gewiss.

Es erscheint aber durchaus verständlich, dass man eher geneigt ist, einen Köderfisch anzubieten, den der Hecht aus seiner natürlichen Umgebung kennt. Vor allem aber, wenn man den Köder unbewegt am Boden anbietet, kann es durchaus erfolgversprechend sein, einen Salzwasserfisch anzuködern.

Hechte orientieren sich nicht nur mit den Augen, sondern auch ihr Geruchssinn führt sie zu ihrer Beute. Als unbewegter Köder ist ein Salzwasserfisch deshalb nicht zu übertreffen. Sein Geruch zieht jagende Hechte unweigerlich an.

An erster Stelle stehen bei den Ködern aus dem Salzwasser für mich große Stinte. Dieser Fisch kommt im Salz- und im brackigen Süßwasser in teilweise beachtlichen Größen vor. Dem Hecht ist er damit aus seiner natürlichen Umgebung als nahrhafte Speise bekannt. Danach kommt für mich die Sardine. Sie ist nicht so groß und recht weich, aber auch sie ist

Vermutung, ich werde auf jeden Fall weiterhin Kunstködern mit Barschmustern den Vorzug geben. Und auch wenn ich mit Naturköder angle, steht der Barsch für mich an erster Stelle.

In den irischen Seen jagen die Hechte unverkennbar bevorzugt auf Forellen und Lachse. Auf dem berühmten Lough Mask haben die Hechte gar keine andere Wahl, als sich zwischen Barsch, Forelle oder ihren eigenen Artgenossen zu entscheiden. In der guten alten Zeit, zu der ich noch auf dem Lough Mask geangelt habe, war dort der Barsch recht selten. Die Hechte fielen wie wild über die barschartigen Wobbler her. Natürlich stand aber auch die Forelle auf dem Speiseplan der Hechte, wegen Barschmangels war sie möglicherweise sogar die Hauptspeise. In Seen, in denen Forellen zahlreich vorkommen, sind deshalb auch tote Forellen sehr gute Köder.

Auch in zahlreichen schwedischen Gewässern kann man bestimmte Vorlieben der Hechte beobachten. Wiederum spielt der Barsch eine besondere Rolle als Beutefisch.

■ Wichtige Details

Selbst bei Windstärke 10 konnte man auf dem Kanal zunächst noch gut fangen. Dann war das Wasser aber so sehr aufgewühlt, dass man nur noch die Sachen packen konnte. Wenn das Wetter die Wasserverhältnisse zu sehr verschlechtert, hat man oft kaum noch Fangchancen.

ein fettreicher Fisch, dem der Hecht kaum widerstehen kann. Auch kleine Heringe sind ein guter Hechtköder, der überall leicht erhältlich ist. Ein viel gepriesener Köderfisch ist die Makrele. Bei mir steht sie aber nicht auf den ersten Plätzen der Köderliste. Was allerdings für die Makrele spricht, ist ihre zähe Haut. Die hat sie den anderen Meeresfischen voraus. Sie lässt sich dadurch eindeutig besser werfen. Angelt man vom Ufer, wird man diesen Vorteil zu schätzen wissen.

Hechtwetter

Wir gehen in jedem Fall auf Hecht. Ob es nun brütend heiß ist oder ob es wie aus Eimern schüttet. Wenn schon Eis auf dem Teich ist, gehen wir auf einen größeren See. Stürmt es dort zu sehr, gehen wir an ein kleineres Fließgewässer. Aber wir gehen auf jeden Fall. Doch haben wir auch immer gute Fangchancen?

Es ist auch schon wieder verdammt lang her, dass ich in Zaanstreek zwischen Fabriken der Lebensmittel verarbeitenden Industrie wohnte. Ich entwickelte damals eine besondere Vorliebe für den Duft der Kakaofabrik. Denn als der Wind aus ihrer Richtung kam, erwies er sich einmal als ausgesprochen günstig fürs Hechtangeln.

Es war ein Angeltag im Jahre 1970, außerdem war es der zweite Weihnachtstag. Um die Mittagszeit fing ich 21 Hechte und erlebte den bis dahin besten Angeltag meines Lebens. Eigentlich hätte ich in dem Gewässer gar nicht angeln dürfen, aber das ist wieder eine ganz andere Geschichte.

Auf jeden Fall hat der Geruch von Kakao seitdem für mich eine besondere Bedeutung. Wie oft ich danach aber bei gleicher Windrichtung mit mäßigem Fangerfolg oder auch ganz ohne Fang nach Hause kam, will ich lieber verschweigen. Was ist also gutes Hecht-

wetter, welche Windrichtung, welche Temperatur, brauchen wir Sonne oder Wolken, oder Sonne und Wolken? Wann fängt man gut und wann schlecht?

Wir lernen natürlich immer mehr dazu. Wir machen unsere Aufzeichnungen und ziehen aus guten und nicht so guten Fangtagen Rückschlüsse auf den Einfluss des Wetters. Wir sind auch immer besser mit Messapparaturen ausgestattet. Ein Echolot ist heute nicht mehr vollständig, wenn es nicht über eine Geschwindigkeits- und Temperaturanzeige verfügt.

Viele betrachten es als ein schlechtes Zeichen, wenn die Wassertemperatur fällt, oder wenn sie steigt. Windrichtungen scheinen mehr Einfluss auf Angler zu haben als auf Hechte, wenn die sich überhaupt irgendetwas aus Windrichtungen machen.

Hechte können einem das Angelleben manchmal sehr schwer machen. Wenn ich auf Zander gehe, reicht es mir völlig, wenn ich ein paar Gummifische einstecke. Damit fange ich, was ich fangen will. Gehe ich aber auf Hecht, habe ich einige Kisten mit verschiedenen Ködern dabei. Die brauche ich, um gut vorbereitet zu sein und meine Fangchancen zu steigern. Das Material ist mir sehr wichtig.

Aber nach all den Jahren des intensiven Hechtangelns frage ich mich, ob es wirklich so etwas wie Hechtwetter gibt. Ehrlich gesagt weiß ich es nicht. Durchschnittlich angle ich drei Tage in der Woche. Meistens bin ich dann zwei volle Tage auf größeren Seen und etliche Stunden an verschiedenen kleineren Gewässern. Im Laufe der Jahre beobachtet man dann, wie sich die Gewässer verändern.

Vor allem die künstlichen Seen unterliegen in den ersten zehn Jahren einem starken Wandel. Wo zuvor nicht eine Pflanze gestanden hat, kann plötzlich ein ganzer Wald entstehen. Wo nie zuvor ein Fisch gefangen wurde, kann plötzlich eine Top-Stelle entstehen. Auf der anderen Seite kann sich der beste Fangplatz eines Sees irgendwann in eine völlig fischleere Stelle verwandeln. Solche langfristigen Veränderungen beeinflussen gewiss auch das Verhalten der Fische.

Sicherlich reagieren Hechte auch in irgendeiner Weise auf das Wetter, aber wie groß kann der Einfluss des Wetters auf den Hecht wirklich sein? Meines Erachtens hängt unser Fangerfolg von der Verkettung verschiedener Faktoren ab. Dazu gehört auch das Wetter, aber ebenso das Gewässer und der Standort. Von diesen Faktoren zusammen wird der Fangerfolg beeinflusst.

Das Wetter allein? Solange es stabil ist, hat kein Hecht etwas dagegen einzuwenden. Man hört oft, dass Wind aus Osten oder auch aus Norden ungünstig für den Hechtfang sein soll. Kommt der Wind gar aus nordöstlicher Richtung, hätte man überhaupt keine Chancen. Ist das wirklich so?

Im Spätherbst und im Winter ist das Flachwasser oft glasklar. Wenn dasselbe auch auf die Luft zutrifft, kann es schnell sehr kalt werden. Im klaren Wasser zeigen sich die Hechte im Winter oft nicht sonderlich beißfreudig. Auch auf großen Gewässern herrschen dann nicht die günstigsten Verhältnisse. Aber es gibt noch lange keinen Grund zu verzweifeln. Ich habe auch unter solchen Verhältnissen schon ausgesprochen gut gefangen. Auch im Sommer sollte man noch lange nicht zu Hause bleiben, bloß weil der Wind auf einmal

Im Spätherbst schichtet sich das Wasser um. Dann wird es Zeit, den Hecht im tieferen Wasser zu suchen, am besten mit Gummifischen und anderen Vertikal-Ködern.

aus einer anderen Richtung kommt. Dass es dazu keinen Anlass gibt, habe ich selber vor kurzem eindrucksvoll erlebt, als ich mit dem Gerätehändler Richard Pronk angeln war. Die ganze Woche wurde prächtig gefangen. Ein günstiger Westwind hielt die Fische und auch mich bei bester Laune. Dann wollte Richard einen Tag mitfahren, und prompt wehte ein steifer Nordwind. Das kann nichts werden, dachte ich noch. Aber damit lag ich falsch. Um 8.30 Uhr waren wir auf dem Wasser, und um 9.00 Uhr hatten wir bereits drei Meterhechte gefangen.

Ganz sicher reagieren die Hechte im Sommer weniger empfindlich auf Wetterschwankungen. Natürlich sollte es keine allzu extremen Veränderungen geben. Ansonsten lässt ein Hecht zumindest in größeren Gewässern im Sommer und im Frühherbst keine Jagdgelegenheit ungenutzt verstreichen.

Es heißt auch immer wieder, dass man Hechte am besten bei rauem Wetter fangen kann. Der Wind soll wehen, und das Wasser soll kabbelig sein. Meistens kann man dann auch tatsächlich fangen, das gilt vor allem im Winter. Wind und Regen kommen im Winter

■ Wichtige Details

Der Chubby sinkt wie ein Backstein, das ist ideal für das Vertikalangeln auf Hecht.

praktisch immer aus dem Westen. Dadurch trübt sich das Wasser ein, außerdem kann die Wassertemperatur innerhalb kurzer Zeit beträchtlich ansteigen. Ein Anstieg von wenigen Grad auf bis zehn Grad ist durchaus möglich. Und das bringt die Hechte ordentlich in Bewegung.

Hält solch eine Wetterlage allerdings an, dann lässt das Raubverhalten der gesättigten Hechte bald nach. Im Laufe von vier bis fünf Tagen mit Regen und Wind, was man dann schon als stabil bezeichnen kann, stabilisiert sich gewissermaßen auch das Beißverhalten der Hechte, sie beißen also wieder normal.

Raues Wetter macht aber nicht nur Hoffnung auf gute Fänge, auf großen Seen kann es einem auch ziemliche Probleme bereiten. Das habe ich selber schon auf einigen Gewässern im Ausland erleben müssen. Starker Wind macht es einem dann vollkommen unmöglich, gezielt an vielversprechenden Stellen zu angeln, an denen man zuvor oft erfolgreich gewesen ist. Gleichzeitig muss man sich dann manchmal die Empfehlungen der Einheimischen anhören. „Im Wind fischen", so riet man uns. Und wir haben das auch eine Zeit lang versucht. Aber statt mit Fischen, habe ich immer nur mit dem Boot gekämpft. Und auch mein Kollege Rutger de Jong, der sehr wohl zu angeln versteht, kam nicht so recht zum Erfolg.

Also fuhr ich zur Erholung in eine geschützte Bucht, um da ein paar Würfe zu machen. Prompt fingen wir einen Hecht. Also blieben wir dort und fingen noch weitere Fische.

Das ist nicht das einzige Beispiel. Ich habe schon häufiger festgestellt, dass man gerade im flachen, geschützten Wasser ausgesprochen gut Hechte fangen kann. Die geschützten Bereiche der Gewässer haben sich eigentlich sogar zu meinen favorisierten Plätzen entwickelt. Und das gilt für das Frühjahr, den Sommer und auch für den Herbst.

Das lässt sich ganz einfach begründen. Wenn man mit Hilfe des Außenborders gegen den Wind ankämpfen muss, um eine bestimmte Stelle befischen zu können, und man sich dabei mehr auf den Motor als auf alles andere konzentrieren muss, kann man einfach nicht ordentlich angeln. Sollte es trotz heftigen Windes gelingen, plangemäß eine lange Drift über eine interessante Bodenstruktur durchzuführen, kann man auch unter widrigen Umständen gut fangen. Dennoch gehe ich schon lange nach dem Motto vor: Lieber an einer schlechten Stelle gut angeln als an einer ausgezeichneten Stelle, an der man nicht richtig werfen kann. Dann fängt man nämlich an der schlechteren Stelle mehr.

Wie sieht es bei Windstille an heißen Tagen aus? An solchen Tagen heißt es, habe man die schlechtesten Fangaussichten überhaupt. Auch da muss ich widersprechen. Sicherlich behaupte ich auch nicht das Gegenteil, dass dies also die Spitzen-Fangtage wären. Allerdings habe ich auch schon viele und kapitale Hechte an solchen unmöglichen Tagen gefangen.

Selbst an Tagen mit Temperaturen um 30 Grad, an denen kein Hauch die Luft bewegt, kann man Hechte fangen. An solchen Tagen angle ich bevorzugt mit Gummifischen am Bleikopf. Damit fahre ich zu den tiefen Stellen der Gewässer und suche die Fische in sechs bis zehn Meter Tiefe. Ungehindert vom Wind kann ich zielstrebig an jeder fängigen Stelle entlang fahren. So können die Fänge auch nicht lange ausbleiben.

Die Hechte der großen, tiefen Seen reagieren bei weitem nicht so empfindlich auf Wetterveränderungen wie ihre Artgenossen in kleineren, flachen Gewässern. Etwas komplizierter ist die Situation deshalb in den Poldergräben, kleinen Kanälen und flachen Seen.

Ein Hechtangler, der ohne Fang nach Hause kommt, entschuldigt sich auch immer gern mit dem fallenden Luftdruck. In einem tiefen Gewässer wirkt sich die Veränderung des Luftdrucks aber so gut wie gar nicht aus. Sollte die Luftdruckveränderung für den Hecht spürbar sein, dann könnte er dass aber leicht ausgleichen, indem er sich in eine höhere oder tiefere Wasserschicht begibt. Zumindest in entsprechend tiefen Gewässern hat ein Hecht diese Möglichkeiten. In flachen Gewässern haben Hechte keine Ausweichmöglichkeiten. Dennoch habe ich so meine Zweifel an der Auswirkung von Luftdruckveränderungen.

Nach meinen Erfahrungen entscheidet eher die Helligkeit eines Tages über die Fangchancen. Starke Sonneneinstrahlung kann die Aktivität des Hechts viel mehr beeinträchtigen. Wir haben die Möglichkeit, bei Sonnenschein die Augen zuzukneifen. Hechte können das nicht. Deshalb ist sonniges Wetter ungünstig fürs Hechtangeln. In erster Linie sollten wir die Hechte dann an schattigen Stellen der Gewässer suchen. Im Schatten von Bäumen im Uferbereich haben die Hechte weniger Sichtprobleme.

Wie immer ist eine gute Gewässerkenntnis sehr hilfreich. Kennen Sie das Gewässer nicht, dann sollten Sie so viel wie möglich mit Blick gegen die Sonne angeln. Sie haben dann zwar den Nachteil, dass Sie schlecht sehen. Für den Hecht ist die Situation aber günstiger, wenn er die Sonne im Rücken hat. So kann er besser sehen und dementsprechend auch unseren Kunstköder besser erkennen. Wir können uns immerhin eine Schirmmütze aufsetzen, dazu eine Sonnenbrille, um auch gegen die Sonne etwas erkennen zu können.

Wichtig in dieser Situation ist es, nicht wahllos unentwegt auszuwerfen, sondern lieber wenige gezielte Würfe anzubringen. Gerade jetzt sollte man es dem Hecht so leicht wie möglich machen. Es sind nicht die Tage, an denen man neue Rekorde aufstellen kann, aber man darf berechtigte Hoffnungen auf einen schönen Hecht hegen.

Selbst den großen Bull Dawg verschlingen die Hechte oft vollständig.

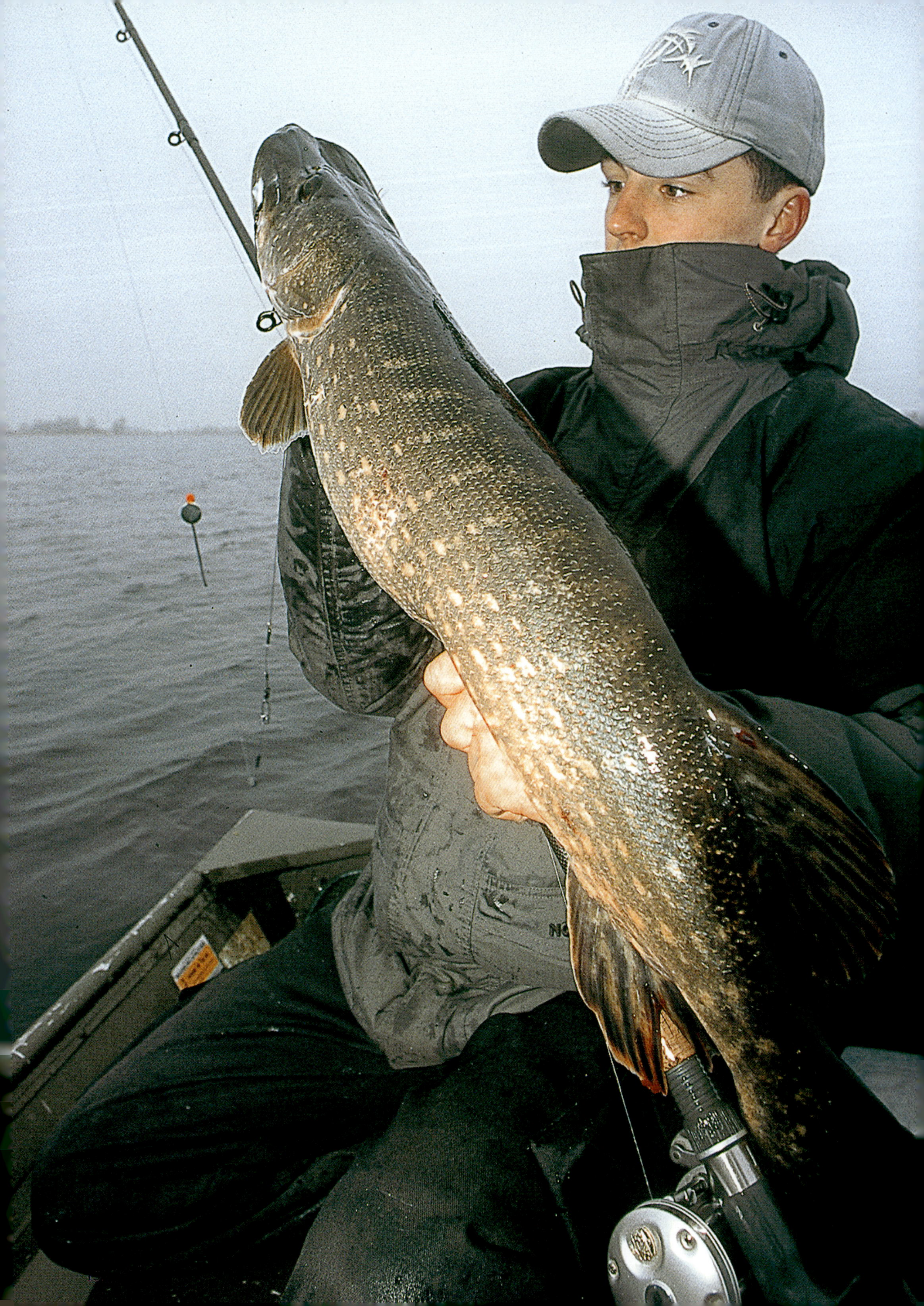

Natürliche Köder

Der Hechtfang mit totem Köderfisch ist eine traditionelle Angelmethode aus England, die sich technisch kaum verändert. Aber auch der Erfolg und die Spannung dieser Methode bleibt immer unverändert.

Meine große Leidenschaft ist eigentlich das Hechtangeln mit Kunstködern. Die Möglichkeit, den Köder im Eigenbau zu formen und zu gestalten, gehört für mich zum Faszinierendsten am Angeln. Das soll nun aber nicht heißen, dass ich nie mit natürlichen Ködern angle. Das tue ich nämlich sehr wohl. Und ehrlich gesagt habe ich sogar einige meiner größten Hechte am Köderfisch ins Boot gezogen. Auch meinen schwersten Hecht habe ich nicht etwa mit Kunstköder, sondern mit einem toten Rotauge gefangen.

Ich habe sogar lange Zeit ausschließlich mit Köderfischen geangelt. Vor allem die Angelei auf großen Seen finde ich dabei äußerst spannend. Man weiß, dass große Hechte in der Nähe sind und dass die Pose jeden Moment abtauchen kann. Extrem spannend war es früher, als noch mit lebenden Köderfischen geangelt wurde, wenn man die Reaktion des Fischchens auf den nahenden Hecht bemerkte. Lange schaukelt die Pose unverändert auf dem Wasser herum, auf einmal kommt dann aber Bewegung in die Sache. Der Köderfisch wird sehr nervös, - und der Angler auch. Dann ist die Pose weg. Ein Moment, in dem die Knie anfangen zu zittern. Man weiß noch nicht, wer da den Köderfisch genommen hat, ist er groß, vielleicht sehr groß? Das ist immer wieder einer der aufregendsten Momente, die ein Angler erleben kann.

Nun müssen wir diese Momente mit toten Köderfischen erleben. Ich will hier nicht weiter auf die Problematik mit dem lebenden und toten Köderfisch eingehen. Was ich eigentlich viel wichtiger finde, ist ein schonender Umgang mit den Hechten. Und da hat sich in den Niederlanden in den letzten Jahren einiges verändert. Für die Hechtangler ist es bei uns inzwischen eine Selbstverständlichkeit, dass Hechte schonend behandelt und vorsichtig in ihr Element zurückgesetzt werden. Ich finde sogar, wir können ein wenig stolz darauf sein, dass wir den Zanderanglern in diesem Punkte einiges voraus haben.

Auf Hecht kann man bekanntlich mit den verschiedensten Methoden angeln. Und selbst wenn man nur mit Köderfischen angelt, gibt es verschiedene Methoden, zwischen denen man sich entscheiden muss. Wollte man sich mit allen Methoden gleichermaßen vertraut machen, dann müsste man allein mit Köderfisch sehr regelmäßig den Hechten nachstellen.

Ich habe einige Jahre lang sehr intensiv mit Köderfischen geangelt. Das war übrigens, nachdem ich zuvor viele Jahre bevorzugt mit der Fliegenrute auf Hecht geangelt habe. Einen größeren Gegensatz kann man sich beim Hechtangeln eigentlich kaum vorstellen. Mit Köderfischen habe ich wieder eine Menge neuer Erkenntnisse über das Hechtangeln gewonnen, vor allem über das Angeln auf den großen Binnenseen. Da wurde mir eigentlich auch klar, dass man das Hecht-Studium niemals zu einem Abschluss bringen kann.

Was vor allem ein wichtiger Effekt ist, wenn man sich in verschiedene Arten des Hechtangelns einarbeitet: Man schaut nicht mehr so leicht auf andere Angler herab, die mit anderen Methoden angeln.

Fangen kann man natürlich mit allen Methoden. Kunstköder, auf dem richtigen Gewässer richtig angeboten, fangen das ganze Jahr hindurch. Auch mit der Fliegenrute kann

Links: Hechtangeln mit totem Köderfisch, das ist eine sehr langsame Methode, die oft viel Geduld erfordert. Aber wer die notwendige Geduld aufbringt, wird auch oft mit einem guten Fang belohnt.

Oben: Zwei Eigenschaften brauchen Hechtposen vor allem: Sie müssen fest auf der Schnur sitzen, wenn man den Köder an eine andere Stelle ziehen will, und sie müssen rund zehn Gramm Blei und den Köderfischen tragen.

■ Natürliche Köder

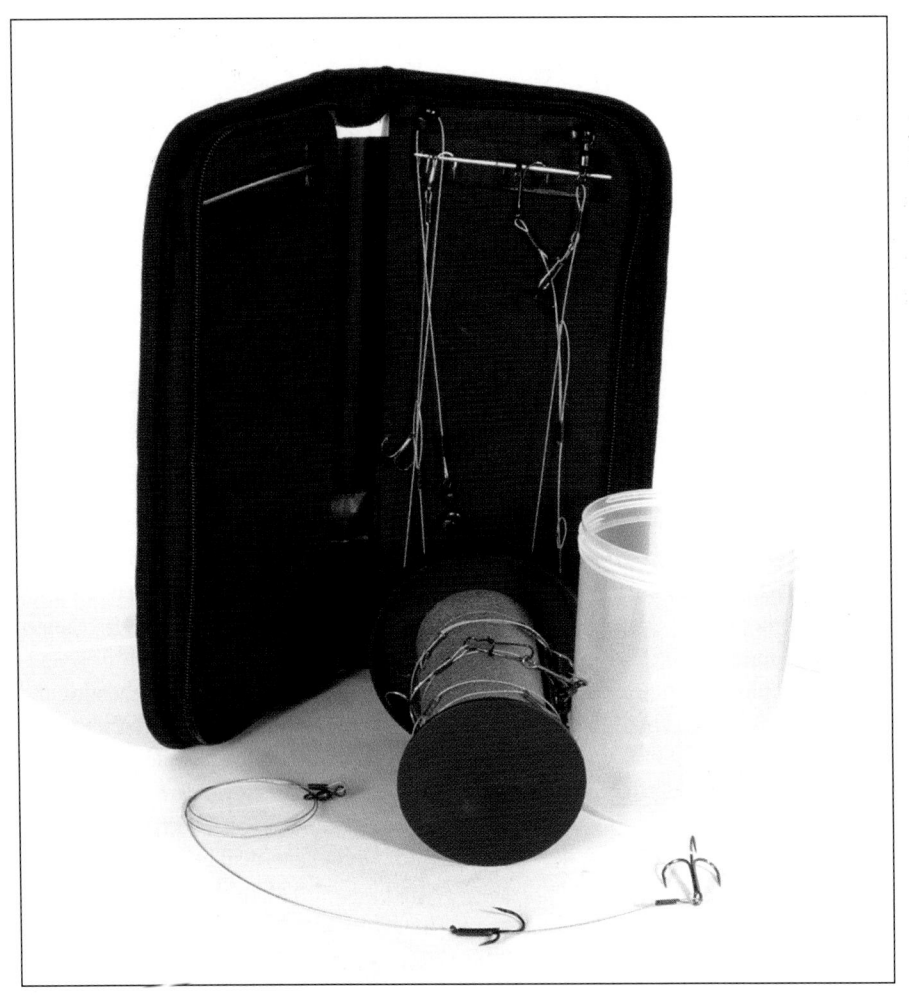

Hakensysteme können dem Angler gefährlich werden, wenn man sie nicht sicher aufbewahrt. Deshalb gehören die Systeme in eine Vorfachtasche oder -box.

man immer erfolgreich sein. Allerdings wird man damit auch bald zu der Erkenntnis gelangen, dass es für tiefere Gewässer und vor allem im Spätherbst und Winter bessere Methoden gibt. Ob diese Methoden auch mehr Spaß machen? Darüber kann man streiten. Für mich persönlich steht fest, dass das Streamern mit der Fliegenrute im Sommer und im frühen Herbst nicht zu schlagen ist. Nicht nur, weil die Methode spektakulär ist, in der Zeit fängt man damit auch sicher mehr als mit dem Köderfisch.

Wenn sich das Wasser im Herbst abkühlt, ändern sich aber die Fangchancen der verschiedenen Köder. Wer ab Anfang November mit Köderfischen ans Wasser geht, hat sicherlich bessere Chancen, einen großen Hecht zu fangen, als der Angler mit Kunstködern. Mit dem Streamer gehen dann meistens nur noch die beinharten Fliegenfischer auf Hecht. Jetzt sollte man nämlich mit einer schnell sinkenden Schnur fischen, und man sollte damit auch weite Würfe machen können. Wenn das Wetter zu dieser Jahreszeit noch einmal mitspielt, hat man aber auch mit der Fliegenrute noch Fangchancen. Mein Angelkollege Rutger de Jong ist ein leidenschaftlicher Fliegenfischer, und er hat mich schon ein paar Mal geschlagen, wenn ich mit anderen Kunstködern geangelt habe.

Sobald am Herbsthimmel aber nur noch eine matte Sonne scheint, beginnt die Zeit des Köderfisches. Dann hänge ich gern eine Makrele oder einen Hering an den Haken, weil das nun die beste Methode ist, mit der man außerdem sehr spannende Angelstunden erleben kann.

Die Taktik

Mit welcher Technik präsentiert man den Köderfisch nun am besten? Sobald die Wasserpflanzen absterben, verändert der Hecht sein Verhalten. Der Fisch, der zuvor aus der Deckung sein Beute machte, zieht nun frei im Wasser herum auf der Suche nach Nahrung. Vor allem größere Fische, die sich vor Feinden sicher fühlen können, suchen weite Bereiche des Gewässers ab.

Sind nun die Hechte auf der Suche nach Beute, dann kann der Angler seinen Köder auch an einem festen Platz anbieten. Zwar bin ich selber kein erklärter Anhänger des Ansitzangelns, aber ich habe schließlich nichts gegen eine erfolgreiche Angelmethode. Wer das Ansitzangeln mit totem Köderfisch noch nicht ausprobiert hat, unterschätzt diese Methode übrigens sehr.

Das Ansitzangeln mit dem toten Köderfisch ist eine Methode, die vor allem in England praktiziert wird. Die Angler auf dem Kontinent werfen immer gern einen Blick auf die Kollegen auf der Insel und übernehmen deren Techniken. Immer in der Annahme, dass alles, was in England getan und geschrieben wird, auch gut ist. Ganz so ist es aber leider nicht.

Ich habe sehr viel mit englischen Hechtanglern geangelt und mich ausgiebig mit ihnen unterhalten, mit Vic Bellars, Colin Dyson (†), Matt Hayes, Mick Brown, Neville Fickling, und wie sie alle heißen. In den Gesprächen zeigte sich immer wieder, unter welch ungünstigen Umständen diese Kollegen angeln müssen. Mick Brown und Neville Fickling haben zwar ihre eigenen Gewässer, aber das sind nur recht kleine Tümpel. Wenn ich an ein Hechtgewässer denke, dann meine ich damit einen See von mindestens zehn Hektar Größe. Hundert Hektar wären besser, und für viele fängt das Hechtgewässer eigentlich erst bei der doppelten Größe an.

Viele englische Hechtangler wüssten sich auf einem derart großen Gewässer aber gar nicht zu helfen. In England müssen sich die Hechtangler oft mit Teichen von weniger als fünf Hektar begnügen. Solche Gewässer, oft handelt es sich um Baggerseen, muss man sich dann oft mit allen Mitgliedern eines Angelvereins teilen. Ehrlich gesagt hätte ich wenig Spaß daran, an solch einem Gewässer, immer mit noch fünf anderen Anglern, den Hechten nachzustellen.

Um aus dieser Situation doch noch das Beste zu machen, wird viel mit toten Köderfischen geangelt, im Sommer wie im Winter. Über die neuesten Entwicklungen beim Hechtangeln sind die Angler dann aber meistens schlecht informiert. Deshalb sollte man aber noch nicht auf ihre Methode herabschauen. Denn die Anregungen zum Angeln mit totem Köderfisch aus England können wir gut gebrauchen, auch wenn wir die Methode

Im Hochsommer können die Hechte sehr tief stehen. Ein Köderfisch lässt sich da sehr langsam und verführerisch anbieten. Das hat schon manchen Großhecht an den Haken gebracht.

immer wieder genau auf unsere Gewässer abstimmen müssen. Das wichtigste dabei ist, dass man nicht wahllos irgendwann mit totem Köderfisch angelt, sondern dann, wenn es auch den besten Erfolg verspricht.

Im Winter haben die Hechte einen sehr reduzierten Stoffwechsel. Dabei produzieren die Hecht-Damen zugleich große Laichmengen. Längenwachstum findet in dieser Zeit nicht statt, aber die Rogner legen beträchtlich Gewicht zu, denn der Rogen macht kurz vor der Laichzeit einen beachtlichen Teil des Körpergewichtes aus.

Der Winter ist zugleich die Jahreszeit, die viele schwächere Fische nicht überleben. Ein großer Teil dieser Fische treibt nicht an der Oberfläche, sondern sinkt auf den Gewässerboden. Aufgrund der niedrigen Wassertemperatur zerfallen die Fische dort recht langsam und stehen den Raubfischen dadurch als Nahrungsquelle zur Verfügung.

Und besonders die großen Hechte, die sich im Freiwasser aufhalten, jagen jetzt weniger auf lebende Beute und sammeln statt dessen mehr tote Beutefische auf. Unter diesen Umständen ist es absolut verständlich, dass man im Winter mit einem toten Köderfisch beim Ansitzangeln gute Chancen auf einen kapitalen Hecht hat.

Die Technik des Ansitzangelns ist eigentlich sehr einfach. Was Sie an Zubehör neben den Angeln noch brauchen sind Rutenhalter oder ein Rodpod. Meiner Meinung nach tun einem zwei Sets Rutenhalter bessere Dienste. Es hat, denke ich, nicht viel Sinn, auf einer großen Wasserfläche zwei tote Köderfische dicht nebeneinander anzubieten. Zwar sieht bei dieser Methode alles so ähnlich aus wie bei Karpfenanglern, aber wir angeln eben auf Hecht. Deshalb halte ich es für geschickter, die beiden Köderfische mindestens 20 oder 30 Meter voneinander entfernt anzubieten.

Wie viel Sie ansonsten noch in die Ausrüstung investieren wollen, müssen Sie natürlich selber entscheiden. Persönlich halte ich mich mit den Ausgaben zurück für eine Angelei, die ich nur während einer recht kurzen Periode des Jahres betreibe.

Was ansonsten für oder gegen einen Rodpod oder einzelne Rutenhalter spricht, ist schnell erklärt. Angeln Sie von einem festen Ufer, in das Sie keinen Rutenhalter hineinstecken können, brauchen Sie einen Rodpod. Findet Ihr Ansitz auf weichem Erdboden statt, dann sind Sie mit einzelnen Rutenhaltern im Vorteil, die Sie an jeder beliebigen Stelle in den Boden stecken können.

Selbstverständlich benötigen Sie Bissanzeiger. Moderne elektrische Bissanzeiger sind sicher eine komfortable und zuverlässige Errungenschaft. Aber auch gewöhnliche Hechtposen oder ein Paar Swinger zeigen einen Biss sicher an. Elektrische Bissanzeiger bieten den Vorteil, dass man sich auch ein paar Schritte bewegen kann, ohne einen Biss zu verpassen. Und im Winter möchte man gern einmal einige Meter auf und abgehen.

Zum Ansitzangeln auf Hecht werden relativ lange Ruten benutzt, auch darin gibt es Über-

Natürliche Köder

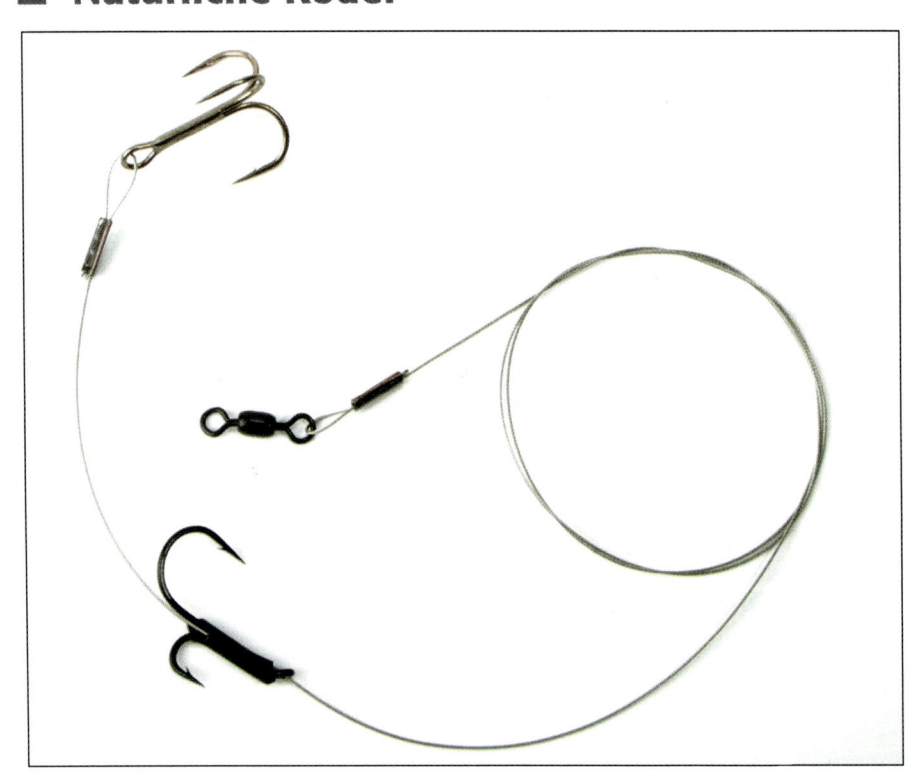

Für kleine Köderfische wie Sardinen und Stinte reicht ein System mit einem Einfachhaken oder Ryderhaken und einem Drilling aus.

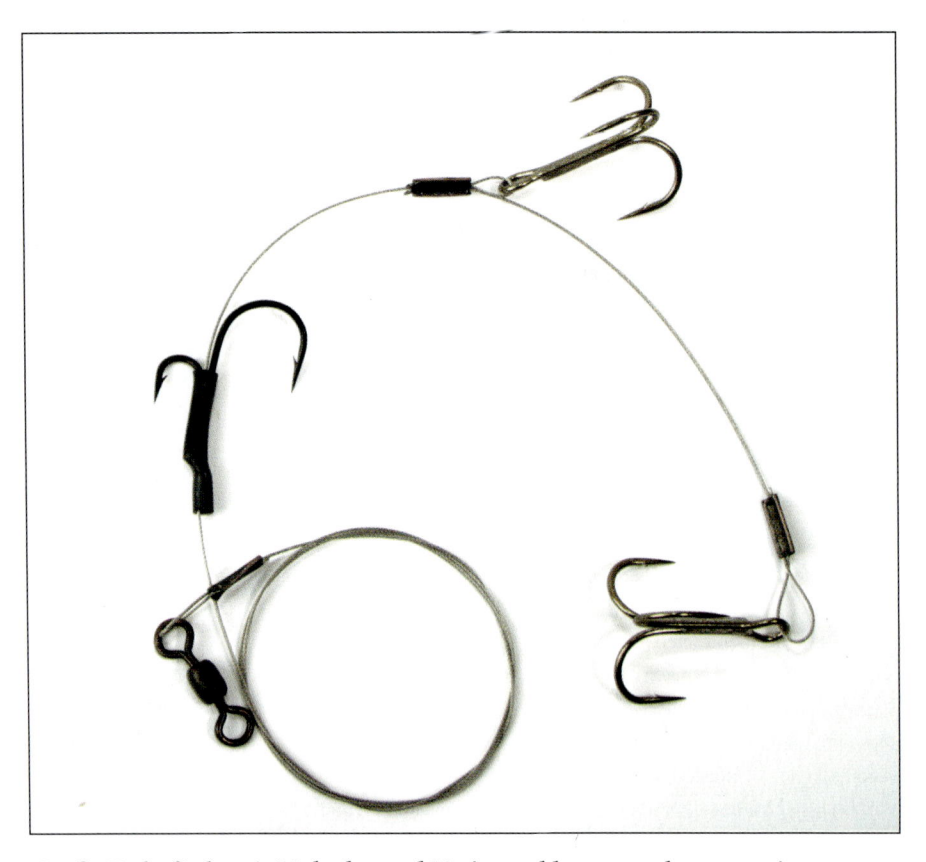

Große Köderfische wie Makrelen und Heringe schleppt man besser an einem System mit einem Einfach- oder Ryderhaken und zwei Drillingen. Der Drilling in der Mitte wird erst eingehakt, wenn der Drilling an der Schwanzwurzel sitzt.

einstimmungen mit dem Karpfenangeln. Selber angle ich meistens mit Ruten von 3,60 Meter Länge mit einer Testkurve von 2,5 lb. Das ist sogar noch eine verhältnismäßig leichte Rute. Oftmals benötigt man zum Auswerfen sogar noch stärkere Ruten. Ich versuche meinen Köderfisch allerdings nach Möglichkeit mit dem Ruderboot auszubringen. Ist das nicht machbar, dann erfordert es eine schwere Rute, um einen größeren Köderfisch über einige Entfernung auswerfen zu können.

Ein wichtiger Bestandteil der Ansitz-Ausrüstung ist schließlich noch ein großer Angelschirm. Darunter findet man nicht nur selber Schutz bei schlechtem Wetter, er sorgt auch dafür, dass wertvolle Geräte wie eine Kamera den Angeltag sicher überstehen.

Der Köder am Angelplatz

Man mag das Verbot des lebenden Köderfisches als Angler bedauern. Aber es spricht auch einiges für den toten Köderfisch. Wer mit lebendem Köderfisch angelt, muss schließlich immer dafür Sorge tragen, dass die Fischchen am Leben bleiben. Und das kostet nicht nur Zeit, sondern auch Geld. Man muss die Köderfische fangen oder kaufen, für die Hälterung braucht man eine Sauerstoffpumpe, unter Umständen auch noch eine Wasserpumpe und einen Filter.

Wer mit toten Köderfischen angelt, hat es da viel leichter. Man geht einfach mit der Stipprute angeln, fängt ein paar Fische und packt sie sich ein. Die kleineren kann man zum Anfüttern nehmen, die größeren kommen an den Haken.

Aber es geht sogar noch einfacher. Ich gehe ein paar Mal im Jahr zum Fischgroßhändler und besorge mir da alles, was ich an Ködern fürs Hechtangeln brauche. Dabei beschränke ich mich auf wenige Arten: Hering, Makrele, Sardine und Stint. Andere Fischarten braucht man meiner Meinung nach nicht.

Die Fische müssen aber in der richtigen Größe ausgewählt werden. Bei Sardinen und Stinten sollte man die größten nehmen, die man finden kann. Makrelen dagegen sollten möglichst klein sein. Mein Großhändler weiß inzwischen, mit welchen Fischen er mir eine Freunde machen kann. Einmal ist es mir allerdings passiert, dass meine Augen größer waren als mein Gefrierschrank, und ich nicht mehr wusste, wohin mit all den Fischen.

Frische Meeresfische sind im Großhandel sehr preiswert, deshalb sollte man beim Kauf aber nicht unvernünftig werden. Bevor ich

Eine perfekte Landung, der Hecht sicher im Griff. Nun kann der Haken mit einer langen Zange gelöst werden.

den Fisch einkaufe, stelle ich meinen Gefrierschrank auf die höchste Stufe. Je schneller der Fisch eingefroren wird, desto besser.

Haben wir also unsere Köder beisammen, kommt die schwierigere Aufgabe. Wo finden wir eine gute Stelle für den Ansitz mit totem Köderfisch? Das lässt sich gar nicht so einfach erklären, wenn man kein konkretes Gewässer vor Augen hat. Aber ich versuche es einmal mit einer etwas allgemeineren Erklärung. Wenn das Gewässer insgesamt einen relativ flachen Boden hat, ist das Angeln mit totem Köderfisch eigentlich nicht sehr problematisch.

Schwieriger wird es dagegen, wenn man an einem Baggersee angeln will, der nicht nur insgesamt sehr tief sein kann, sondern auch sehr starke Tiefenschwankungen auf relativ kurzer Strecke aufweisen kann. Selbstverständlich gibt es auch natürliche Seen, die ein sehr unruhiges Bodenrelief haben mit sehr tiefen, aber auch flachen Bereichen. Solche Seen muss man zunächst einmal gründlich erkunden, ehe man an irgendeiner Stelle einen toten Köderfisch ins Wasser wirft.

Können Sie das Gewässer nicht vom Boot aus kennen lernen, dann müssen Sie es notgedrungen mit einer Reihe systematischer Würfe im Bereich des anvisierten Angelplatzes ausloten. Mit einem Boot geht natürlich alles viel schneller. Die meiste Arbeit übernimmt dann das Echolot. Dabei leistet übrigens auch das einfachste Modell gute Dienste. Schließlich will man nichts anderes herausfinden als den Verlauf des Gewässerbodens und dessen Tiefe.

Damit sind wir allerdings im Besitz einer sehr wichtigen Information. Wenn wir unseren Köder präsentieren, müssen wir genau wissen, unter welchen Bodenverhältnissen er im Gewässer liegt. Es könnte fatale Folgen haben, wenn wir das nicht wüssten. Nehmen wir einmal an, es hätte sich herumgesprochen, dass die Hechte zur Zeit in etwa zehn Meter Wassertiefe gefangen werden. Dann ist die Verlockung groß, den Köder ebenfalls in zehn Meter Tiefe anzubieten, ganz gleich wo. Das sollten wir aber auf keinen Fall tun.

Wenn wir mit totem Köderfisch angeln, besteht unsere Taktik darin, den Köder da anzubieten, wo nach unserer Annahme Hechte tote Fische suchen. Schließlich wartet nirgendwo ein Hecht in zehn Meter Tiefe darauf, dass ein toter Fisch auf den Boden fällt. Die Hechte suchen den Boden vielmehr nach Beute ab. Unsere Aufgabe besteht also darin, eine Stelle zu finden, wo die Hechte auf der Suche nach Nahrung entlangziehen.

Nur bei wenigen Baggerseen hat man sich die Mühe gemacht, eine breite Flachwasserzone anzulegen, in der Pflanzen wachsen und die Fischbrut heranwachsen kann. Geht die Uferzone eines Sees gleichmäßig über in den tieferen Gewässerbereich, dann gibt es wenige Schwierigkeiten bei der Präsentation des Köders in der gewünschten Tiefe.

Es gibt aber auch Seen, die ein ganz anderes Profil haben. Fällt das Ufer gleich steil ab in große Tiefe, hat man eigentlich kaum Möglichkeiten, dort mit totem Köderfisch zu angeln. Aber auch Gewässer mit einer breiten Flachwasserzone können dem Ansitzangler üble Streiche spielen.

Manchmal geht der gleichmäßig flach abfallende Boden nämlich plötzlich in eine steile

163

Natürliche Köder

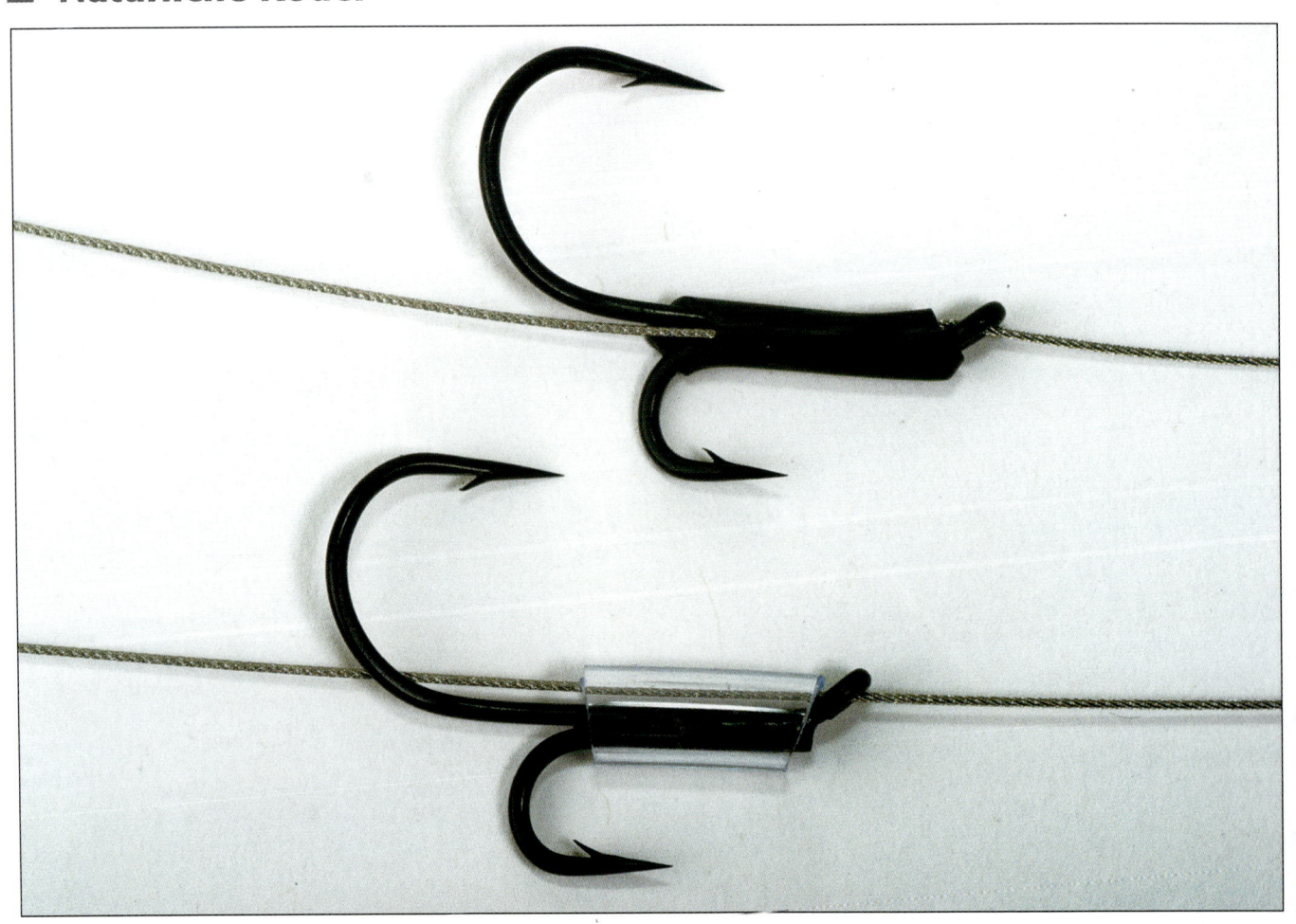

Der Einzelhaken, oder in diesem Fall der Ryderhaken, muss auf dem Draht verschiebbar sein, nicht wie im Beispiel oben, sondern wie unten. Der Gummischlauch oder das Schrumpfgummi müssen den Draht fest gegen den Hakenschenkel drücken. Beim Schleppen sollte sich der Haken nicht verschieben, wenn der Anhieb gesetzt wird, muss er sich dagegen bewegen können.

Das System muss perfekt sein. Wenn es im Einsatz ist, muss man sich absolut darauf verlassen können. Deshalb ist es am besten, man macht das System selber. Dann weiß man nämlich genau, welche Bestandteile man benutzt, und wie stark diese sind. Dabei kommt es besonders auf die Quetschhülsen an. Achten Sie darauf, dass diese vollkommen fest sitzen und sich nicht mehr verschieben können. Mit einer guten Quetschhülsen-Zange schließen Sie die Hülsen fest und sicher, ohne den Stahldraht zu beschädigen.

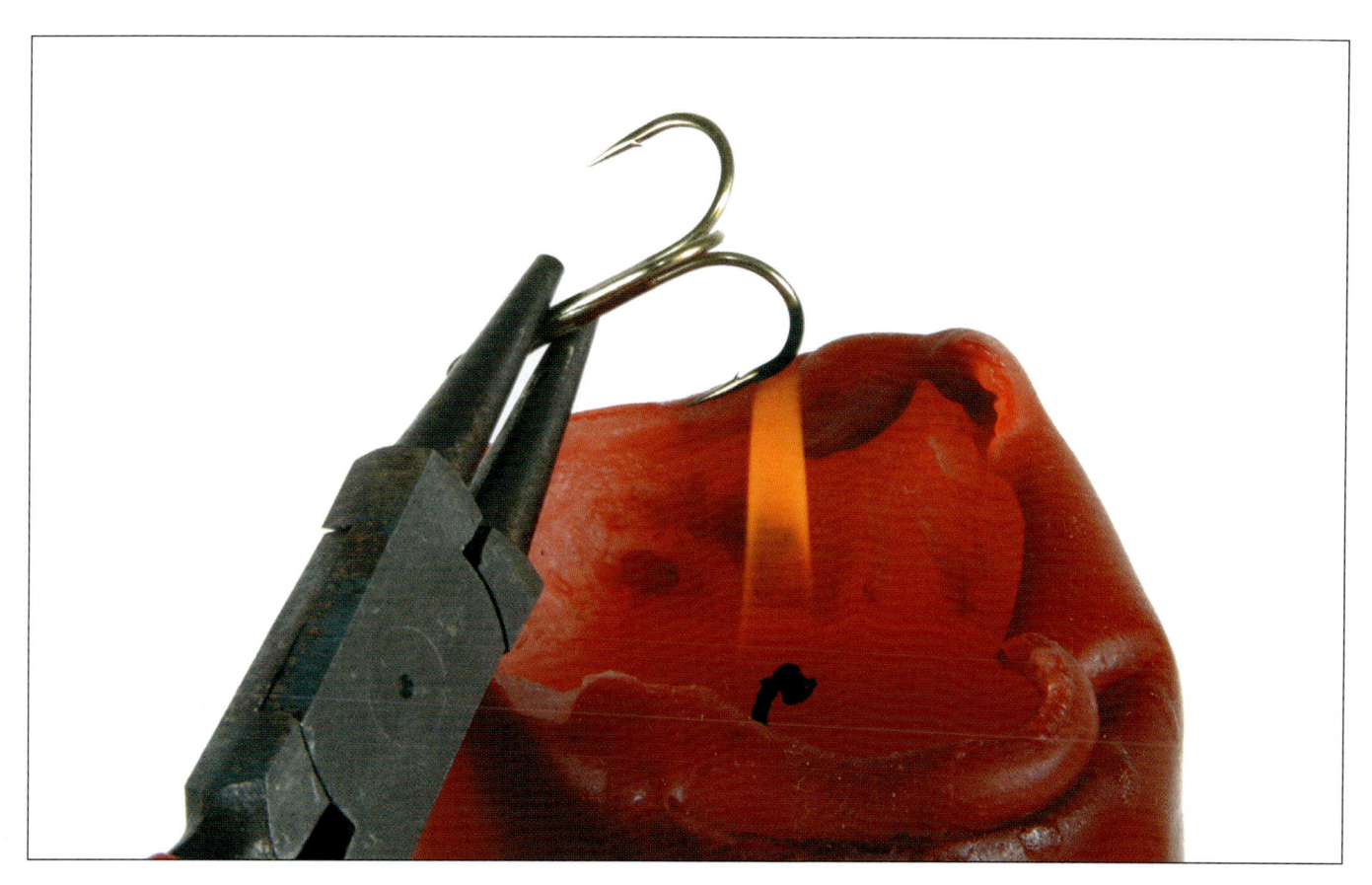

Wenn Sie mit Köderfischen angeln, die eine sehr feste Haut haben wie Barsche, erleichtert es das Anködern, wenn man einen Haken des Drillings gerade nach hinten biegt. Dafür wird der Haken über einer Flamme zuvor erhitzt.

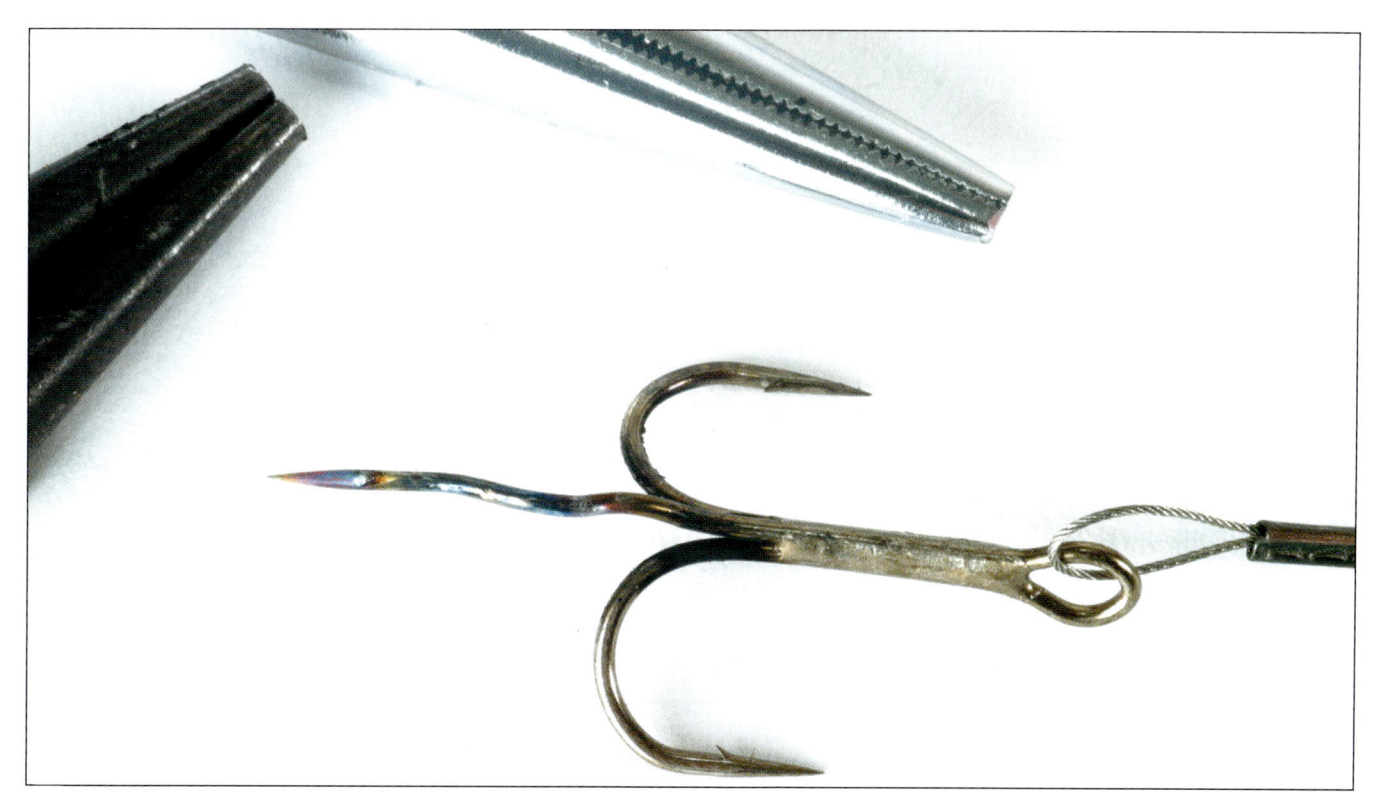

Sobald der Haken rot glüht, wird er mit der Zange gerade gebogen. Dieser „gerade Haken" wird in den Köderfisch geschoben. Beim Anhieb löst er sich aus dem Köder, und die beiden anderen Haken des Drillings sitzen um so sicherer.

■ Natürliche Köder

Der Hecht war keine zwei Minuten aus dem Wasser, und schon kommt er wieder zurück. Er wird sich schnell von dem kleinen Abenteuer an der Sommersonne erholen.

Böschung über, und dann wird es ausgesprochen schwierig, den Köder so anzubieten, dass er auch mit einiger Wahrscheinlichkeit von einem Hecht aufgefunden wird. Vor der steilen Böschung liegt der Köder praktisch wie vor einer Wand.

Auch wenn das Gewässer mit Hilfe eines Echolotes untersucht wird, darf man sich nicht täuschen lassen. Zeigt das Echolot irgendwo eine Tiefe von zehn Meter an, heißt das natürlich noch lange nicht, dass man dort eine Fläche in dieser Tiefe vorfindet. Vielleicht befinden Sie sich nur gerade im zehn Meter tiefen Bereich einer Böschung, die aber noch viel weiter abfällt. Fahren Sie noch ein Stück weiter, um noch mehr Echolot-Daten zu der Stelle zu bekommen. Wenn Sie nämlich den Köder in zehn Meter Tiefe vor eine noch tiefer abfallende Böschung hängen, sind Ihre Fangchancen nicht sonderlich groß.

Worauf es also ankommt bei der Wahl des Angelplatzes: Ganz gleich, in welcher Tiefe Sie den Köder anbieten, er muss auf einer möglichst großen Fläche gleicher Tiefe liegen. Ein schwach abfallender Gewässerboden kann auch auf diese Weise beangelt werden.

An einer steilen Böschung haben wir schließlich noch mit einem weiteren Nachteil zu kämpfen. Denn die Schnur verläuft über dem Grund dann oft in einem scharfen Winkel nach unten. Das kann nicht nur sehr hinderlich wirken, wenn der Hecht mit dem Köder abziehen will, auch der Anhieb kann so nicht immer straff durchgebracht werden. Schließlich besteht auch noch die Gefahr, dass die Schnur an der Böschungskante ernsthaft beschädigt wird.

Eine mögliche Alternative ist nun die Verwendung einer Posen-Montage. Damit ist man unabhängig vom Verlauf der Böschung. Und selbst wenn der Boden erst nach langem gleichmäßigen Verlauf steil abfällt, kann man den Köder mit Hilfe einer Pose im tieferen Wasser anbieten, ohne dass die Schnur an ungünstigen Stellen auf dem Boden aufliegt.

Zur Sicherheit sollte man mit einer schwimmenden Dyneema-Schnur fischen, die garantiert nicht auf den Boden absinkt. Wenn Sie den Köder mit einem Boot ausbringen, stellen Sie die Montage erst für die entsprechende Tiefe ein und lassen dann alles der Reihe nach ins Wasser. Erst den Köderfisch, dann das Blei und schließlich die Pose.

Müssen Sie den Köder an einem Gewässer mit leicht abfallendem Boden vom Ufer auswerfen, dann sollten Sie die eigentliche Stelle zunächst etwas überwerfen. Dabei gerät der Köder in etwas tieferes Wasser und zieht die Pose unter Wasser. Deshalb wird die Montage soweit wieder eingeholt, bis die Pose über Wasser bleibt. Das ist vielleicht nicht die sauberste Methode, aber auf dieser Weise kann man den Köder sicher in der gewünschten Tiefe platzieren.

Auch bei dieser Vorgehensweise ist es ein Vorteil, wenn man einen Platz mit möglichst ebenem Untergrund gefunden hat. Einen vollkommen ebenen Gewässerboden gibt es nicht, das versteht sich. Aber man sollte doch so gut es geht Stellen mit einer Berg- und Tallandschaft unter Wasser vermeiden. Deshalb betone ich noch einmal, wie wichtig es

Der große Vorteil solch einer Montage: Beim Anbiss kann man erfühlen, was der Fisch macht, Kontakt suchen, die Rutenspitze zur Wasseroberfläche neigen, und einen durchdringenden Anhieb setzen.

ist, vor dem Angeln den Gewässerboden gründlich kennen zu lernen.

Noch etwas anderes gilt es vor dem Angeln zu bedenken. Denn zum Ansitzangeln gehört auch das Anfüttern mit ganzen kleinen Fischen oder Stücken größerer Fische. Übertreiben Sie es aber nicht mit dem Anfüttern. Es reicht vollkommen aus, zweimal in der Woche einige Stücke einzuwerfen, um das Interesse der Hechte für diese Stelle zu wecken und sie eine Zeit lang in der Nähe zu halten. Beim Anfüttern werden die Fische oder Fischstücke über eine Fläche von mehreren Quadratmetern verteilt.

Am Angeltag selbst füttere ich nicht an. Erst wieder am Tag danach, was mir sehr wichtig erscheint, um die Fische weiter am Platz zu halten. Insgesamt muss man doch einen recht hohen Aufwand betreiben, wenn man mit toten Köderfischen auf Hecht angelt. Gerade im Winter lohnt sich dieser Aufwand aber auch.

Ob Sie nun einen Rodpod haben oder einzelne Rutenhalter, elektrische Bissanzeiger, Swinger oder Hechtposen, was macht das schon für einen Unterschied? Das Entscheidende ist, dass Sie den Köder zum richtigen Zeitpunkt an der richtigen Stelle anbieten. Darüber müssen wir vor allem nachdenken.

Köderpräsentation

Dabei sollten wir übrigens nicht zuletzt an uns selbst denken. Von Ansitzangeln im Winter wird einem nicht gerade warm. Wenn ich einen Ansitz plane, sehe ich mir lange im voraus die Wetterberichte an. Je weiter im voraus die Wettervorhersagen gemacht werden, desto unzuverlässiger werden sie. Dennoch ist das besser als gar keine Information.

Wird für den Tag oder die Tage, an denen ich angeln will, Ostwind vorhergesagt, füttere ich natürlich nicht am Westufer an, um mir dann beim Angeln ordentlich den Wind ins Gesicht blasen zu lassen. Gefüttert und gefischt wird dann am Ostufer. Dort sitzt man geschützt, man kann den Köder mit Rückenwind auswerfen, und wenn der Köder ausliegt, wird die Schnur nicht so sehr vom Wind beeinträchtigt, dass es Probleme mit der Bisserkennung gibt. Auch das Anfüttern vor oder nach dem Ansitz fällt mit Rückenwind leichter, wenn man dabei werfen muss. Dabei kann man sich die Arbeit übrigens auch mit einem Katapult erleichtern.

Steht Ihnen ein Boot zur Verfügung, sollten Sie das auch nutzen. Selbst mit dem schlechtesten Ruderboot kann man den Köder genauer ausbringen, als wenn man ihn wirft. Lassen Sie Ihre Köder genau an der gewünschten Stelle in die Tiefe, und platzieren Sie sie genau in dem gewünschten Abstand zueinander. Wenn die Köder ganz exakt da liegen, wo man es sich vorgestellt hat, hat man auch mehr Vertrauen in seine Köder.

Können Sie die Köder nicht mit einem Boot ausfahren, müssen Sie zwangsläufig werfen. Dann brauchen Sie selbstverständlich sehr starke Ruten, um die schweren Köder auf Entfernung bringen zu können. Haben Sie keine entsprechend starken Ruten, - vielleicht wollen Sie auch gar nicht mit so schweren

Natürliche Köder

Posen-System
So sieht das System zum Posenangeln aus. In diesem Fall wurde noch ein zusätzliches Stück Gummischlauch aufgeschoben. Sollte das Schlauchstück auf dem Hakenschenkel durchscheuern, dient es als Ersatzschlauch.

Grund-System
Beim Ansitzangeln genügt ein einfaches System, um sehr erfolgreich angeln zu können. Ein Drilling an der Schwanzwurzel, einer in der Seite, ein 60-Gramm-Blei und ein Stopper vor der Blei, das ist schon alles. Vor dem Auswerfen werden die Drillinge mit PVA gesichert.

Schlepp-System
Ein großer Köderfisch wird beim Schleppangeln an einem Einfach- oder Ryderhaken und zwei Drillingen befestigt. Der Einfachhaken wird durch das Maul gezogen, ein Drilling wird unter den Brustflossen eingestochen, der zweite hinter der Rückenflosse.

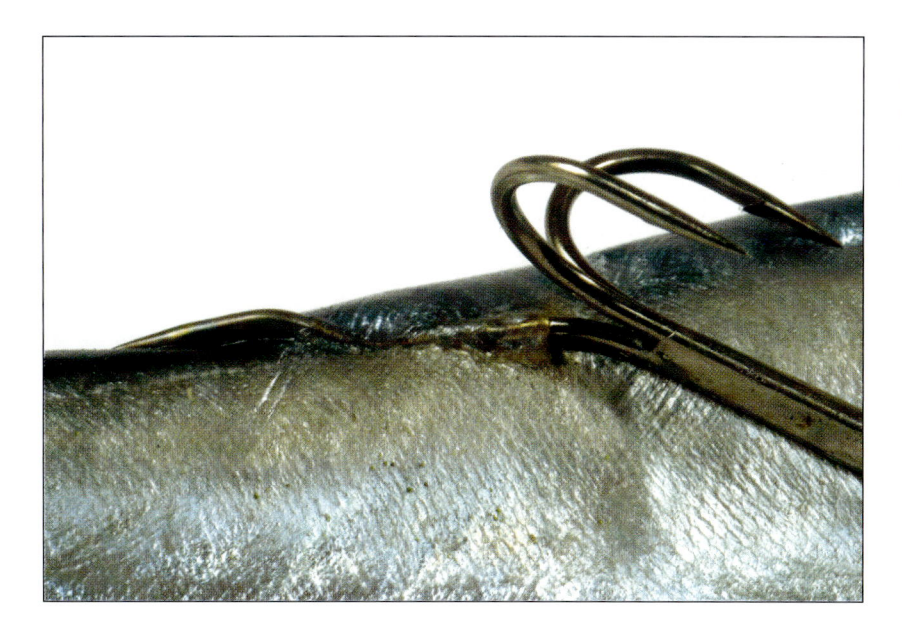

„Gerader Haken"
Richtig angehakt: Der gerade gebogene Haken sitzt direkt unter der Haut des Köderfisches.

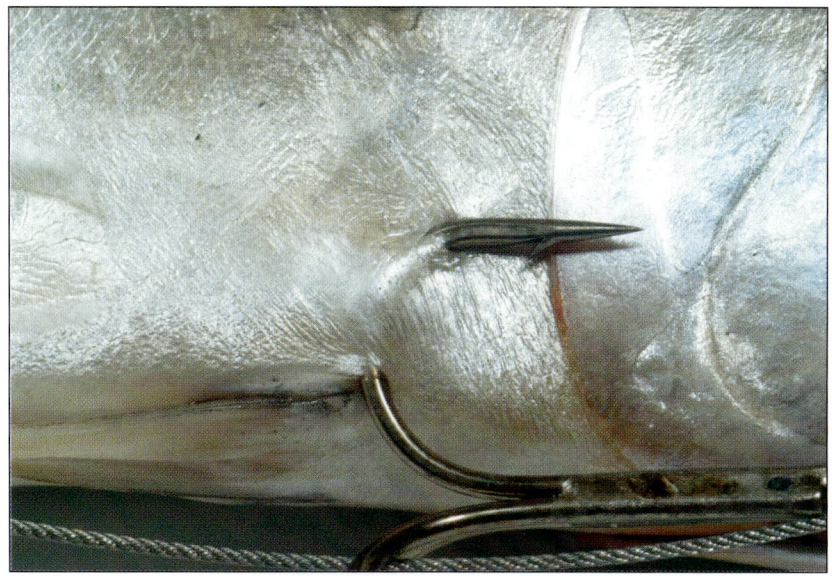

Drilling an den Brustflossen
Auch der Drilling an den Brustflossen sitzt nur leicht in der Haut. So löst er sich beim Anhieb leicht aus dem Köderfisch.

Haken im Maul
Ob Einfachhaken oder Ryderhaken, wichtig ist, dass das Maul des Köderfisches geschlossen bleibt und der Köder sicher an dem Haken geschleppt werden kann.

Natürliche Köder

Knüppeln angeln, auch das wäre möglich - dann müssen Sie nach den besten Stellen innerhalb Ihres Wurfbereiches suchen.

Ob mit Boot oder ohne, der Köderfisch muss an einem Hakensystem befestigt werden. In der englischen Angelliteratur findet man unzählige Varianten, wie man einen toten Köderfisch an Hakensystemen befestigen kann. Ich habe so meine Zweifel, ob man all diese Systeme wirklich braucht. Selber angle ich nur mit den einfachsten Montagen.

Meeresfische sind immer sehr weich, deshalb brauchen wir Haken, die den Köderfisch sicher halten. Das gilt insbesondere, wenn der Köder ausgeworfen wird. Das System für den Köderfisch sollte man nicht fertig kaufen. Wenn man es selber macht, kann man es nach Maß fertigen, und man kann es auch stabiler bauen. Auch das stabilste System muss man aber nach jedem Fang überprüfen. Selbst bei kleinsten Schäden sollte man das System sofort aussortieren. Nachlässigkeiten dabei könnte man einmal sehr bereuen. Die festen Bestandteile eines Systems, Haken und Wirbel, kann man immer mehrmals benutzen.

Beim Angeln mit totem Köderfisch reicht es vollkommen aus, wenn das System mit zwei Drillingen ausgestattet ist. Für einen kleinen Köder würde sogar ein einzelner Drilling schon ausreichen. Der Stahldraht für das System sollte 60 Zentimeter lang sein. Ein Seven Strand leistet gute Dienste, es kommen aber immer bessere Materialien auf den Markt. Vielleicht wird man bald einem anderen Produkt den Vorzug geben.

Ich baue meine Systeme am liebsten mit Messinghülsen zusammen. Die sind ein Garant für saubere Arbeit. Und mir hat noch nie ein Hecht ein System oder ein Vorfach zerlegt, dass ich mit solchen Hülsen zusammengebaut habe.

Die Herstellung eines Systems ist ganz einfach: Schieben Sie eine Messinghülse auf den Stahldraht, hängen Sie dann einen Drilling mit der Öse ein. Schieben Sie das Ende des Drahtes zurück in die Hülse, und kneifen Sie diese zu - am besten mit einer Spezialzange. Der zweite Drilling wird darüber am Stahldraht befestigt. Wiederum wird eine Messinghülse auf den Draht geschoben. Nehmen Sie ein zweites Stück Draht von etwa zehn Zentimeter Länge, ziehen Sie den zweiten Drilling auf, und fädeln Sie beide Enden dieses Drahtes durch die Messinghülse. Schieben Sie die Hülse auf den gewünschten Abstand zum ersten Drilling, und kneifen Sie die Hülse fest. Nun brauchen Sie am oberen Ende des Stahldrahtes nur noch einen Wirbel zu befestigen, und schon ist das System fertig.

Über die Größe der Drillinge streiten sich die Experten. Mit Haken der Größe 1/0 bis 3/0 ist man eigentlich immer Herr der Lage. Natürlich können Sie auch andere Haken nehmen oder andere Teile des Systems variieren. Aber wenn Sie einmal Ihre Systeme sel-

Das Angeln mit totem Köderfisch am Boden ähnelt dem Karpfenangeln: Rodpod oder einzelne Rutenhalter, Buzzer, Swinger und was man sonst so zum Ansitzangeln braucht.

Bei dieser Art des Hechtangelns gehört auch das Anfüttern dazu. Am besten füttert man schon ein paar Tage vor dem Ansitz.

ber gefertigt haben, wollen Sie sicher keines mehr kaufen.

Beim Anködern ist zu bedenken, dass ein Hecht den Fisch immer mit dem Kopf zuerst verschluckt. Also sollte kein Haken am Kopf befestigt werden. Am besten platziert man den unteren Drilling des Systems an der Seite des Fisches und den zweiten Drilling in oder bei der Schwanzwurzel. Die beiden freien Haken der Drillinge weisen dabei jeweils nach hinten. Nimmt ein Hecht den Köder, können Sie schon kurz danach den Anhieb setzen.

Schon vor dem Anhieb muss die Rollenbremse richtig eingestellt sein. Die Rolle, egal ob Stationär- oder Multirolle, sollte gut gefüllt sein mit einer starken Schnur, beispielsweise einer Dyneema mit einer Tragkraft von 25 bis 30 Pfund. Das ist mehr als die Rute überhaupt heben kann, aber mit der richtigen Bremseinstellung gibt es da gar keine Probleme. Die Schnur hat so aber noch große Kraftreserven, selbst wenn sie irgendwo leicht beschädigt sein sollte. Und das gibt einem ein sicheres Gefühl.

Freier Lauf für die Schnur

Stationär- oder Multirolle, mit beiden kann man bei dieser Methode angeln. Dass die Multirolle nicht so schön im Rutenhalter hängt, macht mir persönlich nichts aus. Wichtig ist, dass der Fisch ungehindert Schnur abziehen kann. Die meisten Multirollen sind mit einem Freilaufsystem ausgestattet. Wenn Sie mit einer Stationärrolle angeln, führt eigentlich kein Weg um eine Freilaufrolle herum. Inzwischen ist es schon einige Jahre her, dass Shimano die ersten Rollen dieser Art auf den Markt brachte. Heute haben alle größeren Firmen Freilaufrollen im Programm, und man hat die Wahl zwischen zahlreichen gleichwertigen Modellen.

Sobald ein Fisch Schnur abzieht, wird die Rute in die Hand genommen. Ich suche dann meistens schon eine flache Stelle am Ufer auf. Nach einigen Sekunden wird dann die lose Schnur aufgenommen. Halten Sie die Rute dann möglichst tief. Und sobald Sie den Fisch spüren, ziehen Sie die Rute in einer gleichmäßigen, kräftigen Bewegung nach hinten.

Meistens wird der Fisch hängen, manchmal geht der Anhieb aber auch daneben, genau wie bei jeder anderen Angeltechnik und bei jeder anderen Fischart auch. Das sollte aber kein Grund sein, mit dem Anhieb länger zu warten oder den Hecht den Köder schlucken zu lassen. Wenn Sie nach 10 bis 20 Sekunden einen kontrollierten Anhieb setzen, sind Sie meistens auf der sicheren Seite. Ein übereilter Anhieb geht meistens ins Leere. Wartet man zu lange mit dem Anhieb, dann sitzt der Haken meistens tief im Rachen, oder der Hecht hat ihn vollkommen verschluckt.

Es gäbe noch eine ganze Menge über das Ansitzangeln mit totem Köderfisch zu berichten. Man kann den Köder schließlich in sehr unterschiedlicher Weise anbieten. Das soll aber alles nicht Thema dieses Buches sein. Wer sich damit wirklich gründlich auseinandersetzen will, dem empfehle ich die englischen Zeitschriften Pike Lines und Pike and Predator. In jeder Ausgabe steht so einiges über die verschiedenen Techniken, den toten Köderfisch anzubieten. Ich betone aber noch

■ Natürliche Köder

Um eine steile Kante unter Wasser zu überbrücken wird mit der Pose geangelt. Der Stopper ist in diesem Fall auf zehn Meter Tiefe eingestellt.

einmal, dass es vor allem darauf ankommt, sein Gewässer zu kennen und den Köder im Bereich günstiger Bodenstrukturen anzubieten.

Wenn man zur richtigen Zeit den toten Köderfisch auf dem Gewässerboden anbietet, wird ein Hecht kommen und ihn fressen wollen, das ist gar keine Frage. Aber man kann den Hecht auch suchen, indem man mit einem Köderfisch aktiv angelt.

Wieder muss ich dabei an früher denken, als wir noch mit lebenden Köderfischen angeln durften. Das war wohl mit das spannendste Angeln überhaupt. Wenn man schon ein paar Stunden gerudert hatte, und dann wurde der Köderfisch auf einmal unruhig. Da schlug einem das Herz bis zum Hals. Ging dann die Pose tatsächlich unter - ein unglaubliches Gefühl. Mit zittrigen Händen drehte man die Schnur straff, um den Anhieb zu setzen. Vielleicht hat ein richtig Großer zugepackt?

Ehrlich gesagt habe ich dieses Gefühl lange nicht mehr gehabt. Vielleicht liegt es an meinen Kunstködern, die so kalt und tot sind, dass sie einem keine so aufregenden Gefühle mehr vermitteln können. Aber auch mit den toten Köderfischen ist es schließlich nicht anders. Der Makrele aus meinem Tiefkühlschrank ist es ziemlich egal, ob sie von einem Hecht verfolgt wird.

Das ist gewiss ein Verlust, keine Hoffnung mehr auf eine Pose, die nervös über die Oberfläche hüpft. Was uns bleibt, ist die plötzlich abtauchende Pose, das Straffen der Schnur und der Anhieb. Aber auch das sind ein paar gute Argumente für das Hechtangeln mit totem Köderfisch.

Aktiv mit Köderfisch

Für das aktive Angeln mit totem Köderfisch brauchen wir etwas andere Geräte als für das Ansitzangeln. Vor allem mit der Rute müssen wir uns genau auf das Gewässer einstellen, an dem wir angeln, und auf die Größe der Hechte, die wir dort zu erwarten haben. Angeln Sie an einem Polder oder einem kleinen Kanal, der weitgehend frei ist von Wasserpflanzen, dann können Sie durchaus auch leichtes Gerät einsetzen. Sind diese Gewässer aber etwas größer, gibt es tiefere Stellen, weite Ausbuchtungen und Zuflüsse, wachsen in den Gewässern Pflanzen, und gibt es dort Hindernisse, dann müssen Sie mit schwereren Geräten angeln. Das gilt selbstverständlich auch für Teiche und Seen.

Stärke benötigt das Gerät aber nicht erst für den Kampf mit Hindernissen und kapitalen Fischen, sondern bereits für das Auswerfen des Köders. Hechte interessieren sich schließlich meistens weniger für kleine Happen, sondern mehr für ordentliche Portionen. Ein Hering, selbst eine kleinere Makrele oder irgendein anständiger Süßwasserfisch wiegt genug, um unserer Rute schon ein höheres Wurfgewicht abzuverlangen.

Auf einem Boot ist kein so hohes Wurfgewicht erforderlich. Auf einigen Gewässern kann man vom Boot sogar mit recht leichtem Gerät angeln. Da man vom Boot nicht wirft, braucht man dafür keine starke Rute. Gibt es auf dem Gewässerboden keine Hindernisse, spricht eigentlich nichts gegen eine leich-

Nach dem kraftvollen Auswurf wird der Köder die Pose in die Tiefe ziehen. Jan holt dann so viel Schnur ein, bis die Pose an der Oberfläche erscheint. Dann befindet sich der Köder in der richtigen Tiefe.

tere Rute. Es gibt Seen, auf denen habe ich schon Hechte um die 30 Pfund mit einer 1,5 lb.-Rute vollkommen problemlos ausgedrillt.

Es gibt aber auch Seen, auf deren Böden versunkene Hölzer und allerlei andere Hindernisse liegen. Da sollte man zur eigenen Sicherheit und der des Hechts zu schwereren Geräten greifen. Unter Umständen kann dann eine Rute von 3 lb erforderlich werden.

Wenn Sie sich erst noch zum Kauf einer Rute entschließen müssen, haben Sie es jetzt nicht einfach. Gleich mehrere Ruten zum Angeln mit Köderfisch zu kaufen, ist auch nicht für jeden eine Alternative. Machen Sie die Entscheidung davon abhängig, auf welchen Gewässern Sie vor allem angeln wollen. Angeln Sie nicht nur auf großen Seen, sondern auch auf verschiedenen anderen Gewässern? Nehmen Sie dann nicht die leichteste Rute. Damit kommen Sie vielleicht an einem Gewässer gut zurecht, und dann ist die Verlockung auch groß, immer leicht zu angeln. Aber am nächsten Gewässer wirft dieses Gerät dann Probleme auf. Versunkene Hölzer und Wasserpflanzen erschweren das Angeln, und ein gehakter Hecht geht leicht verloren. Wählen Sie die Rute also nicht zu leicht. Mit einer Testkurve von 2,5 lb. können Sie sich an nahezu alle Gewässer wagen. Und auch an solch einer Rute kann ein Hecht zeigen, was er wert ist.

Auch beim Angeln vom Ufer stellt sich die Frage, ob man in dem Gewässer mit Hindernissen zu rechnen hat. Da man den Köder aber im Gegensatz zum Bootsangler werfen muss, braucht man allein deshalb schon eine stärkere Rute. Mit einer Testkurve von 2 lb. hat man dann eher noch eine leichte Rute.

Befinden sich in dem Gewässer aber auch noch Hindernisse, von denen man den Hecht fernhalten muss, oder aus denen man ihn notfalls wieder herausziehen muss, braucht man schon eine Rute mit 3 lb. Testkurve. Und meistens können wir uns darauf verlassen, dass sich an den besten Hechtstellen auch ein paar ordentliche Hindernisse befinden.

Der eigentliche Konflikt besteht darin, dass man möglichst sicher angeln sollte, also mit schwererem Gerät, dass man aber mit leichterem Gerät mehr Spaß an der Sache hat. Für welches Gerät Sie sich entscheiden, und wie Sie den Konflikt also lösen, hängt ganz von der Gewässersituation ab, der Sie gewöhnlich beim Angeln begegnen.

Leichtes Gerät

Mit leichtem Gerät kann man in den meisten Poldern oder ähnlichen kleinen Gewässern angeln. Vor allem wenn man an Strecken ohne Hindernisse angelt, reicht eine 1 lb.-Rute vollkommen aus. Auch ein kleinerer Hecht kann an solch einer Rute zeigen, dass er kämpfen kann.

Selbst abgestorbene Wasserpflanzen können beim Angeln mit Köderfisch zu einem schweren Hindernis werden. In Seen und Kanälen mit starken Pflanzenwuchs empfiehlt sich deshalb auch im Winter schweres Gerät. Ansonsten kann sich der Hecht schnell zwischen den Pflanzenresten festsetzen. Angelt man vom Boot, ist das meistens kein echtes Problem. Vom Ufer artet das aber oft in ein

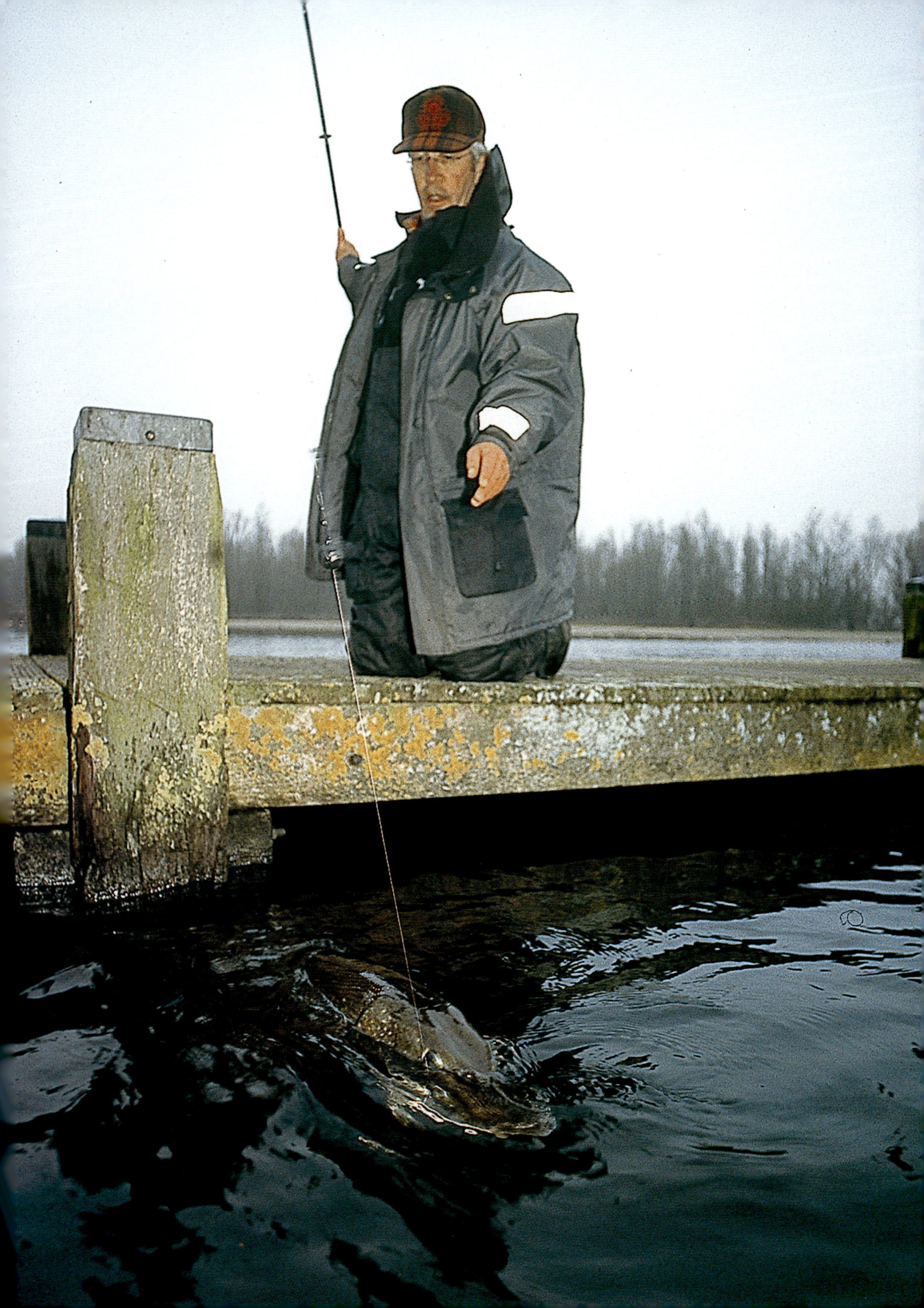

aussichtsloses Tauziehen aus, nach dem der Angler eine abgerissene Schnur an der Rute hat und der Hecht ein Hakensystem im Maul. Beides sollte man aber möglichst vermeiden.

Wir haben noch nicht über die Länge der Rute gesprochen. Es gibt da aber auch nicht allzuviel zu besprechen. Einen toten Köderfisch muss man durchs Wasser lenken. Zwar sehe ich sehr häufig Hechtangler, die ihren Köderfisch einfach nur ins Wasser hängen, und sie fangen auch Hechte. Aber die Fangchancen sind deutlich höher, wenn man aktiv mit dem Köderfisch angelt.

Besonders im flachen Wasser muss ein Köderfisch aktiv geführt werden, an Schilfkanten entlang oder vorbei an Pflanzenfeldern und versunkenem Geäst. Der Köder muss mit der Rute geführt werden, und diese muss deshalb recht lang sein. Länge und Wurfgewicht müssen aber im richtigen Verhältnis zueinander stehen. Eine 1-lb.-Rute von vier Meter Länge wäre so schlapp wie ein gekochter Spaghetti. Eine 3-lb.-Rute dagegen verkraftet diese Länge, ohne dass sie dabei durchhängt. Mit solch einer Rute hält man aber ein wahres Kanonenrohr in Händen.

Eine leichte Rute für das Angeln mit kleineren Köderfischen in den Poldern, Teichen oder kleinen Kanälen hat mit 3,00 Meter die richtige Länge. Beim Ansitzangeln an größeren Gewässern ist man mit einer Rute um 3,60 Meter Länge besser bedient. Dabei sollte sie eine Testkurve von 2 oder 2,5 lb. haben.

Zum Schleppangeln mit totem Köderfisch braucht man eine längere Rute, 4,00 Meter erscheinen dabei keineswegs übertrieben. Bei solch einer Länge besteht allerdings die Gefahr, dass die Rute sehr weich wird. Da wir aber vom Boot nahezu über den Fischen angeln, brauchen wir kein so starkes Gerät, um den Anhieb durchzubringen. Der Vorteil solch langer Ruten im Boot besteht darin, dass man sie zum Schleppen zu den Seiten auslegen kann und somit eine große Wasserfläche abdecken kann.

Tot oder lebendig

Das Angeln mit lebendem Köderfisch ist nicht in allen Ländern verboten. Ich habe schon gestanden, dass ich das Angeln mit lebendem Köderfisch sehr aufregend fand. Andererseits hätte ich heute auch Bedenken,

Und da ist er... Keine volle Stunde geangelt, und schon hat Jan den ersten Meterhecht des Tages.

einen kleinen lebenden Fisch ans System zu haken. Mit dem Verbot hat sich das ohnehin erledigt. Und ich würde tatsächlich auch niemandem mehr raten, mit lebenden Köderfischen ans Wasser zu gehen.

Aber manchmal gehen die Verordnungen auch ein bisschen zu weit. Unlängst war ich in England, wo ich vor dem Pike Angler Club einen Vortrag über meine Angelmethoden halten durfte. Und dort erfuhr ich, dass man nicht nur den lebenden Köderfisch verboten hat. Es wurde sogar beschlossen, dass man am Wasser keinen toten Süßwasserfisch bei sich haben darf.

In Irland ist das Angeln mit lebendem Köderfisch schon lange verboten. Nicht weil man es so gewissenlos fände, mit lebenden Köderfischen zu angeln, sondern um die Gefahr einer weiteren Verbreitung der Weißfische zu unterbinden. Genützt hat es wenig, die Rotaugen breiten sich so oder so aus, und auch in den westlichen Seen wie zum Beispiel Lough Mask sind sie inzwischen heimisch.

Die skandinavischen Länder scheinen das letzte Rückzugsgebiet für das Angeln mit lebendem Köderfisch zu sein. Für viele Angler ist das vielleicht auch ein Grund, dort Urlaub zu machen. Kommen wir aber zurück zum toten Köderfisch. Auch damit kann man große Hechte fangen. Nach meinen Erfahrungen kann man mit einem aktiv geführten toten Köderfisch sogar genauso gut fangen wie mit einem lebenden Köderfisch.

Welche Fischarten als Köder in Frage kommen, habe ich schon beschrieben. Achten Sie beim Kauf aber darauf, dass die Fische sich in einem guten Zustand befinden. Eigentlich eine etwas sonderbare Forderung, dass sich ein toter Fisch in einem guten Zustand befinden soll, aber Sie verstehen schon, was ich meine. Auch ein toter Köderfisch soll für den Hecht attraktiv sein.

Meeresfische üben auf den Hecht eine besondere Anziehungskraft aus, dennoch haben sie auch einen Nachteil. Diese Fische sind immer sehr weich, und lassen sich beim aktiven Angeln nicht gut am Haken halten. Deshalb sollte man die Süßwasserfische als Köder auch nicht vernachlässigen.

Ich nehme selber beim Angeln gewöhnlich keine Fische mit. Wenn ich aber vertikal auf Zander angle und fange dabei einen Barsch, dann kann es schon passieren, dass aus ihm ein Köderfisch wird. Ich nehme aber keine zu großen Barsche. Nicht dass man mit ihnen keine kapitalen Hechte fangen könnte, aber

um einen schönen großen Barsch täte es mir doch leid.

Mit Barschen, früher lebenden, heute toten, habe ich schon wirklich große Hechte gefangen. Auch die Barsche friere ich ein. Selbst wenn ich sie schon am folgenden Tag einsetzen will. Je frischer die Köder sind, desto besser sind die Fangchancen, da bin ich mir ganz sicher. Bleiben Fische am Angeltag übrig, dann nutze ich sie zum Anfüttern. Größere Fische schneide ich dabei in Stücke.

Die Fische noch einmal wieder mitzunehmen und einzufrieren, hätte keinen Sinn. Nach dem zweiten Einfrieren sind die Fische oft butterweich, aufgeplatzt und lassen sich einfach nicht mehr sauber präsentieren. Wenn man sie zum Anfüttern nimmt, kann man auf diese Weise eine gute Stelle fürs Ansitzangeln anlegen.

Noch ein wichtiger Hinweis für Vergessliche: Ein paar Heringe, die nach einem Angeltag im Auto liegengeblieben sind, könnten nach ein paar Tagen für sehr unangenehme Fahrerlebnisse sorgen.

Favoriten

Wer sich noch nicht so lange mit dem Hechtangeln beschäftigt hat, findet es vielleicht unverständlich, dass Hechte so versessen auf Meeresfische sind. Aber denken Sie nur einmal an den schwedischen Schärengarten, wo Süß- und Salzwasser ineinander übergehen. Dort im Brackwasser treffen auch Süß- und Salzwasserfische aufeinander, Hecht und Hering leben dort nebeneinander. So ungewöhnlich ist es also gar nicht, mit Heringen auf Hecht zu angeln. Was die Salzwasserfische ihren Verwandten aus dem Süßwasser deutlich voraus haben, sind ihr starker Geruch und ihr Fettgehalt.

Vor einiger Zeit hatte ich einmal eine lange Diskussion mit einem Wissenschaftler, der behauptete, dass Hechte ein schlecht ausgeprägtes Riechorgan hätten. Zu der Zeit angelte ich viel mit Meeresfischen als Köder und hatte damit ausgesprochen gute Erfahrungen gemacht. Nach dem Gespräch kamen mir aber trotzdem irgendwie Zweifel an dem, was ich da tat. Ich hielt mich mit Büchern und Zeitschriften aus England auf dem Laufenden zu diesem Thema, und die Erkenntnisse der Kollegen bestätigten, dass es um den Geruchssinn der Hechte so schlecht nicht bestellt sein kann.

Welche Fischart als Köder zum Einsatz kommt, hängt ganz von dem jeweiligen

◾ Natürliche Köder

Ein toter Köderfisch am Grund angeboten ist vor allem im Spätherbst und im Winter ein vielversprechender Köder beim Angeln auf Großhecht.

Gewässer ab. Von allen fängigen Arten ist die Sardine der weichste Fisch. Werfen ist damit ein Wagnis, weil die Sardinen zu schlecht am Haken halten. Weite Würfe sind völlig ausgeschlossen. Für Weitwürfe sind Barsche wesentlich besser geeignet. Barsche sind nicht nur fängig, sie haben auch eine sehr feste Haut. Damit bleiben sie auch bei weiten Würfen sicher am Haken.

Für weiche Fische wie Sardinen und Stint gibt es nur eine Möglichkeit, will man sie doch auf Distanz einsetzen. Man muss sie tiefgefroren mitnehmen und auch am Angelplatz gefroren halten. Der Haken wird dann zum Auswerfen in den gefrorenen Körper eingeführt. Selbst dabei merkt man, dass sich das Fleisch beim Einstechen des Hakens nicht wieder zusammenzieht. Es entsteht also ein größeres Loch um die Hakenspitze. Um den Köder am Haken zu sichern, wird er mit einem Gummiband befestigt oder mit PVA, das sich im Wasser auflöst. Das ist zwar etwas umständlich, aber bei weichen Köderfischen hat man keine anderen Möglichkeiten.

Wenn Sie an Ihrem Angelplatz, an einem Teich oder einem Graben, nicht zu werfen brauchen, kann eine Sardine die beste Köderwahl sein. Der Köder kann in kleinen Gewässern mit einem vorsichtigen Pendelwurf ausgebracht werden. Steht der Wind günstig, können Sie sich das zunutze machen und mit seiner Hilfe noch ein paar Meter mehr herausholen. In kleineren Gewässern hat sich auch der Stint als Köderfisch bewährt. Stinte können übrigens beachtliche Größen erreichen. Stinte von 30 Zentimeter Länge sind gar nicht einmal so selten. Wenn man solch einem Stint ins Maul schaut, ist man überrascht von den kräftigen Zähnen, mit denen diese unscheinbaren Fische ausgestattet sind.

Stint und Sardine lassen sich aber auch auf großen Gewässern mit Erfolg einsetzen. Hinter einem langsamen Ruderboot wirken beide sehr verführerisch. Dabei sind Stinte vor allem in solchen Gewässern, in denen sie auch natürlich vorkommen, von keinem anderen Köderfisch zu schlagen.

Auch wenn Stint und Sardine meine eigentlichen Favoriten sind, habe ich oft Heringe und Makrelen als Köder dabei. Der Vorteil dieser Fische liegt in ihrer Größe. Vor allem Makrelen werden sehr groß. Für einen kapitalen Hecht ist solch ein Köder ein verlockendes Angebot. Wenn ich vorhabe, nur zu schleppen, gebe ich meistens dem Hering den Vorzug. Beim Werfen hat sich die Makrele aber besser bewährt. Sie hat eine sehr viel festere Haut, mit der sie sicherer am Haken bleibt. Heringe fallen leicht auseinander, wenn sie aufs Wasser aufprallen oder wenn sie anschließend im Wasser auftauen.

Wir haken an

Genug der Theorie, gehen wir über zur harten Praxis. Für das aktive Hechtangeln mit Köderfisch kann man, genau wie beim Angeln mit Kunstködern, wichtige Erfahrungen an kleineren Gewässern sammeln, die einem später nützen, wenn man an großen Seen auf Kapitale angelt.

Fangen wir also an einem kleineren Kanal oder einem Teich an. Über die Rute haben wir uns schon unterhalten, etwa 3,00 Meter lang sollte sie sein. Damit kombiniere ich am

Mit totem Köderfisch wird sehr langsam geschleppt. Wenn es eisig kalt ist, verlangt diese Methode dem Angler viel Härte ab.

liebsten eine Multirolle, aber es darf sicher auch eine Stationärrolle mit Freilauf (Baitrunner) sein.

Früher hat man immer mit monofiler Schnur auf Hecht geangelt. Heute würde ich aber eine geflochtene Schnur empfehlen. Die Schnur darf auf keinen Fall absinken, beim Angeln mit natürlichem Köderfisch muss die Schnur immer schwimmen. Wer mit einer Dacron-Schnur angeln will, sollte diese einfetten. Die bessere Alternative ist natürlich eine Dyneema. Sie ist stärker als irgendeine andere Schnur, und sie schwimmt von ganz alleine. Der Dyneema fehlt allerdings etwas das Volumen. Eine Dyneema mit einer Tragkraft von 20 Pfund hat einen Durchmesser von nicht einmal 0,19 Millimeter. Und das ist für unsere Zwecke viel zu dünn.

Denn, um den Köderfisch zu lenken, nutzen wir den Wind und die Wellen. Vor allem der Wind ist unser wichtigster Helfer. Wir lassen den Wind hinter die Schnur fassen, damit er unseren Köderfisch in die gewünschte Richtung lenkt. Dabei wird die lange Rute angehoben, so dass der Köder vom Wind regelrecht weggedrückt wird. Wenn wir dabei eine dünne Dyneema benutzen, dann ist der Windeffekt minimal. Die Schnur sollte mindestens einen Durchmesser von 0,30 Millimeter haben. Solch eine Schnur hat eine Tragkraft von mehr als 40 Pfund, was eigentlich viel zu viel ist für die Angelrute. Bei voller Belastung würde eher die Rute brechen, bevor die Schnur reißt.

Deshalb wird vorher die Rollenbremse so eingestellt, dass sie die Belastbarkeit der Rute berücksichtigt. Die Bremse darf für mich sogar etwas leichter eingestellt sein. Wenn die Bremse im Drill benötigt wird, lässt sich der Bremsdruck immer sehr gut regulieren, indem man mit dem Finger auf die Rollenspule drückt.

Zur Bremseinstellung will ich noch etwas bemerken: In verschiedenen Angelbüchern sieht man Demonstrationen zur richtigen Bremseinstellung. Dabei ist die Schnur irgendwo festgebunden und die Rute wird in eine „Ideal-Kurve" gekrümmt. In diesem Zustand soll die Rolle dann die Schnur abgeben. Halten Sie sich niemals an solche Angaben! Die Rollenbremse und auch die Rute reagieren ganz unterschiedlich, je nachdem, ob ein Fisch in großer Entfernung beißt oder ob er direkt unter dem Boot zupackt.

Die Einstellung der Bremse ist in erste Linie Gefühlssache, sie lässt sich nicht über die Krümmung der Rute ermitteln. Sie werden beim Angeln mit Köderfisch wahrscheinlich eine Rute mit parabolischer Aktion haben. Die Krümmung dieser Rute und die Bremse müssen im Drill zusammenspielen, ohne das der Widerstand für die Rute oder den Fisch zu stark wird. Mit ein wenig Drillerfahrung findet man die richtige Bremseinstellung mühelos. Stellen Sie die Bremse zunächst vor allem nicht zu hart ein.

Wenden wir uns nun der Pose zu. Wir haben die Wahl zwischen verschiedenen Modellen, ich bevorzuge aber immer noch die klassische, umgekehrt birnenförmige Hechtpose. Wenn das Wasser recht flach ist, wird die Pose fest montiert. Im tieferen Was-

■ Natürliche Köder

Das geht bei einer winterlichen Angeltour mit dem Boot natürlich nicht.

ser müssen wir dagegen eine Laufpose einsetzen. In dem Fall sollten wir keine Pose nehmen, bei der die Schnur gerade durch die Mitte des Körpers geführt wird.

Besser ist eine Pose, bei der die Schnur in einem Bogen durch den Körper verläuft. Dadurch klemmt sich die Pose auf der Schnur fest, wenn man den Köder zu sich zieht. Bei einer Pose mit gerader Schnurführung wird der Köderfisch beim Einholen der Schnur nach oben gezogen. Das ist besonders bedenklich, wenn man den Köder schleppt, dann würde man ihn nämlich immer wieder nach oben ziehen, und er wäre nie in der Tiefe, in der man ihn eigentlich anbieten will.

Kaufen Sie sich also am besten gleich solche Posen, die Sie in allen Situationen einsetzen können. Eine Alternative sind spezielle Schnurklemmen, die unter der Pose angebracht werden und ebenfalls verhindern, dass die Schnur durch die Pose nach oben gezogen wird. Bei Verwendung solcher Klemmen kann man auch problemlos die Posen auswechseln.

Selbstverständlich muss die Pose auch den Köderfisch tragen können. Vor allem eine ordentliche Makrele kann eine hohe Belastung für die Pose darstellen. Von meinem alten Freund Vic Bellars habe ich einen Trick übernommen, um die Makrele zu erleichtern. „Vic the Rig" schiebt nämlich einfach ein Stück Balsaholz in den Fisch und gibt ihm damit Auftrieb.

Um den Fisch in der gewünschten Tiefe zu halten, braucht man Blei. Ich verwende dafür ein schlankes Laufblei von etwa 15 Gramm. Das Laufblei ziehe ich nach der Pose auf die Schnur, und ich lasse es meistens auch beweglich auf der Schnur. Schließlich wird das Hakensystem befestigt.

Techniken und Montagen

Ich habe mich oben schon ausführlich zu den Systemen für Köderfische beim Ansitzangeln geäußert. Auch für das aktive Angeln mit totem Köderfisch werden natürlich in verschiedenen Büchern die verschiedensten Systeme vorgestellt. Ich bin aber eher ein Minimalist und benutze nur wenige Standard-Systeme. Damit habe ich in 25 Jahren kaum einen Fisch verloren. Wichtig ist mir bei meinen Systemen, dass ich damit nach Möglichkeit verhindere, dass ein Hecht den Köder schluckt.

Grundlage meiner Systeme ist Seven Strand-Stahldraht mit Kunststoffüberzug. Das Material verschiedener Firmen ist dabei gleich gut. Wichtiger als der Hersteller ist die Stärke. Der Draht sollte eine Tragkraft von 20 Pfund haben. Damit ist die Tragkraft niedriger als die der Dyneema-Schnur. Aber wie oben beschrieben geht es bei der Dyneema nicht um die hohe Tragkraft, sondern um den größeren Durchmesser, den wir für das aktive Angeln brauchen.

Bei der Verwendung von Stahldraht als Vorfach ist Ihnen vielleicht schon einmal aufgefallen, dass dieses Material sich leicht verdreht und dass es sich leicht knickt, wenn es einmal in ein Hechtmaul geraten ist. Solch ein Stahlvorfach kann man dann eigentlich nur noch wegwerfen.

Mit einem Hakensystem am Stahldraht ist das nicht viel anders. Nach einem, spätestens

Mit dem Nachtfrost kommt die Zeit für den Ansitz mit totem Köderfisch.

nach zwei Hechten sollten Sie sich von dem System verabschieden. Drillinge und Wirbel werden natürlich gerettet und wiederverwendet. An einem guten Hechtgewässer kann man so allerlei Systeme verbrauchen. Deshalb sollte man immer mit einigen Reserve-Systemen ans Wasser gehen.

Bei solch einem Verschleiß möchte man nicht daran denken, was fertige Systeme im Angelladen kosten. Da ist es entschieden günstiger, sich die Systeme selber zu machen. Ich habe Ihnen oben ab Seite 162 auf einigen Fotos gezeigt, wie man sich solche Systeme selber bauen kann.

Dauerhafter als Stahldraht sind neue Materialien aus Titanium, allerdings sind sie auch deutlich teurer. Ich habe mir daraus schon verschiedene Systeme gebaut. Sie halten eindeutig länger. Für einen leidenschaftlichen Hechtangler ist das also eine Überlegung wert.

Das System kann man mit einer unterschiedlichen Zahl von Haken oder Drillingen ausstatten. Das Minimum ist ein Einfachhaken und ein Drilling. Das reicht aber völlig aus, um eine Sardine oder auch einen großen Stint zu befestigen. Dabei wird der Einfachhaken durch das Maul des Fisches geführt und der Drilling an der Seite eingehakt.

Angeln Sie vom Ufer, dann ist es ein großer Unterschied, an welcher Seite des Fisches der Drilling befestigt wird. Führen Sie den Köder von rechts nach links, dann muss der Drilling an der linken Körperseite des Fisches sitzen. Entsprechend sitzt er auf der rechten Seite, wenn der Köder von links nach rechts geführt wird.

Wenn man den Fisch zieht, übt man immer etwas mehr Zug auf die Seite aus, an der der Drilling sitzt. Sitzt der Haken so wie beschrieben, lässt sich der Köder mühelos führen. Befindet sich der Drilling aber an der linken Körperseite des Fisches, und man führt ihn statt nach links nach rechts, dann hat das leicht zur Folge, dass sich der Fisch dreht und sich nicht mehr natürlich durchs Wasser bewegt. Beim Angeln mit größeren Köderfischen ist es sinnvoll, neben dem Einfachhaken zwei Drillinge einzusetzen. Der Einfachhaken wird wiederum durchs Maul geführt. Dabei wird der Haken wohl gemerkt durch den Unter- und den Oberkiefer geführt. Die Drillinge werden beide entweder auf der linken oder der rechten Seite des Fisches befestigt.

Mit dieser Befestigung können Sie den Köderfisch auch hinter dem Boot schleppen. Nach dem beschriebenen Prinzip bekommt ein Köderfisch der an der linken Bootsseite geführt wird, die Drillinge in die linke Körperseite. Beim Schleppen wirken schließlich dieselben Kräfte auf den Köderfisch wie bei der Köderführung vom Ufer.

Sind die Köderfische dementsprechend angehakt, laufen sie beim Schleppen gleichmäßig nebeneinander durchs Wasser. Anderenfalls wäre die Gefahr groß, dass sie irgendwann ineinander geraten. Selbst wenn es

Natürliche Köder

Die Hechtrute für ein großes Gewässer muss vor allem lang sein, damit man mit ihr den Köder dirigieren und große Hechte sicher ausdrillen kann.

nicht so weit kommt, würde ein unregelmäßiger Lauf der Köder bedeuten, dass das Wasser nicht gleichmäßig abgefischt wird.

Beim Schleppangeln kann man auf diese Weise einen sechs bis acht Meter breiten Gewässerstreifen abfischen. Wenn zwei Ruten von etwa 3,00 Meter Länge zu beiden Seiten des Bootes geführt werden, ist dazwischen noch reichlich Platz für eine dritte Angel. Das bietet einem nebenbei sogar noch die Gelegenheit, mit einem Kunstköder etwas vertikal zu angeln.

Flachwasser

Leider ist auch das Angeln mit einem System nicht überall erlaubt. Welchen Sinn solch ein Verbot hat, wollen wir hier nicht weiter diskutieren. Es bedeutet aber auf jeden Fall, dass man überall dort, wo es verboten ist, nur mit einem einfachen Haken angeln darf. Ich nehme dann einen großen Rundbogenhaken, Haken wie zum Boilie-Angeln in der Größe 1/0 sind gut geeignet.

Ob Sie den Haken durchs Maul oder den Rücken ziehen, hängt davon ab, wie Sie den Köder anbieten wollen. Beim Schleppen oder Lenken des Köders vom Ufer ist es günstiger, wenn der Haken im Maul des Fisches sitzt. Der Körper des Fisches kann sich dann nicht quer stellen und an die Oberfläche treiben. Deshalb wird auch dann kein Haken am Rücken befestigt, sondern ein Einzelhaken im Maul und ein Drilling oder bei größeren Köderfischen zwei Drillinge an der Seite.

In kleineren Gewässern, Poldern oder Gräben würde ich keine allzu großen Köderfische einsetzen. Rotaugen, Güstern, Stinte oder Sardinen von 15 bis 20 Zentimeter sind allemal groß genug, um auch den schwersten Hecht in solchen Gewässern zu verführen.

Wenn es gelingt, den Köder überzeugend zu präsentieren, hat man mit dem toten Köderfisch sogar ausgezeichnete Chancen, Hechte zu fangen, die auf viele andere Köder nicht mehr hereinfallen würden. Aber es kommt eben auf die Präsentation an, und deshalb sollte man sich vor dem Auswerfen die Gewässersituation genau anschauen und sich den richtigen Standort auswählen.

Stellen Sie sich so ans Gewässer, dass sie den Wind im Rücken haben. Den Rückenwind brauchen Sie nämlich bei der Köderpräsentation. Erwarten Sie aber nicht, dass Sie mit Windunterstützung den Köder über weite Entfernungen anbieten können. Es werden immer nur kurze Distanzen sein, über die sie den Köder führen.

Entscheidend dabei ist, dass Sie den Köder geschickt durchs Wasser führen. Heben Sie die Rute an, damit der Wind hinter die Schnur fassen kann. Lassen Sie den Wind so den Köder voranschieben. Dann senken Sie die Rute und lassen den Köder wegtreiben, bis sich die Schnur auf dem Wasser streckt. Nun heben Sie die Rute an, um den Köder wieder zu sich zu ziehen. Danach beginnt das Ganze von vorne.

Sie führen den Köder also mit Hilfe des Windes in einem Zickzack-Muster durchs Wasser. Auf diese Weise erhöhen Sie die Aussichten, dass der Köderfisch direkt vor einem Hechtmaul landet. Die Hechte jagen im Winter kaum einer Beute hinterher, deshalb ist es wichtig, ihnen die Beute maulgerecht zu servieren. Eine langsame Köderpräsentation, bei der ein Hecht den Köder genau beobachten kann, ist im Winter von großem Vorteil.

Achten Sie immer sehr darauf, dass die Pose im Wind bleibt, das ist schließlich die Antriebskraft bei der Köderführung. Befinden sich Köder und Pose erst im windgeschützten, ruhigen Wasser, wird es schwierig, sie wieder auf die richtige Geschwindigkeit zu bringen. So kann man viel Zeit verlieren, ohne dass der Köder sich an einem potentiellen Hechtstandort befindet.

Den Köder immer genau dahin zu lenken, wo man einen Hecht vermutet, ist die eigentliche Kunst bei dieser Methode. Haben Sie den Köder an solch eine Stelle dirigiert, dann können Sie ihn dort auch etwas länger anbieten. Wenn Hechte tote Fische vom Boden aufnehmen, wieso sollten sie dann nicht auch einen toten Fisch nehmen, der vor ihrer Nase im Wasser schwebt?

Hat man diese Form der Köderführung einigermaßen im Griff, kann man den Köderfisch auch sehr verlockend an Hindernissen entlang führen, an den Resten von Wasserpflanzen beispielsweise. Dabei sollte man aber nicht zu leichtsinnig sein. Wenn der Köderfisch einmal Pflanzenreste eingefangen hat, kann es dauern, bis man ihn davon befreit und ihn wieder auf den Weg gebracht hat.

Klappt es mit der Köderführung am Anfang nicht so, wie man es sich vorgestellt hat, erscheint einem die Methode sehr beschwerlich. Hat man aber auf diese Weise erst einmal einen ordentlichen Hecht gefangen, läuft danach alles fast wie von selbst.

Eines hat diese Methode übrigens mit dem Spinnfischen gemeinsam, es kommt meistens auf die Kreativität des Anglers an. Man muss sich immer wieder etwas einfallen lassen, um den Hecht zu verlocken, und je aktiver man selber dabei ist, desto erfolgreicher wird meistens auch der Angeltag.

An großen Gewässern

Auf großen Seen gelten andere Gesetze, und andere Dinge stehen im Vordergrund. Auch wenn der Köderfisch noch so frisch und schmackhaft ist, die erfolgreiche Präsentation hängt vor allem davon ab, wie gut man mit seinem Boot umzugehen weiß. Wer sein Boot nicht richtig unter Kontrolle hat, büßt einen großen Teil seiner Fangchancen ein.

Beim Bootsangeln mit totem Köderfisch geht eigentlich nichts über ein gutes Ruderboot. Ein Beweis dafür kommt aus den USA und Kanada. Dort ist es nämlich verboten, beim Wettangeln auf Muskie Köderfische vom geruderten Boot anzubieten. Und wenn man dort eine Methode verbietet, dann muss sie wirklich sehr gut sein.

Bevor es mit dem Ruderboote hinaus geht, brauchen wir einen Plan, und wir haben keine Anhaltspunkte wie an den Gräben und Teichen. Wo sollen wir anfangen? Wie tief sollen wir angeln? Zwei nicht ganz einfach zu beantwortende Frage. Viel hängt davon ab, wie klar das Wasser ist. Grundsätzlich wird der Hecht umso tiefer stehen, je heller das Wasser ist. So angle ich auf klaren Moorseen immer etwa in acht Meter Tiefe. In weniger klaren Gewässern angle ich nicht tiefer als fünf Meter. Letztendlich muss man aber an jedem Gewässer aufs Neue herausfinden, in welcher Tiefe man den Köder am besten anbietet. Wichtig ist aber, dass man während der Fahrt eine breite Wasserstrecke abdeckt, und das macht man am besten mit drei Ruten. Der Einsatz von vier Ruten, wie er sich beim Schleppen mit Kunstködern bewährt hat, scheint mit totem Köderfisch nicht praktikabel.

Eine sinnvolle Technik besteht darin, die Köderfische weit auseinander anzubieten. Dazu werden sie mit langen Ruten links und rechts vom Boot ausgelegt. Die beiden Köder liegen damit sieben bis acht Meter auseinander. Damit ist in der Mitte noch ausreichend Platz für einen dritten Köder.

Natürliche Köder

Noch einmal setzt ein großer Hecht zur Flucht an.

An welcher Seite der Köderfische das System befestigt wird, haben wir bereits besprochen. Damit Sie den enormen Unterschied sehen, können Sie die Seiten einmal versuchsweise vertauschen. Beide Köderfische werden etwa zehn Meter hinter dem Boot angeboten. Sie können sie auch dichter am Boot halten, aber nicht noch weiter dahinter.

Nun zur dritten Rute. Den Köderfisch an dieser Rute halten Sie am besten in der Mitte, indem Sie einen Drilling an seiner rechten und einen an seiner linken Seite anbringen. Befestigen Sie diesen Köderfisch ruhig ein wenig krumm an dem System, so bekommt er eine leichte Neigung, sich zu drehen. Weil wir aber sehr langsam fahren, wird er sich nicht vollständig drehen, sondern nur etwas zu den Seiten ausschlagen. Die Wirkung dieses toten Köderfisches ist von der eines lebenden Fisches kaum zu unterscheiden.

Sind die Köder einmal ausgebracht, erkennen wir sofort, dass sie sehr empfindlich auf Wind und Wellen reagieren. Wir müssen also sehr behutsam vorgehen, wenn wir beim Rudern Kursänderungen vornehmen. Am einfachsten ist es, wenn wir gegen den Wind rudern. Man muss nichts anderes machen, als die Köder langsam hinter sich herzuziehen.

Anders die Situation, wenn man mit dem Wind rudert. Weht der Wind nur schwach, so dass das Wasser leicht kabbelig ist, dann legt man das Boot quer in den Wind und macht nur wenige Ruderschläge, um das Boot über der richtigen Wassertiefe zu halten. Weht es aber so stark, dass die Drift zu schnell wird, dann muss man das Boot längs im Wind halten und gegen die Driftrichtung rudern, so dass man die Geschwindigkeit des Bootes verringert. Dabei gilt es auch noch, den richtigen Kurs zu halten. Damit man nicht plötzlich in flaches Wasser gerät, muss man immer rechtzeitig mit den Rudern manövrieren.

Am schwierigsten ist das Rudern aber bei Seitenwind. Am besten stellt man dann Heck oder Bug des Bootes schräg in den Wind, so dass dieser Teil des Bootes vom Wind weggedrückt wird. Danach rudert man das Boot wieder so in den Wind, dass es erneut weggedrückt wird. Und so arbeitet man sich über der gewünschten Wassertiefe voran.

Wenn man das Boot seitlich driften lässt, legt man eine Rute vorne ins Boot, eine ans Heck, und die dritte Rute platziert man in der Bootsmitte. Wird gegen den Wind gefahren, kommt eine Rute nach Backbord und eine nach Steuerbord, die dritte wird am Heck ausgelegt. In dieser Position können die Ruten zunächst auch liegen bleiben, wenn das Boot schräg gegen den Wind ausgerichtet wird. Dabei müssen wir aber immer die Posen im Auge behalten. Wenn diese nämlich bei der Kursänderung zu dicht zusammenrücken, wird es Zeit, eine Rute umzulegen.

Taucht eine Pose ab, muss der zweite Mann im Boot unbedingt an die Ruder, um das Boot an einer Stelle zu halten. Der Mann an der Rute versucht vorsichtig Kontakt zum Fisch aufzunehmen, dabei hält er die Rute mit der Spitze zum Wasser. Spürt er dann den Widerstand, wird ein gleichmäßiger, kräftiger Anhieb gesetzt. Der schönste Moment der Bootsfahrt kann beginnen.

Rudern unmöglich

Irgendwann ist ein Boot aber zu groß, um noch gerudert zu werden, das Gewässer zu weit und der Wind zu stark. Dann ist es Zeit, den Köderfisch mit einem motorisierten Boot an den Fangplatz zu bringen. Boote über 16 Fuß Länge scheinen mir nicht mehr richtig geeignet zum Rudern. Ich fahre selber seit 15 Jahren ein Boot dieser Größenordnung.

Mit solch einem Motorboot hat man beim Angeln viel gewonnen. Große Seen werden mit einem schnellen Boot ein ganzes Stück kleiner. Im schwedischen Schärengarten fahre ich mit dem Boot an einem Tag rund 80 Kilometer. Mit einem traditionellen Fischerboot und einem ebenso traditionellen Motor sind das unvorstellbare Entfernungen.

Die modernen Boote bieten dem Angler nicht nur Geschwindigkeit, sondern auch Komfort. Mit einem guten Deep V driftet man besser als mit jedem anderen Boot. Solche Boote sind außerdem enorm stabil und praktisch eingerichtet. Sie sind aber natürlich für größere Gewässer ausgelegt.

Große Boote sind nun einmal eher für große Gewässer bestimmt. Und auf denen hat man nun einmal auch die besten Chancen auf einen kapitalen Hecht. Grundsätzlich ist es nämlich so, dass in einem großen See auch die Hechte im Schnitt größer sind. Dementsprechend hat man dort auch bessere Aussichten auf einen Kapitalen.

Ein großer See kann aber auch bedeuten, dass man dort größere Schwierigkeiten mit dem Wind bekommt. Das heißt auch, dass man nicht immer an den Stellen angeln kann, an denen man gerne angeln möchte. Versuchen Sie dann nicht mit aller Macht, Ihren Hot Spot zu erreichen. Es hat keinen Sinn, sich gegen die Naturgewalten aufzulehnen. Suchen Sie sich lieber statt dessen eine Stelle, wo Sie das Boot sicher lenken können und wo Sie lange, kontrollierte Driften machen können. Denken Sie dran: Sie fangen mehr, wenn Sie an einer schlechteren Stelle gut angeln, als wenn Sie an einer guten Stelle nur schlecht angeln können.

Auch wenn Sie einen Motor am Boot haben, sollten Sie so viel wie möglich driften. Das heißt, Sie platzieren eine Rute an der Spitze des Bootes und eine am Heck, so decken Sie mit den beiden Ködern während der Drift eine breite Wasserfläche ab. Versuchen Sie dabei so langsam wie möglich zu driften. Um einen trägen oder unentschlossenen Hecht zum Anbiss zu bringen, nützt es nichts, wenn der Köder zu schnell an ihm vorbeizieht.

Sie können bei der Drift natürlich auch noch eine dritte Rute auslegen. In dem Fall wird sie in der Mitte des Bootes platziert, so dass der Köder mittig hinter dem Boot läuft.

Ob mit Naturköder oder Kunstköder, die Rolle verdient gute Pflege. Ab und zu ein Tropfen Öl, und die Rolle läuft nicht nur reibungslose, sondern sie erlaubt auch weitere Würfe.

Die Posen der drei Ruten bilden dabei ein Dreieck. Die Köder der beiden Ruten an Bug und Heck werden etwas dichter am Boot geführt. Der Köder der mittleren Rute kann gern zehn Meter hinter dem Boot laufen.

Bei der Drift wird das Boot mit Unterstützung des Elektomotors an Scharkanten oder anderen interessanten Stellen entlang geführt. Die Drift sollte so langsam wie möglich sein. Wird das Boot zu schnell, ist es günstiger, die Drift mit Hilfe eines Driftankers durchzuführen. Zwei große Futtereimer, wie sie von Friedfischanglern benutzt werden, können das Boot auch gut abbremsen. Bremsen zwei Eimer zu stark, reduziert man einfach auf einen Eimer. Solche Eimer sind überhaupt gut zu gebrauchen.

Müssen Sie gegen den Wind fahren, und der Elektromotor ist dafür zu schwach, dann wechseln Sie auf den Benzinmotor. Der ist dann meistens jedoch zu schnell. Die Lösung ist wieder ein Futtereimer, mit dem die Geschwindigkeit auf das richtige Maß gedrosselt wird. Man kann die gewünschte Geschwindigkeit aber auch im Zusammenspiel von Benzin- und Elektromotor erreichen. Dabei wird der Benzinmotor im Rückwärtsgang betrieben, während mit dem Elektromotor nach vorne beschleunigt wird. Der Antrieb des Elektomotors wird dann so reguliert, dass man in einem langsamen Tempo rückwärts fährt.

Bei sehr starkem Wind fahre ich allerdings lieber mit dem Benzinmotor vorwärts. Meistens ist das Tempo dann aber zu hoch für das Angeln mit Köderfischen. Also kommen die beiden Futtereimer wieder zum Einsatz, die ich an einer kurzen Leine vorne am Boot ins Wasser lasse. Die Tempodrosselung kann man aber auch mit einem Elektomotor erreichen, den man in diesem Fall rückwärts laufen lässt.

Es gibt also eine Reihe von Varianten, wie man die gewünschte Geschwindigkeit für die Präsentation der toten Köderfische erreichen kann. Denn um diese Köder geht es überhaupt nur. Der ganze Aufwand um das richtige Tempo soll schließlich nur bewirken, dass die Köderfische ihre optimale Wirkung erzielen.

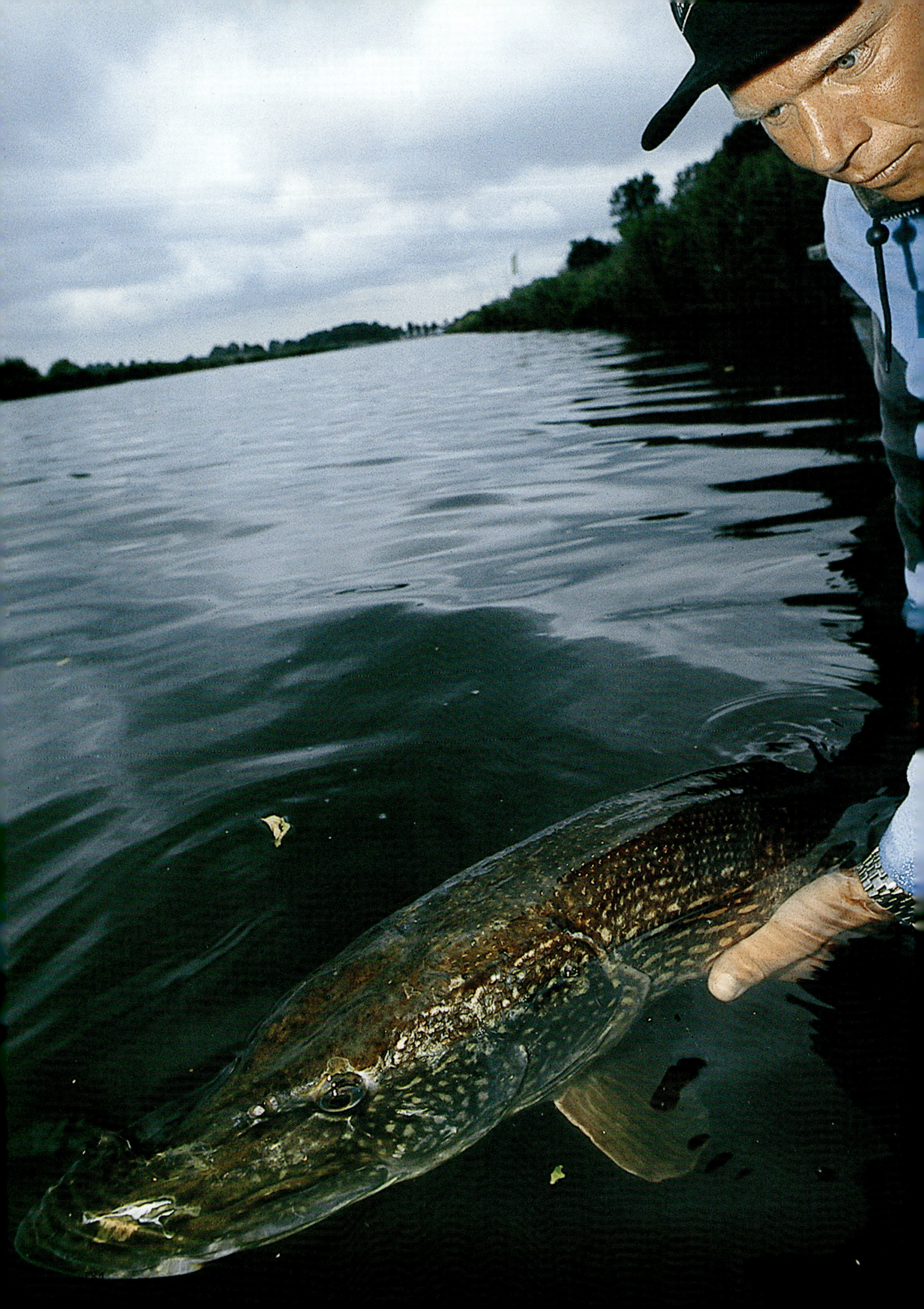

Vom Umgang mit Hechten

Ein Hecht kämpft wie kaum ein anderer Fisch. Manchmal fängt er sofort nach dem Anhieb an, wild zu toben. Aber ein Hecht ist unberechenbar und kann sich auch ganz anders verhalten. Statt eines aggressiven Blitzstarts lässt sich der Hecht wie ein nasser Sack heranziehen, und erst dicht vor dem Boot, im Kescher oder wenn wir ihn schon in der Hand haben, wird er auf einmal richtig wütend.

Von einem Hecht darf man keine stürmischen Fluchten von zig Meter erwarten. Hat ein Hecht aber erst einmal eine Richtung eingeschlagen, behält er diese auch gern hartnäckig bei. Meistens verläuft der Drill aber anders. Der Hecht kämpft dann eher in der Nähe des Bootes. Er schwimmt unter dem Boot hindurch und kämpft mit aller Macht auf kurzer Distanz.

Einige Angler behaupten, der Hecht wäre kein starker Kämpfer. Ich bin da vollkommen anderer Meinung. Ein Hecht in guter körperlicher Verfassung ist zweifellos einer der stärksten Süßwasserfische.

Bei vielen Fischen lässt sich genau vorhersagen, wie der Drill abläuft. Darauf kann man sich als Angler dann einstellen. Beim Hecht ist das jedoch nicht möglich. Jeder Hecht kämpft anders, dabei werden alle Möglichkeiten zur Flucht ausgeschöpft. Gibt es in der Nähe Wasserpflanzen, wird der Hecht sie wahrscheinlich ansteuern. Sind Äste im Wasser, werden sie zu seinem Ziel, und dann kriegt der Angler Probleme. Ich war in der glücklichen Lage, nicht nur große Hechte angeln zu können, sondern auch verschiedene andere Raubfisch, die im Ruf stehen, gute Kämpfer zu sein, Ferrox-Forellen zum Beispiel. Es waren sogar einige ganz beachtliche Fische dabei, wenngleich keine über 20 Pfund wog, aber wirkliche Probleme haben sie im Drill nicht bereitet. Auf der Kola-Halbinsel in Russland habe ich in verschiedenen Flüssen auf Lachs geangelt. Dort konnte ich auch einige Fische von deutlich mehr als 20 Pfund haken und sicher landen.

Einige Zeit später angelte ich mit Henk Rusman auf dem großartigen Lough Mask. Kein Superlativ greift zu hoch für diesen See. Die Hechte dort sind von ausgewählter Qualität. Und jeder einzelne große Hechte, Fische zwischen 20 und 30 Pfund, war schwieriger zu landen als die so hoch gepriesenen Atlantischen Lachse, die ich zuvor gefangen hatte.

Wie gesagt, es sind keine langen Fluchten, durch die sich der Hecht auszeichnet. Das wilde Kopfschütteln und die kurzen, heftigen, oft tiefen Fluchtversuche sind die Kennzeichen seiner Kampfkraft. Um dem standzuhalten, braucht man gutes Material und eine ebenso gute Selbstbeherrschung. Man braucht sicherlich einige Zeit und Erfahrung, bis man gelernt hat, die wilden Manöver eines Hechtes geschickt abzufangen.

Allerdings gibt es auch Hechte, die einen schwer enttäuschen. Einer meiner größten Hechte, ein Fisch von 128 Zentimeter und rund 32 Pfund, hat einfach nichts unternommen, um sich vom Haken zu befreien. Erst nachdem ich den Fisch wieder zurückgesetzt hatte, schoss er wie eine Rakete durchs Wasser. Wenig später fing ich an einem Suick einen deutlich dickeren Hecht von 124 Zentimeter Länge. Auch dieser schien sich sehr zu bemühen, sicher am Haken zu bleiben, als ob er sich unbedingt fotografieren lassen wollte. Als ich ihn langsam ans Boot führte, wurde mir doch etwas mulmig. Solch ein Monster, das nach dem Anhieb nicht einmal die Flossen bewegt. Diese Hechtdame hatte aber wohl alle Energie dazu genutzt, einen

Rechts: Piotr Piskorski demonstriert die Landung mit dem Bogagrip: die Klammer im Maul und die Hand unter dem Fisch.

Wenn ein Hecht wieder zurückgesetzt wird, ist es nicht nötig, ihn im Wasser hin- und herzubewegen. Er wird ruhig auf den Händen im Wasser gehalten. Vom driftenden Boot ist es wichtig, den Fisch in die Andrift zu halten, nicht in die Abdrift, damit das Wasser ins Maul drückt und nicht in die Kiemen.

Vom Umgang mit Hechten

Was ein Hecht im Drill macht, ist nicht vorhersagbar. Dieser Hecht von 1,24 Meter versuchte nach dem Anhieb nur, so sicher wie möglich am Haken zu bleiben. Dann lag der Fisch vor dem Boot, den Suick im grimmigen Maul. Der Hecht bekam noch einen ordentlichen Schubs, aber er wollte einfach nicht reagieren. Erst als die Hand schon hinter dem Kiemendeckel war, wurde er richtig lebhaft. Loslassen darf man dann aber auch nicht mehr. Die Gefahr ist zu groß, dann selber am Köder hängen zu bleiben. Also wird der Fisch mit dem Kopf aus dem Wasser festgehalten. Hätte man den Hecht mit einem Kescher aus dem Wasser geholt, dann hätte er sich darin sicherlich verletzt. Keine Flosse wäre da ganz geblieben. Als Angler bekommt man bei solch einer Handlandung ein paar Kratzer, aber die übersteht man schon.

voluminösen Körper zu entwickeln. Ich habe ihr vor dem Boot noch einen kleinen Schubs gegeben, damit sie doch noch einmal die Chance hatte, einen Wutanfall zu kriegen, aber auch das half nicht. Also ging ich zur Handlandung über, und dann, als ich die Hand hinterm Kiemendeckel hatte, explodierte der Fisch auf einmal. Er war noch vollständig im Wasser, als er plötzlich anfing zu toben. Meine Hand hat in den Kiemen die entsprechenden Schrammen davongetragen, aber in solch einem Moment darf man auf keinen Fall loslassen. Wenn dabei ein oder zwei Drillinge aus dem Hechtmaul schauen, besteht die ernsthafte Gefahr, dass diese dann in der Pulsader landen. Und das ist die schlimmste Form des Unvorhersagbaren beim Hechtdrill.

Beim Hecht weiß man eben nie genau, was passiert, weder beim Drill, noch bei der Landung. Die Landung ist noch ein eigenes Thema. Wie soll man vorgehen, wenn der Hecht ausgedrillt und reif für die Landung ist? Man bedenke, dass sich in einem Hechtmaul rund 700 Zähne befinden. Ein ausgewachsener Hecht kann Zentimeter lange, messerscharfe Zähne in seinem Unterkiefer

haben. Man sollte es sich also schon überlegen, ob man einen Fisch mit einer derartigen Bewaffnung mit der Hand greifen möchte.

Nicht allein für Angler, die noch nicht so viel Erfahrung mit Hechten gesammelt haben, bildet ein Kescher ein sicheres Landegerät. Ohne einen Kescher sollte man eigentlich nicht losgehen. Nicht nur zur eigenen Sicherheit landet man den Hecht mit einem Kescher, auch für den Fisch ist dies eine schonende Methode. Mit einem Kescher in der Hand verdrängt man auch dass ungewisse Gefühl, es könnte gefährlich werden bei der Landung, und ein Drilling könnte in die Hand eindringen. Sie wären selbstverständlich nicht der erste, der sich bei der Hechtlandung selber hakt.

Ganz unproblematisch ist es aber auch nicht mit einem Kescher nicht, einen Hecht zu landen. Karpfen, Brassen, ja, alle Weißfische lassen sich ohne Schwierigkeiten keschern, und man bekommt sie auch alle leicht wieder aus dem Kescher heraus. Die Netze dieser Kescher sehen auch sehr Vertrauen erweckend aus. Mit feinen Maschen garantieren sie dafür, dass der Fisch im Netz keinen Schaden erleidet. Aber keschern Sie einmal einen Hecht mit solch

Der richtige Umgang mit Hechten beginnt beim Drill. Drillen Sie den Fisch immer aus, bevor Sie ihn landen.

einem Netz. Wir angeln schließlich nicht mit einem Einfachhaken, der irgendwo im Maul des Fisches sitzt, sondern mit Kunstködern oder Montagen für Köderfische, an denen mindestens ein Drilling sitzt, meistens sogar mehrere. Oft befinden sich zwei Hakenspitzen oder auch ein ganzer Drilling außerhalb des Hechtmauls. Wenn ein Hecht damit in einem feinmaschigen Keschernetz um sich schlägt, verfangen sich die freien Hakenspitzen unweigerlich in den Keschermaschen und verursachen ein schwer entwirrbares Knäuel.

Damit man nur den Hecht, und nicht auch noch den Kescher sorgsam von Haken befreien muss, entscheidet man sich also für einen Kescher mit groben Maschen. Leider sind viele grobmaschige Kescher aus sehr dünnen Fäden gefertigt. Genau das können wir natürlich nicht gebrauchen. Beschaffen Sie sich lieber einen grobmaschigen Kescher, dessen Netz aus dicken Fäden geknüpft ist.

Neuerdings bekommt man auch Kescher, deren Netzfäden mit einem Kunststoffüberzug versehen sind. Obwohl solche Netze sich sehr steif anfühlen, kann ich diese Kescher nur empfehlen. Sie sind genau das richtige Hilfsmittel im Boot. Wenn Sie damit allerdings am Bachufer entlang marschieren wollen, wird das hohe Gewicht solch eines Keschers bald zur Last.

Im Boot hat man immer das Gefühl, dass der Kescher im Weg liegt. Damit er nicht zu viel Platz wegnimmt, sollte er einen möglichst kurzen Stiel haben. Der reicht schließlich auch vollkommen aus, denn vom Boot erreichen Sie den Fisch damit allemal. Einen Kescher mit langem Stiel brauchen Sie nur, wenn sie vom Ufer angeln. Das liegt oft nämlich ziemlich weit über dem Wasserspiegel.

Sicher, solch ein Kescher wird oftmals zur Last, wenn man ihn den ganzen Tag mit sich herumschleppen muss. Aber er ist eben oft auch die Rettung, wenn ein Fisch am Haken hängt. Stehen Sie gerade vor dem Kauf eines Keschers, dann entscheiden Sie sich für ein Modell mit einem festen Bügel. Ich habe schon oft zugesehen, wie ein Angler einen Hecht im Drill hatte, und versuchte, einen Kescher aufzuklappen. Solche Klappkescher sind meistens nicht viel größer als ein Tennisschläger. Bedenken Sie aber, dass es auch in kleinen Gewässern häufig Hechte von beachtlichem Format gibt, die man schließlich auch in den Kescher bekommen muss. Was heißt auch? Gerade diese Fische müssen in den Kescher passen.

Meine Kescher haben eine ovale Öffnung, die mindestens 80 Zentimeter lang und 60 Zentimeter breit ist. Das Netz darf dabei gut und gerne einen Meter tief sein. Mit solchen Keschern habe ich sehr gute Erfahrungen gemacht. Da passt wirklich jeder Hecht hinein.

Die Kunst des Keschers

Einen Fisch zu keschern, erfordert eine gewisse Geschicklichkeit. Zahlreiche Fische gehen dabei verloren, weil nicht richtig gekeschert wird. Oftmals fehlt es dem Angler im entscheidenden Moment an Besonnenheit. Der Fisch wird bereits auf der Seite liegend herangeführt, dann erst taucht der Angler das Netz vor dem Fisch ein. So gehen viele Hechte verloren.

Ein paar Regeln sollte man beherzigen: Keschern Sie niemals einem Hecht hinterher, der gerade wieder abzieht. Keschern Sie ihn auch dann nicht, wenn er nahe genug vor

Vom Umgang mit Hechten

Die Handlandung ist sicher für den Fisch die beste Landemethode. Man muss den Fisch aber immer gut erreichen können. Am Ufer sollte man dabei unbedingt Stiefel tragen.

Ihnen liegt, der Kopf aber noch von Ihnen weg gerichtet ist. Solche Fische sind noch nicht ausgedrillt und reif für die Landung.

Erst wenn der Hecht mit dem Kopf in Ihre Richtung liegt, können Sie ihn über den bereits ins Wasser getauchten Kescher führen. Heben Sie das Netz erst an, wenn der Kopf und mindestens ein Drittel des Körpers über dem Netz liegen. Achten Sie beim Keschern gut darauf, dass sich eventuell frei aus dem Maul hängende Drillinge nicht im Netz verfangen. Auch das habe ich schon häufiger beobachtet: Der Kunstköder hing fest im Netz, der Hecht befand sich aber noch außerhalb des Keschers. So etwas geht fast immer schief.

Liegt der Hecht dann im Netz, wird der Kescher sogleich herangezogen und angehoben. Heben Sie den Kescher mit dem Fisch aber erst an, wenn Sie auch den Bügel des Keschers greifen können. Am Ufer ist der Hecht damit meistens sicher gelandet.

Vom driftenden Boot stellt sich die Situation anders aus. Durch die Drift wird das Netz des Keschern im Wasser zusammengedrückt. Wenn der ausgedrillte Hecht dann zum Boot geführt wird, macht man deshalb beim Keschern praktisch eine doppelte Bewegung. Man zieht den Fisch zu sich hin, und zugleich drückt man den Kescher unter den Fisch. Durch den Druck gegen den Kescher öffnet sich das Netz, in das der Fisch so besser hineinsacken kann.

Man kann sich das Keschern im Boot noch dadurch erleichtern, dass man den Fisch an der Wind abgewandten Seite des Bootes keschert. Auf der Wind zugewandten Seite wird das Netz vor dem Boot zusammengedrückt. Hat man beim Keschern den Wind im Rücken, wird das Netz weniger zusammengedrückt. Außerdem driftet man so auch auf den ausgedrillten Fisch zu, was seine Landung erleichtert.

Mit dem Bogagrip kann man Hechte sicher landen, das ist unbestritten. Mit einer eingebauten Waage verrät einem diese Landehilfe auch gleich das Gewicht des Fanges.

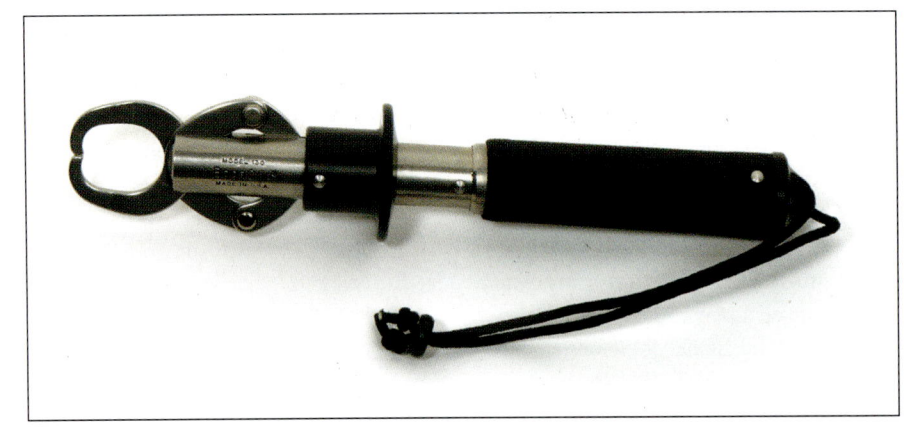

Wer auf großen Seen angelt, sollte niemals zu leichtes Gerät nehmen. Das gilt auch für kleinere Seen mit Großhechten. Wird der Hecht an zu leichtem Gerät unnötig lange gedrillt, besteht die Gefahr, dass er an den Folgen der Erschöpfung stirbt.

Noch eine Bemerkung zum Keschern: Oftmals drillen Hechtangler ihren Fang nicht vollkommen aus. Leider sind dies oft gerade die erfahrenen Hechtangler, die eigentlich genau wissen sollten, wie man mit einem Hecht und einem Kescher umgehen muss. Dann wird der Hecht aber zu früh gekeschert und schlägt im Netz wild um sich. Die Folgen sieht man oft sogar auf den Fangfotos: beschädigte Flossen, oft sogar herausgerissene Schuppen. So etwas ist sehr ärgerlich, denn gerade im Sommer besteht für den Fisch große Gefahr, dass er an den Verletzungen von Parasiten befallen wird.

Viele Angler ziehen mit einer ganzen Kiste voller Kunstköder ans Wasser, im Boot stehen oft gleich mehrere Kisten herum, aber eine Schachtel mit Drillingen ist nicht darin. Die sollten Sie aber sehr wohl mitnehmen. Bei der Landung passiert es immer wieder, dass sich der Drilling eines Kunstköders fest im Keschernetz verfängt. Dann ist es auf jeden Fall einfacher, den Drilling abzukneifen, damit man den Hecht schnell und ungehindert wieder aus dem Netz holen kann. So können Sie auch bald wieder angeln, statt sich lange mit einem Drilling herumzuärgern, den Sie doch so einfach ersetzen können.

Es gibt noch eine andere Methode, den Hecht mit einem Netz zu landen, nämlich mit einer sogenannten Cradle. Dabei handelt es sich um eine einfache Vorrichtung, bestehend aus zwei parallelen Latten, die auf dem Wasser schwimmen und zwischen denen sich ein Netz befindet. Der Hecht wird über das Netz geführt, das dann angehoben werden kann. Man kann den Fisch abhaken, ohne das er erst aus dem Netz ins Boot gehoben werden muss. Die Methode ist besonders bei kleinen Hechten vorteilhaft, die ohnehin nicht fotografiert werden sollen. Sie können schnell gelandet, abgehakt und wieder freigelassen werden. Bei vielen Cradles befindet sich auf einer Latte eins Zentimetereinteilung, an der man leicht die Länge des Fisches ablesen kann. In Europa sieht man diese Landevorrichtung kaum, in den USA und Kanada wird sie aber vielfach von den Muskieanglern benutzt. Vielleicht sollte man solch eine Cradle auch bei uns einmal ausprobieren.

Gaffen und greifen

Wenn es um die Landung großer Hechte geht, wird mancher Angler automatisch ans Gaff denken. Dagegen ist eigentlich auch gar nichts einzuwenden. In geschickten Händen ist ein Gaff ein legitimes Hilfsmittel. Persönlich habe ich allerdings eine Abneigung gegen das Gaff. Der Hecht ist, wie ich schon betont habe, ein unberechenbarer Kämpfer. Wenn sich ein Hecht gefügig auf der Seite zum Boot ziehen lässt, kann man sicherlich gut mit dem Gaff ansetzen. Aber jeder, der schon einmal einen ordentlichen Hecht mit dem Kescher gelandet hat, weiß, dass ein scheinbar völlig abgekämpfter Hecht auf einmal wieder explodieren kann. Und zu solch einer Explosion ist ein Hecht auch fähig, wenn er am Gaff hängt. Dass sich der Hecht dabei schwere Verletzungen zufügen kann, wird sich jeder Angler unschwer vorstellen können.

Wollen Sie einen Fisch trotzdem unbedingt mit dem Gaff landen, dann sollten Sie das

■ Vom Umgang mit Hechten

Wenn der Haken tief und fest sitzt, haben Löseversuche gar keinen Sinn. Der Haken muss dann schnell abgekniffen werden. Ein Haken lässt sich schließlich leicht ersetzen.

auch richtig machen. Haken Sie den Hecht mit der Gaffspitze in den Unterkiefer. Wenn er dann sicher am Gaffhaken sitzt, kann er sich kaum noch verletzen. Bedenken Sie aber, dass Sie dem Fisch mit dem Gaff immer eine Verletzung zufügen. Und oft sind die schwerer, als man denkt.

Ich habe vor kurzem einen Vortrag beim Pike Angler Club in England über das Gaffen und die dadurch entstehenden Verletzungen beim Hecht gehalten. Dabei konnte ich zeigen, dass gebrochene Kiefer und entstellte Mäuler eher die Regel als die Ausnahme darstellen.

Selber habe ich nie ein Gaff benutzt. Natürlich weiß ich, dass ein Gaff zumindest für die eigenen Hände sehr sicher ist. Und ein Hecht, der am Gaff hängt, öffnet sein Maul von ganz alleine. So kann man leicht den Haken lösen, genauso leicht, als würde man den Hecht mit der Hand halten.

Ein anderes Hilfsmittel zur Landung eines Fisches ist ein sogenannter Bogagrip. Dieses Gerät verfügt über eine zangenartige Klammer, mit der man den Hecht am Kiefer packen und landen kann. Mir ist solch ein Bogagrip oder ein ähnliches Geräte sympathischer als ein Gaff. Das Prinzip beider Geräte ist allerdings sehr ähnlich, und auch bei einem Bogagrip kann es zu schweren Verletzungen kommen, wenn der Hecht plötzlich noch einmal wild losschlägt.

Mit dem Bogagrip habe ich schon einige Hechte gelandet. Ich konnte mich davon überzeugen, dass solch ein Gerät sehr gute Arbeit leisten kann, aber mir wurde auch klar, dass es einem nicht erspart bleibt, den Umgang mit diesem Instrument erst zu erlernen. Inzwischen setze ich einen Bogagrip bestenfalls dazu ein, den Hecht am Maul festzuhalten, damit er nicht mehr flüchten kann, dann ist es relativ unproblematisch, den Fisch zu greifen und ihn schließlich mit der Hand ins Boot zu heben. Diese Technik möchte ich vor allem für schwere Hechte empfehlen, denn der Unterkiefer allein kann dann das volle Gewicht des Fisches nicht tragen. Vor allem muss man aber immer damit rechnen, dass der Hecht, wenn er am Bogagrip hängt, noch einmal anfängt zu toben.

Handlandung

Sie haben es wahrscheinlich schon herausgelesen, dass ich kein erklärter Anhänger des Keschers bin. Mir ist selbstverständlich auch vollkommen klar, dass man nicht alle Fische mit der Hand landen kann. Aber der Hecht bildet da wirklich eine Ausnahme. Mit Vorsicht und Überlegung kann jeder Hecht, wie groß er auch sein mag, mit der Hand ins Boot oder ans Ufer befördert werden. Dabei kann man sicherlich manchmal die Hilfe eines Kollegen gut gebrauchen.

Diese Hilfe ist aber sowohl beim Keschern als auch bei der Handlandung willkommen. An einer problematischen Uferstelle dirigiert der Angler den Fisch mit der Rute, und der Kollege landet ihn. Im Boot bei hohem Wellengang muss der Angler allein mit dem Fisch fertig werden, aber der Kollege kann hilfreiche Dienste beim Lenken des Bootes verrichten. In diesem Fall gibt es eigentlich nur eine Möglichkeit, den Fisch von einem kontrolliert gelenkten Boot sicher zu landen. Wenn ein große Hecht bei starkem Wellengang gedrillt

Mit dem Kiemengriff sind größere Hechte einfacher zu landen. Bei kleineren Hechten packt man erst den Nacken. Dann legt man die Rute ab, den Bügel der Rolle geöffnet, damit der Fisch im Notfall ungehindert davonschießen kann. Die eine Hand hält nun den Fisch am Nacken, mit der anderen wird hinter den Kiemendeckel gegriffen – auf keinen Fall in die Kiemenbögen! Dabei werden die Finger vollständig hinter den Kiemendeckel geschoben, erst dann kann man den Fisch halten. Beim Anheben rutscht der Fisch wie von selbst fest auf die Finger und kann sich nicht mehr befreien.

wird, muss der zweite Mann im Boot dafür sorgen, dass das Boot mit dem Heck im Wind steht. Dabei lässt er den Motor im Rückwärtsgang laufen. Dabei wird man immer wieder auch das Gas wegnehmen müssen, damit das Boot nicht zu schnell wird. Aber nur so liegt das Boot einigermaßen ruhig und kann der Fisch, so gut es eben geht, gedrillt werden.

Wenn das Boot bei Seegang um einen Meter hoch und runter schwankt, ist es oft das Beste, den Hecht mit einem Kescher zu landen. Vor allem wenn dabei noch ein Drilling des Kunstköders durch die Gegend wirbelt, ist das für einen selber auch das Sicherste.

Oder sollte man den Hecht doch mit der Hand landen? Wenn Sie von sich selbst behaupten können, darin die nötige Erfahrung zu haben, ist das für den Fisch oft die bessere Methode. Haben Sie nicht die erforderliche Erfahrung mit der Handlandung, dann müssen wir das jetzt üben.

Grundsätzlich: Je größer der Hecht, desto einfacher ist es, den Fisch mit der Hand zu landen. Mir ist übrigen auch bekannt, dass die Handlandung teilweise heftige Kritik hervorruft. Aber ich bin mir sicher, es gibt für den Fisch keine bessere Methode, ihn zu landen. Diese Auffassung teile ich mit vielen anderen Hechtanglern. Dutzende Hechte werden in einem Jahr mehrmals gefangen, einige werden auch in mehreren aufeinander folgenden Jahren wieder gefangen. Das überstehen sie am besten, wenn sie mit der Hand gelandet werden.

Für einen Hecht ist sein Maul ein außerordentlich wichtiger Körperteil. Dabei ist der Kopf auch der deutlich stärkste Teil seines Körpers. Mit dem Maul fängt er seine Beutefische, er hält sie damit fest und dreht sie damit in die richtige Position, ehe er sie verschlingt. Allein durch das Betasten seiner Körperteile merkt man unschwer, wie stark der Kopf mit seinen kräftigen Kiefern gebaut ist. Die Flanken und der Bauch des Hechtes sind dagegen ausgesprochen weich, das Knochengerüst des Körpers erscheint sehr fragil.

Um ihn anzuheben, kann man einen Hecht vor und hinter dem Bauch greifen. Dort kann man den Hecht auch stützen, wenn man ihn für ein Foto präsentiert. Nach meinen Erfahrungen ist das aber nicht unbedingt zu empfehlen. Oft geht es gut, aber ebenso oft auch nicht. Der Hecht lässt sich das Hantieren irgendwann nicht mehr anstandslos gefallen und schlägt mit dem Schwanz. Der Angler will ihn noch festhalten, aber meistens gibt es dann kein Halten mehr. Der Hecht fällt herunter und landet auf den Bootsplanken oder dem Erdboden. Aber wo immer er aufschlägt, es tut ihm sicher nicht gut.

Den Hecht am Kiemendeckel zu greifen, schont ihn nicht nur bei der Landung, auch wenn man ihn hält, hat man dort einen sicheren Griff. Aber was zum Vorteil für den Fisch ist, kann dem Angler zum Nachteil werden. Denn der Hecht hat auch hinter den Kiemendeckeln scharfe Waffen. Wenn Sie den Hecht am Kiemendeckel halten, und er schlägt hin und her, lassen Sie den Hecht selbstverständlich nicht fallen. Dabei riskieren Sie allerdings ein paar Kratzer an Ihrer Hand, wenn Sie mit ihr an die Kiemenbögen geraten.

Das ist meiner Meinung nach aber das geringere Übel. Betrachten Sie die Kratzer

Vom Umgang mit Hechten

Dieser Hecht ist ausgedrillt und kann sicher gelandet werden.

einfach als eine Art Souvenir. Manchmal blutet es auch ganz ordentlich, aber es ist nicht wirklich schmerzhaft. Zumindest fügen Sie dem Hecht keine Verletzungen zu, auch wenn der sich sehr wild gebärden sollte.

Üben Sie den Kiemengriff erst einmal mit einem gekescherten Hecht. Zunächst wird der Fisch abgehakt. Bei Hechten unter 90 Zentimeter packen Sie den Fisch am Nacken, gleich hinter den Kiemendeckeln. Drehen Sie den Fisch auf die Seite, und schieben Sie die gestreckte Hand von hinten an der Innenseite des Kiemendeckels entlang Richtung Maul. Die vier Finger und die Handfläche befinden sich dann unterhalb des Kiemendeckels. Passen Sie dabei sehr genau darauf auf, dass Sie mit den Fingern unbedingt am Kiemendeckel bleiben und niemals, aber wirklich niemals in die Kiemenbögen greifen. Noch einmal in aller Deutlichkeit: Kiemenbögen sind die roten Halbkreise, die vom Kiemendeckel geschützt werden. Die Kiemenbögen sind messerscharf, es empfiehlt sich also nicht, mit den Fingern da hineinzugeraten.

Die Finger liegen nun also an der Innenseite des Kiemendeckels, der Handrücken berührt den ersten Kiemenbogen. Nun führen Sie die Hand in einer gleichmäßigen Bewegung zum vorderen Ende des Kiemendeckels. Dabei gleitet die Hand an eine Stelle des Unterkiefers, wo sie das weiche Fleisch des Hechtmauls berührt. Gleichzeitig mit dieser Bewegung wird der Hecht aufgerichtet, so dass er schließlich an Ihrer Hand hängt.

Vier Finger befinden sich hinter dem Kiemendeckel und der Daumen davor. Halten Sie den Daumen dabei immer vom Unterkiefer fern. Dann laufen Sie nämlich nicht Gefahr, an die scharfen Zähne zu geraten, wenn der Hecht sich noch einmal schütteln sollte. Ich spreche da aus Erfahrung, denn mein Daumen blieb auch nicht immer verschont. Es ist durchaus kein angenehmes Erlebnis, aber der Schmerz hält sich in Grenzen. Ich ärgere mich meistens mehr über die Blutflecken, denn solch ein Ratscher verursacht oft eine heftige Blutung.

Es war die Rede davon, dass vier Finger hinter den Kiemendeckel geschoben werden. Das gilt für Hechte ab etwa 70 Zentimeter Länge. Bei kleineren Fischen kommt man auch mit weniger Fingern aus. Einen kleinen Hecht kann man auch mühelos mit einem Finger heben.

Wenn Sie den Kiemengriff ausreichend an Fischen geübt haben, die Sie gekeschert haben, können Sie dazu übergehen, die Hechte direkt mit dem Kiemengriff zu landen. Wenn ich Hechte aus dem Wasser hebe, wende ich zwei verschiedene Methoden an. Kleinere Hechte bis rund 80 Zentimeter Länge packe ich mit dem Nackengriff. Ich setze meine Hand dicht hinter den Kiemendeckeln an und hebe den Hecht so ins Boot oder an Land. Anschließend schiebe ich einen oder mehrere Finger hinter den Kiemendeckel. So halte ich den Fisch sicher, wenn ich den Haken löse.

Größere Hechte kann man meistens nicht mit dem Nackengriff anheben. Gelingt es noch, den Fisch mit der Hand am Nacken zu umfassen – bei Fischen bis zu einem Meter ist das oft noch möglich –, dann wird er auf diese Weise im Wasser festgehalten. Dann legen Sie an der Rolle den Bügel um, so dass die Schnur nicht blockiert ist, und legen die Rute mit den Rutenspitze über dem Wasser im Boot ab. Dann drehen Sie den Fisch in eine günstige Position und führen die freie Hand hinter den Kiemendeckel.

Sollte der Landeversuch misslingen und der Hecht noch einmal flüchten, kann er ungehindert Schnur abziehen, und die Rute bleibt sicher im Boot liegen. Hätten Sie den Rollenbügel geschlossen gelassen, bestünde die Gefahr, dass der flüchtende Hecht die Rute ins Wasser reißt. So können Sie aber die Rute wieder aufnehmen und den Fisch zu einem zweiten Landeversuch wieder heranführen.

Haben Sie ein paar Handlandungen erfolgreich durchgeführt, werden Sie schnell die Vorteile für den Angler und den Fisch erkennen. Der wichtigste Punkt: Bei der Handlandung bleiben die Flossen und die ganze Körperoberfläche des Fisches unverletzt. Es besteht also keine Gefahr, dass der Fisch anschließend an irgendwelchen Verletzungen von Parasiten befallen wird.

Auch eine Kneifzange gehört zur Ausrüstung des Hechtanglers. Weil die Drillinge einiger Kunstköder extrem hart sind, braucht man eine sehr gute Zange.

Wenn ein Haken zu fest sitzt, wird er abgekniffen. Sitzt der Köder zu tief, muss er notfalls auch durch die Kiemen entfernt werden. Wenn man das nicht alleine schafft, sollte man den Kollegen um Hilfe bitten. Wer genau weiß, was dabei zu tun ist, hat das mit wenigen Handgriffen erledigt. Ein Hecht kann danach problemlos wieder zurückgesetzt werden. Ein Vergleich von Fangfotos hat gezeigt, dass einige Hechte schon mehrfach gefangen und wieder zurückgesetzt wurden, ohne dabei irgendeinen Schaden zu erleiden.

Außerdem ist es bei der Handlandung spielend einfach, den Fisch abzuhaken. Hängt der Hecht an der Hand, öffnet er ganz von alleine sein Maul. Damit steht der ganze Rachenraum weit offen, um mit dem entsprechenden Gerät Haken oder Drillinge zu lösen. Wenn Sie diese Vorteile erst einmal erlebt und erkannt haben, gibt es für Sie sicherlich keinen Zweifel mehr, dass diese Methode dem Fisch und dem Fänger zu Gute kommt.

Die Sache mit dem Widerhaken

Nach einigen Versuchen dürfte die Landung eines Hechtes also kein Problem mehr sein. Ärgern Sie sich aber nicht, wenn Ihnen dabei doch einmal ein Hecht entwischt. Selbst den besten Hechtanglern passiert es dann und wann, dass sie einen Hecht verlieren, den sie eigentlich nur noch aus dem Wasser heben mussten. Auch das gehört eben zum Angeln.

Mit einem Kescher schützen Sie vor allem sich selbst, für den Hecht kann ein Kescher aber auch zum Nachteil werden. Eine Handlandung erfordert dagegen nicht nur einige Übung, sondern auch einen gewissen Mut. Die Kratzer, die Sie sich dabei einhandeln können, sollten Sie einfach als Kampfspuren betrachten. Einige Hechtangler sind regelrecht stolz auf solche Male. Und eigentlich gehört das doch auch einfach dazu beim Hechtangeln. Sie haben aber bei der Handlandung zumindest die Garantie, dass der Hecht sie unverletzt übersteht.

Dafür gibt es einige schöne Beispiele. Mein Kollege Rutger de Jong machte mich einmal auf ein Foto in einer Angelzeitschrift aufmerksam, das einen beachtlichen Hecht zeigte, der von Henk Rusman gefangen wurde. Denselben Hecht hatte auch Rutger gefangen, allerdings zwei Jahre bevor Henk ihn fing. Und dieser Hecht sah auch bei dem späteren Fang tadellos aus, als wäre er noch nie zuvor gefangen worden. Erstaunlicherweise wurde dieser Hecht beim zweiten Mal auch noch an genau derselben Stelle gefangen.

Kommen wir nun zum Abhaken. Nach der Landung müssen wir den Hecht vom Kunstköder oder dem Hakensystem befreien. Dabei ist es für den Zustand des Fisches sehr wichtig, dass der Angler sehr genau weiß, was er tut. Von all unseren Süßwasserfischen ist der Hecht sicherlich der schwierigste, wenn es darum geht, den Haken zu lösen. Egal ob im Boot oder am Ufer, man muss dabei höllisch auf die scharfen Zähne aufpassen. Vergessen Sie

Vom Umgang mit Hechten

So sollte es nicht sein. Die Finger sind beim Kiemengriff zwischen die Kiemenbögen geraten, an denen man sich sofort Schnittverletzungen zuzieht.

aber getrost das Märchen von den beißenden Hechten. Außer seine Beute beißt ein Hecht nichts und niemanden. Er ist schließlich kein warmblütiges Raubtier, das in die Enge getrieben einen wütenden Angriff vornimmt.

Wenn Sie allerdings unachtsam mit den Fingern im Maul des Hechtes herumfuhrwerken, kann es sehr wohl passieren, dass er auf einmal das Maul schließt. Und das ist sicherlich sehr schmerzhaft.

Um das Abhaken so einfach wie möglich durchführen zu können, sollten Sie erst mit Hechten an kleineren Gewässern üben. Am Bach oder am Teich können Sie sehr erfolgreich mit Spinnern auf Hecht angeln. Befindet sich am Spinner dann nur ein Einfachhaken, können Sie den auch sehr einfach aus dem Hechtmaul lösen. Sie können es sich noch mehr vereinfachen, indem Sie den Haken frei lassen von Wollfäden, Federn oder anderen Zierelementen. So lässt sich der Haken im Hechtmaul leicht erkennen und problemlos mit einer Lösezange greifen und entfernen.

Wollen Sie mit einem Wobbler angeln, dann sollten Sie, so lange Sie noch unerfahren sind, einen kleinen Wobbler nehmen. Solch ein Wobbler fängt auch ausgezeichnet mit einem Einfachhaken. Angeln Sie mit einem kleinen zweiteiligen Wobbler, dann entfernen Sie den vorderen Drilling und benutzen ihn nur mit dem hinteren Drilling. Wollen Sie dagegen mit einem dickbauchigen Wobbler angeln, dann entfernen Sie den hinteren Drilling.

Obwohl sich ein Drilling schwerer lösen lässt als ein Einfachhaken, kann er mit etwas Umsicht ebenso problemlos gelöst werden. Mit der nötigen Erfahrung macht es am Ende keinen Unterschied, welchen Kunstköder Sie aus dem Hechtmaul entfernen.

Man kann übrigens auch Drillinge ohne Widerhaken kaufen, oder man kann die Widerhaken des Drillings andrücken. Über diese Möglichkeiten wird unter Hechtanglern eigentlich wenig diskutiert. Widerhakenlose Drillinge haben Vor- und Nachteile.

Was beispielsweise für Drillinge ohne Widerhaken spricht, ist die eigene Sicherheit. Nicht nur ich, sondern auch alle meine Angelkollegen haben schon einmal einen Drilling in unserer Hand oder im Finger gehabt. Eine Ausnahme: Rutger ist das bislang erspart geblieben, aber das kommt sicherlich noch. Und dann stach nicht nur die Spitze ein bisschen im Fleisch, sondern auch der Widerhaken saß tief. In solch einer Situation hat man ganz genau zwei Möglichkeiten: 1. Sie gehen zu Ihrem Hausarzt, damit der das Ding herausholt. 2. Sie machen die Arbeit des Arztes selber. Wenn man im Winter eiskalte Hände hat, ist dieser Eingriff nicht einmal so schmerzhaft. Aber es ist und bleibt immer eine schlechte Alternative, sich selber zu operieren.

In den meisten Fällen kann man nichts anderes tun, als den Haken weiter durchzuschieben, bis der Widerhaken an einer anderen Stelle wieder herauskommt. Dort wird der Haken dann unterhalb des Widerhakens abgekniffen, so dass der restliche Teil herausgezogen werden kann. Das funktioniert

Ein gelungener Kiemengriff: Finger hinter dem Kiemendeckel, Daumen darauf. Der Hecht öffnet von selbst das Maul, der Haken kann gelöst werden.

meistens besser, als wenn man versucht, den Haken mitsamt Widerhaken zurückzuziehen. Dadurch wird die Wunde mit Sicherheit noch weiter vergrößert, außerdem ist das sehr unangenehm.

Letztere Methode habe ich einmal bei Henk Rusman in der Anwendung gesehen. Der Haken ging ihm direkt durch den Fingernagel. Mir wurde bei dem Anblick schon etwas anders. Aber Henk wirkte ziemlich ungerührt, ein kräftiger Ruck, und dann angelte er weiter, als wäre nichts gewesen. Glücklicherweise musste ich diese Variante des Hakenlösens nie wieder mit ansehen.

Auf jeden Fall hat die Benutzung von Drillingen ohne Widerhaken in solchen Situationen zweifellos etwas für sich. Bei diesen Unfällen kann man sich leichter und mit weniger Schmerzen selber abhaken. Und wenn das schon bei einem selbst funktioniert, wird man sicherlich auch den Hecht leichter vom Haken befreien können.

Aber das Angeln ohne Widerhaken wirft auch Probleme auf. Im Drill sollte man ganz genau wissen, was man tut. Der Hecht hat nämlich gute Chancen, einen Haken ohne Widerhaken aus seinem Maul zu schütteln. Insbesondere wenn man beim Schleppen die Rute im Rutenhalter hat, ist es sehr riskant, mit Ködern zu fischen, an denen Drillinge ohne Widerhaken sitzen. Bevor man die Rute aus der Halterung nehmen kann, könnte sich der Fisch schon wieder verabschiedet haben. In diesem Fall sollte der Drilling besser doch Widerhaken haben.

Nur wenn Sie davon überzeugt sind, dass Sie einen schweren Hecht im Drill jederzeit sicher unter Kontrolle haben, sollten Sie es riskieren, die Widerhaken anzudrücken. Im Drill gilt es dann, die Schnur immer unter maximaler Spannung zu halten.

Besonders spannend wird es dann bei der Handlandung. Dabei besteht nämlich noch einmal die große Gefahr, den Fisch zu verlieren. Bei einem kleinen Hecht ist das alles nicht so schlimm. Meinetwegen kann der sich ohnehin vor dem Boot ausklinken. Aber wenn es dann der eine Monster-Hecht ist, der dem Köder schon zweimal bis zum Boot gefolgt ist, der Fisch, der einem trotz jahrelanger Erfahrung immer noch die Knie zittern lässt, dieser Fisch darf nicht wieder abkommen! Also doch lieber mit Widerhaken?

Sprechen wir aber weniger von der Ausnahmesituation. Wir gehen schließlich ganz einfach angeln. Wir angeln mit Kunstködern oder mit totem Köderfisch am System. Und bei einem Biss wissen wir nie ganz genau, wie hart wir anschlagen müssen, damit der Haken in das harte Maul des Hechts dringt. Beim Angeln mit Naturköder warten Sie erst noch eine Zeit ab, und dann geben Sie einen kräftigen Anhieb. Dann wird der Fisch gedrillt, und wenn er temperamentvoll aus dem Wasser springt, bereitet das besondere Freude. Am liebsten sehen wir den Hecht einen meterhohen Satz aus dem Wasser machen und mit lautem Klatschen und viel Schaum wieder eintauchen. Bei einem Hechtdrill kann es manchmal gewaltig zur Sache

Vom Umgang mit Hechten

Mit solch einer Zangen lässt sich jeder Hecht abhaken. In schwierigen Fällen ist die extra lange Zange sehr nützlich.

gehen. Und ich will auch nicht verheimlichen, dass solch ein Drill auch für mich ein großer Genuss ist.

Andrücken oder nicht?

Die Freude an einem spektakulären Drill steht allerdings in einem gewissen Widerspruch zum Angeln ohne Widerhaken. Ich mache keinen Hehl daraus, dass ich sehr selten mit wirklich großen Kunstködern angle. Ich sehe einfach keinen Sinn in der Benutzung von Großködern. An den ausgesprochen großen Kunstködern sind auch die Drillinge sehr groß. Aber bieten große Kunstköder eine Garantie dafür, dass man auch große Fische damit fängt?

Sicher fängt man damit große Hechte, aber oft fängt man auch kleine Hechte an großen Ködern. Manchmal sind die Hechte kaum größer als der Köder. Ausgerechnet die kleinen Hechte sind nämlich darauf bedacht, große Nahrungseinheiten zu sich zu nehmen, um schnell zu wachsen. Dabei geraten sie eben auch an große Kunstköder.

Hängt dann ein kleiner Hecht an dem großen Drilling, der auch entsprechend große Widerhaken hat, besteht große Verletzungsgefahr für den Fisch. In diesem Fall sollte man lieber auf Widerhaken verzichten. Sie sind dann auch nicht unbedingt notwendig. Hängt ein Hecht an einem Haken der Größe 5/0, dann hängt er sicher im Hakenbogen. Der Abstand vom Hakenbogen bis zur Hakenspitze beträgt dann ungefähr drei Zentimeter.

Drückt man den Widerhaken an, so entsteht unterhalb der Hakenspitze ein kleiner Wulst auf der Innenseite des Hakens. Allein dadurch wird der Haken schon abgestoppt und bleibt im Hechtmaul hängen. Anders verhält es sich bei kleineren Haken von entsprechend kleineren Kunstködern. Ein kleiner Wulst auf dem Haken hat in dem Fall nicht viel Wirkung. Außerdem ist die Hakenspitze auch keine drei Zentimeter, sondern oft nur einen Zentimeter vom Hakenbogen entfernt. Unter diesen Umständen besteht eine große Gefahr, den Hecht im Drill zu verlieren.

Dennoch hängt es auch von den jeweiligen Verhältnissen ab, ob man auch bei kleineren Ködern den Widerhaken andrückt. Ich habe schon auf Gewässern geangelt, wo man rund 100 Hechte am Tag fangen kann. Wenn man derart viele Hechte in kurzer Zeit nacheinander hakt, wäre es beinahe unsinnig, den Widerhaken nicht anzudrücken. Denn Haken ohne Widerhaken lassen sich schließlich viel leichter lösen, man kann also auch schnell wieder weiter angeln.

Die Frage, ob Widerhaken oder nicht, muss auch nach der Wahl des Kunstköders beantwortet werden. Bei einem großen, schweren Bucktail-Spinner würde ich niemals den Widerhaken andrücken. Gerade solch ein Köder wird von einem Hecht leicht wieder herausgeschleudert.

Bei einem Wobbler mit drei Drillingen können Sie die Widerhaken getrost andrücken. Meistens hakt man den Hecht mit mehreren Haken im Maul. Und wenn Haken von zwei Drillingen sitzen, kann sich der Hecht kaum vom Köder befreien. In diesem Fall ist es für den Angler und den Fisch eine Erleichterung, ohne Widerhaken zu angeln.

Nun soll es aber genug sein zum Thema Widerhaken. Schließlich müssen Sie doch selber Ihre Fertigkeiten und ihre Risikobereitschaft einschätzen und danach Ihre Haken wählen.

Haken lösen

Ist der Hecht sicher gelandet, gilt es den Haken aus seinem Maul zu lösen. Dabei kann man auf unterschiedliche Weise vorgehen. Einige Geräte sind dafür erforderlich. Weniger erfahrene Hechtangler tun gut daran, eine Kiefersperre einzusetzen. Ich will nicht übertreiben, aber eigentlich braucht man zwei Kiefersperren, eine für kleinere Hechte und eine für Meterhechte. Dann benötigen wir eine lange Spitzzange. Diese Zange sollte immer gerade sein, die Spitze sollte vorne also nicht abgewinkelt sein. Wenn man mit

Wer sich den Kiemengriff nicht zutraut, braucht unbedingt eine Kiefersperre. Solche Sperren gibt es in verschiedenen Größen. Als Hechtangler sollte man sie auch in mindestens zwei Größen haben. Außerdem braucht man eine gute Zange zum Abhaken.

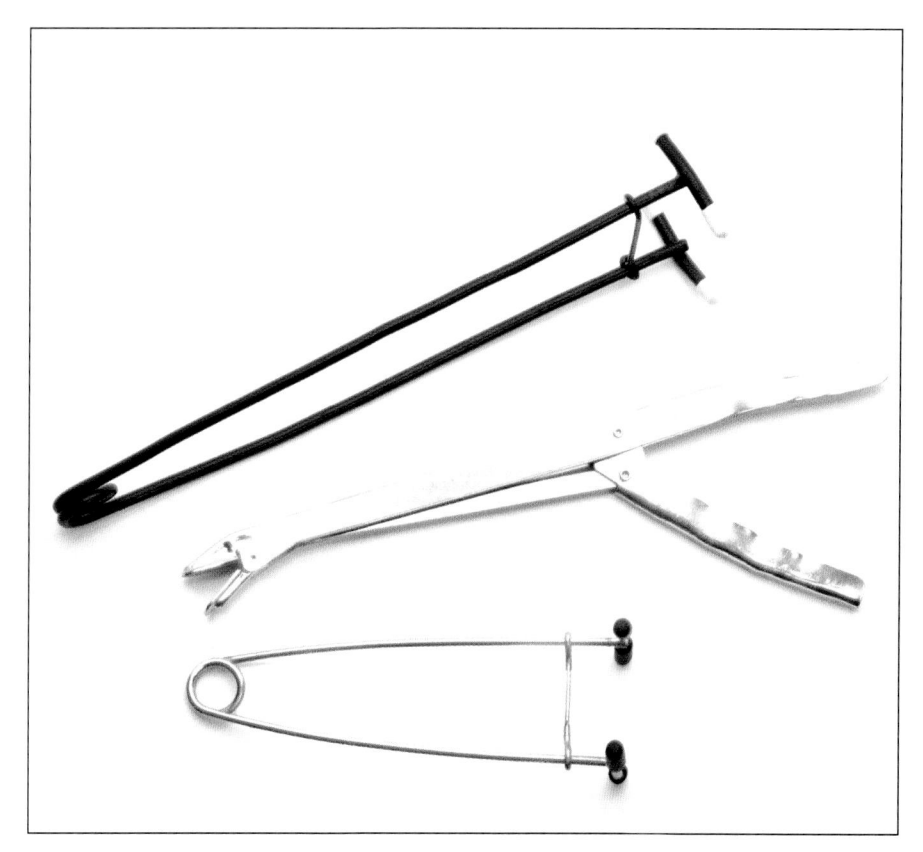

solch einer gebogenen Zange im Maul des Hechtes hantiert, sieht man oft kaum, was man eigentlich tut.

Als Drittes brauchen wir eine Kneifzange. Es gibt eigentlich nur eine ausgezeichnet Kneifzange, das ist die von der Firma Knippex. Ein Werkzeughändler, bei dem Zimmerleute und Elektriker ihre Geräte einkaufen, wird diese Zangen sicherlich führen. Erschrecken Sie aber nicht, wenn Sie den Preis sehen. Man könnte für dasselbe Geld auch ein paar sehr gute Wobbler kaufen. Aber mit denen kann man nicht so gut kneifen.

Solch eine Kneifzange halte ich für ideal, wenn man im Maul eines Großhechtes hantieren muss. Außerdem werden diese Hechte in der Regel mit größeren Kunstködern gefangen. Wenn dann ein Haken durchgekniffen werden muss, kann man ein starkes Kneifwerkzeug gut gebrauchen.

Kleinere Hechte haben ein zu kleines Maul, als dass man darin mit einer Kneifzange arbeiten könnte. Hier ist ein Seitenschneider besser angebracht. Sowohl die Spitzzange als auch die Kneifzange sollten einen langen Griff haben. Damit kann man tief in den Rachen des Hechtes reichen. So setzt man den Fisch keiner unnötig riskanten Behandlung aus.

Sobald Sie erkennen, dass Sie den Kunstköder nicht ohne weiteres lösen können, setzen Sie die Kneifzange an und kneifen den Haken durch. Der Haken ist schnell ersetzt, der Hecht dagegen nicht. Zum Abkneifen des Hakens sollte man sich vor allem schnell entschließen, wenn man allein im Boot ist. Ohne einen Helfer im Boot kann es allzu lange dauern, bis man den Köder allein aus dem Hechtmaul präpariert hat.

Liegend oder stehend

Wer nicht gerade ein ausgewiesener Experte im Umgang mit Hechten ist, sollte den Fisch zum Abhaken hinlegen. Dabei ist es wichtig, dass der Hecht auf einer feuchten Unterlage liegt. Ideal wäre eine Abhakmatte, wie sie Karpfenangler benutzen. Eine ähnliche feuchte Unterlage tut es aber auch.

Der Hecht wird beim Abhaken auf den Rücken gedreht. In dieser Position bleiben die Hechte fast immer still liegen. Setzen Sie dann die Kiefersperre an und sehen Sie sich genau an, wo und wie der Haken sitzt, bevor Sie mit dem Lösen beginnen. Lösen Sie erst den oder die Haken weiter vorne im Maul, danach kommen tiefer im Rachen sitzende Haken an die Reihe. Sitzt ein Haken zu fest, wird er sofort abgekniffen.

Können Sie einen Haken schlecht durchs Maul erreichen, dann müssen Sie versuchen, durch die Kiemen an ihn heranzukommen. Lösen Sie den Haken über diesen Umweg und lassen Sie ihn dann lose im Rachenraum liegen. Wenn Sie sich vergewissert haben, dass alle Haken gelöst sind, holen Sie den Köder durch das Maul heraus.

Kleine Hechte, also Fische unter 60 Zentimeter, halten Sie beim Hakenlösen am besten mit dem Nackengriff. Eine Kiefersperre kann wiederum sehr nützlich sein. Sitzen die Drillinge in den Kiemenbögen, ist es oft das Einfachste, den Köder ganz und gar durch die Kiemen zu lösen und zu entfernen. Dann ziehen Sie den Köder an einer Seite hinter dem Kiemendeckel heraus und schneiden die Schnur vor dem Maul des Fisches ab.

Bei großen Hechte löse ich den Haken am liebsten im Stehen. Dann lasse ich den Fisch an meiner Hand hängen, wobei er von selbst sein Maul öffnet. Ist der Hecht allerdings sehr schwer, dann braucht man zwei Hände, um ihn zu halten. In dem Fall muss ein Kollege zu Hilfe kommen und den Haken entfernen. Was er zu tun hat, habe ich eigentlich schon beschrieben: Haken mit einer Spitzzange lösen oder mit der Kneifzange abkneifen, wenn sie sich nicht leicht lösen lassen. Bereits gelöste Haken lässt man nach Möglichkeit außerhalb des Hechtmauls hängen, bis alle weiteren Haken gelöst sind. Und wenn Sie den Hecht bei alledem vorsichtig und schonend behandeln, haben Sie auch die Chance, ihn einmal wiederzusehen.

LOWRANCE
X85
LOWRANCE
LCX-16CI
ZOUT
ZIN
MOB
PAGES
WPT
MENU
EXIT
57°50.956'
16°33.600'
4.6 km

Alles im Boot

Das Angeln auf Hecht hat sich in den letzten Jahren sehr verändert, es ist moderner geworden und stärker technisch orientiert. Das gilt insbesondere für das Bootsangeln. Geräte wie das Echolot und der GPS-Empfänger erleichtern die Orientierung und verbessern die Fangchancen. Aber sie stellen auch neue Anforderungen an den Angler. Er muss die Geräte kennen und mit ihnen umzugehen verstehen. Sicherlich darf man auch heute noch gern auf diese Geräte verzichten und zu einer erholsamen Angeltour ausfahren. Wer aber seine Aussichten auf einen großen Fang verbessern will, sollte die technischen Hilfsmittel nutzen.

Die Eigenschaften eines Gewässers bestimmen wesentlich die Methode, mit der wir dort angeln, und die Kunstköder, die wir dort einsetzen. Jedes Gewässer hat seine Eigenheiten, an die man seine bevorzugte Angeltechnik anpassen muss. Manchmal wird man sogar gezwungen, sie zu Gunsten einer anderen Technik aufzugeben.

Beim Bootsangeln kommt es auf zweierlei technische Fertigkeiten an. Zum einen muss man mit dem Boot und dem Motor umzugehen verstehen, zum anderen aber natürlich auch mit der Angel und dem Kunstköder. Das Angeln vom Ufer ist dagegen wesentlich einfacher. Man muss planmäßig und praktisch vorgehen, dabei hat man aber nicht so viele technische Dinge zu beachten.

Beim Umgang mit dem Boot steht an erster Stelle das Thema Sicherheit. Und zwar nicht nur die eigene, sondern natürlich auch die der Mitfahrer. Wer bei Sturm auf einen See hinausfährt, womöglich mit einem kleinen, wackeligen Boot, und dabei alle Sicherheitsmaßnahmen unbeachtet lässt, bringt oft nicht nur sich selbst, sondern auch andere Menschen in Gefahr. Und so ertrinken Jahr für Jahr einige Angler elendig.

Links: Ein Echolot ist schon eine Selbstverständlichkeit für Bootsangler, ein GPS-Empfänger dagegen noch nicht. Dabei kann man mit seiner Hilfe und einer Karte sehr genau die Position bestimmen und dadurch die Fangaussichten verbessern. Erst in der Zusammenarbeit von Echolot und GPS ist man eigentlich in der Lage, sich auf einem großen Gewässer sicher zu orientieren.

Gehen wir also einmal durch, was ins Boot gehört. Als erstes müssen wir immer Schwimmwesten bei uns haben, - am besten sollten wir sie natürlich auch tragen. Vor allem im Winter, wenn das Wasser sehr kalt ist, wäre ein Thermo-Schwimmanzug zu bevorzugen. Solch ein Anzug hält einen längere Zeit warm und trocken, wenn man über Bord gegangen ist. So hat man eine bessere Chance, länger bei Kräften zu bleiben, um wieder ins Boot zurück klettern zu können.

Bei starkem Wind spricht auch nichts dagegen, sich selbst mit einer Sicherheitsleine am Boot festzubinden. Wenn Sie allein sind und aus dem Boot stürzen, können Sie so verhindern, dass Ihnen das Boot davon driftet und Sie nicht mehr ins Boot zurück gelangen.

Im Sommer kann man es im Notfall wesentlich länger im Wasser aushalten. Eine Schwimmweste reicht dann als Schutzbekleidung aus. Wenn man allein im Boot ist, sollte man sie aber auch tatsächlich anlegen. Wissen Sie von sich selbst, dass Sie kein überragender Schwimmer sind, dann ziehen Sie die Weste unbedingt an.

Auf einem großen See kann man die Entfernung zum nächsten Ufer leicht unterschätzen. Der Motor muss deshalb immer im Top-Zustand sein. Das nötigste Reparaturwerkzeug darf an Bord nie fehlen. Bevor Sie aufbrechen, sollten Sie prüfen, wie viel Treibstoff im Tank ist. Haben Sie vor, über richtig große Entfernungen zu fahren, dann ist es sicherer, mit zwei Booten zu starten, so kann man sich gegenseitig im Notfall helfen. Im Boot sollten sich immer Paddel befinden, ein Anker darf auch nicht fehlen. Nehmen Sie immer ein Mobiltelefon mit, und informieren Sie jemanden, wo Sie angeln gehen. Vor allem wenn ich im Ausland angeln gehe, teile ich immer jemandem mit, wann ich zurückkommen will. Dann sollte man sich aber auch auf jeden Fall an die Zusage halten, egal wie gut die Fische beißen.

Fahren Sie niemals blindlings auf einem unbekannten Gewässer herum. Ich erinnere mich noch an den Zustand eines Kollegen, nachdem er sein erst drei Tage altes Boot mit Vollgas auf einen Felsen im schwedischen Schärengarten gesetzt hatte. Er hätte sich besser vorher eine Karte ansehen sollen, dann hätte er gewusst, wo er fahren kann und wo nicht. Solch eine Karte dient nicht nur der Sicherheit, sie bietet auch eine ausgezeichnete Vorbereitung auf die guten Fangplätze, die nämlich oft gerade zwischen den Felsen liegen.

Machen Sie sich am besten eine Liste, anhand der Sie überprüfen können, ob Sie auf eine Ausfahrt mit dem Boot gut vorbereitet sind.

Bootskauf

Schauen wir uns als erstes einmal nach einem geeigneten Boot um. Schließlich ist das ein ziemlich wichtiger Bestandteil unserer Ausrüstung, und er ist nicht nur wichtig, sondern auch teuer. Die erste Aufgabe des Bootes besteht, wie gerade besprochen, darin, uns Sicherheit auf dem Wasser zu bieten. Unter diesem Gesichtspunkt sollte jeder Angler ein Boot sehr kritisch begutachten, ehe er sich zum Kauf entschließt.

In welche Richtung es bei der Auswahl des Bootes geht, hängt wesentlich davon ab, auf

■ Alles im Boot

Die Beherrschung der Technik ist auf großen Seen eine wichtige Voraussetzung.

welchen Gewässern man damit bevorzugt angeln will. Sind dies vor allem Kanäle und kleine Seen, dann brauchen Sie sicher kein großes Boot. Im Gegenteil, mit einem großen Polyester- oder Aluminium-Boot sind Sie sich dann meistens selber im Wege.

Aber auch für die kleineren Gewässer gibt es ein großes Angebot an geeigneten Booten. Mit einem flachen Aluminium-Boot oder einem sogenannten Jonboat ist man auf dem Wasser sehr mobil. Auf kleineren Gewässern habe ich selber sehr viel mit einem Jonboat geangelt. Dieses Bootsmodell kommt ursprünglich aus dem Süden der USA, wo es zum Befahren und Beangeln flacher, mooriger Gewässer entwickelt wurde.

Einige Jons sind sehr luxuriös ausgestattet und werden als Bass-Boat benutzt. Die Popularität der Barschangelei in Amerika hat dazu beigetragen, dass diese Boote sehr häufig eingesetzt werden, allerdings nicht immer nur zweckmäßig. Das Jonboat hat nicht nur Vorteile. Beim Schleppangeln kann man mit diesem Boot leicht aus der Spur geraten. Vor allem in schmalen Kanälen, wo man sehr genau manövrieren muss, kann das sehr nachteilig sein. Die Boote gibt es in vielen verschiedenen Größen, angefangen bei weniger als zehn Fuß bis über zwanzig Fuß oder rund sechs Meter Länge.

Die kleineren Modelle sind auf großen Seen nicht ganz leicht zu handhaben. Deshalb brauchen Sie sich aber noch keine Sorgen zu machen, sinken werden diese Boote nicht. Auf unruhigem Wasser fangen diese Boote ganz schön an zu klappern, was ziemlich störend sein kann. Das macht sich übrigens um so deutlicher bemerkbar, je kleiner das Boot ist.

Die Boote lassen sich gut rudern, das Driften ist allerdings nicht ihre Stärke. Durch den flachen Boden bieten die Boote dem Wasser wenig Widerstand. Für Hechtangler, die bevorzugt auf großen Seen driftend angeln, sind diese Boote deshalb weniger geeignet. Wer unter diesen Umständen dennoch mit einem Jonboat angeln will, sollte die nötigen Vorkehrungen treffen und immer einen Driftanker zur Hand haben.

Die Jonboats haben aber eine Reihe von Vorzügen. Zunächst einmal sind sie ausgesprochen stabil. Wobei diese Eigenschaft allerdings sehr vom Material abhängt, aus dem das Boot gefertigt ist. Es gibt diesen Bootstyp auch als sogenannten Cartop. Dieses Modell kann, wie der Name andeutet, auf dem Autodach transportiert werden. Dafür ist das Boot aus dünnerem Metall gefertigt, wodurch es allerdings auch leichter einmal eine Delle bekommen kann.

Die größeren Modelle sind jedoch aus dickerem Metall und entsprechend robuster. Für den Transport dieser Boote brauchen Sie einen Trailer. Obwohl das Gewicht bei den größeren Modellen deutlich zunimmt, lassen sie sich immer noch komfortabel transportieren. Auf meinen Reisen in Irland und Schweden nutze ich mein Jonboat nicht nur als Boot, sondern auch als Transportbehälter. Liegt das Gewässer abseits der Wege, werden alle Geräte in das Boot gepackt, und dann wird das Ganze mit zwei Mann zum Wasser getragen. So erreicht man Gewässer, auf denen man keiner Menschenseele begegnet. Und das macht sich auch an den Fängen bemerkbar.

Die Boote sind vielseitig einsetzbar, das ist einer ihrer ganz großen Pluspunkte. Die Jonboats haben noch ein großes Plus: Durch ihren flachen Boden gleiten sie sehr leicht übers Wasser und werden sehr schnell. Sogar mit einem kleinen Motor werden hohe Geschwindigkeiten erreicht. Und ein kleiner Motor verbraucht schließlich weniger Treibstoff als ein großer.

Mit tiefem Kiel

Für Angler, die dem Hecht bevorzugt auf großen Seen und Flüssen an die Schuppen wollen, oder auch regelmäßig große Gewässer im Ausland befahren wollen, kommt das beschriebene Boot aber nicht in Frage. Dort sind Sie zweifellos besser bedient mit einem Boot, das einen tieferen Kiel hat. Das sind die sogenannten Deep V-Modelle.

Wenn sie gut gebaut sind, liegen solche Boote fest im Wasser und halten sicher den Kurs. Nicht umsonst werden diese Boote auch Side Drifter genannt. Solch ein Boot legt sich ganz von selbst quer zu den Wellen, wobei der Kiel seine Bremswirkung während der Drift ausübt. Das Boot wird dann meistens so langsam, wie wir es uns auch wünschen.

Es besteht eine reiche Auswahl an diesen Booten. Wiederum kommt es ganz darauf an, was Sie mit dem Boot vorhaben. Ein Boot mit tiefem V-Kiel können Sie so groß und luxuriös bekommen, wie Sie es gern möchten. Aber es hängt ganz von Ihren Gewässern ab, ob Sie es mit 14, 16 oder 18 Fuß Länge nehmen sollten.

Viele Hechtangler fahren immer noch mit einem Polyester-Boot von 14 Fuß mit einem tiefen Kiel hinaus. Es handelt sich dabei um Ruderboote wie das Rana 14, Cresent 470 Langen oder das 444 Rodd. Auch die Boote von Askeladden sind nicht schlecht, das Model 2115 beispielsweise lässt sich sehr gut rudern und es driftet auch ausgezeichnet.

Auf sehr großen Gewässern und wenn große Strecken gefahren werden müssen, vermisst man bei diesen Booten aber etwas die Schnelligkeit. Jedes Boot hat eine sogenannte Grundschnelligkeit. Sie bestimmt auch, mit welcher Motorstärke das Boot angetrieben werden kann. Die meisten Boote, die sich gut rudern lassen und gut driften, so wie die genannten Modelle, werden gewöhnlich mit einem 4- oder 6-PS-Motor angetrieben.

Sie können zwar einen stärkeren Motor hinter das Boot hängen, aber dadurch würde es nicht schneller werden, auch nicht, wenn Sie die Motorstärke verdoppeln. Sie würden damit lediglich das Boot aus dem Gleichgewicht bringen, so dass es nicht mehr richtig im Wasser liegt. Statt eine schnellere Fahrt zu gewinnen, erschweren Sie dem Boot und sich selbst die Fahrt auf dem See oder dem Fluss.

Grundsätzlich reicht die Geschwindigkeit dieser Boote aber nicht aus, um mit ihnen auf Gewässern zu angeln, wo die Fangplätze weit auseinander liegen. Ihr Aktionsradius ist dafür zu klein. Auch bei längeren Fahrten gegen starke Strömung bekommt man Probleme mit diesen Booten und ihren leichten Motoren.

Die Stärken dieser Boote liegen woanders: Man kann von ihnen ausgezeichnet werfen, man kann sie leicht transportieren und gut mit ihnen rangieren, und man kann recht preiswert mit ihnen fahren. Mit einem Viertakter können Sie solch ein Boot tagelang zu verhältnismäßig geringen Kosten fahren. Ein Vorteil ist natürlich auch, dass diese Boote sicher auf Kurs bleiben. Es muss schon kräftig wehen und ein starker Wellengang sein, um solche Boote aus der Bahn zu bringen. Die Balance dieser Boote ist eine sensible Angelegenheit. Man sollte sich immer ziemlich genau in der Mitte aufhalten, um es sicher im Wasser zu halten. Wenn man mit dem Boot noch nicht vertraut ist, und dann zu zweit in dem Boot steht und den Köder auswirft, passiert es immer wieder, dass der eine Angler beim Werfen den anderen aus dem Gleichgewicht bringt.

In dem Boot ist auch nicht allzuviel Platz für Geräte und Zubehör, dabei schleppen gerade Hechtangler immer so einiges mit sich.

Mit den kleinen Booten mit tiefem V-Kiel kommt man also auf nicht zu großen Seen sicher an den Hecht, und man kann mit ihnen auch Stellen erreichen, wo ein größeres Boot eher hinderlich wäre.

Ein größeres Boot ist aber unumgänglich, wenn Sie auf Flüssen angeln wollen, wenn Sie auf wirklich große Seen hinausfahren wollen und wenn Sie häufiger große Binnenseen im Ausland befischen wollen. Wie ein Boot für solche Zwecke aussehen muss, haben uns die Amerikaner gezeigt. Die Boote von Alumacraft und Lund haben immer wieder die Richtung gewiesen, wenn es ums Bootsangeln auf Hecht und Zander geht. Vieles ist dabei einfach von den amerikanischen Bass-Booten übernommen worden. Dazu zählen beispielsweise die Standflächen vorne und hinten im Boot, von denen aus beim Hechtangeln geworfen wird. Für das Angeln auf Hecht ist das ein echter Gewinn. Wer einmal in solch einem amerikanischen Boot geangelt hat, weiß, wie stark, stabil und sicher diese Boote im Wasser liegen und auf ihrem Kurs bleiben.

Außerdem sind diese Boote auch sehr praktisch konstruiert. Unter der oft erhöhten Wurffläche am Bug lassen sich allerhand Gerätschaften unterbringen. Zum Beispiel die Regenkleidung, Schwimmwesten, Leuchtpistole, Akkus, Angelruten und alles mögliche sonstige Gerät lässt sich darin verstauen.

Mit einem Boot wie dem Alumacraft verringern sich die Distanzen auf den weiten Seen. Als ich noch mit den traditionellen Holzbooten zum Angeln gefahren bin, erschienen mir die Seen manchmal endlos. Mit einem irischen Klinkerboot von 18 Fuß und einem 8 PS-Motor dauerte es oft eine halbe Stunde, bis ich endlich an der ersten Angelstelle angekommen war. Kaum dran zu denken, damit auch noch mehrere Angelstellen an einem Tag aufzusuchen.

Seit den 80er Jahren angle ich nun mit einem Alumacraft. Dieselben Seen in Irland,

So angelten Jan Arends und Henk Rusman auf dem Spiegelplas „tief im letzten Jahrhundert". Die Boote waren damals noch weit entfernt von heutigen Standard.

Alles im Boot

Das Echolot zeigt einen Brassenschwarm an. Am Boden sind einige größere Fische zu erkennen. Hier sollte man unbedingt den Kunstköder auswerfen.

Das Ergebnis kann dann so aussehen. Dieser Hecht hielt den Schwarm aus kurzer Distanz unter Kontrolle.

Lough Mask oder Loug Ree, kommen mir jetzt viel kleiner vor. Liegt die nächste Angelstelle weiter weg, gebe ich zehn Minuten ordentlich Gas, dann bin ich da. Diese Boote sind unglaublich stark. Ich habe schon eine Menge Angelspaß damit gehabt.

Sicher gibt es auch Boote anderer Hersteller, mit denen man ebenso gut auf Hecht angeln kann. Bei einem Boot für große Gewässer sollten Sie einfach auf folgendes achten: Das Boot muss auf jeden Fall einen tiefen V-Kiel haben, ein flacher V-Kiel wird den Ansprüchen nicht gerecht. Für viele Zanderangler ist dieses das richtige Boot, denn es lässt sich perfekt als Backtroller einsetzen. Bedenken Sie aber, dass Sie beim Hechtangeln wohl die meiste Zeit werfen werden. Und dass kann man am besten von einem langsam driftenden Boot, also einem Boot mit tiefem V-Kiel.

Der geeignete Motor wird nach der Grundschnelligkeit des Bootes ausgewählt. Ich behaupte sicherlich nichts ganz Falsches, wenn ich sage, dass die meisten dieser Boote am besten mit einem 50-PS-Viertakter laufen. Mit einem schwächeren Motor gleitet das Boot oft nicht so gut übers Wasser. Ein stärkerer Motor führt zu einem höheren Benzinverbrauch und bringt nur eine geringfügig höhere Geschwindigkeit. Ein paar mehr Pferdestärken sind also kein echter Gewinn.

Sicher ginge es auch noch größer und schneller, aber mit einem Boot von 16 Fuß Länge und einem 50-PS-Motor kommen Sie mit einer Geschwindigkeit um 50 Stundenkilometer schnell und sicher an jeden Fangplatz. Für die Binnengewässer in Europa, selbst für die scheinbar unermesslichen Weiten des schwedischen Schärengartens, reicht das vollkommen aus.

Nur wenn Sie ausschließlich ausgesprochen große Seen und Flüsse angeln, könnten Sie über ein noch größeres Boot nachdenken. Halten Sie sich aber vor Augen, dass es einiger Erfahrung bedarf, bis man solch ein Boot sicher manövrieren kann, und dass der Transport mit zunehmender Bootsgröße schwieriger wird.

Echolot

Wer wirklich erfolgreich auf Hecht angeln will, kommt auch um elektrische Hilfsmittel nicht herum. An erster Stelle steht dabei ein Echolot, das zu den wirklich entscheidenden Ausstattungselementen im Boot gehört. Dann kommt möglicherweise auch ein Elektro-Motor in Frage. Eine Lenzpumpe und Beleuchtung gehören zum Standard luxuriöser Boote, in den kleineren Aluminium- und Polyester-Booten sind sie kein Bestandteil der serienmäßigen Ausstattung. Fahren Sie mit Ihrem Boot oft in der Dämmerung oder sogar in der Nacht, dann müssen Sie selbstverständlich für Beleuchtung sorgen.

Aber das Wichtigste ist nun einmal ein Echolot. Was soll ein Echolot alles leisten? Es gibt inzwischen eine Fülle unterschiedlichster Funktionen bei den neuen Echoloten. Ein GPS-Empfänger beispielsweise kann mit den teuren Echoloten gleich mitgeliefert werden. Eine normale oder eine extra hohe Auflösung, ein großer oder ein kleiner Bildschirm mit einigen Zusatzfunktionen, alles ist möglich.

Genau wie das Boot sollten Sie auch ein Echolot danach aussuchen, wie es am besten zu Ihrem Angelalltag passt. Teure Hightech auf einem Boot, mit dem auf kleinen Kanälen geschleppt wird, ist pure Geldverschwendung. Für diese Zwecke nimmt man das einfachste Gerät und hat damit alles, was man braucht.

Echolot und GPS-Empfänger gibt es sehr luxuriös und teuer. Einfache Modelle reichen meistens aber völlig aus. Auch ein Mobiltelefon sollte man an Bord haben.

Auf einem großen See mit vielfältigen Bodenstrukturen, auf dem Sie auch einmal mit hoher Geschwindigkeit fahren müssen, ist das etwas Anderes. Hier benötigen Sie ein Echolot, das auch bei schneller Fahrt in der Lage ist, Signale zu empfangen und wiederzugeben. Es gibt schließlich sogar Echolote, die selbst bei einer Geschwindigkeit von über 70 Stundenkilometer eine saubere Aufzeichnung auf dem Bildschirm zustande bekommen.

Erwarten Sie allerdings nicht, dass das auch über sehr tiefem Wasser funktioniert. Der Weg der Signale zum Boden und zurück wird dann bei einer Fahrt mit hohem Tempo zu lang. Aber solange das Wasser nicht tiefer als 12 Meter ist, werden noch Signale empfangen. Das sind zumindest meine eigenen Erfahrungen. Möglicherweise wird die Technik der Echolote aber in Zukunft noch leistungsfähiger sein.

Wer auf seinem Gewässer das Äußerste an Informationen herausholen will, der braucht schließlich ein hoch auflösendes Echolot. Wie genau man die Bodenstrukturen erkennt, entscheidet letztlich sehr oft darüber, ob man fängt oder nicht. Ich sehe einen enormen Vorteil darin, in tiefem Wasser auch kleine Pflanzen erkennen zu können. Mir haben solche Einblicke schon so einige schwere Hechte gebracht.

Wenn Sie also gerade vor der Anschaffung eines Echolots stehen... Ich weiß, es ist schon eine ganz schöne Investition. Allerdings: Von einem guten Echolot profitieren Sie sehr lange Zeit, und je länger Sie es nutzen, desto preiswerter wird es letzten Endes.

GPS (Global Positioning System)

Die nächste wichtige Orientierunghilfe neben dem Echolot ist der GPS-Empfänger. Mit diesem Gerät werden Satelliten-Signale empfangen, aus denen sich der augenblickliche Standort ermitteln lässt. Mit diesem System findet man auf wenige Meter genau an jede Stelle eines Gewässers. Ich habe die Funktion des GPS selber getestet, indem ich markierte Punkte in einem Gewässer aus Entfernungen von zig Kilometern zu finden versucht habe. Der GPS-Empfänger hat mich dabei sogar auf den Meter genau zu der gekennzeichneten Stelle geführt.

So nützlich ein GPS auch sein mag, man sollte sich dennoch fragen, ob und wo man es wirklich braucht. Wenn Sie immer nur auf einem nicht allzu großen See, sagen wir einmal von 300 Hektar Größe, angeln, brauchen Sie sicher kein GPS-Gerät. Angeln Sie aber oft auf verschiedenen Seen dieser Größenordnung, dann wäre die Anschaffung eines GPS-Empfängers schon eine Überlegung wert. Für jeden, der oft auf wirklich großen Seen im In- und Ausland angelt, ist ein GPS ein absolutes Muss. Es hilft nicht nur, Fangplätze wieder zu finden, es bieten auch darüber hinaus Orientierungsmöglichkeiten auf einem fremden Gewässer.

GPS-Empfänger gibt es ebenso wie Echolote in sehr unterschiedlicher Qualität. Es gibt kleine Geräte im Format eines Mobiltelefons, mit denen man Positionen speichern

■ Alles im Boot

und wieder auffinden kann. Die größeren Geräte können auch Karten der Gewässer anzeigen, auf denen Sie angeln. Als Datenträger für das Kartenmaterial dient eine sogenannte Multi Media Card (MMC). Je nach Speicherkapazität und Qualität können zu den Karten sehr detaillierte Angaben abgerufen werden.

Gute Geräte mit hoch aufgelösten Karten zeigen kleinste Inseln, Buchten und Gewässertiefen an, was eine enorme Hilfe beim Aufsuchen potentieller Fangplätze sein kann. Aber dennoch sollten Sie niemals nur nach Karte fahren.

Ich habe etliche Karten getestet und gerade bei den Karten mit geringer Auflösung viele Fehler gefunden. Teilweise fehlten die kleineren Inseln, der Uferverlauf war nicht korrekt. Abweichungen von zig Metern kommen dabei vor. Wenn Sie dann im Vertrauen auf die Karte ordentlich Gas geben, könnte es passieren, dass sich plötzlich eine Landzunge vor Ihnen auftut, die sich nicht auf der Karte befindet.

Halten Sie also auf dem Wasser immer die Augen offen, und vertrauen Sie auf die eigene Sehfähigkeit und auf die Ihres Mitfahrers. Deshalb sollten Sie aber nicht ganz auf eine Karte verzichten. Ob im Ausland oder in der Heimat, auf großen Gewässern ist eine Karte immer ein wichtiges Hilfsmittel, um bestimmte Stellen im Gewässer wiederzufinden. Und wenn Sie einmal die Orientierung verloren haben, finden Sie mit einer Karte doch wieder nach Hause. Denn Sie können auf einer Karte auch einen Hilfspunkt einsetzen, der Ihnen als Orientierungsmarke dient. Im Notfall finden Sie mit Hilfe des GPS immer wieder zu diesem Punkt zurück. Manchmal ist das die wichtigste Leistung, die der GPS-Empfänger erbringt.

Es gibt GPS-Geräte, mit denen man die Koordinaten von mehr als 50 Punkten speichern kann. Beim Einspeichern wird jeder Punkt mit einem Namen oder einem Symbol bezeichnet. So kann man auf einem Gewässer von einem gespeicherten Punkt zum nächsten fahren. Das Gerät gibt dabei die Entfernung zwischen den Punkten an und auch die Fahrzeit seit Verlassen des vorherigen Punktes.

Das GPS bietet noch eine interessante Option. Man kann nämlich auch die zurückgelegte Strecke mit einem Boot auf dem Bildschirm aufzeichnen. Schleppangler können so genau sehen, wo sie entlang gefahren sind. In der Kombination mit einem Echolot kann man so auch problematische Bereiche eines Gewässers unter schwierigen Umständen sehr kontrolliert beangeln.

Man orientiert sich einfach an der aufgezeichneten Strecke, um bestimmte Bereiche systematisch zu befahren. Der Köder wird immer wieder Meter für Meter parallel zur vorherigen Fahrt geführt. Bei solchen Schlepptouren kann sich ein GPS-Empfänger als ein extrem nützliches Hilfsmittel erweisen.

Elektromotor

Bevor Sie überlegen, ob Sie sich einen GPS-Empfänger anschaffen, denken Sie besser erst einmal über einen Elektromotor nach. Den brauchen Sie nämlich tatsächlich. Und es sollte auch durchaus ein stärkerer Motor sein, ein Motor mit 12 Volt Betriebsspannung beispielsweise, der eine Schubkraft von mindestens 20 Kilopond hat.

Ein Elektomotor soll nur dazu dienen, das Boot im Bereich der Angelstelle zu halten. Mit ihm sollen also vor allem die Richtung gehalten und kleine Kurskorrekturen bei der Drift vorgenommen werden. Meine ersten Elektromotoren waren sehr einfache Modelle mit weniger als 15 Kilopond, mit denen man sich jeden Meter erarbeiten musste.

Ob so die Zukunft des Bootsangelns aussieht? Es dürfte wohl auch noch einen anderen Weg geben.

Die modernen Elektromotoren darf man getrost als Hightech-Geräte bezeichnen. Ausgestattet mit Autopilot und Transformator fürs Echolot und Betriebsspannung von 12, immer häufiger aber auch 24 oder sogar 36 Volt.

Wenn ich meinen Elektromotor am Bootsheck anbringe, drehe ich ihn um 180 Grad um seine Längsachse, so dass die Schraube nicht hinter dem Motor läuft sondern vor ihm. So schiebt der Motor das Boot nicht an, sondern zieht es nach hinten. In der Rückwärtsbewegung reagiert das Boot sehr schnell und genau auf meine Manöver. Ich habe mich aber auch dazu erzogen, meinen Kurs vorher genau festzulegen und anschließend auch beizubehalten. Deshalb muss ich auch nur wenig Gebrauch vom Elektromotor machen. Ab und zu einmal ein kurzer Zug in die gewünschte Richtung, das ist schon alles. Nur wenn ich an einem windstillen Tag langsam schleppe oder mich auf einer Stelle halten will, läuft der Motor gleichmäßig aber mit sehr niedrigen Umdrehungen.

Sollte man das Boot also nicht vorwärts antreiben und keinen Autopilot benutzen? Einige meiner Angelkollegen betreiben den Motor durchaus vorwärts, und sie benutzen auch den Autopilot. Und das kann natürlich auch seine Vorteile haben. Auf den großen Seen weht aber oft ein kräftiger Wind, und unter den Umständen empfiehlt es sich nicht gerade, das Lenken dem Autopilot zu überlassen. Herrschen allerdings günstige Wetterverhältnisse, oder Sie fahren auf einem sehr einfach zu befischenden Gewässer, dann kann ein Autopilot sogar genussvolles Angeln bescheren. Denn er erlaubt dann volle Konzentration auf das eigentliche Angelgeschehen.

Energiequelle

Sämtliche elektrische Geräte auf dem Boot werden mit Hilfe eines Akkus angetrieben. Deshalb ist es eigentlich unverständlich, dass der Akku meistens als Stiefkind der Ausrüstung behandelt wird. Bedenken Sie, dass Sie ohne Akku weder ein Echolot noch einen GPS-Empfänger oder einen Elektromotor betreiben könnten.

Haben Sie schon einmal versucht, Ihr Auto mit einer leeren Batterie zu starten? Genau das meine ich! Ihr Auto wird nicht anspringen, und Ihr Außenbordmotor würde es ohne Stromquelle auch nicht. Ein Akku sollte deshalb bei den Ausrüstungsbestandteilen nicht an letzter, sondern an erster Stelle stehen.

Seit Jahren gehört das Rana 14 zu den Top-Booten für Hechtangler. Es ist ein wenig schmal und kein Schnellboot für große Seen, aber man kann mit ihm gleichermaßen gut schleppen, driften und rudern.

Und der Akku darf auch nicht zu klein sein. Eigentlich sollte man auch nicht nur von einem Akku sprechen, sondern von mehreren. Wenn ich mit meinem Benzinmotor fahre, lädt dieser dabei einen 105 Ampere-Akku auf. Daran sind mein Echolot und mein GPS-Empfänger angeschlossen. Mein Elektromotor wird wiederum von einem anderen Akku angetrieben, der nach jedem Angeltag wieder aufgeladen wird.

Eine geladener Akku kann ausreichen, um ein ganzes Wochenende hindurch zu fischen. Es ist ratsam, einen Akku völlig zu leeren, ehe er wieder aufgeladen wird. Auch das Ladegerät für einen Akku ist selbstverständlich nicht unwichtig. Aber genau wie mit dem Akku selbst nehmen es viele Angler auch mit dem Ladegerät nicht so genau. Sie schaffen sich ein Ladegerät an, mit dem man zwar eine durchschnittliche Batterie für ein Auto laden kann, aber keinen Akku für einen Elektromotor. Viele Autobatterien sind bereits mit 80 Ampere voll geladen. Laden Sie mit diesem Gerät ein Akku für Ihr Boot, dann fehlen Ihnen gut 20 Ampere. Auf Dauer ist das schädlich für den Akku.

Ein Ladegerät muss einen Akku vollständig aufladen können. Wird ein Akku immer wieder nur teilweise aufgeladen, dann führt das zu einem verstärkten Verschleiß. Ein teurer Akku hat dann sehr bald ausgedient. Wer seinen Akku nicht ordnungsgemäß behandelt, und oft geschieht das völlig unwissentlich, läuft Gefahr, dass er sich jedes Jahr einen neuen Akku zulegen muss. Für das Geld sollte man sich aber viel lieber ein paar schöne Kunstköder kaufen.

Anker

Nun fehlen nur noch ein paar Dinge für unsere Bootsausrüstung. Natürlich brauchen wir ein Seil, um das Boot festmachen zu können. Dann vielleicht ein paar Fender, damit das Boot keine Kratzer bekommt. Ganz gewiss nützlich ist ein Anker. Niemand sollte ohne ein solches Gerät losfahren!

Wenn Sie unterwegs eine Panne haben, dann können Sie das Boot im Notfall verankern. Ich habe schon so einige Boote abgeschleppt, die nach einem Motorschaden aufgelaufen sind, weil kein Anker an Bord war. Ein Anker hilft aber nicht nur im Notfall, man kann ihn auch nutzen, wenn man schwierige Bereiche eines Gewässers beangeln will.

Sie können das Boot mit dem Anker festlegen, wenn Sie inmitten eines Gewässers eine auffällige Bodenformation unter Wasser gründlicher beangeln wollen. In solch einer Situation gibt es eigentlich gar keine andere Möglichkeit, als den Anker zu setzen.

Für welch einen Anker soll man sich nun entscheiden? Ich bevorzuge selber einen Klappanker. Mit seinen einfachen vier Spitzen setzt der sich immer irgendwo fest. Außerdem beansprucht solch ein Klappanker wenig Raum, und das ist wiederum beim Trans-

Alles im Boot

In einem modernen Boot wie dem Alumacraft Navigator hat man beim Angeln immer einen festen Boden unter den Füßen.

port sehr günstig. Und ein Klappanker hat noch einen Vorteil. Man muss ihn nicht zwangsläufig ausklappen, man kann ihn beim Driften auch zusammengeklappt über den Boden ziehen. Dadurch wird das Boot deutlich abgebremst, es bleibt allenfalls kurz liegen und driftet dann wieder weiter.

Wollen Sie den Anker auf diese Weise einsetzen, dann empfiehlt es sich, ihn an einer Kette oder an einem Stahlseil zu befestigen. Machen Sie das nicht, dann könnte es sein, dass Sie auf einmal sehr schnell über das Wasser driften, weil das Ankerseil durchgescheuert ist. Auch das habe ich schon selber erlebt.

Noch besser als mit einem Klappanker lässt sich das Boot mit einem sogenannten Driftanker abbremsen. Eigentlich soll ein Driftanker dazu dienen, ein Boot (im Notfall) mit dem Bug in Windrichtung zu halten. Wenn er groß genug ist, dann verrichtet solch ein Driftanker vor dem Boot wirklich ausgezeichnete Arbeit. Ich habe selber auch einen Driftanker mit beträchtlichen Ausmaßen, der durch einen Aluminium-Rahmen zusammengespannt wird. An Tagen mit starken Wind kommt er zum Einsatz und leistet mir dann hervorragende Dienste. Ein großer Driftanker nimmt allerdings auch eine Menge Platz weg, wenn er gerade nicht gebraucht wird.

Kleinere Driftanker setzt man am besten seitlich am Boot ein. Ein Boot mit einem tiefen V-Kiel liegt ohnehin gut im Wasser, mit einem Driftanker gleitet es sehr gleichmäßig über die Oberfläche. Für mich ist es keine Frage, ein Driftanker gehört in die Ausrüstung. Vor allem, wenn man vom Boot werfend angeln will, wird man einen Driftanker oft gut gebrauchen können. Sogar ein flaches Jonboat lässt sich damit bemerkenswert ruhig über das Wasser führen.

Rutenhalter

Selbst wenn wir bevorzugt vom Boot werfen, manchmal werden wir sicher auch schleppen. Und damit das Schleppangeln richtig funktioniert, braucht man Bootsrutenhalter. Bei der Anbringung dieser Rutenhalter hat sich schon mancher Angler sehr schwer getan. Rutenhalter fürs Boot sind unentbehrlich, sie kosten nicht viel, und sie sollten, wenn man sie anbringt, gleich ein für alle mal an der richtigen Stelle angebracht werden. Es hat wenig Sinn, die Position der Rutenhalter ständig zu verändern und dabei womöglich immer wieder Löcher in die Bootswand zu bohren.

Eigentlich ist es sehr einfach, die richtige Stelle für die Anbringung der Rutenhalter zu finden. Das Boot hat seine größte Tragkraft im hinteren Teil nahe dem Heck. Dort sitzt der Steuermann, da befindet sich der Motor, und etwas weiter davor sitzt der Beifahrer. So sollte es bei jedem Boot sein, ob es nun 12 Fuß lang ist oder 18 Fuß.

Beim Schleppangeln auf Hecht folgt man nun nach Möglichkeit immer den Bodenstrukturen. Dabei müssen gelegentlich auch recht scharfe Kurven gefahren werden. Währenddessen kann der Steuermann nicht auch noch darauf achten, dass keine Schnüre unter das Boot kommen oder womöglich in die Motorschraube geraten. Das zu verhindern, ist Aufgabe des Beifahrers. Er sollte deshalb auch eher Richtung Heck sitzen, also auf jeden Fall hinter und nicht vor der Bootsmitte.

Der Rutenhalter für die Rute des Beifahrers wird etwa auf Höhe des Steuermanns angebracht. Dabei sollte die Rute immer leicht nach hinten zeigen, also nicht rechtwinklig von der Bootswand abstehen. Die zweite Rute, die beim Schleppen in der Hand gehalten wird, sollte mindestens so lang sein wie die Entfernung vom Sitzplatz bis zum Bootsheck. Nur so lässt es sich immer verhindern, dass die Schnur unter das Boot gerät.

Der Steuermann selbst bringt seinen Rutenhalter etwas vor sich an der Bootswand an. Er muss aber wiederum so weit hinten sein, dass die Schnur das Boot auch bei einer scharfen Kurve nicht berührt. Weiterhin muss auch noch genug Platz bis zum Rutenhalter sein, um die zweite Rute aktiv führen zu können.

Im Prinzip reichen also zwei Rutenhalter für ein Boot vollkommen aus. Aber man kann natürlich auch noch mehr Rutenhalter anbringen, und auch an anderen Stellen. Aber man sollte sich dabei immer genau überlegen, was man damit genau bezwecken will. Wenn Sie beispielsweise im Rückwärtsgang schleppen wollen, dann sollten die beiden Rutenhalter etwa einen Meter vor der Spitze des Bootes montiert werden.

Ein nach hinten gerichteter Rutenhalter an der Sitzbank vor dem Heck kann unter Umständen auch nützlich sein. Wenn Sie an der Hand-Rute einen gewaltigen Anbiss haben, können Sie die Rute vorübergehend in diesem Rutenhalter abstützen, wenn Sie ansonsten Schwierigkeiten haben, die Rute sicher zu halten. Auf jeden Fall sollten Sie vor der Anbringung eines Rutenhalters gemeinsam mit einem Beifahrer ausprobieren, wo die richtigen Plätze dafür sind.

Das Kunstköder-Angeln auf großen Gewässer ist nicht immer ganz einfach. Der Steuermann hat oft nicht nur mit Fischen, sondern auch mit dem Boot zu kämpfen. Letzteres sollte sich allerdings auf ein Minimum beschränken, damit man sich möglichst intensiv auf das Angeln konzentrieren kann.

Mit unserem Boot, Benzin- und Elektromotor, Anker und Driftanker sind wir zunächst einmal gut ausgerüstet. Nun geht es vor allem darum, das Gewässer möglichst praktisch zu befischen. Erwarten Sie hier aber bitte keine Informationen über Zubehör wie Downrigger und Planer. Für diese Geräte sehe ich keine Notwendigkeit, zumindest nicht beim Hechtangeln. Das will ich kurz erklären.

Ein Downrigger besteht aus einem Rutenhalter, kombiniert mit einer Spule für ein Stahlseil und einem kurzen Arm, über den das Seil ausgelegt wird. An dem Draht hängt eine Bleikugel mit einem Release-Clip, in den die Schnur eingehängt wird. An der hängt wiederum der Kunstköder. Die Rute wird im Rutenhalter auf Spannung gebracht, und

Solange die Schnur nicht an den Rutenringen festfriert, gehen wir auf Hecht. Rutger de Jong hat sich für die Lufttemperatur von minus 19 Grad richtig eingekleidet. So kann man es ein paar Stunden aushalten.

Alles im Boot

Mit einem tiefen V-Kiel driftet das Boot traumhaft. Dennoch sollte man über einen Driftanker nachdenken. Der bremst das Boot noch mehr ab und erlaubt es, das Wasser gründlich abzufischen.

wenn ein Fisch anbeißt, zieht er die Schnur aus dem Clip, wodurch die gekrümmte Rute hochschnellt. Dadurch wird ein Anhieb gesetzt, mit dem der Fisch gehakt wird.

Ein Downrigger ist nur sinnvoll, wo er auch wirklich gebraucht wird. Ich habe sehr viel mit Downrigger geangelt, aber vor allem auf Forellen. Gelegentlich auch auf Zander, bevorzugt in tiefen Kanälen, in denen es sich sehr gut damit fahren lässt. Dennoch musste ich mir die Zander damit sehr erkämpfen.

Forellen, besonders Meerforellen, und Lachse, für deren Fang der Downrigger entwickelt wurde, verhalten sich ganz anders als Zander oder Hechte. Sie leben im weiten, offenen Wasser, wo sie sich nicht in Bodennähe, sondern bevorzugt im Mittelwasser aufhalten und dort auf Jagd gehen. Um diese Fische zu beangeln, wird der Köder über längere Strecken in einer bestimmten Tiefe des offenen Wassers geführt.

Hechte verhalten sich anders. Sie suchen besondere Bodenstrukturen eines Gewässers auf und halten sich an Hindernissen unter Wasser auf. Genau dort muss man die Hechte schließlich auch suchen. Schleppt man dann mit Downriggern in vier Meter Tiefe, und auf einmal ist das Wasser nur noch zwei Meter tief, dann laufen als erstes die Bleikugeln auf, und danach kann man sehen, wie man die Geräte wieder startklar kriegt. Nein, Downrigger gehören nicht zur Ausrüstung des Hechtanglers.

Wie sieht es mit dem Planer aus? Nicht viel anders. Ein Planer dient dazu, den Schleppköder in größerem seitlichen Abstand vom Boot zu halten. Damit soll der Planer es ermöglichen, beim Schleppangeln mehrere Ruten gleichzeitig auszulegen. Also nicht zwei Ruten, wie wir sie auch oft beim Hechtangeln einsetzen, sondern sechs Ruten an jeder Seite.

Mit so vielen Ruten kann man natürlich einen breiten Gewässerstreifen in einem Zuge gründlich beangeln. Große Planer können den Köder 50 bis 70 Meter vom Boot entfernt halten. Der Planer wird an einer dicken Schnur über einen Planermast in der Mitte des Bootes nach außen geführt. Die Angelschnur, an der der Köder hängt, wird wiederum in einen Release-Clip eingehängt und an der Schnur des Planerboards nach außen geführt.

Wenn ein Fisch den Kunstköder packt, zieht er die Schnur aus dem Clip. Der Widerstand dabei ist so stark, dass der Haken in das Fischmaul dringt. Auch das ist sicherlich eine hilfreiche Einrichtung, wo man sie braucht. Als Hechtangler braucht man sie jedoch nicht. Wie gesagt, wir suchen unseren Zielfisch in Gewässern mit wechselhaften Bodenverhältnissen, entlang der Wasserpflanzen, zwischen oder über ihnen. Die Hechte stehen zwischen Steinen und über Bodenerhebungen unter Wasser.

Fahren Sie einmal solche Stellen mit Planern an. Das Echolot zeigt mit fünf Meter eine gute Tiefe an. Aber wie sieht das links und rechts vom Boot aus, wo auch noch Köder laufen? In Gewässern, die für Hechtangler interessant sind, könnte es da erheblich flacher sein, und dann ist die Schlepptour erst einmal zu Ende.

Ich habe mich einige Male mit Planern auf großen Seen wie dem Lough Mask und

Lough Ree in Irland abgemüht - ohne nennenswerten Erfolg. Ich habe auch weder dort noch in Südnorwegen oder in Schweden, wo ich fast überall auf Hecht geangelt habe, jemals einen Angler mit Planer auf Hecht angeln sehen. In keinem europäischen Land werden mehr Downrigger und Planer verkauft als in Schweden, aber diese Geräte werden dort beim Angeln auf Lachs und Meerforelle eingesetzt. Auch von kleineren Planern für Seen und Kanäle möchte ich abraten. Sicher hält auch ein kleiner Planer, der einfach in die Angelschnur eingehängt wird, den Köder seitlich vom Boot, und gewiss ist es auch möglich, auf diese Weise einen Hecht zu fangen. Aber mit solch einem kleinen Planer ist man zugleich gezwungen, auch kleine Kunstköder einzusetzen. Man könnte zwar auch einen großen Kunstköder verwenden, wenn er dann aber genommen wird, ist der Widerstand des Planer zu gering, um den Haken sicher setzen zu können.

Es besteht schließlich auch kein direkter Kontakt mehr zwischen der Rute und dem Köder. Denn dazwischen befindet sich der Planer, und um den Haken sicher ins Fischmaul eindringen zu lassen, müsste er genauso stark sein wie die Rute. Und Ruten, die beim Schleppfischen im Rutenhalter stecken, müssen sehr schwer sein, weil der Fisch nach dem Anbiss sonst nicht sicher hängt.

Übrigens kann man die Schleppköder durchaus auch ohne Planer in ganz beachtlichen Entfernungen voneinander führen. Die äußeren Köder können bis zu acht Meter voneinander entfernt laufen. Damit kann man schon die gesamte Breite kleinerer Kanäle abdecken. Und auch auf kleineren Seen ist das schon ein Maß, mit dem man zügig größere Teile des Gewässers abfischen kann.

Richtige Strategie

Richtig auf Hecht zu angeln, will gelernt sein. Am einfachsten erscheint es, wenn man vom Ufer angelt. Aber es ist eigentlich auch dann nur so einfach wie das Gewässer, an dem man angelt. An großen Seen kann es sehr beschwerlich sein, vom Ufer zu angeln. Man weiß nie genau, wie tief das Wasser eigentlich ist, und man weiß meistens auch nicht, wie der Untergrund des Gewässers genau aussieht.

An kleineren Kanälen und Poldern hat man damit weniger Probleme. Die Tiefe ist meistens sehr gleichmäßig, und man erkennt das ganze Jahr über, wo Pflanzen stehen oder gestanden haben. Hält man die Augen offen, dann gelangt man wie von selbst zu den Stellen, wo die Hechte stehen. Selbstverständlich sind es immer wieder die Veränderungen der Wasserläufe, an denen man die besten Fangchancen hat. Eine Brücke ist beispielsweise ein potentieller Standort für Hechte, das ist allgemein bekannt.

Natürlich wird man an solchen Stellen immer einen Fangversuch unternehmen. Aber man sollte sich nicht zu lange an einer Stelle aufhalten. Denn auch das übrige Wasser will so systematisch wie möglich abgefischt werden. Als erstes gilt es, das Ufer vor den eigenen Füßen zu beangeln. Ein paar Würfe parallel zum Ufer, so dass der Kunstköder in etwa einem Meter Entfernung zum Ufer eingeholt wird, führen immer wieder zum Fang. Führen Sie den Köder auch ruhig zwei- oder dreimal vor dem Ufer entlang. Manchmal scheint es, als müsste man den Hecht erst einmal wach machen.

Ein Driftanker kann die Fangchancen deutlich verbessern. Bertus Rozemeijer wurde beim Einsatz des Driftankers aber auch einmal von der Wasserpolizei gestellt – weil sie dachte, er würde mit einem Schleppnetz fischen.

■ Alles im Boot

Nach den Würfen parallel zum Ufer werfen Sie schräg vom Ufer weg. So werden die Würfe in Abständen von etwa einem Meter nach und nach immer weiter in Richtung auf das gegenüberliegende Ufer orientiert. Je nach Breite des Gewässers wird der Köder schließlich nahezu rechtwinklig vom eigenen Ufer ausgeworfen.

Danach gehen Sie ein paar Schritte vorwärts, und dann wird wieder zunächst parallel zum Ufer geworfen. Sehr schnell kommt man dabei zwar nicht voran, aber die Genauigkeit dieses Vorgehens wird sicher belohnt. Wie in anderen Gewässern gibt es übrigens auch in den Poldergräben und Kanälen Top-Stellen, an denen man häufiger und mehr fängt als an anderen.

Nicht überall kann man aber auf die beschriebene Weise angeln. Breite und hohe Schilfkanten können uns daran hindern, ein Ufer Schritt für Schritt zu beangeln. Unter solchen Umständen müssen wir Stellen am Ufer aufsuchen, von denen aus wir jeweils einen Gewässerbereich ungehindert fächerförmig abwerfen können. Wir fangen wiederum mit einem Wurf parallel zum Ufer an, so dass der Köder etwa einen Meter vor dem Ufer läuft. Mit dem nächsten Wurf platzieren wir den Köder noch einen Meter weiter vom Ufer entfernt, und so arbeiten wir uns Richtung Gewässermitte vor.

Das fächerförmige Werfen des Kunstköders hat allerdings einen Nachteil. Wenn wir den Köder jedesmal einen Meter neben die Bahn des vorherigen Wurfes setzen, dann läuft der Köder am Anfang zwar noch etwa einen Meter neben der vorherigen Bahn. Je weiter wir ihn aber einholen, desto dichter kommt er an die vorherige Bahn. Auf den letzten Meter läuft er dann fast auf derselben Bahn wie beim vorherigen Wurf.

Damit wir den Köder nicht allzu oft an denselben Stellen entlangführen, gehen wir also anders vor. Mit den ersten Würfen bieten wir den Köder links und rechts parallel zur Kante an. Danach werfen wir aber geradewegs auf das gegenüberliegende Ufer zu. Anschließend werfen wir den Köder links und rechts in die Bereiche zwischen den uferparallelen Würfen und dem Wurf rechtwinklig vom Ufer. Jeweils zwei oder drei Würfe reichen gewöhnlich aus, um den Zwischenraum abzudecken.

Nachdem der Bereich einmal abgeworfen wurde, werden an derselbe Stelle noch einmal ein paar Würfe platziert. Ich gehe dann gewöhnlich so vor, dass ich bei diesen „doppelten" Würfe den Köder am Anfang mit normalem Tempo führe, ihn danach aber schneller einhole. Nach meinen Erfahrungen sind beim Einholen vor allem die ersten fünf bis zehn Meter interessant, danach kann man den Köder beschleunigen. Um so früher ist man an einer neuen Stelle, wo man wieder neue Fangchancen hat.

In Poldergräben und kleinen Kanälen sollte man am besten mit kleineren Kunstködern angeln. Ich wüsste nicht, wieso man dort große Wobbler oder schwere Bucktail-Spinner im flachen Wasser einsetzen sollte. Normale Wobbler und Spinner funktionieren hier viel besser. Und in diesen Gewässern kann man damit selbst die größten Hechte verführen.

Manchmal muss der Köder sogar noch kleiner genommen werden. Wenn sich in dem

Wenn es an der Oberfläche von kleinen Fischen wimmelt, ist das ein klares Zeichen, dass man einen nicht zu tief laufenden Köder wählen sollte. Hechte kleben schließlich nicht immer am Boden.

Solch einen Kanal muss man lesen lernen. Auf dem immer gleichen Verlauf gibt es viele hundert Meter keinen Fisch, und dann kommt auf einmal eine Stelle, wo sie gestapelt stehen.

Wasser Schwärme kleiner Brutfische aufhalten und die Hechte auf diese Beute regelrecht fixiert sind, hat es gar keinen Sinn, irgendetwas anderes anzubieten als kleine Kunstköder, die für den Hecht seinem Beuteschema entsprechen.

Versuchen Sie, Ihren Kunstköder an hindernisreichen kleinen Gewässern so gut es geht im Auge zu behalten. Halten Sie sich dabei die Möglichkeit offen, lenkend auf den Lauf des Köders Einfluss auszuüben. Das ist besonders wichtig, wenn Sie mit Spinnern oder kleinen Blinkern angeln, damit Sie Hindernissen ausweichen und den Köder daran vorbei oder darüber hinweg führen können.

Halten Sie die Angelrute hoch, wenn Sie anfangen, den Köder einzuholen. Es ist ein reines Gerücht, dass der Köder tief geführt werden muss, um einen Hecht zum Zupacken zu bewegen. Wenn Sie den Köder hoch führen, läuft er kaum einmal mehr als einen Meter über dem lauernden Hecht. Einen Meter hat ein Hecht aber mit einem kräftigen Schlag der Schwanzflosse schnell zurückgelegt. Kommt der Kunstköder beim Einholen dichter heran, dann steigt er zwangsläufig weiter auf. Oft sieht man dann, wie sich das Wasser hinter dem Köder V-förmig teilt. Jetzt erst lassen Sie die Rute langsam nach unten sacken, bis die Rutenspitze fast die Oberfläche des Wassers berührt.

Unterschätzen Sie das Spinnfischen in den Poldergräben und anderen kleinen, flachen Gewässern niemals. Bleiben Sie immer sehr konzentriert. Das entscheidet am Ende darüber, ob man erfolgreich ist. Und das wiederum lässt sich an der Zahl der gefangenen Fische ablesen.

Einige Hechtangler, die nur auf großen Seen angeln, schauen etwas verächtlich auf die Hechtangler an den kleinen Wasserläufen herab. Für mich ist dieses Angeln mit der leichten Spinnrute aber eine sehr spannende Art, Hechte zu fangen. Und dass man dabei nicht gleich mehrere Meterhechte pro Tag fängt, finde ich nicht weiter tragisch. Es ist gerade die Kunst, mit leichtem Gerät den Köder sehr präzise anzubieten, die dieses Angeln so interessant macht. Das erfordert viel mehr Geschick, als wenn man auf einem großen See schwere Jerkbaits oder Bucktail-Spinner ohne genaue Richtungsvorgabe hinausschleudert.

In vielen kleinen Seen und Teichen ist die Situation nicht viel anders. Das Wasser ist meistens recht flach, aber man hat oftmals die Möglichkeit, mit verhältnismäßig kleinen Kunstködern große Hechte zu fangen. Das gilt besonders für die niederländischen Moorseen. Weil diese aber meistens schwer zugänglich sind, muss man sie mit einem Boot befahren. Das Boot muss für solch ein Gewässer gut geeignet sein. Ein Boot von 16 Fuß mit einem zwei Meter breiten Heck passt nicht einmal in einige Verbindungskanäle zwischen den Seen. Hier ist ein Jonboat das ideale Verkehrsmittel.

Ich angle in diesen Seen am liebsten vom verankerten Boot. Dabei wird das Boot so festgesetzt, dass man rundherum in alle Richtungen werfen kann. Nein, ich konzentriere mich nicht immer nur auf die Kanten. Schließlich gibt es noch andere interessante Stellen. Wenn irgendwo weiter zur Seemitte Seerosenfelder zu erkennen sind, dann dürf-

Alles im Boot

Einen Kanal kann man sehr erfolgreich beangeln, indem man ihn mit gezielten Würfen vom Ufer oder vom Boot abfischt. Genaues Werfen ist dafür aber eine Grundvoraussetzung.

ten sich in deren Nähe auch mit großer Wahrscheinlichkeit Hechte aufhalten. Sicher spielt dabei auch immer die jeweilige Jahreszeit eine wichtige Rolle.

Wenn die See- und Teichrosen im Herbst verblühen, bilden sich allmählich weitere Zwischenräume im Pflanzenfeld. Dann halten sich sehr viele Hechte zwischen den absterbenden Pflanzen auf. Sind dann im Dezember alle Pflanzen abgestorben, ziehen sich die Hechte weitgehend wieder zurück und suchen sich andere Einstände, beispielsweise unter überhängenden Ästen oder Sträuchern. Sie darunter hervorzulocken, ist ein schwieriges Stück Arbeit. Aber wir angeln jetzt vom verankerten Boot auf dem See. Befinden wir uns zu zweit auf dem Boot, dann nimmt sich jeder eine Seite des Angelplatzes vor. Die Vorgehensweise ist ganz ähnlich wie oben beschrieben. Auch vom Boot wird das Wasser fächerförmig abgefischt. In diesem Fall sind es aber nicht 180 Grad wie vom Ufer, sondern 360 Grad, weil wir rund um das Boot herum werfen. Beim Einholen beschleunige ich wiederum etwas, nachdem der Kunstköder die Hälfte der Strecke im normalen Tempo zurückgelegt hat, um so etwas Zeit zu sparen.

Wie überall wird man auch hier immer wieder Hechte verlieren. Der Vorteil an den flachen Seen ist aber, dass die Hechte dort sehr standorttreu sind. Wenn man auf einem großen, tiefen See einen Hecht verliert, wird es sehr schwierig, ihn jemals wiederzufinden. Oft scheinen die Hechte, nachdem sie gehakt waren, große Strecken zurückzulegen, um sich einen neuen Standort zu suchen.

Auf flachen Seen kann man die Plätze der Hechte besser ausrechnen, oft kann man die Fische sogar sehen, oder sie geben sich unmissverständlich zu erkennen. Schiebt sich eine Bugwelle hinter dem Kunstköder her, darf man sicher davon ausgehen, dass die Ursache ein Hecht ist, auch wenn man keinen direkten Kontakt mit ihm hatte. Mit einem weiteren genauen Wurf kann man diesen Fisch noch einmal mit einem Kunstköder provozieren, was nicht selten auch zum gewünschten Resultat führt.

Geht mir ein Hecht verloren, den ich schon deutlich am Köder gefühlt habe, dann warte ich erst einmal einige Zeit, damit er wieder zur Ruhe kommt. Zehn Minuten reichen meistens aus. Dann versuche ich es noch einmal, aber mit einem vollkommen anderen Köder als beim ersten Mal. Meistens führt das zum Erfolg.

Auf Gewässern wie den Moorseen zu schleppen, hat wenig Sinn. Die flachen Gewässerbereiche, die Stellen mit Pflanzenbewuchs und Geäst lassen sich nicht systematisch mit dem Boot abfahren, deshalb werden die Plätze besser gründlich abgeworfen.

Auf den kleinen Kanälen zwischen den Moorseen ist das wiederum anders. Man könnte da zwar auch driften und werfen, aber das Schleppangeln funktioniert noch besser. An guten Stellen sollte man aber auch einen Stopp einlegen. An Brücken, Buchten, bei kreuzenden Gewässerläufen, also überall, wo die Geradlinigkeit des Kanals unterbrochen ist, wird noch einmal intensiver geangelt. Auf einem gerade verlaufenden Kanal mit gleich-

Im Dunkeln mit Kunstköder zu angeln, ist keine leichte Übung. Man muss immer einen Blick auf den Uferverlauf haben. Wie es davor genau aussieht, weiß man natürlich nie ganz genau.

mäßiger Uferböschung kann man ohne weiteres mit vier Ruten schleppen. Ich muss allerdings gestehen, dass mir die geraden Gewässerverläufe nicht sehr zusagen. Die alten Kanäle mit ihrem unregelmäßigen Verlauf und ihren breiten Schilfkanten sind mir wesentlich sympathischer. Allerdings sind sie auch etwas schwieriger zu beangeln.

Weil in diesen Gewässern wenig Bootsverkehr herrscht, entstehen dort ganz natürliche Hindernisse. Wasserhühner bauen sich selbst im Herbst und Winter ihre Nachtlager aus Gräsern und Halmen. Auch der Wind sorgt dafür, dass sich vertrocknete Schilfhalme an den Kanten entlang verteilen. Gerade in diesen Kanälen kommt es aber darauf an, den Köder dicht an den Kanten anzubieten. Es hängt also sehr viel von der Köderpräsentation ab.

Beim Schleppen läuft der Kunstköder immer tiefer, als wenn er geworfen wird. Unsere Verbindungskanäle sind aber selten tief. Meistens sind sie noch nicht einmal einen Meter tief. Deshalb kommen nur Kunstköder in Frage, die sehr flach laufen. Außerdem müssen sie sehr dicht beim Boot geführt werden. Das bedeutet, etwa fünf Meter hinter dem Boot, manchmal sogar noch weniger. Auf diese Weise vermeidet man hinderlichen Bodenkontakt, es hat aber noch einen Vorteil, und der kann darüber entscheiden, ob man Hechte fängt oder nicht.

Bei der kurzen Entfernung lässt sich der Köder nämlich leicht an Hindernissen entlang oder unter ihnen hindurch führen, ohne dass er ständig hängenbleibt oder Kraut einsammelt. Bei dieser Art des Schleppens versucht man also, den Kunstköder mit der Rute an kurzer Schnur möglichst an die Standplätze der Hechte zu dirigieren. Wie man das am geschicktesten macht, muss man sich in einigen Versuchen selber erarbeiten. Wenn Sie aber erst einmal den Bogen raus haben, können Sie auf diese Weise eine Menge Hechte fangen.

Sicher lassen sich auch Hechte in der Mitte dieser Kanäle fangen. Deshalb kann der Beifahrer auch mit zwei Ruten angeln. Die zweite Rute wird auch mit einem flach laufenden Kunstköder versehen. Die beste Wahl wäre ohne Frage wiederum ein Wobbler. Der Köder wird mit einer leicht nach oben gerichteten Rute etwa zehn Meter hinter dem Boot geschleppt.

Der Köder an der zweiten Rute wird dicht hinter dem Boot gehalten. An dieser Rute können verschiedene Kunstköder angeboten werden. Beispielsweise auch ein sinkender Rassel-Wobbler. Natürlich muss dieser Köder sehr genau und sehr aktiv angeboten werden, genau genommen muss er gejerkt werden. Bemerken Sie nicht mehr, wie er lärmt, dann hängt er sicher voll Kraut. Der Köder muss also regelmäßig kontrolliert werden.

Auf großem See

Wer sich von den kleinen, überschaubaren Gewässern erstmals zum Hechtangeln auf einen großen See begibt, wird zwangsläufig zu der Einsicht gelangen, dass es dort recht schwierig sein kann, zum Fangerfolg zu kommen. Regelmäßigen Erfolg haben dort nur die wenigsten. Wo man die Hechte zu suchen hat, ändert sich von einem Gewässer zum nächsten.

In den natürlichen Seen ist die Situation vollkommen anders als in künstlichen Seen wie Baggerseen, die beim Sand- oder Kiesabbau entstanden sind. Wiederum kann mit

Alles im Boot

So wird richtig geworfen. Der Kunstköder hängt vor dem Wurf dicht unter der Rutenspitze. Das ist ganz entscheidend, wenn man mit einer Multirolle angelt. Hängt zu viel Schnur von der Rute, dann setzt der Köder die Multirolle beim Wurf zu spät in Bewegung. Mit großer Wahrscheinlichkeit führt das zu einer Schnur-Perücke.

verschiedenen Methoden geangelt werden. Wir können vom driftenden Boot angeln oder schleppen, wir können von einem verankerten Boot werfen oder backtrollen. Es gibt reichlich Möglichkeiten.

Fangen wir mit dem Werfen an. Dabei machen viele Angler immer wieder denselben Fehler. Sie werfen nämlich vom driftenden Boot stets geradeaus vor das Boot. Das ist allerdings keine sehr geschickte Taktik. Wenn Sie beispielsweise 30 Meter weit werfen und den Köder einholen, driftet das Boot während des Einholens nur wenige Meter voran. Werfen Sie anschließend wieder in dieselbe Richtung vor das Boot, dann führen Sie den Köder genau dort, wo Sie ihn vorher schon geführt haben. Es sind nur ein paar Meter neue Strecke hinzugekommen. Das wiederholt sich die ganze Drift über, und Sie haben jedes Mal nur geringe Fangchancen, weil Sie den Köder an einer gerade schon befischten Strecke führen.

Das kann man besser machen. Werfen Sie also nicht gerade vor das Boot, sondern schräg zur Seite. Während Sie den Köder einholen, driftet das Boot langsam einige Meter voran. Danach werfen Sie wieder im selben Winkel wie zuvor und holen den Köder parallel zu der vorherigen Bahn wieder ein. Der Köder läuft immer um ein paar Meter versetzt auf einer neuen Bahn. Ihr Bootskollege macht dasselbe in entgegengesetzte Richtung, und so wird eine Strecke von zig Meter Breite systematisch abgefischt. Und die Begegnung mit einem Hecht wird dann nicht lange auf sich warten lassen.

Ab jetzt wird also beim Driften immer seitlich geworfen. Beachten Sie dabei aber immer, wie schnell das Boot driftet. Bewegt es sich während eines Wurfes um mehr als sechs Meter voran, dann sollten die Würfe weiter in Driftrichtung liegen. Verläuft die Drift sehr langsam, mit etwa drei Meter pro Wurf, dann sollten die Würfe in einem größeren Winkel von der Driftrichtung abweichen. So sorgt man immer dafür, dass mit jedem Wurf möglichst neue Strecken mit dem Kunstköder beangelt werden.

Gegen den Wind

An Unterwasser-Plateaus stehen meistens große Hechte. Und auch an den Kanten vom flachen zum tiefen Wasser hausen immer ein paar Kapitale. Unser Erfolg hängt aber an solchen Stellen immer mit von der Windrichtung ab. Wenn wir Glück haben, treibt uns der Wind genau in die richtige Richtung am Verlauf einer Kante entlang. Dann können wir die besten Stellen sehr genau und gründlich abfischen.

Ein Kantenverlauf ist aber nie gleichmäßig, deshalb müssen wir immer mit plötzlichen starken Veränderungen der Bodenstruktur rechnen. Von den beiden Anglern im Boot verlangt das eine gute Abstimmung ihres Verhaltens. Werfen Sie zur einen Seite, könnte das Wasser dort nur wenige Meter tief sein. Wirft Ihr Kollege zur anderen Seite, könnte er dort über mehrere Meter tiefem Wasser fischen.

Darauf kann man sich natürlich einstellen, indem man auf der flachen Seite mit einem flach laufenden und auf der tiefen mit einem tief tauchenden Kunstköder angelt. Meistens kriegt man auf diese Weise recht bald heraus, wo sich die Hechte aufhalten. Und dann wird das Boot so positioniert, dass beide Angler davon profitieren. Im Idealfall hilft einem der Wind, wie gesagt. Zeigt sich der Wind eher hinderlich, dann müssen wir selbst dem Boot die richtige Richtung geben. Meistens fahre ich dann im Rückwärtsgang. Dabei lasse ich das Boot vom Elektromotor ziehen. Ich halte das Boot im tieferen Wasser und werfe in das flachere Wasser.

Nahezu alle Kunstköder lassen sich besser anbieten, wenn man sie vom flachen ins tiefere Wasser führt. Ein Wobbler, der ohnehin beim Einholen schräg abtaucht, folgt so dem Gefälle des Gewässerbodens und bleibt lange in der Reichweite lauernder Hechte.

Wir bieten den Hechten aber nacheinander verschiedene Kunstködern an, um herauszufinden, welche Köder gerade am besten gehen. Zunächst vielleicht ein Jerkbait, danach könnte man es mit einem Gummifisch probieren, ein Rassel-Wobbler, anschließend ein Blinker, es gibt verschiedene Möglichkeiten.

Auf diese Weise werden nicht nur große Flächen abgefischt, sondern auch Buchten, Einläufe oder kleinere Bereiche zwischen Inseln oder Felsen. Kleinere Buchten beangeln wir wiederum mit Hilfe eines Elektromotors. Weht allerdings ein heftiger Wind, dann hat es keinen Sinn mit dem Motor. Das Boot wird nun besser verankert.

Ich habe häufiger festgestellt, dass in einer einzigen Bucht zahlreiche Hechte stehen. In jeder Bucht sollte man aber zunächst nach einer wirklich guten Stelle Ausschau halten, wo sich Schilfkanten, Wasserpflanzen und Steine zu interessanten Standorten für den Hecht ergänzen.

Gerade wenn der Wind in die Bucht weht und dabei Wasserpflanzen wie das Laichkraut unter Wasser drückt, haben wir günstige Umstände, um den Hechten verschiedene Kunstköder vorzusetzen. Natürlich nimmt man jetzt keine tief tauchenden Wobbler, dies ist die Situation für hoch schwimmende Wobbler, Jerkbaits und Bucktail-Spinner. Selbst in sehr kabbeligem Wasser können Oberflächen-Wobbler noch extrem fängig sein.

Das Boot muss aber sicher verankert sein, nach Möglichkeit an einer kurzen, kräftigen Ankerleine. Das Boot sollte dabei aus der Windrichtung gesehen vor der Bucht liegen, so dass man mit dem Wind werfen kann. Die Bucht wird sehr gründlich abgeworfen. Wenn das innerhalb der Wurfweite geschehen ist, wird der Anker gelichtet und die nächste Stelle innerhalb der Bucht angefahren. Diese Vorgehensweise mit einem wiederholten Verlegen

Wer sein Handwerk beherrscht, wird noch bis zum letzten Tageslicht Fische fangen.

des Standortes ist sehr viel einfacher und ergiebiger, als wenn man mit dem Elektromotor durch die Bucht fährt. Dabei kämpft man nämlich immer mehr gegen Wind und Wellen, als dass man kontrolliert angelt.

Gelegentlich haben wir auch einmal Glück mit dem Wetter. Dann ist es wiederum besser, mit dem Elektromotor zu arbeiten, allerdings sollte man dessen Einsatz möglichst niedrig halten. Ab und zu einmal ein kleiner Schub vor oder zurück, muss ausreichen, um den Kurs zu halten. Vor allem geschützte Buchten kann man auf diese Weise sehr gut beangeln. Neben den Uferstrukturen gilt es aber auch die Bodenstrukturen weiter im Gewässer zu beachten. Besonders in den Sommermonaten halten sich viele Hechte im offenen Wasser auf. Glauben Sie aber nicht, dass die Hechte dann immer nur im tiefen Wasser stehen. So ist es nämlich keineswegs. Interessante Standorte findet man an Unterwasser-Bergen, bei Gestein, das von tiefem Wasser umgeben ist oder im Bereich von Wasserpflanzen, die sich vom tieferen Boden ins Wasser erstrecken. Laichkraut kann, wie ich schon erwähnt habe, aus über sechs Meter Wassertiefe an die Oberfläche wachsen und einen Unterwasser-Dschungel ausbilden, in dem sich viele Fische verbergen können. Diese Stellen kann man auf sehr unterschiedliche Weise beangeln. Bei Formationen, die sich über eine größere Fläche erstrecken, egal ob Pflanzenbewuchs oder Bodenveränderungen, sollten Sie erst einmal den Verlauf dieser Struktur erkunden. Auffällige Hindernisse, die für den Bootsverkehr gefährlich werden könnten, sind gewöhnlich in Karten vermerkt. Sind Sie bei der Erkennung aber auf Ihr Echolot angewiesen, dann muss das Gebiet erst einmal gründlich abgefahren werden.

Erst wenn Sie eine klare Vorstellung von der Unterwasser-Struktur haben, sollten Sie zur Angelrute greifen. Damit meine ich nicht nur den festen Untergrund, sondern auch den Pflanzenwuchs. Dabei kann man sich übrigens nicht lange auf die Pflanzen verlassen. Wo im einen Jahr ein breites Feld wuchs, steht im nächsten Jahr manchmal kaum ein Stengel. Genauso gut kann plötzlich ein Laichkraut-Wald wuchern, wo im Vorjahr nur ein paar Blätter wedelten.

Wenn Sie ein Pflanzenfeld ausgemacht haben, überlegen Sie sich eine Strategie, um es zu beangeln. Können Sie es mit einer Drift abfischen, oder müssen Sie mehrfach darüber hinweg driften? Vielleicht wollen Sie die Stelle in den nächsten Tagen wieder aufsuchen. Ist sie leicht wieder zu finden, gibt es damit keine Probleme. Sind die Pflanzen an der Oberfläche kaum oder gar nicht zu erkennen, hilft es, die Stelle mit einer Boje zu markieren.

Über ein größeres Pflanzenfeld driften Sie mehrmals in Abständen von mehreren Metern hinweg. Die Boje dient dabei als Orientierungsmarke. Lassen Sie das Boot auch noch einige Meter über das Feld hinaus driften. Sie werden sich wundern, in welch einer Entfernung zu den Pflanzen sich die Hechte teilweise aufhalten.

Verfügen Sie über einen GPS-Empfänger, dann sollten Sie die Koordinaten eines erfolgversprechenden Platzes natürlich eingeben. Manchmal kann es nämlich verdammt schwierig sein, ein Pflanzenbeet auf einer weiten Wasserfläche wiederzufinden. Vor allem wenn man ein Gewässer nicht regelmäßig befährt, kann man sich sehr schwer tun bei der Suche nach einer bestimmten Fangstelle.

Interessante Bodenstrukturen, bei denen man mit Hechten rechnen muss, findet man in nahezu jedem natürlichen oder künstlichen Gewässer. Besonders in den unberührten natürlichen Gewässern wie in Schweden, Irland oder Kanada gibt es immer wieder klassische Formationen, Bodenerhebungen,

Alles im Boot

Das war Nummer 40. Wenn man große Stückzahlen fangen kann wie im schwedischen Schärengarten, dann sollten alle Geräte immer griffbereit liegen. Aus der Kunstköder-Sammlung wird eine kleine Auswahl getroffen, und im Boot sollte man ungestört hantieren können.

Stellen, die von tieferem Wasser umgeben sind. Oftmals sind diese Stellen aber auf keiner Karte verzeichnet. Das hängt mit den Schwankungen des Wasserstandes zusammen.

Im schwedischen Schärengarten ist der Wasserstand recht konstant. Er schwankt vielleicht einmal um einen halben Meter nach oben oder nach unten, aber größere Unterschiede gibt es eigentlich kaum. Dort auffällige Bodenveränderungen zu verzeichnen, ist für einen Kartographen kein Problem.

Schauen wir uns dagegen einmal die Situation am irischen Lough Ree an, dann erkennen wir, wo die Probleme liegen. Auf der Gewässerkarte ist zwar eine Fahrrinne verzeichnet, aber ansonsten bietet die Karte wenig Informationen, nicht fürs Hechtangeln, aber auch sonst nicht. Wieso das so ist, verstehen Sie, wenn Sie häufiger auf dem Lough Ree oder auf anderen irischen Seen angeln waren. Eine Bodenstruktur, die heute drei Meter unter dem Wasserspiegel liegt, kann in einem Monat trocken liegen oder aber in fünf Meter Wassertiefe. Vor allem ein See wie der Lough Mask, der nur von einem Fluss gespeist wird, kann erhebliche Wasserschwankungen erleben.

Auf den irischen Seen muss man sich das Unterwasser-Gelände selber erarbeiten. Die groben Züge eines Gewässers kann man der Karte entnehmen, alles weitere muss man mit dem Echolot erkunden. Oft erweist es sich dabei, dass man die Hechte vor allem an den höheren, mit Pflanzen bewachsenen Stellen erwarten darf. Manchmal verzeichnet man aber auch über weitgehend ebenem Grund gute Fänge.

Vor allem der Lough Ree und der Lough Derg haben einige großartige Plätze dieser Art zu bieten. Zusammen mit Paul Korver, besser bekannt als Pako, habe ich in den 90er Jahren solch eine Stelle beangelt. Eine regelrechte Ebene, einige hundert Meter breit und vor einer Insel gelegen. Die Insel erwies sich als ein militärisches Übungsgelände, bei dem nicht geangelt werden durfte. Das hat uns aber zunächst wenig gestört, zumal wir dort ausgezeichnet gefangen haben. Erst als auf der Insel das Feuer eröffnet wurde, haben wir uns doch lieber nach einem anderen Platz umgesehen.

Die Stelle am Übungsgelände wurde wohl nie beangelt, deshalb fingen wir dort so gut. Aber auf dem Lough Derg und dem Lough Ree gibt es noch viele andere solcher Stellen, an denen nicht geschossen wird. Jede Bucht verdient dort eine genauere Betrachtung. Auch wenn sie von weitem nicht so interessant aussieht, sie könnte es in sich haben. Manchmal stellt man dann überrascht fest, dass man sich über überschwemmtem Grasland befindet. So etwas kommt dort tatsächlich vor. Und dann sollte man schleunigst zum Kunstköder greifen und die Hechte aus dem Grasland locken.

An den Stellen weiter im Gewässer stellt sich aber wiederum die Frage, wie man sie am effektivsten beangeln soll. Wiederum hängt viel vom Wind ab, und über dem offenen Wasser weht fast immer Wind. Ist der Wind zu stark für eine kontrollierte Drift, dann wird das Boot verankert. Vor einem Plateau wird das Boot so verankert, dass man den Wind im Rücken hat und der Anker im tieferen Wasser vor dem Plateau liegt. Der Anker kann beispielsweise durchaus im zehn Meter tiefen Wasser liegen. Von dort aus lassen Sie das Boot am Ankerseil noch ein Stück treiben, bis es sich etwa über sechs Meter tiefem Wasser befindet. Von dort aus wird der Platz systematisch abgeworfen.

Kann der gesamte Bereich von dieser Stelle aus abgeworfen werden, dann muss das Boot natürlich nicht verlegt werden. Ist die Bodenformation größer, dann wird der Anker gelichtet, und man lässt das Boot über den bereits abgefischten Bereich hinwegtreiben. Dann wirft man den Anker erneut und beangelt die folgende Strecke.

Hat man es mit einer sehr weitläufigen Formation zu tun, dann ist es wiederum hilfreich, eine Boje zu platzieren, wo man angefangen hat, den Gewässerbereich zu beangeln. So hat man immer einen Orientierungspunkt, wenn man den nächsten Platz zum Ankern anfährt.

Wohin mit dem Kunstköder?

Wenn man vom Boot auf Hecht angelt, ist es natürlich ein großer Unterschied, ob man den Köder auf dem offenen Wasser auswirft oder im Randbereich eines Gewässers oder an Hindernissen. Auf dem offenen Wasser, wo wir keinen bestimmten Standplatz genau anwerfen, aber mit zahlreichen Fischen rechnen dürfen, können wir den Köder über weite Strecken werfen. Besonders vom verankerten Boot ist das die beste Methode, um eine möglichst große Wasserfläche abzudecken. Allerdings ist dabei zu bedenken, dass weite Würfe oft zu einer ungenauen Köderpräsentation führen und man dann einen bestimmten Gewässerbereich nicht sehr gründlich beangelt.

Wenn man driftet, führt einen das Boot ganz automatisch über einen Fangplatz hinweg. Man tut sich dabei keinen Gefallen, will man während der Drift auch noch möglichst weite Würfe machen. Man kann den Köder viel genauer präsentieren, wenn man kürzere Würfe macht und sich etwa ein Viertel der möglichen Wurfweite erspart. So wirft man zwar häufiger, aber jeder einzelne Wurf ist genauer und wird unter besserer Kontrolle eingeholt.

Eine andere Situation herrscht vor einer Schilfkante oder an einem Pflanzenfeld, das an tieferes Wasser grenzt. Solche Stellen sind mir persönlich übrigens am liebsten. Unter günstigen Umständen kann man an solchen Stellen driften. Ist das nicht möglich, dann fährt man dort am besten mit einem Elektromotor. Es empfiehlt sich übrigens immer, mit den besten Plätzen anzufangen.

Unbedingte Beachtung verdienen auch immer Stellen, an denen ein paar Felsen aus dem Wasser schauen. Aber selbst einige große Steine unter Wasser sind immer einen Versuch wert. Mit nur wenigen Würfen kann man dort feststellen, ob Hechte am Platz sind. Kleine begrünte Inseln mit Schilf- oder Krautkanten sollte man auch niemals unbeangelt links liegen lassen.

Gewöhnlich erfordern solche Stellen den Einsatz eines Elektomotors. Driftend erreicht man im Uferbereich meistens nur einige wenige Stellen, die meisten entgehen einem aber. Selbst an die erreichbaren Stellen kommt man nicht so gut heran, wenn man das Boot einfach driften lässt, als wenn man sich gezielt mit dem Motor dahin manövriert.

Mit dem Motor fahren Sie langsam an den Schilfkanten entlang, und Sie passieren die unbewachsene Uferzonen. Sie ahnen, wo die Hecht stehen. Aber nun tauchen einige Fragen auf. Wie weit soll man werfen? Wie tief ist das Wasser unter dem Boot? Ist das Wasser insgesamt nicht so tief, dann hat man auf jedem einzelnen Meter eine gute Fangchance. Ist das Wasser unter dem Boot aber sehr tief, dann schwimmt der Köder streckenweise durch weniger interessantes Wasser. Dann kann man zwei Dinge tun:

Entweder Sie fahren dichter an die Kante heranfahren, um mit kürzeren Würfen zu angeln, oder Sie führen den Köder schneller, wenn er ins tiefere Wasser kommt.

Wenn man in der Nähe erkennbarer Bodenstrukturen angelt, muss man dem Hecht etwas Zeit lassen, sich zum Angriff auf den Kunstköder zu entschließen. Im glasklaren Wasser des Schärengartens habe ich häufiger beobachtet, wie ein Hecht den Kunstköder zunächst im Abstand von mehreren Metern verfolgte. Der Abstand blieb über ein ganze Strecke unverändert, der Hecht beschleunigte erst, als die vermeintliche Beute in die Nähe des tieferen Wassers kam, wo sie zu entkommen drohte. In diesem Moment erfolgte oft die Attacke auf den Köder.

Daraus habe ich gelernt, dass man den Hecht oft aus seiner Deckung locken muss. Außerdem muss man dem Räuber Zeit geben, seinen Angriff mit einer gewissen Vorbereitungsphase durchzuführen. Die Kunst besteht also darin, den Kunstköder möglichst lange dort im Wasser zu halten, wo der Hecht günstige Angriffsmöglichkeiten hat.

Entschließt sich ein Hecht bei der Verfolgung nicht zum Angriff, ist er noch lange nicht verloren. Bei der nächsten Drift präsentiert man ihm den Köder noch einmal, dann aber in einem etwas anderen Winkel zu seinem Standort, so dass der Köder eher schräg vor ihm entlang läuft. Solange man Sicht auf den Gewässerboden hat, sollte man den Köder dabei immer hoch führen. Denn der Hecht greift seine Beute bevorzugt von unten an. Eigentlich völlig logisch, denn ein Hecht kann nicht nach unten gucken. Erst wenn der Boden nicht mehr in Sicht ist, lassen Sie den Kunstköder tiefer sacken. Kommt er dann in sehr tiefes Wasser, holen Sie ihn am besten mit erhöhtem Tempo ein.

Schleppangeln ist nicht ganz so einfach, wie es aussieht. Als Anfänger sollte man sich zunächst auf eine Rute beschränken. Mit mehr Erfahrung kommt dann die zweite Rute hinzu.

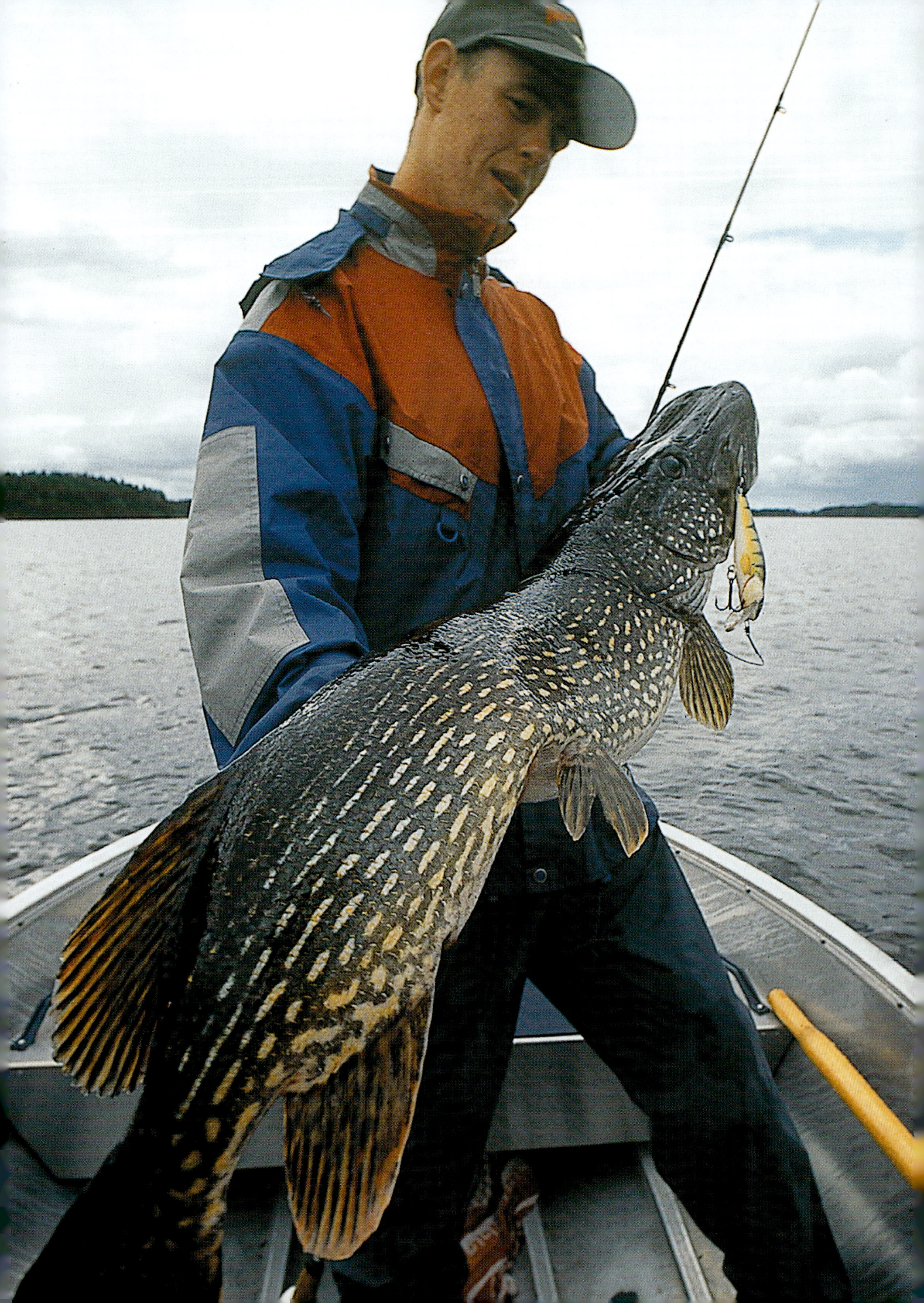

Hechte in Europa

Hechte leben in fast allen europäischen Ländern. Aber in einigen Ländern wachsen die Hechte einfach besser ab als in anderen. Warmes Wasser und damit also auch warme Länder gehören nicht zur beliebtesten Heimat der Hechte. Im gemäßigten Klima von Ländern wie den Niederlanden, England und Irland wächst er dagegen ausgesprochen schnell. Hier, aber auch in Deutschland und Österreich, darf man die größten Hechte erwarten. In diesen Ländern ist ein Hecht von 1,20 Meter nicht so außergewöhnlich. Um etwas Besonderes zu sein, muss er noch einmal zehn Zentimeter drauflegen. In Süddeutschland und Österreich werden immer wieder auch Hechte mit Längen um 1,40 Meter gefangen.

Der Niederländer Jan Eggers hat es sich zur Aufgabe gemacht, alle Informationen über große Hechte zusammenzutragen. Auf seiner Liste stehen einige Monster, die über jeden Zweifel erhaben sind. Vor allem einige Fische, die tot gefunden oder nach dem Fang getötet wurden, konnten genau gewogen und vermessen werden. Darunter beispielsweise ein Hecht von 61 Pfund, der zwar unter sonderbaren Umständen in einem Teich gefangen wurde, aber dennoch: Das Gewicht ist sicher. Im österreichischen Langsee wurde ein Hecht von 58 Pfund tot aufgefunden. Berühmt-berüchtigt ist der Fang von Jörg Nötzli, ein Hecht von 56 Pfund und 320 Gramm. Von dem Fänger ist bekannt, dass er Fische von einem Berufsfischer gekauft hat, um sie in einem kleinen Teich auszusetzen und dort mit der Angel zu fangen.

Ein ähnlich großer Hecht wurde wiederum tot gefunden. Der Fisch war 1,52 Meter lang und stammte ebenfalls aus einem See im Österreich. Er brachte stolze 55 Pfund auf die Waage. Danach folgt ein 1,51 Meter langer Hecht aus dem Günzstausee, auch er wurde tot aufgefunden. Der nächste Kapitale auf Jans Liste ist ein Hecht aus dem dänischen Grarup Sjö, endlich ein Kapitaler, der noch lebte. Allerdings hat der Fänger namens Damkaiser diesen Fisch mit einem sogenannten Treiber gefangen, einem Holzklotz, an dem mit Schnur und Haken ein Köderfisch befestigt ist. Der Hecht war 1,50 Meter lang und wog 53 Pfund. Ein trauriges Kapitel dieses Fanges ist, dass der Hecht anschließend gekocht und an Hühner verfüttert wurde. Auf jeden Fall geht aus Jans Material aber deutlich hervor, dass wir in den genannten Ländern gute Aussichten haben, wirklich gewaltige Hechte zu fangen.

In vielen Seen Südschwedens werden zahlreiche große Hechte gefangen. Der Angeldruck ist dort sehr gering und der Hechtbestand ausgesprochen gut.

Auch kältere Regionen scheinen dem Hecht durchaus erträglich. In Südnorwegen, in ganz Schweden und Finnland kann man ausgezeichnet auf Hecht angeln. Natürlich sollte man auch Dänemark mit einigen guten Hechtgewässern dabei nicht außer Acht lassen.

Außerhalb Europas kommt der Hecht in Russland vor. Und wir treffen ihn auch in Nordamerika und Kanada an. Vor allem Kanada wird immer mehr als ein lohnendes Ziel für Hechtangler entdeckt. Aber bei Kanada denkt man natürlich unweigerlich an den großen Verwandten unseres Hechtes, an den Muskie.

Besondere Hechte

Meine eigenen Erfahrungen reichen noch nicht aus, um von eigenen Hechtfängen aus all den genannten Ländern berichten zu können. Allerdings habe ich auch in Rußland schon ein paar außergewöhnliche Hechtfänge erlebt. Dabei war ich dort eigentlich zum Lachsangeln. Ich war zu einer Zeit dort, als der Lachsfluss über seine Ufer trat und dadurch vorübergehend zur Ausbildung einer Seenlandschaft in seiner Umgebung führte. Teilweise waren das mehr Pfützen als Seen. Aber ich konnte nicht widerstehen und warf auch dort meine Angel aus. Zu meiner größten Überraschung fing ich in diesen Gewässern Hechte. Damit hatte ich beim besten Willen nicht gerechnet, eigentlich hatte ich eher auf eine verirrte Forelle spekuliert. In den Tümpeln war es um die Hechte schlecht bestellt, sie hatten nur ein paar kleine Frösche als Nahrungsquelle. Mein Lachsblinker muss für sie eine echte Attraktion gewesen sein.

Nach Kanada bin ich geflogen, um dort Muskies zu fangen. Das ist eine ganz eigene Geschichte, die mehr von Hechten als von Muskies handelt. Zwar habe ich auch Muskies gefangen, aber es war äußerst mühsam. Deshalb ist dieses Kapitel für mich noch nicht abgeschlossen.

Dann gibt es noch den wunderschön gezeichneten Amurhecht. Ein Fisch, der immer größer wird, je mehr Informationen man über ihn bekommt, sogar noch größer, als bislang von Biologen vermutet. Meine polnischen Freunde Piotr Piskorski und Radoslaw Zaworski wissen glaubhaft von Fischen zu berichten, die über 30 Pfund wogen. Jeder echte Hechtangler träumt davon, einmal einen solchen Fisch fangen zu dürfen.

Hecht-Suche in Clare

Die meisten Hechte habe ich natürlich immer noch zu Hause gefangen. Gleich danach kommt aber Irland. Auch dort sind mir zahlreiche starke Hechte an den Haken gegangen. In den letzten Jahren habe ich auch immer bessere Erfahrungen in Schweden gemacht. In Schweden liegen sicher noch so einige Hecht-Schätze verborgen. Die zahlreichen, oft kaum befischten Seen im Süden des Landes beherbergen viele große Hechte. Und noch in einige andere Ländern kann man zu abenteuerlichen Fangreisen zum Hecht aufbrechen.

Hechte in Europa

Hunderte solcher Hechte werden in Irland Jahr für Jahr aus den Seen entfernt. Ein großartiger Hechtbestand wird so beseitigt, - und damit auch der Hecht-Tourismus auf der Insel. Dieser Hecht wog 37 Pfund. Bertus Rozemeijer fing den Fisch mit tatkräftiger Unterstützung von Henk Rusman, der das Boot während des Drills geschickt gelenkt hat. Obwohl schwerer Seegang und Hagel die Fahrt erschwerten und der Hecht sich unter einem Stein festsetzte, konnte Henk das Boot noch so sicher lenken, dass der Kapitale schließlich doch an Bord ging.

Aber ist das überhaupt sinnvoll, in halb Europa nach dem besten Hechtgewässer Ausschau zu halten, um dort dann wieder die besten Stellen zu suchen, an denen man Hechte fangen kann? Das kann sehr zeitaufwendig werden. Aber irgendwann spart man dann auch sehr viel Zeit. Und wenn man an einem wirklich guten Gewässer auf Hecht angelt, braucht man sich zumindest keine Sorgen zu machen, dass es vollkommen danebengeht.

Auf der Suche nach den besten Hechtgewässern starten wir in Irland, einem Land, das schon lange in dem Ruf steht, immer wieder starker Hechte hervorzubringen. Was ist es, das Irland für Hechtangler von anderen Ländern unterscheidet? Auf diese Frage gibt es eine kurze Antwort. In Irland herrscht wahrscheinlich das beste „Hecht-Klima" auf der Welt. Das Wetter ist dort selten sehr warm, aber ebenso selten richtig kalt. Im Sommer werden gelegentlich auch Temperaturen über 30 Grad gemessen, aber das ist selten und hält nie lange an. Der irische Winter hat noch keinem Schlittschuhfahrer Freude bereitet. Die Seen frieren selten zu. Bei den wirklich großen Seen, über die Irland reichlich verfügt, ist das niemals der Fall. Die Gewässer in Irland weisen damit über das Jahr gesehen vergleichsweise geringe Temperaturschwankungen auf. Anders als die meisten Seen in Europa bilden viele Seen in Irland auch keine Sprungschicht aus. Diese insgesamt stabilen Verhältnisse der irischen Seen sorgen in allen Jahreszeiten für ein sehr schnelles Wachstum der Hechte. Das führt auf der anderen Seite aber dazu, dass die Hechte nicht sonderlich alt werden. Mit einem Lebensalter von 12 Jahren gehört ein Hecht in Irland schon zu den ältesten seiner Art. Dieses schnelle Wachstum und Altern kommt dem Angler zu Gute.

Ein kontinuierliches, schnelles Abwachsen der Hechte sichert dauerhaft einen Hechtbestand von hoher Qualität, bei dem jeder gefangene Fisch schnell von kräftigem Nachwuchs ersetzt wird.

Außerdem ist Irland ein schönes Land, das sagen zumindest die Iren. Und es gibt keinen Grund, ihnen da zu widersprechen, nicht nur, weil die Iren ein wunderbares Volk sind. Aber sie sind sich dessen gar nicht bewusst, über welchen Hechtreichtum ihr Land verfügt, und schon gar nicht wissen sie, dass er noch größer sein könnte. Einige Iren sind sich zum Glück doch darüber im klaren und

Die Kunstköder wurden zunächst mit viel zu langen Rute gefischt.

Zwei oder drei starke Fische an einem Tag, das war auf dem Lough Mask eine Zeit lang ganz normal. Damals konnte man dort viel über das Hechtangeln lernen.

kämpfen dagegen an, dass man dem Hecht Unrecht tut.

Vielfach wird der Hecht in Irland nämlich abschätzig als ein Fisch betrachtet, der nur darauf aus ist, alles was schwimmt, und vor allem alle Forellen zu fressen. Der Hecht wird deshalb in einigen Gewässern mit allen Mitteln verfolgt. In Irland denkt man, dass die meisten Angler, die auf die Insel kommen, lieber Forellen als Hechte fangen wollen. Meiner Meinung nach ist das ein großer Irrtum, der dazu führt, dass die Hechte teilweise systematisch entfernt werden. Aber ich möchte jetzt nicht den Eindruck erwecken, man sollte besser nicht nach Irland zum Hechtangeln fahren. Irland ist noch immer ein ausgezeichnetes Hecht-Land. Und wie gesagt, die Hechtbestände erholen sich so schnell, dass immer wieder gute Hechtgewässer entstehen.

Doch allein schon die Landschaft, in der die Seen liegen, ist eine Reise wert. Ich denke nur an die Seen von Burren im County Clare. Dort habe ich sehr oft geangelt, und manchmal kommt mir selbst der Verdacht, dass ich da nur hinfahre, weil es dort so schön ist. Seen wie Lough Bunny, Lough Insequin, Atedaun und Dutzende anderer Seen sind immer für ein paar Hechte gut, meistens sind es große, oft auch sehr große Fische.

Größere Seen sind beispielsweise Lough Grany und Lough Cutra. Beide sind etwas moorig, haben teefarbiges Wasser und einen guten Hechtbestand. Auf dem Lough Grany werden Boote für Angler vermietet, für den Lough Cutra muss man sich allerdings irgendwo anders ein Boot organisieren.

Beim Angeln hat mich immer wieder das Licht in den Burren fasziniert. Das Schiefergestein der Berge nimmt mit dem wechselnden Licht ganz unterschiedliche Farben an. Wenn Regen aufzieht, werden sie schwarz, im Licht der auf- oder untergehenden Sonne erscheinen sie rosarot. Scheint die Sonne durch den Dunst des Regens oder auf die feuchte Oberfläche des nackten Gesteins, dann bekommt es auf einmal alle Farben eines Regenbogens. Hier hat Irland etwas Märchenhaftes.

Lough George ist einfach phantastisch gelegen im Dreieck zwischen Corofin, Gort und Crusheen, wo sich noch viele andere Seen befinden. Auf einigen dieser Seen kann man sich Boote leihen, mit denen man alle interessanten Stellen mühelos erreicht. Für andere Seen muss man sich wiederum selber ein Boot mitbringen.

Vor einem Angelurlaub plant man natürlich, wo und wie man fischen will. Wenn ich mich für einige dieser Seen entschieden habe, dann reise ich mit einem leichten Aluminiumboot an, das mir alle Gewässer zugänglich macht.

Das Angeln vom Ufer kann man an den Seen getrost vergessen. Durch die moorigen Ufer gelangt man selten direkt bis ans Wasser, so dass man ungehindert angeln könnte. Das gilt übrigens für nahezu alle Seen Irlands. Sollte es doch einmal gelingen, dass man problemlos an eine Uferstrecke kommt, dann zeigt sich sicher, dass die guten Standorte weiter draußen, außerhalb der Wurfweite liegen.

Wenn Ihnen kein Boot zur Verfügung steht, sollten Sie überlegen, ob Sie es einmal mit einem Bellyboot versuchen. Auf diese Weise habe ich einige Jahre die kleineren Seen beangelt. Das ist eine sehr intensive Methode, aber ich habe dann immer meine Schwierigkeiten, die ganzen Gerätschaften an Bord unterzubringen. Außerdem fehlt mir dabei der direkte Kontakt zu einem Kollegen, der mir beim Hechtangeln immer sehr wichtig ist. Ehrlich gesagt bin ich auch nicht sonderlich geschickt im „Wassertreten". Das führte schon einige Male dazu, dass ich nicht richtig gegen den Wind ankam und dann an unvorhergesehenen Stellen des Gewässers wieder an Land musste. Und dann läuft man da auf der Landstraße mit Schwimmflossen, einen dicken Rei-

Hechte in Europa

Kanada ist ein großartiges Angelland, und das Muskieangeln dort ist gewaltig. Allerdings muss man beim Muskieangeln immer auf der Höhe der neuesten angeltechnischen Entwicklungen sein. Henk Rusman zählt zu den Hechtanglern, die auch den Muskie fest im Griff haben.

fen um den Bauch und eine Angel in der Hand. Alle, die jetzt auch auf der Landstraße unterwegs sind, schauen einen entgeistert an, die Autos werden langsamer, die Fahrer gucken ungläubig. Und man weiß, dass die Iren abends im Pub wieder viel zu Lachen haben.

Die kleinen Seen lassen sich ausgezeichnet mit leichtem Gerät befischen. Dazu brauchen wir eine Spinnrute, mit der kleine Wobbler, Blinker oder auch unbeschwerte Spinner gefischt werden können. Eine Rute mit einem Wurfgewicht von 12 bis 15 Gramm reicht dafür vollkommen aus. Mit den genannten Kunstködern ist man immer ausreichend ausgestattet, um ein paar Hechte zum Boot zu führen. Wundern Sie sich aber nicht, wenn Sie und Ihre Kollegen auf einem solchen See mehr als zehn Hechte pro Person und Tag fangen. Über deren Länge wird es dann auch keinen Grund zur Klage geben. Es kann allerdings sein, dass die Hechte recht schlank sind, denn die glasklaren Seen sind nicht sehr reich an Nahrung. Aber die Hechte dieser Seen verstehen zu kämpfen.

Einige dieser Gewässer wie der Insequin und die anderen Seen, durch die der Fergus fließt, sind eigentlich Forellengewässer, in denen die Hechte beträchtliche Längen und Gewichte erreichen. Ungeachtet der Anstrengungen, den Hecht aus diesen Gewässern zu entfernen, halten sich dort immer noch beachtliche Räuber auf.

Der Lough Atedaun zeichnet sich durch einen sehr dichten Pflanzenbewuchs aus. Vor allem der Bewuchs mit Kamm-Laichkraut macht es dem Angler schwer, auf diesem See zu fischen. In der Mitte des Sees befindet sich eine Senke, die bis acht Meter tief wird. Am Rand dieser Senke habe ich einige außerordentlich große Hechte gefangen. Weil die Fische hier nicht nur sehr groß, sondern auch ausgesprochen stark sind, ist es aber ratsam, nicht so leicht zu fischen. Atedaun ist übrigens ein ausgezeichnetes Gewässer für das Hechtangeln mit Streamer.

Natürlich gibt es noch mehr Angelmöglichkeiten im County Clare als diese Seen. Ein einziger Blick auf eine Karte reicht aus, um einen Eindruck von den zahlreichen Gewässern zu bekommen. Aber für noch mehr Gewässer muss man natürlich auch noch mehr Zeit investieren. Kein Angler ist in der Lage, einen See oder gleich ein System von mehreren Seen während einer Urlaubsreise zu ergründen. Oft ist man mit einem einzigen See vollkommen ausgelastet, wenn man genau wissen will, wie er strukturiert ist und was für Fische er zu bieten hat.

Wenn man einen See, den man genau kennen gelernt hat, nach einem Jahr wieder besucht, werden die Fangergebnisse sprunghaft steigen. Man muss sich nicht erst lange orientieren, man kennt bereits die interessanten Stellen und kann sie zielstrebig anfahren. Mehr Fische pro Zeiteinheit sind das Ergebnis. Wenn Sie ein Gewässer gut kennen, rate ich dazu, besonders auf den kleinen Seen nicht allzu lange und zu oft dieselben

Stellen zu befischen. Nach einigen Tagen passiert es dann nämlich, dass man die ersten Hechte zum zweiten Mal fängt. Das ist dann ein Zeichen, dass man ein anderes Gewässer aufsuchen sollte.

Große Seen in Irland

Ich will nicht gerade behaupten, dass ich den Lough Derg, den gegenwärtig wohl besten Hechtsee in Irland, wie meine Westentasche kenne. Aber auch auf diesem See habe ich schon einige Tage den Hechten nachgestellt. Der Lough Derg ist aber viel zu groß, als dass ein Angelreisender ihn ganz kennen lernen könnte. Ein fantastischer See ist der Lough Ree, ein irisches Hechtgewässer, das ein wenig in Vergessenheit geraten ist. Zu den großen Hechtgewässern Irlands gehört auch der Lough Allen. Er hat außerdem auch einen guten Forellenbestand, was sich wiederum im Format der Hechte niederschlägt. Ich habe bislang nur eine Woche auf dem Lough Allen gefischt, was ich etwas bedauere.

Allen, Ree und Derg werden vom Shannon mit Wasser gespeist. Der Shannon ist ein großartiger Fluss, der ebenso wie die Seen ein ausgezeichnetes Hechtangeln bietet. Auf dem Shannon sollte man am besten schleppend auf Hecht angeln und dabei große Kunstköder verwenden. Einen großen Blinker, Wobbler oder auch einen Bucktail-Spinner an den oft breiten Schilfkanten entlang zu schleppen, ist dort das beste Rezept, um einige Hechte zu fangen.

In seinen Büchern über den Hecht verzeichnet Fred Buller zahlreiche Rekordfische, die aus den Seen am Shannon kommen. Der Lough Derg beispielsweise hat eine lange Reihe kapitaler Hechte hervorgebracht. Es ist sogar die Rede von Fischen mit einem Gewicht über 90 lb, das sind rund 82 Pfund. Ob der See wirklich einmal einen solchen Hecht-Giganten beherbergt hat, bleibt allerdings eine offene Frage. Dass es dort riesige Hechte gibt, belegen aber die bezeugten Fangberichte.

Es gibt verschiedene Möglichkeiten, diese großen Gewässer zu beangeln. Auf dem Shannon werden beispielsweise Kabinenkreuzer vermietet, mit denen man Erholung und Angeln gut kombinieren kann. Diese Kreuzer haben ein Beiboot, mit dem man kleine Buchten ansteuern oder um Inseln herum fischen kann. Es ist inzwischen schon fast 30 Jahre her, da habe ich zum erstenmal mit einem solchen Kreuzer den Lough Derg unsicher gemacht. Ehrlich gesagt waren meine Fangerfolge nicht überwältigend. Ich bin ab und zu mal etwas von der eigentlichen Route abgekommen, ohne Echolot, aber mit Blick auf die Felsen im Wasser habe ich glücklich immer wieder meinen Weg zurück gefunden.

Unvergesslich ist für mich der Tag, an dem wir vom Ufer aus auf einer der Inseln geangelt haben. Das Beiboot war viel zu klein, als dass man von ihm aus fischen konnte. Also war es die einfachste Lösung, Stellen am Ufer aufzusuchen, von denen aus man ordentlich

Das Angeln auf Großhecht in Europa hat einiges gemeinsam mit dem Muskieangeln. Bei beiden muss man die Standorte kennen und dort den richtigen Kunstköder anbieten. Ein großer Stein im Wasser, eine Schilfkante und davor eine Krautinsel, da muss man immer mit einem Räuber rechnen.

Hechte in Europa

Wobbler, die seitliche Kippwegungen vollführen, sind sehr fängig, vor allem die Modelle mit einer kurzen Tauchschaufel.

werfen konnte. Den Kreuzer hatten wir in einiger Entfernung vom Ufer fest verankert und nicht weiter beachtet. Das war ein schwerer Fehler. Wir fischten einmal um die gesamte Insel herum. Unterdessen hatte der Kreuzer den Anker losgerissen und seinen eigenen Kurs eingeschlagen. Er war schon etwa einen Kilometer von der Insel entfernt und trieb in Richtung Killaloe. Wir nahmen mit dem Dinghy, wie das Beiboot auch genannt wird, die Verfolgung auf. Ich sagte wohl schon, dass unser Beiboot nicht sonderlich groß war. Ganz anders die Wellen auf dem Lough Derg. Ich musste gut zwei Stunden aus Leibeskräften rudern, um den Kreuzer zu erreichen. Zugleich musste mein Kollege Willem mit dem Gerätekasten unentwegt Wasser schöpfen, um unsere Nussschale über Wasser zu halten.

Um sich solche Aktionen zu ersparen, sollte man immer auf ein etwas geräumigeres Beiboot achten. Natürlich sollte man den Kreuzer auch stets im Blick behalten. Inzwischen kann man an den genannten Seen ganz gute Boote mieten, mit denen man auch weiter draußen die tiefen Stellen des Gewässers sicher befischen kann. Die Boote sind allerdings selten mit einem Echolot ausgestattet. Die meisten Boote sind auch nicht sonderlich schnell, dafür bieten sie aber genug Platz. Die oft 18 Fuß langen Boote driften perfekt und sind damit wie für das Hechtangeln geschaffen.

Natürlich gehört hinter solch ein Boot ein ordentlicher Motor. Die Entfernungen zwischen den guten Fangplätzen sind auf einem See wie dem Lough Derg viel zu groß, um sie rudernd überbrücken zu können. Überzeugen Sie sich aber vor der Fahrt davon, dass der Außenbordmotor völlig in Ordnung ist. Versuchen Sie nach Möglichkeit, einen Viertakter zu bekommen, damit können Sie nämlich beträchtlich Treibstoffkosten sparen. Schauen Sie nicht neidisch auf andere Angler mit einem größeren Außenborder. Die Boote haben immer eine bestimmte Grundgeschwindigkeit. Liegt diese beispielsweise bei 15 Stundenkilometer und wird mit einem 8 PS-Motor erreicht, hat es wenig Sinn, dieses Boot mit einem 15 PS-Motor anzutreiben. Viel schneller wird das Boot damit nicht laufen. Der Energieverbrauch wird allerdings deutlich höher sein. Die Geschwindigkeit der irischen Boote liegt tatsächlich meistens nicht höher als die genannten 15 km/h.

Wer über ein eigenes Boot verfügt, sollte dieses nach Möglichkeit mitnehmen. Vor allem, wenn Sie für mehr als eine Woche nach Irland fahren, lohnt sich der Aufwand allemal. Zwar verliert man durch die längere Anreise zwei Angeltage, aber der Vorzug, mit dem eigenen Boot und den vertrauten Geräten umgehen zu können, wiegt das schnell wieder auf.

Die schwierige Aufgabe, mit der man auf großen Seen wie dem Lough Derg oder Lough Ree konfrontiert wird, besteht darin, die potentiell guten Stellen zu finden. Das gilt insbesondere für den Lough Derg. Es ist vor allem die Jahreszeit, die bestimmt, wo man den Köder am besten anbietet.

Auf dem Lough Ree habe ich vor allem im Frühjahr in den zahlreichen Buchten viele Hechte gefangen. Das Manövrieren ist auf dem Lough Ree oft keine leichte Übung. Ich habe dort schon erlebt, wie ein Angler an

Viele Hechtangler unterschätzen das Fliegenfischen auf Hecht. Dabei gibt es oft Situationen, in denen diese Methode einfach besser ist als jede andere.

den Felsen im See kurz hintereinander zwei Motorschrauben verschrottet hat. Auf diesem See sollte man also gut aufpassen und am besten vor der Ausfahrt die Karten gründlich studieren. Folgen Sie genau den Bojen und Hinweisen auf dem See. Wenn Sie Ihr Glück außerhalb der angegebenen Routen versuchen wollen, sollten Sie sehr vorsichtig fahren.

In den Buchten geht es manchmal richtig zur Sache. Wenn Sie in einer günstigen Zeit da sind, kann es Ihnen passieren, dass Sie ein paar Dutzend Hechte an einem Tag fangen. Vor allem die Buchten, in die das wärmere Wasser hineindrückt, sind immer sehr ergiebig. Führen Sie den Köder immer dicht an den Schilfstielen des Vorjahres. Diese braungelben, zähen Stengel üben eine starke Anziehungskraft auf Hechte aus. Treiben an denselben Stellen auch noch die ersten Seerosen und Laichkraut aus, dann geht es gar nicht anders: Da müssen Sie Hechte fangen!

Bieten Sie an solchen Stellen einen Wobbler an, etwa die Grandmas, Jakes, Cranes und Salmos Pike 16 oder Perch 12 für flaches Wasser. Ihre Kunstköder müssen nicht riesig sein. Eine Länge von 12 bis 18 Zentimeter reicht vollkommen aus, auch für die größten Hechte.

Im Sommer ändert sich die Situation etwas. Wenn die Wassertemperaturen steigen, ziehen sich viele Hechte in tieferes Wasser zurück. Nun gilt es, den Hecht weiter im offenen Wasser zu finden. Natürlich könnte man immer noch zahlreiche kleine Hechte in den Randbereichen fangen, aber man fährt schließlich nicht nach Irland, um kleine Fische zu fangen.

Im frühen Herbst verändern sich die Verhältnisse wiederum. Die Hechte begeben sich nun in die höher gelegenen Wasserschichten und sind häufig zwischen den dichten Beeten des Laichkrauts zu finden. Gute Stellen sind auch die großen Plateaus, die sich teilweise bis dicht ans Ufer erstrecken. Dort fängt man immer wieder Hechte, die trotz des hohen Angeldrucks auf diesen Seen zu überraschenden Größen heranwachsen. Ob aber jemals wieder solche Giganten gefangen werden, von denen Fred Buller in seinen Büchern berichtet? Das bleibt eine offene Frage. Aber für den Lough Derg und Lough Ree kann man so etwas nie ausschließen. Vielleicht hat plötzlich einmal wieder ein Angler solch einen gigantischen Hecht an der Rute.

Eine ganz eigene Geschichte

Wie oft ich nun schon in Irland gewesen bin, kann ich gar nicht mehr genau sagen, 50 Mal waren es aber sicher. Ich darf also behaupten, dass ich Irland und die Iren schon ein wenig kennen gelernt habe. Während so vieler Reisen lernt man ein Land auch von verschiedenen Seiten kennen. Und ich habe in Irland schließlich auch nicht nur auf Hecht geangelt.

Ich habe dort auch so manches Mal mit der Fliege auf Forellen und gelegentlich auch auf Lachs oder Meerforelle gefischt. Das Fischen mit der Loughstyle-Methode, bei der man mit langen Fliegenruten drei Fliegen gleichzeitig anbietet, kann einem einen schö-

Hechte in Europa

nen Angeltag bescheren. Aber länger als einen Tag ist das nichts für mich. An den Flüssen ist das wiederum eine andere Geschichte. Sich watend an eine Forelle heranzuschleichen und ihr dann eine Fliege, am besten eine Trockenfliege, zu präsentieren, finde ich immer wieder aufregend.

In meinem Anglerleben gab es immer Perioden, in denen ich wieder eine andere Fischart und die Methoden, mit denen man sie fängt, genau kennen lernen wollte. Die Forelle ist ein Fisch, der mich stets aufs Neue fesselt. Natürlich interessieren mich nicht so sehr die kleinen Portionsforellen, sondern die richtigen Brocken, Fische von mindestens 70 Zentimeter Länge, deren Fang eher selten und dann immer ein Erlebnis ist.

Wenn man die Gelegenheit hat, auf große, wilde Forellen zu fischen, dann darf man sich das natürlich nicht entgehen lassen. Deshalb habe ich Ende der 1980er Jahre viel Zeit damit verbracht, den Forellen nachzustellen. Ich musste einfach eine große Bachforelle fangen, und es ist schließlich auch gelungen. Immer wieder schauten meine Freunde und ich uns die Bilder der kapitalen Forellen in den verschiedenen Angelzeitschriften an. Die Fische wurden mit Downriggern gefangen, deshalb fuhren auch wir mit Downriggern hinaus auf den Lough Mask. Ich habe die Felsen auf dem Lough Ree weiter oben schon einmal erwähnt. Aber der Lough Ree hat eine gleichmäßige Ebene im Vergleich mit den Bodenverhältnissen des Lough Mask. Und da soll man mit Downrigger fischen? Ich verstehe heute noch nicht, wer uns das einreden konnte. Das führt nur dazu, dass man unentwegt festhängt. Also haben wir die Downrigger schnellstens wieder entfernt und unsere Angeltechnik damit entscheidend verbessert.

Trotzdem will ich nicht behaupten, dass wir immer alles richtig gemacht haben. Aber wir haben uns auf unsere Kenntnis der Bodenverhältnisse verlassen, und fingen fast täglich eine oder sogar mehrere große Forellen, darunter ein paar Fische um 12 Pfund.

Im zweiten Jahr hatten wir dann auch ein GPS dabei, das sich auch auf den irischen Seen als ein nützliches Hilfsmittel erwies. Kurz vor unserem ersten Besuch hatte man auf dem Lough Mask systematisch Jagd auf Hechte gemacht. Dann kam es in Irland zum Ban, einem Streik von Anglern, Guides und Bootsvermietern, kurz von allen, die irgendwie mit dem Angeln auf den großen Seen im Westen zu tun hatten. Damit wollte man verhindern, dass die Angler mit nur einem Erlaubnisschein Zugang zu den großen Seen im Westen bekommen. Solch eine Angelberechtigung ist für uns das Normalste von der Welt, in Irland ist aber vieles etwas anders. So konnte dann für ein paar Jahre niemand auf den westirischen Seen angeln.

Unmittelbar nach dem Ban warfen wir dann unsere Köder aus, nicht auf Hecht, sondern auf Forelle. Nichtsdestotrotz fingen wir in der ersten Saison einige große Hechte, unbeabsichtigt, aber dennoch waren uns diese Hechte natürlich willkommen. Sehr willkommen sogar, denn diese Hechte waren so unglaublich stark, als kämen sie aus einer anderen Welt.

Die Forellen hatten ab sofort nichts mehr von uns zu befürchten. Wir konzentrierten uns nur noch auf die Hechte, weil wir herausfinden wollten, wie es mit dem Hechtbestand auf dem See aussieht. Zu zweit waren Henk Rusman und ich die einzigen, die es jetzt auf

Auf den vielen kleinen Seen in Irland gibt es meistens keine Boote zu mieten. Dann sollte man schon ein eigenes leichtes Boot dabei haben, damit man auch die oft nahezu unbeangelten Seen befahren kann.

In dem endlosen schwedischen Schärengarten muss man sich Biss für Biss mit dem Gewässer vertraut machen.

Hecht abgesehen hatten. Und wir fingen! Da gab es Hechte, dass wir mit dem Fangen gar nicht hinterher kamen. Anschließend haben wir unsere Erfahrungen in verschiedenen Angelzeitschriften mitgeteilt. Die Rekordfische haben für uns selbst Maßstäbe gesetzt, und sie haben einen regelrechten Run auf den Lough Mask und den Lough Corrib ausgelöst. Für viele Raubfischangler war das eine großartige Zeit. Aber nicht alle Iren waren für Hechte zu begeistern. Sie sahen den Forellenbestand gefährdet, und die Hechte mussten dran glauben. Das Vorkommen der Hechte wurde auf dem rund 90 Quadratkilometer großen Lough Mask auf drei kleine Bereiche zurückgedrängt. Natürlich haben sich die Hechte noch an einigen Stellen gehalten, aber die nehmen jeweils kaum eine Fläche von einem Hektar ein. Ein Beispiel dafür ist die College Bay. Henk und ich fingen auch sehr gut in einer kleinen Bucht bei Partry, der O'Malley's Bay, sowie in der Maamtrasna Bay und der kleinen Cushlough Bay an dem Fluss Robe. Wenn wir allerdings weiter auf den See hinausfuhren, wo die Bachforellen das Wasser beherrschen, waren Hechte nur noch die Ausnahme.

Auch der Upper Mask bot stellenweise ausgezeichnetes Hechtangeln. Den Mündungsbereich des Finny konnte man ausgezeichnet mit der Spinnrute abwerfen. Aber auch das Schleppen war erfolgversprechend. Im Upper Mask schienen die Hechte sogar eine dichtere Verbreitung zu haben.

Bevor die Western Fishery anfing, den Hecht zu verfolgen, fingen erfahrene Hechtangler täglich Kapitale um 30 Pfund, oft auch Fische weit darüber. Aber lassen wir das Thema nun. Ich rege mich immer noch auf, wenn ich daran denke, welche Misswirtschaft mit dem Hechtbestand getrieben wurde und welcher Schaden für einen Teil der einheimischen Bevölkerung damit angerichtet wurde.

Der Lough Mask war ein phänomenales Hechtgewässer, vielleicht wird er es auch einmal wieder. Dabei war seine Stärke nie die Stückzahl, auch nicht vor dem großen Abfischen. Um einen durchschnittlichen Tagesfang von fünf Fischen zu erreichen, musste man immer hart arbeiten. Aber die Hechte, die wir dort fingen, hatten durchschnittliche Größen und Gewichte, wie wir sie nirgendwo sonst in Europa erlebt haben.

Wenn man mit dem Abfischen der Hechte in diesem Jahr aufhören würde, könnte man in sechs Jahren schon wieder ein unglaubliches Hechtangeln erleben. So schnell hätte sich der Hechtbestand sicher wieder erholt. Und ich bin mir sicher, dass sich ein kontrollierter Hechtbestand entwickeln würde. Durch den entstehenden Angeldruck würden die Hechtangler schon dafür sorgen, dass nicht zu viele Hechte - wenn das denn überhaupt möglich ist - den See bevölkern würden.

Der Lough Mask ist schon lange für seine kapitalen Hechte bekannt. Bereits um 1900 kursierten in England Briefe, in denen von den großen Hechten des damals noch natürlich belassenen Lough Mask berichtet wurde. Es müssen damals schon einige gewaltige Fische bekannt gewesen sein. Nicht nur der

Hechte in Europa

Lough Mask auch die anderen großen Seen in Westirland haben sich in den folgenden Hundert Jahren beträchtlich verändert.

Den Pflanzenbewuchs, wie wir ihn heute kennen, gab es damals noch nicht. In vielen irischen Seen wuchsen bis vor 50 Jahren kaum Wasserpflanzen. Der Gewässerboden bestand aus kaum etwas anderem als Steinen, Kies und Sand. So sieht es auch heute noch in der Mitte einiger Seen aus. Das ist keine Umgebung, in der sich die Hechte wohlfühlen.

Erst die intensive Schafhaltung führte dazu, dass den Seen in großem Umfang Düngemittel zugeführt wurden. Auf den Gewässerböden entwickelten sich mehr Nährstoffe, und dadurch wurde das Pflanzenwachstum gesteigert. Dem Hecht kam das zu Gute, und so vermehrte er sich stärker als zuvor.

Schon früher in der Geschichte von Lough Mask und anderen Seen stößt man dann auch auf Maßnahmen gegen den Hechtbestand. Enorme Hechte wurden mit Netzen und mit Langleinen abgefischt. Mit Hilfe von Fotomaterial haben die Fishery Boards versucht, die Schäden zu belegen, die der Hecht anrichtet. Die Bilder zeigen Hechte mit aufgeschnittenem Magen, in dem oft mehrere Forellen zu erkennen sind. Ein Beispiel dafür habe ich auf Seite 152 bereits genauer unter die Lupe genommen.

Mein Freund Padraigh Heneghan, der am Lough Mask wohnt, hat Himmel und Hölle in Bewegung gesetzt, um ein erneutes Abschlachten der Hechte zu verhindern. Leider stand Padraigh damit allein auf weiter Flur und musste mit ansehen, wie fragwürdige Beweismittel gegen den Hecht vorgebracht wurden, um die Interessen der einheimischen Fliegenfischer zu stützen. Wer weiß, ob die westirischen Seen jemals wieder ihren früheren Hechtbestand zurückbekommen. Den nächsten Generationen von Hechtanglern möchte ich das sehr wünschen. Was man auf diesen Seen erleben kann, ist einzigartig auf der Welt. Noch besseres Hechtangeln kann man sich nicht vorstellen, und es darf eigentlich nicht nur der Vergangenheit angehören.

Was für so viele irische Seen gilt, trifft auch auf den Lough Mask zu: Schon ohne etwas zu fangen, ist das Angeln auf diesem in seiner atemberaubenden Landschaft ein Erlebnis. Meistens haben wir dieses Erlebnis nicht beim Schleppfischen erfahren, sondern beim Werfen. An den guten Fangplätzen mit der Spinnrute zu werfen, brachte wesentlich bessere Fänge. Die Jahre, in denen wir auf dem Lough Mask auf Hecht geangelt haben, waren für uns enorm lehrreich. Viel von dem, was wir dort gelernt haben, konnten wir anderen Hechtanglern vermitteln. Viele von ihnen sind dann auch zum Lough Mask gefahren, um ein Stück vom Hecht-Himmel auf Erden zu erleben. Hoffen wir, dass sich dieser Himmel bald wieder für die Hechtangler auftut.

Fangen in Schweden

In Schweden wirft der Hechtangler seine Rute in einem vollkommen anderen Land aus. Irland ist ein sanftes, freundliches, grünes Land, und es lässt sich gut überschauen. Schweden ist gewaltig. Es hat eine unglaublich lange Küstenlinie, rechnet man sämtliche Uferstrecken aller Buchten, aller großen und kleinen Inseln zusammen, dann ist die Küstenlinie endlos. Und die gesamte Strecke besteht aus potentiellen Standorten von Hechten. Aber zu den Plätzen an der Küste kommen noch die unzähligen Standorte in den Strukturen weiter im offenen Wasser. Dort verbergen sich noch einmal genauso viele Hechte wie an der endlosen Küste. Doch das ist alles wiederum nur der Bereich der Ostseeküste.

Dann gibt es da noch die großen Seen, den Vättern und den Vänern. Jeder davon ist allein über dreihundert Kilometer lang und mehrere hundert Kilometer breit. In diesen Seen gibt es eine eigene Lachsart, die sogenannten Binnenlachse.

Auf dem Vänern habe ich viel auf Hecht geangelt, vor allem am Unterlauf des Klarälven. Dieses Mündungsgebiet ist ein wahres Hechtparadies. Dort gibt es aber nicht nur sehr viele Hechte, sondern auch richtig große Exemplare. Aber davon soll später erst die Rede sein.

In Schweden gibt es unzählige Seen. Ein flüchtiger Blick auf eine Karte vermittelt einen Eindruck vom Seenreichtum des Landes. Viele dieser Seen werden kaum oder gar nicht beangelt. So verlockend, wie das zunächst einmal klingt, ist es dann aber doch wieder nicht. Schweden ist ein enorm großes Land, und das bringt innerhalb der Landesgrenzen beträchtliche Klimaunterschiede mit sich. Im hohen Norden herrschen kurze Sommer und lange, kalte Winter. Das Klima im Süden unterscheidet sich dagegen nicht so sehr von dem in Norddeutschland, den Niederlanden oder dem mittleren England. Sicherlich wird es im Winter oft kälter, das Wasser gefriert häufiger und länger. Aber der Süden Schwedens zeigt doch ein deutlich gemäßigteres Klima.

Die klimatischen Verhältnisse wirken sich natürlich auf den Hechtbestand aus. Es gibt zwar auch im Norden des Landes Hechte, gelegentlich kann man dort sogar einen kapitalen Fisch erwischen, die Chancen sind aber nicht sehr günstig. Was aber im Norden sehr wohl möglich ist, sind hohe Stückzahlen: 30, 40, ja 50 Hechte an einem einzigen Tag. Das ist dort tatsächlich möglich. Dabei geht es nicht um einen seltenen Ausnahmetag zur besten Fangzeit. Nein, solch eine Quote ist den ganzen Sommer über möglich. Aber, wie gesagt, es handelt sich dabei nicht um kapitale Fische. Nur ab und an ist mal ein wirklich schwerer Brocken dazwischen.

Es lässt sich auch eine ungefähre Grenze angeben, bis zu der man häufiger mit kapitalen Hechten rechnen kann. Die Linie verläuft etwas nördlich von Stockholm. Weiter nördlich wird es deutlich kälter, und die Aussichten auf große Fische verschlechtern sich beträchtlich. Dennoch hat der Norden seinen eigenen Reiz auch für Hechtangler. Hoch im Norden reiht sich ein See an den anderen, zum Teil sehr kleine Seen, hinzu kommen zahlreiche Bäche und Flüsse, die all diese Seen miteinander verbinden. Auch in diesen fließenden Gewässern kann man sehr wohl Hechte fangen. Oft verlaufen über lange Strecken am Rand dieser Gewässer Wege, von denen aus man schon die ersten Fänge machen kann. An diesen Bächen können Sie manche Überraschung erleben, oft sind sie nur wenige Meter breit, haben aber einen guten Hechtbestand. Auf nur wenigen hundert Metern fangen Sie da nicht nur einen Hecht, sondern eine Vielzahl Hechte.

Gelingt es Ihnen, ein Boot zu organisieren, um damit auf einen der Seen zu fahren, dann können Sie dort einen Hecht nach dem anderen fangen, ganz gleich, welchen Köder Sie an die Schnur hängen. Wie gesagt, es sind keine Riesen, die Sie dort fangen. Aber Sie werden dort etwas erleben, und Sie können dabei eine Menge über das Hechtangeln lernen. Die Gewässer sind ideal, um mit Kunstködern zu experimentieren, das Beißverhalten beim Angeln mit Oberflächenködern zu beobachten, mit Twitch- und Jerkbait zu üben oder das Fliegenfischen auf Hecht zu lernen. Diese Gewässer sind eine Art Esox-Universität, an der Sie das Hechtangeln studieren können.

Die Hechte in den Schären machen Jagd auf Heringe. Besonders an den zum Meer gelegenen Seiten der Inseln findet man schwere Hechte. Für diese Hechte hat Salmo den Warrior entwickelt, mit Erfolg, wie man hier sieht.

Der Norden hat noch einen anderen großen Vorteil. Es gibt dort keine Einheimischen, die sich sonderlich für Hechte interessieren. Das hängt wohl auch damit zusammen, dass die Fische aus den flachen, moorigen Gewässern nicht sehr wohlschmeckend sind und man sie deshalb lieber da lässt, wo sie sind.

Für den Hechtangler sind das alles gute Gründe, einige der zahlreichen Gewässer in Nordschweden aufzusuchen. Ein Problem gibt es dort allerdings: Man kommt nicht so leicht an ein Boot. Wenn Sie zufällig an Ihrem See ein Boot mieten können, dürfen Sie sich glücklich schätzen. In den weitaus meisten Fällen besteht diese Möglichkeit jedoch nicht. Dann könnten Sie beispielsweise überlegen, ob ein Bellyboot eine Alternative für Sie wäre. Diese Methode ist dort sehr vielversprechend, denn häufig ist es sehr windstill auf den Seen.

Das Fischen im Bellyboot kann dann sogar sehr angenehm sein. Und es wird um so angenehmer, wenn man erkennt, dass es keine Konkurrenz auf dem See gibt. Man hat das ganze Wasser für sich!

Statt für die Seen, kann man sich natürlich auch für einen Fluss entscheiden. Die Flüsse in Nordschweden sind nicht gerade reißende Ströme, es sind eher Flüsschen, die zahm vor sich hin fließen. Durch die Anlage von Wasserkraftwerken sind einige größere Stauseen entstanden. An den Engpässen der Flüsse nimmt die Fließgeschwindigkeit zu, aber richtige Stromschnellen gibt es nicht. Gemeinsam mit meinem Kollegen Rutger de Jong habe ich verschiedene Flüsse und Stauseen beangelt. Dabei war es ein Genuss, immer ein ganzes Gewässer für sich zu haben. Zig Kilometer Wasser und weit und breit kein anderer Angler. So hatten wir beispielsweise das Vergnügen, auf einer 40 Kilometer langen Flussstrecke des Ångerman Älven zu fischen, auf der gerade einmal fünf andere Boote lagen.

Auf der ganzen Strecke folgte eine verlockende Stelle auf die andere. Zerklüftete Felsen, dann halb versunkene Wälder und überall Wasserpflanzen, überall dort standen auch die Hechte. Einige der Pflanzenbeete drückte die Strömung so sehr nach unten, dass sie die Wasseroberfläche nicht erreichten. Das sind die Stellen, an denen wir die besten Fangerlebnisse hatten. An anderen Stellen wuchsen die Pflanzen bis an die Wasseroberfläche und erlaubten so nur, dass man um sie herum fischte.

An all den interessanten Plätzen sollte man aber niemals zu lange verweilen. Denn es gibt noch viel mehr gute Strecken. Und bedenken

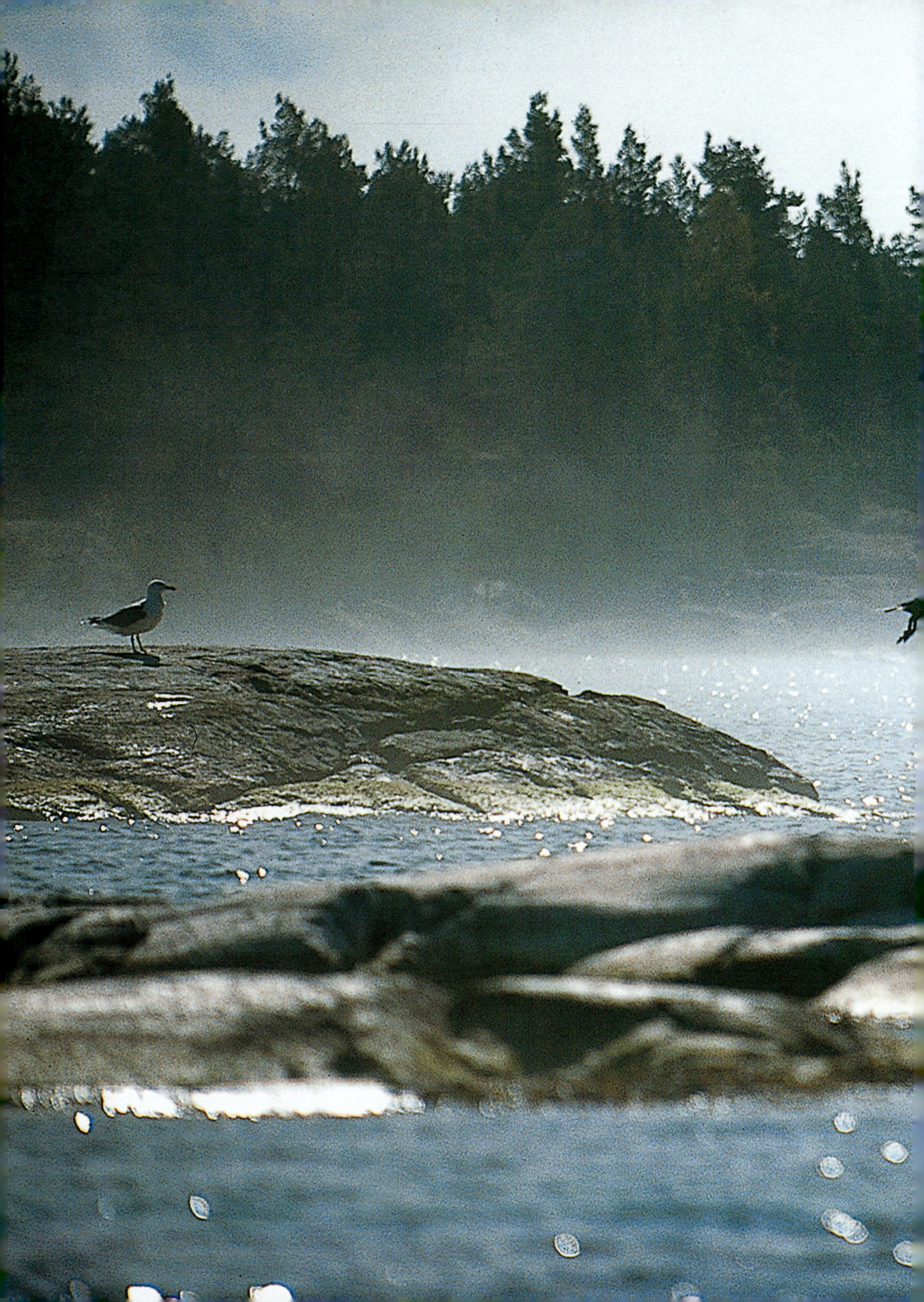

Der schwedische Schärengarten bezaubert nicht nur mit stimmungsvollen Landschaften, er beeindruckt auch mit kapitalen Hechten.

Hechte in Europa

Im Sommer bieten Unterwasser-Berge ausgezeichnete Fangchancen. Sie sind manchmal nicht leicht zu finden, hat man aber solch einen Platz entdeckt, sind mehrere Kapitale möglich.

Sie: Dort hegt kein Hecht irgendeinen Argwohn gegenüber einem Kunstköder und keiner schaut sich den Köder erst zwei- oder dreimal an, eher er zuschnappt. Wenn einmal nichts beißt, sucht man also besser schnell die nächste Stelle auf. Über den Köder braucht man nicht zu gründlich nachzudenken. Die Hechte lassen sich mit einem Streamer genauso gut fangen wie mit einem unbeschwerten Spinner. Wenn Sie spektakuläre Bisse erleben wollen, sollten Sie mit einem kleinen Oberflächen-Wobbler angeln.

Zahlreiche Fänge sind Ihnen gewiss, wenn Ihnen ein Hecht von 90 Zentimeter an den Köder geht, könnte das aber schon der größte Ihrer Angelreise gewesen sein. In Nordschweden ist das nämlich schon ein Großer. Aber schließlich muss es ja nicht immer ein Meterhecht sein. An leichtem Gerät bieten auch kleinere Hechte einen aufregenden Drill und sorgen für unvergessliche Angeltage.

Meine Schwester und mein Schwager haben jahrelang an der Grenze nach Nordschweden gewohnt. Jedes Mal, wenn ich zu Besuch war, hatte ich natürlich auch meine Hechtrute im Gepäck. Aber ich erinnere mich sehr gut, dass es mir oft schwer fiel, mich für irgendein Gewässer zu entscheiden. Wo man auch hinsah: Wasser. Was ich dabei aber schnell gelernt habe, war die verschiedenen Gewässer grundsätzlich voneinander zu unterscheiden. Einige der Seen haben eine fast kaffeebraune Färbung, und alles, was sich in dem Wasser befindet, scheint diese Farbe anzunehmen. Das Wasser hat durchaus keine schlechten Sichtverhältnisse. Trotz der Färbung kann man oft mehr als einen Meter tief schauen. Diese Gewässer sind etwas saurer, deshalb befinden sich in ihnen aber nicht weniger Hechte. Man kann sie sogar in großer Zahl fangen, aber, ich muss es leider schon wieder sagen, nicht in den größten Formaten.

In den klaren Seen ergibt sich ein ganz anderes Bild. Es lohnt sich, eines dieser Gewässer aufzusuchen, denn dort kommen häufiger auch große Hechte vor. Dafür sind die Stückzahlen nun geringer, und das bedeutet, dass man mehr Zeit investieren muss, um zu seinem Fang zu kommen. Ich suche die Hechte zunächst immer zwischen oder in der Nähe der Schilffelder. Die gibt es dort natürlich überall, deshalb braucht man noch einen weiteren Anhaltspunkt. Den liefern die anderen Pflanzenarten, beispielsweise Seerosen oder Laichkraut. Dort, wo man eine Kombination von verschiedenen Pflanzen findet, hat man einen guten Ausgangspunkt. Ist ein solches Pflanzenbeet gefunden, darf man dort auch gleich mit mehreren Hechten rechnen.

Einen sicheren Anhaltspunkt bieten auch immer die felsigen Strecken, auf denen die schweren Gesteinsbrocken teilweise aus dem Wasser schauen, zum Teil auch vollständig im Wasser verborgen sind. An solchen Stellen lohnt immer ein Versuch.

Sie sollten in Schweden auch immer ein Echolot dabei haben. Dann können Sie nämlich auch Gewässerstrecken mit Tiefen von zwei bis sieben Meter Tiefe aufsuchen. In diesen Bereichen empfiehlt es sich zu schleppen.

Ich habe hier nur grob zwischen zwei verschiedenen Seen-Typen unterschieden.

Natürlich gibt es zwischen diesen beiden Formen auch noch verschiedene Erscheinungsbilder von Seen. Und in allen hat man gute Fangchancen. Sie dürfen aber sicher davon ausgehen, dass Seen mit klarem Wasser und mit einem vielfältigen Pflanzenbewuchs die besten Aussichten auf einen erfolgreichen Angeltag bieten.

Schließlich gibt es bei allen Unterschieden dann doch eine Gemeinsamkeit mit den Seen in Irland. Denn auch in Schweden wirft man die Rute in einer solch atemberaubend schönen Landschaft aus, dass einem der Fangerfolg fast zur Nebensache werden könnte.

Im Salzwasser

Verlassen wir nur die Gewässer im Binnenland und begeben uns an die schwedische Ostseeküste. Dort fassen wir zunächst die Gegend um Karlskrona ins Auge, eine der besten Regionen für Hechtangler in Schweden. Die Küstenlinie wird von vielen großen und kleinen Buchten gegliedert. Davor liegen zahlreiche Inseln, die immer wieder für geschützte Gewässerbereiche sorgen. Dadurch ermöglichen sie das Hechtangeln im salzigen Wasser der Ostsee, wie es weiter im Westen im Salzwasser undenkbar ist.

Weiter nördlich in Richtung Kalmar verläuft die Küste über eine längere Strecke geradlinig. Das bedeutet nicht, dass man dort keine Hechte fangen kann. Auch dort gibt es reichlich große und kleine Inseln und Buchten. Aber der Küstenverlauf sorgt für einen stärkeren Windeinfluss, der das Fischen dort erschwert. Diesen Küstenbereich sollte man besser außer Acht lassen, günstigere Verhältnisse findet man wieder weiter nördlich bei Mönsterås. Dort wird der Küstenverlauf wieder interessanter, und bei Blankaholm wird er geradezu spektakulär. Und so bleibt es dann auch einige hundert Kilometer Richtung Norden bis hinter Stockholm. Zu einem festen Begriff für Hechtangler hat sich die Gegend um Västervik entwickelt. Das hängt sicher auch damit zusammen, dass man sich dort besser als anderswo auf die Bedürfnisse der Urlaubsreisenden eingestellt hat. Andere Regionen wie Valdemarsvik und Söderköping haben dem Raubfischangler aber nicht weniger zu bieten.

Meine nördlichsten Fangerlebnisse hatte ich in Nordmaling und in Umeå ungefähr 1200 Kilometer nördlich von Västervik. Der Unterschied zwischen diesen Regionen drückt sich weniger im Hechtbestand aus. Es sind viel mehr die verschiedenen anderen Fischarten, die den Unterschied ausmachen. Im Norden gibt es viel mehr Maränen und Äschen in dem nur noch schwach salzhaltigen Wasser. Im Süden findet man fast alle Weißfischarten wie Brassen, Schleie, Rotauge und Aland. Bei den weiter von der Küste entfernten Inseln trifft man auch auf Heringe, die dort ebenfalls zur Jagdbeute der Hechte gehören. Zu den Jägern der Heringe zählt

Wenn im Herbst die Pflanzen absterben, kommt Bewegung ins Wasser. Die kleinen Hechte müssen sich neue Standorte suchen, denn die großen Geschwister werden für sie nun zur Gefahr.

Hechte in Europa

dort auch die Meerforellen. Man hat dort sogar gute Chancen, wirklich große Forellen zu fangen, was natürlich ein schöner Nebeneffekt beim Hechtangeln ist.

Der schwedische Schärengarten ist ein Revier von höchster Qualität, in dem sich wahre Hechtmonster verbergen. Jahr für Jahr werden dort Hechte über 40 Pfund gefangen. Aber solche Fische sollten nicht unser Ziel sein, wenn wir nach Schweden fahren. Wer es sich in den Kopf gesetzt hat, einen solchen Giganten zu fangen, wird sehr wahrscheinlich enttäuscht von seiner Reise zurückkehren. Deshalb sollte man keine überzogenen Erwartungen haben.

Der Schärengarten hat mich seit meinem ersten Besuch gepackt. Es ist eine wunderschöne und weite Landschaft. Nicht selten hatte ich das ganze Wasser für mich und bin nicht einem einzigen anderen Angler begegnet. Manchmal stößt man dabei in geradezu paradiesische Gebiete vor und hat fast das Gefühl, man würde etwas Verbotenes tun.

Selbst in Västervik, wo das Angelcamp manchmal dicht bevölkert sein kann, läuft man niemals Gefahr, das sich die Angler auf den weiten Gewässern zu nahe kommen. Es steht immer reichlich Platz für alle zur Verfügung. Für jeden Angler, der sich in seiner Heimat das Wasser stets mit vielen Kollegen teilen muss, ist das ein völlig ungeahntes Angelerlebnis.

Auch in Schweden kann es natürlich einmal vorkommen, dass da bereits jemand an der Stelle seinen Köder auswirft, die Sie sich ausgeguckt haben. Aber hier ist das alles kein Problemen, denn auf den nächsten zehn Hektar finden Sie reichlich Plätze, die genauso gut sind. Und schon sind Sie wieder weit und breit der einzige Angler.

Im Schärengarten hat der Hechtangler im Laufe eines Jahres dreimal Saison, drei Jahreszeiten, in denen er immer wieder ganz anders vorgehen muss, um erfolgreich zu sein. Die erste Saison ist das Frühjahr von April bis in die zweite Maihälfte. Es folgt die Sommersaison, die sich bis in den Oktober erstrecken kann. Schließlich kommt im Herbst die dritte Saison, die etwa Mitte Oktober beginnt und bis Ende November dauert.

Selbstverständlich kann man auch danach noch Hechte fangen, und man kann sehr wohl auch vor April schon erfolgreich sein. Die Wetterverhältnisse sind in dieser Zeit aber so ungünstig, dass ich in der Zeit nicht nach Schweden fahren würde. Wenn man der extremen Kälte und dauerhaftem Regen

Im Hochsommer kann es sehr schwierig sein, Hechte zu finden. In Nordschweden ziehen die Hechte mit dem letzten Tageslicht oft ins flache Wasser.

In nicht einmal einem Meter tiefen Wasser war dieser kapitale Bursche auf Beutejagd.

ausgesetzt ist, wird die Angelreise leicht zur schweren Enttäuschung.

Im Frühjahr habe ich schon einige großartige Angeltouren im Schärengarten erlebt. In einigen Wochen habe ich dort durchschnittlich mehr als dreißig Hechte pro Tag gefangen. Das erscheint mir anderswo kaum denkbar. Auch die Größe der Fische ließ nichts zu wünschen übrig. Als ich die letzten Male mit Rutger in den Schären unterwegs war, haben wir an nahezu jedem Tag auch ein oder zwei Meterhechte gefangen. Hinzu kamen immer auch noch mindestens zwanzig kleinere Hechte, von denen mehrere aber noch über 90 Zentimeter maßen.

Komme ich nach solchen Angelerlebnissen wieder nach Hause, empfinde ich immer so etwas wie einen Angel-Kater und weiß erst einmal nicht genau, was ich als nächstes machen soll. Aber zum Glück sind es für mich nur 14 Autostunden bis zum Schärengarten, und wenn ich es nicht mehr länger aushalte, fahre ich einfach wieder los.

Im Frühjahr hängt alles vom Wetter ab, besonders davon, wie das Wetter zuvor gewesen ist. Bekanntlich gehen die Hechte dann ihrem Laichgeschäft nach. Wenn die Hechte aber noch nicht abgelaicht haben, kann es sehr schwierig werden, sie überhaupt zu fangen. Die Hechte sind dann ausgesprochen passiv und zeigen für die meisten Kunstköder nicht das geringste Interesse. Unsere einzige Chance besteht darin, die Hechte jetzt mit tief tauchenden und langsam laufenden Ködern zu verführen. Das erfordert eine gewisse Selbstbeherrschung, wenn man es nicht gewöhnt ist, seine Kunstköder ausgesprochen langsam zu führen.

Die Hechte halten sich nun oft noch in der Nähe der Laichgründe auf. In Irland oder im schwedischen Binnenland würde man jetzt Ausschau nach überschwemmten Wiesen halten. Im Küstengebiet sind jetzt die breiten Schilfränder die interessanten Stellen. Die Wasserschwankungen an der schwedischen Ostseeküste betragen bestenfalls 15 Zentimeter. Gezeiten wirken sich dort nicht aus, und selbst heftige Niederschläge scheinen den Wasserstand nicht stark zu beeinflussen.

Bevor Sie in die Schären hinausfahren, sollten Sie sich einen Blick auf die Gewässerkarte gönnen. Sie werden schnell erkennen, wo die tiefen Bereiche und wo die flachen Gewässerabschnitte liegen. Das Flachwasser ist auf der Karte mit Hellblau gekennzeichnet. Dort sollten Sie die ersten Versuche machen. Wenn dieser flache Bereich auch noch von einem

Hechte in Europa

Achtung im schwedischen Schärengarten. So viele Felsen, wie man über dem Wasser sieht, befinden sich auch dicht unter der Oberfläche. Bootsangler sollten hier sehr vorsichtig fahren. Aber befahren sollten sie diese Gewässer, denn sie sind voller Hechte.

breiten Schilfgürtel gesäumt ist, befinden Sie sich an der richtigen Stelle. Steht das Schilf dort nicht allzu dicht, und grenzt der Platz auch noch an einen tieferen Gewässerabschnitt, dann könnte es sich sogar um eine echte Top-Stelle handeln.

Genauso interessant sind die vielen, oft nahezu abgeschlossenen Buchten im Küstenverlauf. Vor allem dort, wo das Wasser aus westlicher und südlicher Richtung in die Bucht gedrückt wird, ist es deutlich wärmer als in der näheren Umgebung. Ich zähle das Thermometer nicht unbedingt zu meinen wichtigsten Angelgeräten. Im Frühjahr kann ein Unterschied der Wassertemperatur von einem oder zwei Grad allerdings darüber entscheiden, ob man fängt oder nicht. Denn dieser Temperaturunterschied veranlasst den Hecht, das etwas wärmere Wasser aufzusuchen, um dort zu laichen. In den Buchten sollten sie die Flachwasserregionen aufsuchen, in denen die ersten Pflanzen sprießen. Das sind sicher die Stellen, an denen die Hechte ablaichen. Manchmal kann man sogar die Laichstränge zwischen den Pflanzen erkennen. Das könnte allerdings schon eine Zeichen dafür sein, dass Sie den besten Moment verpasst haben. Besonders die großen Hechte halten sich nicht allzu lange an den Laichplätzen auf. Dann bleiben zumindest noch die kleineren Exemplare, auf die Sie dann nicht mit allzu schwerem Gerät fischen sollten.

An den Laichplätzen braucht man aber immer das nötige Glück, um den richtigen Tag abzupassen. Es passiert immer wieder, dass man einen sicheren Laichplatz zwei oder drei Tage lang vergebens befischt, dann passiert es aber auf einmal. Die Fische haben sich am Platz eingefunden, und neben mehreren kleinen Hechten sind dann auch immer zwei, drei größere Brocken drin.

Ich halte mich deshalb mit einem Platz nie allzu lange auf. Sind Hechte dort, dann fängt man sie auch, davon bin ich überzeugt. Angelt man zu zweit vom Boot mit langsamen, tief laufenden Kunstködern, dann weiß man nach einer knappen Stunde, ob es sich lohnt, an dem Platz noch mehr Zeit zu investieren. Auf diese Weise kann man an einem Tag gut und gerne zehn verschiedene Plätze befischen. Dabei ist es natürlich sinnvoll, vorher eine Route festzulegen, nach der man dann am Angeltag zielstrebig vorgeht, um möglichst lange aktiv angeln zu können. Ein schnelles Boot ist dabei natürlich auch von Vorteil.

Mir ist es aber auch schon einige Male passiert, dass ich von der ersten Stelle gar nicht mehr wegkam. Denn der Flachwasserbereich dehnt sich oft weit aus, und die Hechte sind in großer Zahl am Platz. Wenn Sie einige Zeit im Frühjahr in den Schären verbringen, werden Sie sicher ähnliche Erlebnisse haben.

An einem solchen Platz hat es mich einmal unerwartet weit auf die See hinausgetrieben. Wir hatten die äußersten Inseln und Felsen abgefischt, danach folgte nur noch die weite Ostsee. Soweit hätte ich mich normalerweise gar nicht vorgewagt, aber wir hatten ein paar stattliche Meerforellen beim Rauben beobachtet. Denen mussten wir einfach hinterher. Dann war von den Meerforellen allerdings weit und breit nichts mehr zu sehen.

Das glasklare und spiegelglatte Wasser war anderthalb bis zwei Meter tief, der Boden gepflastert mit weißen Muscheln. So schien es zur offenen See endlos weiterzugehen. Eigentlich war es das definitive Anti-Hechtwasser. Aber es war ein sonniger Apriltag, in sommerlicher Kleidung wollten wir es da einmal nicht so genau nehmen. Ab und zu lag zwischen den Muscheln ein mit Tang bewachsener Gesteinsbrocken. Auf dem schneeweißen Boden hob sich solch ein Stein deutlich als dunkler Fleck ab. Warum sollte man nicht einmal einen Versuch wagen? Also ließ ich den Salmo Slider, der sich damals noch in der Testphase befand, eintauchen. Auf einmal kamen hinter dem Felsen zwei Hechte hervorgeschossen, die mit gleicher Geschwindigkeit auf den Kunstköder zurasten. In der Hoffnung, dass der größere von beiden auch der schnellere ist, beschleunigte ich den Köder. Und es kam genau so, wie ich es erhofft hatte. Dieser Augenblick ist wahrscheinlich das Größte, was ein Hechtangler erleben kann: Man sieht, wie der Hecht den Köder verfolgt, der Abstand wird immer kleiner, und dann packt er zu. Das alles in nur drei oder vier Sekunden, aber das sind phantastische Sekunden.

An diesem Tag sollten wir diesen großartigen Augenblick noch zwölf Mal erleben. Manchmal war es nur ein einziger Hecht, der hinter dem Stein lauerte, einmal waren es aber gleich drei Hechte, die hinter einem Stein von knapp einem halben Meter Durchmesser standen. Nach diesem Erlebnis habe ich den Hechten immer wieder auch im glasklaren, flachen Wasser meine Kunstköder präsentiert. Einen echten Volltreffer landet man immer dann, wenn man dabei unmittelbar nach dem Ablaichen oder noch während des Laichgeschäftes zur Stelle ist. Dann muss man einfach fangen. Die Gerätewahl ist in diesem Fall nicht sonderlich schwierig. Deshalb kann ich mich hier kurz fassen. In den normalen Gewässerstrecken mit einer Tiefe von einem Meter oder etwas darüber benutzen Sie eine mittlere Spinnrute, mit der Sie einen Spinner anbieten, am besten ohne jede Beschwerung. Als Köder können Sie aber ebenso gut einen Wobbler um die zehn Zentimeter benutzen oder einen Blinker aus nicht allzu dickem Metall. So können Sie mit recht leichtem Gerät aufregende Hechtfänge machen.

Wenn das Wasser tiefer ist oder weitere Würfe erforderlich sind, können Sie auch mit Jerkbaits oder Twitchbaits fischen. Erfolgversprechende Kunstköder sind dann auch große Spinner, zum Beispiel Bucktail-Spinner, oder Gummifische mit einem leichten Bleikopf. Nun sollten Sie noch darauf achten, dass Ihre Haken extrem scharf sind, der Widerhaken möglichst angedrückt ist, und eine Zange bereit liegt, damit Fische, die noch nicht abgelaicht haben, schnell und schonend zurückgesetzt werden können.

Im hohen Norden bei Nordmaling wimmelt es nur so von Hechten. Selbst vom Ufer kann man sehr gut fangen.

Hechte in Europa

Hier ist ein Jerkbait vielleicht nicht der beste Köder, dennoch wurde damit gut gefangen. Im Norden von Schweden sollte man eine etwas längere Rute dabei haben, mit der man Gummifische oder auch andere Kunstköder weiter auswerfen kann.

Sommerhechte im Schärengarten

Wo man noch im Frühjahr das beste Hechtangeln erlebt hat, kann das Wasser schon im Sommer wie ausgestorben wirken. Das ist aber schließlich nicht nur im schwedischen Schärengarten so. Dennoch herrscht auch jetzt im Schärengarten Hechtsaison, allerdings steigen jetzt die Anforderungen. Darauf müssen wir uns einstellen, indem wir zunächst einmal die Karte für unser Gewässer genau studieren, so genau, dass wir sie gut im Kopf behalten.

Das ist keine Vorsichtsmaßnahme für den Fall, dass Sie sich einmal verfahren, auch dafür wäre es natürlich nützlich, es soll Ihnen viel mehr ein sicheres Gefühl für die Erhebungen unter Wasser geben. Dabei geht es insbesondere um die Stellen, die umgeben sind von sehr tiefem Wasser. Über solchen Erhebungen ist das Wasser wenige Meter, manchmal bis zu zehn Meter tief. Darum herum fällt das Wasser bis zu einer Tiefe von zwanzig oder sogar achtzig Meter ab. Solch eine Unterwasser-Insel zieht alles, was schwimmt oder im Wasser kriecht und krabbelt, an. An solchen Plätzen ist es kein Grund zur Beunruhigung, wenn man dort Brassen und Heringe einträchtig nebeneinander findet. Und selbstverständlich lauert dort auch der Hecht.

Am liebsten sind uns natürlich Strecken, die nicht allzu tief liegen. Manchmal können das auch Felsformationen sein, die bis dicht unter die Wasseroberfläche reichen. Leider entscheiden sich die Hechte aber oft anders und suchen Stellen in Tiefen bis zehn Meter auf.

Haben wir einen potentiellen Standort ausfindig gemacht, dann ist es von Vorteil, den Platz erst einmal in Ruhe abzufahren. So lernt man die Situation genauer kennen und gewinnt eine bessere Vorstellung davon, welches Gerät man dort einsetzen sollte.

Je nach Ausmaß des Platzes ist es sinnvoll, einen Anker einzusetzen. Wer glaubt, dass er sich mit einem Elektromotor am Platz halten kann, unterschätzt die Situation in den Schären. Die Seen im Binnenland sind im Sommer zwar spiegelglatt, an der Küste kann man aber zugleich ganz andere Verhältnisse erleben. Im Sommer kann es in Schweden, und vor allem in Südschweden, sehr warm sein. Durch die Erwärmung werden Luftbewegungen verursacht, die an der Küste für einen kühlen Wind sorgen. An der Küste ist es fast immer windig, und oft so sehr, dass man mit einem Elektromotor nicht dagegen ankommt. Deshalb sollte man traditionell zum Anker greifen. Ein kräftiger Anker ist durchaus angebracht, das Seil muss mindestens zwanzig Meter lang sein. Beim Ankern sollte das Seil nämlich nicht zu knapp genommen werden. Der Anker wird im tieferen Wasser vor der Erhebung platziert. Dabei sollte das Boot immer so liegen, dass man mit dem Wind im Rücken wirft.

Es hat sich für mich als hilfreich erwiesen, dabei zwei Ruten einsatzbereit zu halten, die eine mit einem Gummifisch, die andere mit einem Jerkbait, einem Twitchbait oder einem tiefer laufenden Wobbler. Es darf auch ein Blinker oder eine Bucktail-Spinner sein. Zwei Ruten bieten einen einfachen Vorteil. Eine Erhebung unter Wasser stellt sich nicht als ein gleichmäßig ebenes Plateau dar, sondern als unregelmäßige Erhebung. Der höchste Punkt kann beispielsweise vier Meter unter der Wasseroberfläche liegen. Ein großer Bereich befindet sich aber auch in sechs bis sieben Meter Tiefe. Auch diesen Bereich sollte man natürlich gründlich abfischen, und deshalb braucht man auch einen Köder, mit dem man schnell auf diese größere Tiefe kommt.

Dafür ist kein Köder besser geeignet als ein Gummifisch. Mit einem Bleikopf von knapp über 20 Gramm ist das eine „fürchterliche Waffe", mit der ich schon unzählige Hechte ans Boot geführt habe. Häufig passierte es, dass der Gummifisch bereits beim Absinken gepackt wurde. Deshalb habe ich immer einen Finger an der Schnur, solange sie von der Rolle läuft. Die Schnur wird vom absinkenden Gummifisch sehr langsam abgezogen, ein atemberaubender Moment, wenn sie dann auf einmal schneller wird, weil ein Hecht den Köder geschnappt hat. In dieser Situation muss man hoch konzentriert sein, wenn man nicht auf den beschleunigten Zug reagiert, dann wird der Hecht wahrscheinlich wieder entkommen.

Viele Angler machen den Fehler, den Rollenbügel gleich zu schließen, nachdem der Gummifisch die Wasseroberfläche berührt. Das sollte man natürlich nicht tun, denn damit zieht man den Köder beim Absinken gleich um einige Meter zu sich heran. Diese Meter gehen dann von der erreichten Wurfweite ab. Nach dem Absinken wird die Schnur langsam aufgedreht und dadurch gespannt. Die Schnur hängt nach dem Wurf nämlich in einem großen Bogen unter Wasser. Wird der Köder auf einmal mit einem rasanten Tempo angezogen, dann wirkt dieser Bogen wie ein Lift, der den Köder nach oben zieht, zugleich verliert man die Kon-

Im Frühjahr, von Mitte April bis Ende Mai, sollte man in Schweden möglichst im flachen Wasser angeln. Gleitende Jerkbaits machen die Hechte dann rasend.

trolle über den Gummifisch. Man weiß nicht mehr genau, in welcher Entfernung sich der Köder über dem Boden befindet, und das darf natürlich nicht sein.

Für das tiefe Wasser gibt es noch einen anderen fängigen Köder. Die Schweden selbst benutzen ihn sehr gerne, die Rede ist vom Zalt-Wobbler. Ich habe viel mit diesem Wobbler geangelt, und auch viel damit gefangen. Manchmal hatte ich den Eindruck, dass dieser Wobbler eine geradezu magische Fangkraft hat. Vielleicht ist da in Schweden und

Hechte in Europa

Tiefe Plateaus und Berge werden am besten mit Gummifischen beangelt. Vor allem, wenn Hängergefahr besteht, sind Gummifische die erste Wahl.

besonders im Schärengarten auch tatsächlich etwas dran. Der schnell sinkende Zalt-Wobbler fängt in Tiefen bis 10 Meter unglaublich gut. In meinen heimischen Gewässern konnte ich mit dem Zalt allerdings keine großen Erfolge feiern. Die Hechte in den Niederlanden zeigten nicht annähernd solch ein Interesse für diesen Köder wie ihre Verwandten in Schweden.

Hat man sich erst einmal mit den Bodenstrukturen und den Felsformationen im Schärengarten vertraut gemacht, dann kann man zügig einen Platz nach dem anderen abfischen. Nicht alle Unterwasser-Berge sind gleich groß. An einigen muss man mehrfach ankern, um sie vollständig abzufischen, an anderen ankert man nur einmal. Vernachlässigen Sie dabei auf keinen Fall die kleinen Erhebungen, die sich inmitten des tiefen Wassers mit nur wenigen Quadratmetern von ihrer Umgebung absetzen. Ankern hat an solchen Stellen wenig Sinn, mit drei oder vier Würfen weiß man bereits, ob dort ein Hecht im Revier steht. Wenn das der Fall ist, dann sollten Sie den Platz von allen Seiten gründlich abfischen. Oftmals stehen nämlich gleich mehrere starke Fische an einem verhältnismäßig kleinen Platz. An einer solchen Stelle ist es mir einmal gelungen, ein halbes Dutzend Meterhechte zu fangen, und das mit genau einem halben Dutzend Würfen.

Neben den Unterwasserstrukturen wirken auch die breiten Schilfränder sehr anziehend. Und man sollte sich dieser Anziehungskraft nicht widersetzen, denn auch im Sommer kann man dort aufregendes Angeln erleben. Im Prinzip geht man genauso vor wie im Frühjahr, allerdings sollte man jetzt die Kanten zum tiefen Wasser aufsuchen. Ich halte vor allem Ausschau nach Schilfkanten, denen zusätzlich noch Wasserpflanzen vorgelagert sind. Vielversprechend sind auch Stellen, an denen das Schilf aus einem gleichmäßigen Kantenverlauf weiter ins Wasser hinein wächst, wodurch kleine Buchten an der Schilfkante entstehen. An solchen Schilfzungen stehen gewöhnlich links und recht und auch an der äußersten Spitze ein paar Hechte.

Sofern man sich an der Grenze zum tiefen Wasser befindet, sollte man keine Kunstköder für den Oberflächenbereich nehmen wie Jerkbaits oder bestimmte Wobbler und Spinner. Mit tiefer tauchenden Wobblern, Spinnern oder Blinkern bestehen jetzt aber gute Fangchancen, wenn man sie direkt vor die Schilfkante wirft und von dort ins offene Wasser zurückführt. Oftmals verhalten sich die Hechte beim Angriff aber ganz anders als weiter draußen im glasklaren Wasser des Schärengartens. Dort kann man beobachten, wie der Hecht geradewegs auf den Köder zuschießt. Von der Schilfkante verfolgt der Hecht den Köder oft über mehrere Meter und in einem leichten Bogen, ehe er ihn dann von der Seite her attackiert. Wenn man es nicht besser wüsste, könnte man meinen, dass der Hecht aus zehn Meter Tiefe heraufkäme, um die anvisierte Beute zu packen.

Im Sommer braucht man nicht früh aufzustehen, wenn man im Schärengarten auf Hecht angeln will. Die Hechte werden erst aktiv, wenn sich die Wasseroberfläche etwas kräuselt und dadurch ein wenig Bewegung ins Wasser kommt. Das ist in Südschweden

Nach dem Anbiss wirkte der Fisch recht klein, dann auf einmal sehr groß. Die Erklärung: Auf den Salmo Pike von 16 Zentimeter gingen zwei Hechte, ein kleiner von 50 Zentimeter und ein Meterhecht. So etwas kann einem nur in Schweden passieren.

oft erst gegen 10 Uhr morgens der Fall. Eine leicht gekräuselte Oberfläche ist übrigens genau das, was wir brauchen, denn nun können wir mit etwas Wind ausgezeichnet driften, oft sogar Kilometer weit. Ein Elektromotor erweist sich dabei selbstverständlich immer als ein willkommenes Hilfsmittel, wenn man die Richtung ein wenig korrigieren muss.

Die Schilfkanten werden mit einer einfachen Technik abgefischt. Wenn man zu zweit im Boot ist, hängt es immer sehr von der Fertigkeit des Bootsführers ab, ob immer auch beide Angler eine günstige Position zur Schilfkante haben. Der Köder wird immer so dicht wie möglich vor das Schilf geworfen und wieder eingeholt. Das Boot muss immer in der richtigen Entfernung zur Kante bleiben, es darf nicht soweit weg driften, dass man die Kante nicht mehr erreicht, darf aber auch nicht zu nahe an die Kante herandriften.

Um die Kanten möglichst gezielt und effektiv abfischen zu können, sollte man sich die Situation unter Wasser so gut es geht vor Augen halten. Die Hechte vor der Schilfkante müssen auf den Köder aufmerksam gemacht werden, sie müssen ihn sehen oder mit der Seitenlinie wahrnehmen. Fällt der Köder dem Hecht zufällig direkt vor die Nase, dann kommt es meist unmittelbar zum Anbiss. Meistens landet der Köder aber einige Meter vom Hecht entfernt und begibt sich dann auf den Weg in Richtung Boot. Wird der Hecht dabei auf den Köder aufmerksam, so zieht man ihn gewissermaßen aus seiner Deckung heraus ins offene Wasser. Besonders kleinere Hecht meiden jedoch das tiefere Wasser, wahrscheinlich aus einer Ahnung, dass ihre größeren Artgenossen sie dort erwarten könnten. Weil sie sich nicht weiter hinaus wagen, attackieren sie den Köder bestenfalls bis zu einer Entfernung von zehn Meter von der Schilfkante. Wohl gemerkt: Das gilt für Strecken, an denen man den Köder vom schützenden Flachwasser heraus ins tiefe Wasser führt. Unter solchen Umständen ist es völlig sinnlos, lange Würfe über zig Meter zu vollführen. Nach einigen Metern folgt ohnehin kein Hecht mehr dem Köder. Dann zieht man den Köder ohne Chancen auf einen Biss nur noch durchs Niemandsland und verliert dabei kostbare Angelzeit. Kurze Würfe über zwanzig Meter sind viel effektiver. Über weitere Entfernungen zu werfen, hat nur dann einen Sinn, wenn sich auf der gesamten Strecke zum Boot noch potentielle Hechtstandorte befinden. Ist das nicht der Fall, sollte man sich das Befischen zu langer Strecken besser ersparen. Das gilt übrigens nicht nur für den schwedischen Schärengarten, sondern für sämtliche Gewässer im In- und Ausland. Werfen Sie so effektiv wie möglich und steigern Sie dadurch Ihre Fangquote!

Mit Blick auf die Karte

Versuchen Sie also immer, sich die Verhältnisse im Wasser vorzustellen, am besten anhand einer detaillierten Karte. Sie werden dann bald ein Gefühl dafür entwickeln, wo es

Hechte in Europa

Viele Flüsse in Schweden werden aufgestaut. Zusätzlich zu den natürlichen sind dadurch noch mehr Seen entstanden. Auch sie sind voller Hechte so wie dieser See, der Ångermanälven. Der Angeldruck ist auch auf diesen Stauseen sehr gering.

sich lohnt, den Köder auszuwerfen und zu führen und wo man es sich besser ersparen sollte.

Die Schilfkanten im flachen Wasser, an denen man im Frühjahr so gut gefangen hat, kann man nun getrost vernachlässigen. Vielleicht hält sich dort noch vereinzelt ein Hecht auf, aber der Zeitaufwand ist viel zu groß, ihn dort zu finden. Halten Sie sich also im Sommer nicht lange mit den Flachwasser auf.

Die Hechte haben sich nun viel weiter über den Schärengarten verteilt. Seien Sie darauf gefasst, dass Sie manchmal über mehrere hundert Meter driften müssen, ohne dass Sie einen einzigen Fisch an den Haken bekommen. Dann auf einmal fangen Sie aber an einer Stelle fünf Fische nacheinander.

Im hohen Norden kann man in den Schären wiederum ein ganz anderes Hechtangeln im Sommer erleben. Sicherlich sind die Übergänge vom Süden nach Norden fließend. Aber weit oben im Norden herrscht doch ein ganz anderes Klima. Lange, kalte Winter wirken sich hemmend auf das Wachstum der Hechte aus. Im Sommer können die Hechte dagegen den ganzen Tag über auf Beutejagd sein. Die Hechte legen dann tagsüber größere Strecken in den Schären zurück. Es ist durchaus möglich, am Tag erfolgreich zu fischen. Aber man muss die Hechte in den Weiten des offenen Wassers suchen oder gezielt die tiefen Rinnen und Buchten abfischen.

Erst in den Abendstunden kann man jedoch wirklich intensives Rauben erleben. Im unscheinbaren Flachwasser, in dem man am Tag kaum irgendeine Aktivität beobachten konnte, scheinen die Hechte auf einmal wilde Jagden zu veranstalten. Einheimische Angler haben mir bestätigt, dass die Hechte dann aus dem tiefen Wasser in das Flachwasser der felsigen Uferregionen ziehen. Dorthin folgen die Hechte den Äschen und Maränen, die sie im Flachwasser leichter erbeuten können.

In dieser Situation muss man natürlich nahe am Ufer fischen. Kleine Jerkbaits werden dann zu einer wahren Wunderwaffe. Von Salmo wurden eigens für das Fischen im Schärengarten der blausilberne Warrior und der Warrior Crank entwickelt, die sich als unglaublich fängig erwiesen. Aber selbstverständlich kann man unter den gegebenen Umständen auch mit vielen anderen Kunstködern fangen, denn die Hechte bleiben von den einheimischen Anglern weitgehend unbehelligt und haben deshalb kaum Erfahrung mit Kunstködern.

Herbstferien

Frühjahr und Sommer haben einige herrliche Fangtage gebracht, was liegt also näher, als auch im Herbst im Schärengarten auf Hecht zu gehen? Und wenn wir schon zu Hause die

Das Hechtangeln erlernt man am besten dort, wo es viele Hechte gibt. Vor allem mit Oberflächenködern braucht man viele Lehrstunden. Frank Jonker hat hier gerade eine Lektion erfolgreich absolviert.

Erfahrung gemacht haben, dass der Oktober ein ausgezeichneter Hechtmonat ist, wie wird es dann erst in den Schären zugehen? Natürlich fängt man da genauso gut oder sogar noch besser, so dachte ich zumindest. Und das war ein großer Irrtum.

Die Buchten in den Schären haben zum Teile beträchtliche Ausmaße. Die Old Bay bei Västervik beispielsweise ist knapp 30 Kilometer lang und stellenweise über einen Kilometer breit. Eine ansehnliche Wasserfläche, auf der man sich aber noch einigermaßen zurechtfinden kann. Aber die Old Bay ist noch keine von den großen. Nach ihr folgt eine etwas größere Bucht, einige Kilometer länger und vier bis sechs Kilometer breit. Besonders dort, wo diese Bucht nicht von Inseln gegliedert wird, kann einem der Wind ganz schön zu schaffen machen. Und wenn wir bereits in unserer Heimat schlechte Erfahrungen mit stürmischem Herbstwetter gemacht haben, dann können wir uns leicht vorstellen, was das in den Schären bedeutet. Ungünstige Wetterverhältnisse können dazu führen, dass der Angeltag ausfallen muss, im schlimmsten Fall verdirbt der Wind einem die gesamte Angelreise.

Darauf muss man also gefasst sein, wenn man im Herbst in den Schärengarten fährt. Glücklicherweise kann der Herbst aber auch ein ganz anderes Gesicht zeigen, mit Sonnenschein, angenehmen Temperaturen und einem lauen Wind. Auch das habe ich schon in Schweden erlebt. Das Wasser, das im Sommer hell, aber immer auch leicht trüb war, ist nun wirklich glasklar. Die Sichttiefe beträgt mehrere Meter. Manchmal mag man seinen Augen kaum trauen, in fünf Meter Wassertiefe sieht man die Steine vollkommen klar auf dem Grund liegen. Sandboden mit Pflanzenresten erscheint einem zunächst zu flach, um dort mit dem Boot zu fahren oder womöglich sogar zu fischen. Doch dann fährt man los und bemerkt, dass man noch gut und gerne zwei Meter Wasser unter dem Kiel hat. Auf einmal kommt Leben in die Pflanzenreste, ein Hecht löst sich aus dem dunklen Kraut und stürzt sich auf den Köder.

Auch über einem ist immer wieder etwas zu beobachten. Jeden Tag zieht ein majestätischer Seeadler seine Kreise. Kraniche sind auf ihrem Weg in den Süden, Wildgänse und Enten ziehen dahin. Im Schärengarten kann es im Herbst schon sehr kalt sein, warme Kleidung ist deshalb unbedingt erforderlich, wenn man es einen ganzen Angeltag auf dem Wasser aushalten will. Bedenken Sie, dass man manchmal eine gute Stunde unterwegs ist, um erst einmal an den Angelplatz zu kommen. Mit einer Geschwindigkeit von 20 Stundenkilometer - mit meinem eigenen Boot sind es eher 50 Stundenkilometer - kühlt man schnell aus. Kommt man schon durchgefroren am Angelplatz an, ist der Angeltag eigentlich schon hinüber, ehe er angefangen hat.

Auch wenn man nicht so kälteempfindlich ist und dem Herbstwetter lange die Stirn bie-

■ Hechte in Europa

Zunächst eine Überraschung, schon bald aber nicht mehr: Beim Hechtangeln in Västervik werden regelmäßig auch Meerforellen gefangen. Und diese war noch lange nicht die größte.

tet, ist ein durchgefrorener Angler doch nicht mehr Herr der Lage. Rutger hat das einmal sehr anschaulich demonstriert, und ich bedauere es heute noch, dass ich den Moment nicht im Foto festgehalten habe. Wir hatten an dem Tag nicht so gut gefangen, schlimmer noch, Rutger hatte noch nicht einen einzigen Fisch auf seinem Konto. Das ist eigentlich sehr außergewöhnlich in den Schären. Also steuerte ich noch einmal eine höchst verdächtige Stelle an, wo gewöhnlich immer ein Hecht zu holen war. Und schon hatte Rutger den ersten Biss, kurz danach den zweiten, und dieses Mal blieb der Fisch auch hängen. Aber Rutger war so steif und durchgefroren, dass es schwer fiel, auch nur den Kontakt zum Fisch zu halten. Mein Boot ist ziemlich groß und breit, es liegt sehr ruhig und hat vorne und hinten genug Freiraum, um jeden Fisch komfortabel zu drillen. Daran lag es also nicht. Aber bei dem vergeblichen Versuch, mit dem Fisch Kontakt aufzunehmen, schritt Rutger außer Kontrolle immer weiter durchs Boot, aber auch mein Boot hört irgendwo auf. Plötzlich hing er außenbords, mit einer Hand an der Bordwand, in der anderen Hand die Spinnrute, daran ein Hecht von gut und gerne 30 Zentimeter. Nun hatte der klatschnasse Kollege natürlich noch eine verdammt lange Rückfahrt vor sich. Was wir daraus lernen? Immer ein paar trockene Klamotten einpacken!

Nun wissen Sie aber immer noch nicht, wie Sie im Herbst Ihren Schären-Hecht fangen. Dabei dürfte es doch eigentlich gar nicht so schwierig sein, bei dem Hechtbestand in Schweden. Im Herbst kommt es aber mehr denn je darauf an, das Verhalten der Hechte richtig einzuschätzen, danach zu handeln, und absolut darauf zu vertrauen, dass man das Richtige tut.

Die Hechte ziehen im Herbst vielfach zurück an die Randbereiche des Gewässers. Bei den zahlreichen Inseln und der langen Festlandküste, meistens mit einladenden Schilfkanten, ist es aber nicht einfach, die richtigen Stellen zu finden. Aber man kann den Blick für die guten Stellen schulen, und dann wird man schon bald erkennen, wo sich das Angeln lohnt. Schauen Sie sich die Schilfkanten genau an! Immer wieder werden Sie deutliche Farbunterschiede erkennen. Ein Teil hat sich schon gelblich verfärbt, teilweise ist das Schilf aber noch grün. Das gelbe Schilf deutet auf flaches Wasser, das grüne auf tiefe Bereiche. Oft erkennt man eine scharfe Grenze zwischen den beiden Farben. Das ist ein sicherer Hinweis auf eine steil abfallende Kante.

Versuchen Sie es zunächst an den noch grünen Schilfkanten. Wenn das Wasser dort nicht tiefer als vier Meter ist, dann müssen dort Hechte stehen. Perfekt ist der Platz, wenn sich vor den Schilf noch ein flacherer Absatz befindet. Die Hechte halten sich dort mit Vorliebe auf. Wieso sich die Hechte gerade im Flachwasser aufhalten, kann ich nicht plausibel erklären. Ein außergewöhnliches Nahrungsangebot an Jungfischen finden sie dort

Amurhechte sind ausgesprochen schöne Fische. Nach Bestimmungsbüchern werden sie kaum über einen Meter groß. Dieser war allerdings deutlich größer und wog um 28 Pfund. Die Amurhechte aus den Flüssen sollen sich erkennbar von denen aus Seen unterscheiden. Das sollte man mal mit der Angelrute überprüfen...

jedenfalls nicht. Was auch immer der Grund sein mag, die Hechte sind da, und sie sind mit allen Kunstködern zu überlisten. Diese Gelegenheit sollte man nutzen. Beispielsweise mit der Fliegenrute. Mit einem Streamer und einer schwimmenden Schnur hat man nun Möglichkeiten, wie nie zuvor. Die Hechte attackieren diesen Köder sehr aggressiv. Wenn Sie einen Spinner, Wobbler oder Blinker einmal angreifen, schießen sie einem Streamer gleich dreimal oder noch häufiger hinterher. Das sollten Sie sich nicht entgehen lassen. Haben Sie noch nie zuvor mit der Fliegenrute auf Hecht gefischt, dann ist dies die beste Gelegenheit, es zu lernen. Plätze, an denen man unbedingt auf Hecht gehen sollte, sind die flachen Plateaus, die man häufig vor dem Ufer und um die Inseln herum findet. Die Plateaus sollten allerdings eine gewisse Ausdehnung haben, damit man eine ordentlich Drift ansetzen kann. Dabei ist die Wassertiefe gar nicht so entscheidend, überall, wo es zwischen drei und einem knappen Meter tief ist, darf man mit Hechten rechnen. Vor allem an den Stellen, wo sich noch reichlicher Pflanzenwuchs gehalten hat, kann man nun erfolgreich mit Twitch- und Jerkbaits fischen.

Schließlich sind noch die kleinen Buchten entlang der Küste von größtem Interesse. Manchmal sind das nur Einbuchtungen von wenigen Metern, manchmal bilden sie aber auch eine Wasserfläche von einem halben Hektar. Lassen Sie solche Stellen nie unbeachtet! Wenn man in einer solchen Einbuchtung einen Hecht gefangen hat, sollte man unbedingt gründlich nachsetzen, denn gewöhnlich befinden sich dann dort noch mehrere Hechte.

Damit hätten wir die Schären wohl gründlich abgehandelt. Natürlich gibt es immer wieder bestimmte Ausnahmesituationen. Wenn sich die sommerlichen Temperaturen beispielsweise außergewöhnlich weit in den Herbst hineinziehen, kann es vorkommen, dass sich die Hechte noch an ihren Sommerplätzen aufhalten. Dann muss man sie noch über den Erhebungen weiter im offenen Wasser suchen.

Auf die Geräte muss ich sicherlich nicht noch einmal eingehen. Im wesentlichen ist es dasselbe Material, das man zur selben Zeit auch zu Hause beim Hechtangeln benutzen würde. In dieser Hinsicht unterscheidet sich das Hechtangeln in Schweden nicht so sehr von dem, wie man es in der Heimat betreibt.

Kommen Sie nach einem erfolgreichen Angelausflug aus Schweden wieder zurück, dann fällt es oft schwer, sich wieder an die heimischen Verhältnisse zu gewöhnen. Mir geht es dann jedenfalls immer so, dass ich verkatert zu Hause sitze. Dann denke ich an meine Heimatgewässer, in denen es immer aller Anstrengungen bedarf, um ein paar Hechte zu fangen.

Noch ein Hinweis

Nach all diesen Ausführungen über das Hechtangeln in Schweden, über die Fangplätze und über die Methoden, will ich einen wichtigen Hinweis nicht unterschlagen. Alles, was ich gesagt habe, gilt nicht nur für Schweden, sondern prinzipiell für alle großen Binnengewässer. Das Hechtangeln, wie ich es für Schweden beschrieben habe, lässt sich auch auf ähnliche Gewässer in Irland, Dänemark oder England übertragen. Überall dort trifft man auf ähnliche Situationen, auf die man leicht übertragen kann, was man in Schweden gelernt hat. Wer als Angelreisender in verschiedenen Ländern unterwegs ist, wird immer auch von den Erfahrungen profitieren, die er woanders gesammelt hat, und das zahlt sich in Fängen aus.

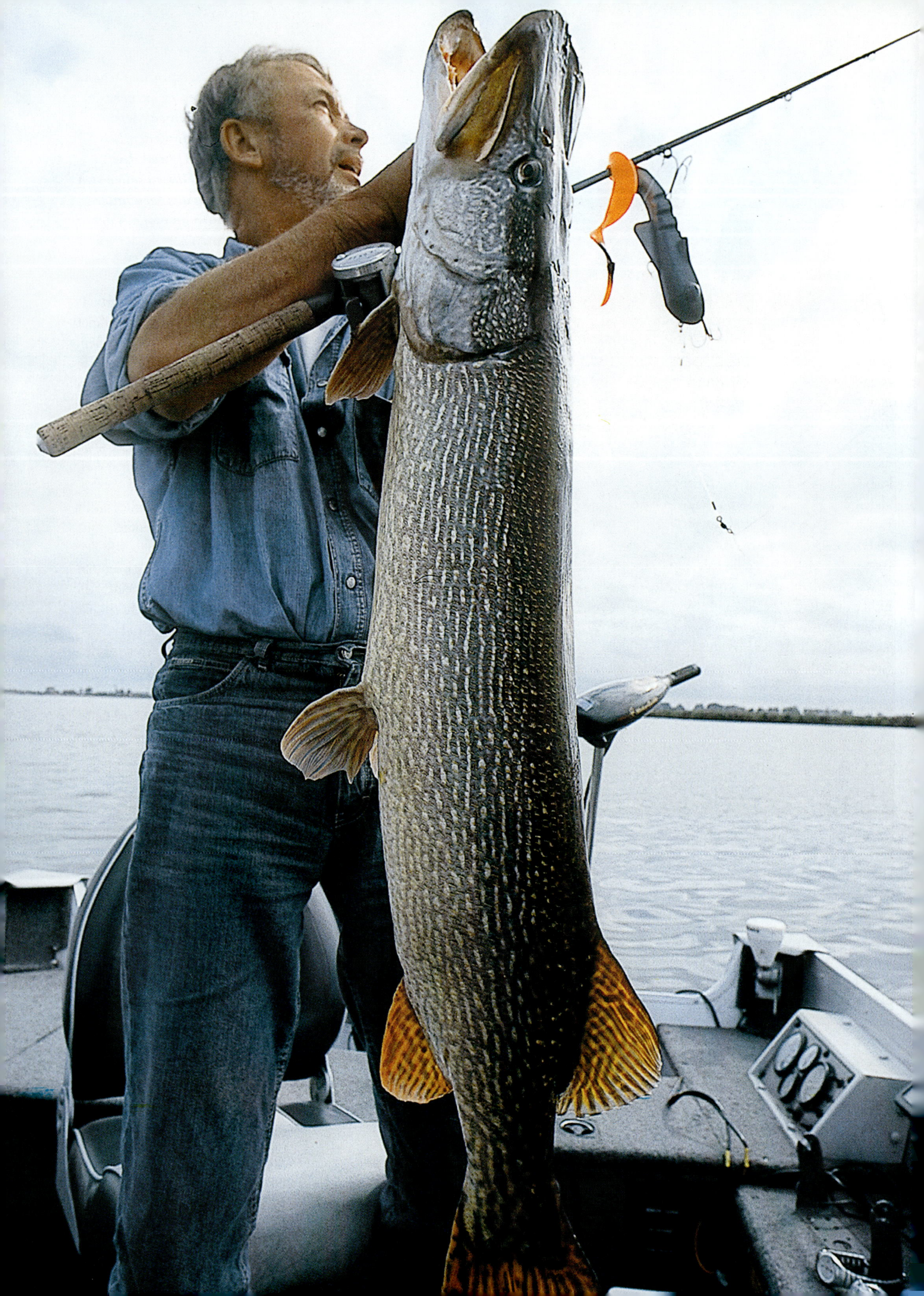

Zum Schluss

Auf Hecht angeln, dieses Thema ist eigentlich nie zu Ende. Immer wenn man glaubt, den Hecht zu kennen, bietet er uns eine neue Überraschung. In diesem Buch habe ich meine Erfahrungen zusammengestellt, die ich im Laufe mehrerer Jahrzehnte intensiven Hechtangelns gesammelt habe.

Mir ist dabei immer deutlicher geworden, dass der Hechtfang an einem Gewässer vollkommen anders ablaufen kann als an einem anderen. An einem Gewässer reagieren die Hechte beispielsweise sehr aggressiv auf einen Oberflächenköder, am nächsten Gewässer lässt sie dieser Köder völlig kalt. In einem Gewässer fängt man viele große Hechte in nicht einmal fünf Meter Tiefe, in einem anderen erreicht man die Hechte überhaupt erst in Tiefen von acht Meter oder mehr. Es gibt Gewässer, in denen man sehr erfolgreich mit toten Köderfischen angeln kann, und wieder andere, in denen sich kein Hecht für einen toten Fisch am Grund interessiert. Nimmt man all diese Gewässer mit dem Echolot unter die Lupe, kann es sein, dass sie alle sehr ähnlich erscheinen. Worin liegt dann aber der Unterschied? Keiner kann das so genau sagen, eigentlich kann man darüber nur spekulieren. Aber erklären kann dieses Verhalten der Hechte niemand.

Es heißt vom Zander, sein Verhalten wäre mysteriös. Aber wer gleichermaßen auf Hecht und Zander angelt, weiß, dass der Hecht viel schwieriger auszurechnen ist. Selbst als erfahrener Hechtangler weiß man oft nicht, woran man ist und wird vom Hecht immer wieder vor neue Rätsel gestellt. Selbst unter den scheinbar besten Voraussetzungen vermag man nicht einmal mit einiger Sicherheit vorherzusagen, ob man einen Hecht fangen wird. Aber gerade das macht das Hechtangeln so spannend.

In diesem Buch habe ich von meinen Erfahrungen berichtet und meine Erkenntnisse über das Hechtangeln mitgeteilt. Ich hoffe, dass ich Ihnen damit den Zugang zu Ihrem Hechtgewässer erleichtere, sei es ein See, Teich, Fluss oder Kanal. Natürlich bleibt es Ihnen nicht erspart, Ihre eigenen Erfahrungen am Gewässer zu machen. Aber mit Hilfe der Informationen, die ich Ihnen hier gebe, werden Sie sicher Ihre Hechte fangen.

Ganz zum Schluss möchte ich jeden Hechtangler bitten, respektvoll mit unserem Zielfisch umzugehen. Besonders große Hechte sind sehr empfindlich und müssen vom Angler so schonend wie möglich behandelt werden. Bedenken Sie auch, dass es lange dauern kann, bis ein großer Hecht in einem Biosystem durch ein gleichwertiges Exemplar ersetzt wird. Wenn Sie einen Hecht wieder zurücksetzen, gehen Sie vorsichtig mit dem Fisch um. Lösen Sie den Hecht behutsam aber zügig vom Haken und setzen Sie ihn wieder zurück in sein Element.

Auch wenn das Buch zu Ende ist, das Hechtangeln geht immer weiter.